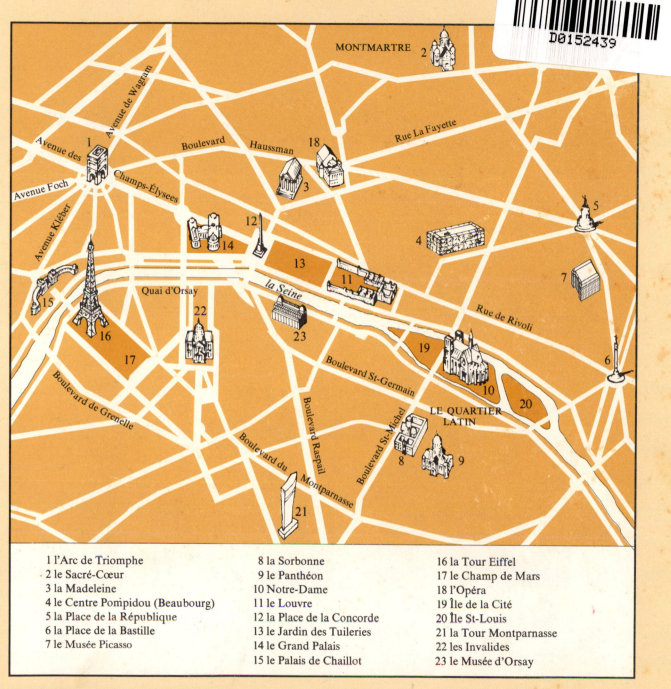

MONTMARTRE

Avenue de Wagram

Boulevard Haussman

Rue La Fayette

Avenue des Champs-Élysees

Avenue Foch

Avenue Kléber

la Seine

Quai d'Orsay

Rue de Rivoli

Boulevard de Grenelle

Boulevard St-Germain

LE QUARTIER LATIN

Boulevard St-Michel

Boulevard Raspail

Boulevard du Montparnasse

1 l'Arc de Triomphe	8 la Sorbonne	16 la Tour Eiffel
2 le Sacré-Cœur	9 le Panthéon	17 le Champ de Mars
3 la Madeleine	10 Notre-Dame	18 l'Opéra
4 le Centre Pompidou (Beaubourg)	11 le Louvre	19 Île de la Cité
5 la Place de la République	12 la Place de la Concorde	20 Île St-Louis
6 la Place de la Bastille	13 le Jardin des Tuileries	21 la Tour Montparnasse
7 le Musée Picasso	14 le Grand Palais	22 les Invalides
	15 le Palais de Chaillot	23 le Musée d'Orsay

PARIS MONUMENTAL

DÉCOUVERTE ET CRÉATION

DÉCOUVERTE ET CRÉATION

Les Bases du français moderne

CINQUIÈME ÉDITION

GÉRARD JIAN
University of California, Berkeley

RALPH HESTER
Stanford University

HOUGHTON MIFFLIN COMPANY   BOSTON
Dallas   Geneva, Illinois   Palto Alto   Princeton, New Jersey

Cover photograph: detail of the Eiffel Tower, Grant V. Faint/The Image Bank
Drawings in Lessons by Marci Davis
Drawings in Échanges by Susan Swan
Credits for photos and realia may be found following the Index at the end of this book.

Printed in the U.S.A.

Library of Congress Catalog Card Number: 89-80944
Student Text ISBN: 0-395-36912-6
Instructor's Annotated Edition ISBN: 0-395-52673-6

CONTENTS

To the Student   x

Leçon 1

Salutations, identification personnelle   1
Genre; **Qu'est-ce que c'est?**; **Qui est-ce?**   4
C'est ... et **Est-ce ... ?**   8
Comptez de 0 à 60   9
Épelez et écrivez   11
Prononciation: articulation, syllabation, accentuation, intonation   13

Leçon 2

Identification générique et spécifique   17
Le pluriel   19
Identification précise; les contractions **du** et **des**   22
Genre de certains noms   24
Comptez de 60 à 1.000.000.000   25
Le calendrier   27
Prononciation: Les voyelles   31
Lecture: **L'importance de la date**   34

Leçon 3

Les pronoms **il, elle, ils** et **elles**   39
L'accord et les formes de l'adjectif; les adjectifs de nationalité   41
C'est (ce sont) et **il est (elle est, ils sont, elles sont)**   46
Le verbe **être**   48
La négation; la question   50
Prononciation: Les consonnes   56
Lecture: **La pyramide du Louvre**   60

Leçon 4

L'adjectif **quel**   65
Où; Prépositions et expressions de lieu   67
Il y a   71
Les verbes réguliers en **-er**   74
L'heure   81
Lecture: **La vie universitaire**   86

Leçon 5

Le verbe **avoir**	91
Les adjectifs possessifs	94
La parenté	97
Les couleurs	100
La place de l'adjectif	102
Les adjectifs irréguliers	104
L'adjectif démonstratif	107
Lecture: **Chez les Fournier**	110

Leçon 6

Les verbes **aller, venir, dire, écrire, lire**	117
Le verbe **faire**	121
Les noms de villes et de pays	123
La formation des adverbes	126
Le futur immédiat	129
Lecture: **Projets de vacances**	133

Leçon 7

Les verbes réguliers en **-ir**	139
Six autres verbes en **-ir**	141
Trois pronoms relatifs: **qui, que, où**	143
Verbe conjugué + infinitif	149
Quelques adverbes	153
Lecture: **En vacances à Paris**	155

Leçon 8

Les parties du corps	161
Expressions idiomatiques avec **avoir**	164
Les expressions météorologiques	170
Les quatre saisons de l'année	172
Récapitulation de la négation	173
Lecture: **Un être exceptionnel**	177

Leçon 9

Le partitif à l'affirmatif	183
Le partitif au négatif	185
Les expressions de quantité	186
La différence entre le partitif et l'article défini	190
Les verbes **boire, prendre, mettre**	192
Expressions idiomatiques avec **faire**	195
Lecture: **Bon appétit!**	199

Leçon 10

Les verbes réguliers en **-re**	205
Le comparatif	209
Le superlatif	212
Les verbes **vouloir, pouvoir** et **savoir**	215
Lecture: **Qu'est-ce que vous savez faire? Quels vins préférez-vous?**	219

Leçon 11

Les pronoms objets directs	227
Les verbes **voir** et **recevoir**	230
Les pronoms objets indirects	232
Le verbe **connaître**	235
Les adverbes de transition	237
Lecture: **Un week-end en Normandie**	240

Leçon 12

Deux concepts différents du passé	245
Les verbes d'état physique ou mental à l'imparfait	252
Les verbes d'état physique ou mental au passé composé	255
L'emploi de l'imparfait	257
L'emploi du passé composé	259
Lecture: **L'histoire tragique d'une petite grenouille ...**	263

Leçon 13

Formation du passé composé avec **être**	269
Comparaison de l'imparfait et du passé composé *(suite)*	274
La place des pronoms objets au passé	276
L'accord du participe passé avec l'objet direct	278
Lecture: **La langue française en Afrique**	281

Leçon 14

L'impératif	287
La place des pronoms objets avec l'impératif	289
L'expression **il faut**	292
Les verbes **courir, rire, conduire, ouvrir**	295
L'expression **ne ... que**	300
Lecture: **Évitons la circulation: Prenons le métro**	302

Leçon 15

Le pronom complément **y**	307
Le pronom complément **en**	310
Les pronoms disjoints	314
Penser à et **penser de**	318
Les verbes **croire, vivre** et **suivre**	320
Lecture: **Deux générations, deux systèmes**	324

Leçon 16

Parce que et **à cause de**	331
Les négations autres que **ne ... pas**	333
Les pronoms indéfinis **quelque chose, rien, quelqu'un** et **personne**	340
Avant et **après**	344
Lecture: **En France, n'offrez jamais de chrysanthèmes!**	347

Leçon 17

Les verbes pronominaux: principe et conjugaison 353
La forme pronominale à sens réfléchi 357
La forme pronominale à sens réciproque 358
La forme pronominale à sens idiomatique 360
La forme pronominale à sens passif 363
L'impératif des verbes pronominaux 364
Le passé des verbes pronominaux 366
L'infinitif du verbe pronominal 369
Lecture: **La belle histoire de Tristan et Iseut** 373

Leçon 18

Le futur 381
Précisions sur l'emploi du futur 385
Prépositions, conjonctions et expressions de temps 388
Lecture: **Dans un café** 394

Leçon 19

Deux pronoms compléments et leurs places respectives 401
L'infinitif complément 405
Le plus-que-parfait 407
Lecture: **Nos voisins bilingues** 412

Leçon 20

Le conditionnel présent 419
Le conditionnel passé 423
La concordance des temps avec **si** hypothétique *(reprise)* 426
Le verbe **devoir** 429
Le verbe **devoir** *(suite)* 432
Lecture: **Le Carnaval de Québec** 437

Leçon 21

Le subjonctif 443
Le participe présent 451
Le passé immédiat 454
Les verbes **craindre, se plaindre,** etc. 456
Lecture: **L'écologie et nous** 462

Leçon 22

Autres emplois du subjonctif 469
Les conjonctions de subordination 475
Le passé du subjonctif 479
Lecture: **Votre horoscope par Sylvie Sachetout** 482

Leçon 23

Les pronoms possessifs 489
Les pronoms interrogatifs **qui, que, quoi,** etc. 492
Le pronom interrogatif **lequel** 495

Les pronoms relatifs **ce qui** et **ce que** 497

Lecture: **Le vôtre, le sien, le nôtre, le leur, cela n'a aucune importance** 501

Leçon 24

Les pronoms relatifs **lequel** et **dont** 507

Les pronoms démonstratifs 513

Les pronoms indéfinis **chacun(e)** et **quelques-un(e)s** 517

Lecture: **La carrière difficile d'une femme écrivain: George Sand** 520

Appendices

Verbes qui introduisent un autre verbe 524

Verbes réguliers et auxiliaires 526

Verbes réguliers avec changements orthographiques 528

Verbes irréguliers 530

Lexique 538

Index 565

Permissions and Credits 569

TO THE STUDENT

Individual Reasons for Studying French

Regardless of your prior experience with foreign languages in general, or French in particular, you will find that learning French will be a relatively simple affair. Compared to many of the countless hundreds of languages spoken on earth, French should not be difficult for the native English-speaker to learn. This is an objective linguistic fact, and one that holds promise for even the first-time language learner; with proper motivation and learning habits, you should be able to develop the level of proficiency in French you desire.

Naturally, different students in your class are bound to have different reasons for learning French and different degrees of motivation. Those of you who are taking French out of a vague curiosity have an advantage over the novice completing a requirement. Some of you may be studying French because you are preparing for a career in international business or diplomacy. Perhaps you are interested in learning French because you have French-speaking acquaintances or correspondents. Increasing numbers of students plan to spend a semester or year abroad in school in France, Switzerland, Belgium, or some other French-speaking country. Some of you are learning French to acquire an additional professional skill, some for the purpose of reading great works of literature in the original or technical material unavailable in English translation. Finally, there are those of you who are studying French "just for the fun of it" (and certainly learning a foreign language can be fun). In any case, take time to consider why you are studying a foreign language. Clearly defining your objectives has a lot to do with your success in achieving them.

The English-speaking Learner of Foreign Languages

Beginning language learners sometimes think that one must begin to learn a foreign language as a child and that anything after that is unauthentic. If you have such a prejudiced notion, discard it immediately. A young adult can acquire another tongue with far greater efficiency than a small child. Most people who know two languages learned their second language in school. If you believe that English-speaking people, and Americans in particular, are poor language learners, please dispose of this myth. It is true that pupils in many foreign countries begin studying a foreign language earlier than their American counterparts. This does not mean, however, that the young foreigners are necessarily learning language well. In fact, they may not be learning it at all. A young adult under the guidance of a competent teacher using an efficient method may quickly surpass the performance of someone who has stumbled through years of meaningless exposure.

Because English is such a widely studied language and because so many foreigners have a head start in it, Americans often assume that they are outdone before they begin. Yet there is no evidence that a French learner of English, for example, has any advantage over an American learner of French.

Language—a Social Phenomenon

Language is an intellectual and psychophysiological phenomenon unique to human beings. Language is an individual ability, but it exists only in a social context. The few cases in history of solitary wild men captured by society show that such creatures were unable to learn much language at all. You can neither speak nor write for yourself unless society has first transmitted to you the tool of language it has forged. You cannot participate in the dynamism of language without other people. It is the social framework of reference that triggers the back-and-forth, give-and-take of meaningful communication. Not being certain beforehand of what someone else will communicate to you or how he or she will communicate it is a fundamental and marvelous contingency of language. You can practice pronunciation and memorize rules and forms (which are indeed an indispensable part of language learning) but you can't mimic meaningful communication. When you really communicate, you must constantly invent what you are saying, and if the perfect way of saying it does not occur to you immediately, then you must find alternatives in vocabulary, in expression, or in delivery. The necessity of improvising and creating a manner of communication through trial and error is actually as natural in one's own native tongue as it is in the foreign language one is learning.

Creative Expression

The process of communication is not a series of reflexes to fixed cues that mechanically establish human dialogue. Considerable automatic response goes into the makeup of your language ability, because language itself is a coded system of spoken and/or written signals. Once you know the basic signals, you may begin to send and receive messages. Of course, one cannot "create" a new language according to whimsy and still hope to be understood. Creativity basically implies that everyone has something a little different to say even about the most ordinary things. Your comments may differ from your classmates' simply because you have more to say; you tend to give more details, you use more modifiers. You may begin your comment with some aspect not necessarily perceived by others and end it with the very detail your neighbor might put first. This means that since you may perceive things differently, you will also probably say them differently; you will be creating your own original meaning within the boundaries of the same language. Just as there is an infinite number of chess games to be played within the rules of chess, so there is an infinite number of ways to express yourself within the rules of language. You must come to know the basic building blocks recognizable to all those speaking or writing a particular language, but never lose sight of your personal construction privileges.

Everyone has the right to play around with words. The way in which you play with them in a foreign language may be different from the way in which you play with them in your native tongue. Most people find it easier to be linguistically creative in their second language than in their first. Somehow they feel freer to create meaning with a language code not imposed upon them at birth, but which they have come to discover and prefer for themselves through their own particular individual experience. In fact, some writers have discovered that they actually prefer writing in a foreign language. This is strikingly true for French, which has often been chosen as a medium of literary expression by some of the world's most prominent writers.

Language, Culture, and Civilization

In spite of obvious differences, all languages have some characteristics in common. Some share so many of the same characteristics that even the novice is able to recognize the similiarity in sound and symbol. In the study of any foreign language, there are certain universally applicable linguistic principles. Languages differ, however, not only with respect to grammar, vocabulary, and pronunciation, but also with respect to their historical or social significance. French is not just a collection of sounds and signs to be imitated with perfect objectivity. French also encompasses the civilizations that have used or are still using it as their native or second language. We do not believe, at this point, that you should plunge into a systematic study of French, Swiss, Belgian, Canadian, or French-speaking African civilizations. We do believe, however, that you should gradually open your field of observation to the broadest meaning of language. Look not for Eiffel Towers and Gothic cathedrals, but for the more subtle signs of language that reveal traits of a specific culture. When you politely step aside to let a Frenchman enter a door before you, he will answer *pardon*, not *merci*. If you ever pay a Frenchwoman a compliment, she will probably not answer *merci* either, but will respond with a phrase that seems to downplay your compliment. In what frame of mind must you put yourself, then, to understand that the French are neither suffering from a guilt complex nor insensitive to your own politeness or admiration? Here, we believe, lies a profound lesson in culture through language, a lesson much more significant and lasting than a tourist's quick look at the Palace of Versailles. In your consideration of France and French-speaking lands as presented in this book, both in the text and in the illustrations, look not only for what appears merely picturesque, but also for signs that mark the foreign culture you are studying as notably different from the one you already know.

English and French Vocabulary

By the preceding advice, we do not mean to imply that French presents bizarre obstacles to the English-speaking learner. On the contrary, French shares enough common characteristics with English for you to recognize immediately a fairly large expanse of language territory. Nearly half of our English vocabulary comes by way of French. Though pronunciation and spelling may differ, the similarity remains striking enough for you to accustom yourself easily to the cognate words. The *Vocabulaire* section toward the end of each lesson lists the vocabulary you will find useful to learn and use actively. You will observe that a large proportion of the French words listed resemble closely their English equivalents in both meaning and spelling. This should reduce somewhat the time you must spend in reviewing vocabulary. The most obvious cognates are not indicated because you will probably be able to use them without memorization. Some words that look like English words are listed because their meanings differ between the two languages. On the other hand, certain words are indeed alike in meaning to their English counterparts, but their spelling may differ sufficiently for you not to recognize them. As soon as you are accustomed to French spelling, you will probably recognize, for example, that *enfance* means "childhood," even before it is listed as active vocabulary.

The total number of words in the French language is actually smaller than in English. To see this, you need only compare the proportion devoted to English of a complete English-French/French-English dictionary. Do not think, however, that learning a language consists primarily of acquiring a large vocabulary. In the beginning, learning a language consists of manipulating a limited vocabulary. Having constant recourse to a bilingual dictionary is almost certain to impede your thinking in French. We strongly advise you against dictionary use in first-year French.

French generally follows the same principle as English in its overall word order: subject-verb-object. French grammatical terminology is essentially the same as in English. That is why, with a little effort, you will understand the spoken or written explanations in French (*nom, pronom, verbe, adverbe, adjectif,* etc.) used throughout this text.

Meaningful Practice and Communication in French

Understanding spoken French, methodically used by your teacher with carefully graduated levels of difficulty, is easily within the grasp of every English-speaking student. Responding actively requires considerable cooperation and willingness to communicate only in French. This conscious willingness need only last a few days; after that, your collaboration should become like participation in a team game. The rule of the game is that no English is ever used for meaningful communication. This game of the French class has a clear, long-lasting objective—your mastery of French. You may think, at times, that you can achieve your objective more quickly by resorting to English. However, permanence, not speed, should be your goal. As you will soon discover, meaning acquired through observation and participation in the foreign language enables you to acquire more efficiently the habit of thinking in that language.

Thinking in a foreign language, of course, does not erase thinking in your native language. After having understood, assimilated, and acquired the meaning of a word or phrase in French, often the English equivalent will occur to you as well. This is entirely normal. The point is that you did not learn by means of English. Translation is a marginal benefit of language learning; it is not the means by which you should begin to learn.

The Spirit of Invention

You must listen actively to your teacher and to the other members of the class as well. Remember that language lives on the social necessity of communication. Your class is the community in which meaningful exchanges in French are to take place. Do not hesitate to make your contribution. Try to develop a feeling for experimenting in expression within the limits of your knowledge. Do not forget that it only takes a few elements of the language code to begin putting together the meaning that you want to communicate. When you experiment with a new game in creative coding, you naturally make a few mistakes. If you remain silent for fear that you will mispronounce something or say something that is grammatically incorrect, you risk never saying anything at all. As a matter of fact, you have to go through some trial and error in order to learn. During the first three or four years of learning their native language, children generally make countless errors in pronunciation and grammar before they finally speak correctly. They have the advantage, however, of not being self-conscious. This is one childlike aspect of language learning you will do well to imitate.

Pronunciation

French, compared to many other languages, is easy to pronounce. Nevertheless, some of you will find some French sounds difficult to imitate. Do not be discouraged. Pronunciation is not the principal criterion by which to judge your language ability. Some of the world's most intelligent people speak several languages with noticeable accents. It is important to communicate, not to "pronounce." Try to approximate the new sounds as closely as you can, but remember that what really counts is your ability to get across what you have to say, not the impeccable pronunciation with which you convey it. (There are people who pronounce extraordinarily well, but who are incapable of saying anything meaningful.)

Spelling

French spelling may be quite a challenge for you, but, compared to English, it *is* reasonably consistent, even if it does not appear logical. In any case, after a little practice, you may even spell better in French than in English. After all, French and English both use the same alphabet (unlike Russian, Greek, or Hebrew, for example). Always be conscious of the fact, however, that what may appear familiar in printed form does not designate a similarity in pronunciation. Learn to depend more on your ear than on your eye. The temptation to reproduce French sounds according to your English reading reflexes is probably the most troublesome problem confronting students in French in the beginning. Listen to your teacher carefully, but be extremely attentive to the relationship between what you hear and what you see in printed form.

Reading and Composition

Some people think that language is only a spoken phenomenon and that reading and writing are not important. There are commercial language schools that distribute this kind of publicity, and what they claim is partially true, particularly for little children. But for young adults accustomed to learning through reading and writing, it would be futile to disregard their most valuable tools.

You will begin early to write original compositions in French, even though your knowledge of the language is still limited. Once you have overcome the usually short-lived confusion between English spelling and French pronunciation, reading and writing should rapidly reinforce what you acquire through listening and speaking.

A whole world of French literature awaits you, if that is what interests you. But it is a world you should enter only after you have learned the fundamental game of discovering the primary code blocks in French and have played a while at inventing your version of the code. We counsel a year of patience and believe that the *Lectures* of this text are the most efficient way to begin reading. You will already have used most of the vocabulary in class practice before you read the *Lectures*. The good reader recognizes what has already become familiar and does not use a dictionary to look up what is unfamiliar.

Other than an occasional word, this message is the last communication to the student in English. From here on, it is up to you, the other members of your class, and your teacher to create an atmosphere in which meaningful practice and conversation will take place only in French.

Acknowledgments

We thank Yvone Lenard for the contributions her teaching and writing have made to this book.

We express our deepest appreciation to Oreste F. Pucciani, who, with Jacqueline Hamel at the University of California, Los Angeles, began about thirty years ago elaborating a methodology to rehabilitate the Cleveland Plan of Émile B. de Sauzé, the first widely used rationalist direct method to be practiced in North American schools.

As with earlier editions, we are once again indebted to Claudie Hester of Menlo College and Gail Wade of the University of California, Santa Cruz for their countless pertinent insights. We are also grateful to David Orlando of the University of California, Santa Cruz for his many valuable suggestions regarding this edition.

We would also like to express our sincere appreciation to the colleagues listed below for their helpful responses to nationwide surveys and questionnaires and for their evaluation of manuscript for the various components of the program. Their input has proved invaluable in the development and shaping of *Découverte et Création, Cinquième Édition*.

Russ Beeler, University of North Carolina at
   Wilmington
Carol Beug-Lick, California Polytechnic State
   University
William Burgwinkle, University of Hawaii at Manoa
Maureen Cheney-Curnow, University of Montana
Nicole DuFresne, University of California, Los
   Angeles

Christiane Fabricant, Tufts University
Ilane Goodman, SUNY Baruch College
Evlyn Gould, University of Oregon
Kathryn Gravdal, Columbia University
Susan B. Grayson, Occidental College
Eglal Henein, Tufts University
Joan Hernandez, Louisiana State University at
   Eunice
Reginald Hyatte, Ripon College
Helen Schawlow Johnson, University of Wisconsin,
   Stevens Point
Mary Jorgenson, Mills College
Jill Kelly, Longwood College
Judy Kem, Union University
William Langen, Saint Cloud State University
Renée Larier, Rutgers University
Céline T. Léon, Grove City College
Stanley F. Levine, University of South Carolina,
   Aiken
Suzanne Lord, California Polytechnic State
   University
Eilene Hoft March, Lawrence University
Mary Frances Robinson, Wake Forest University
Paul A. Ruud, Cypress College
J.-P. Sonderer, Texas Christian University
Christian van den Berghe, Santa Clara University
Jerry Wagnild, University of California, Davis
Jacques Wendel, University of San Diego
Steven Winspur, Columbia University
Mari E. Zeleznik, University of Hawaii, Manoa

DÉCOUVERTE ET CRÉATION

PREMIÈRE LEÇON

Et vous, Mademoiselle, comment vous appelez-vous?

DÉCOUVERTE

1   Salutations, identification personnelle

PRÉSENTATION . . . .

Madame Lambert entre dans[1] la classe.

— Bonjour, Monsieur![2]
— Bonjour, Madame.
— Comment allez-vous?
— Très bien, merci, et vous?
— Très bien, merci. Je m'appelle Madame Lambert ... Madame Claire Lambert. Comment vous appelez-vous?
— Je m'appelle Jeff Smith.
— Et vous, Mademoiselle, comment vous appelez-vous, s'il vous plaît?
— Je m'appelle Elaine Cooper.
— Et vous, Mademoiselle?
— Je m'appelle Kate Cole ... Madame Cole.
— Oh, pardon ... Madame!

Bonjour la France!

---

1. *Dans* (préposition) = à l'intérieur de.
2. Remarquez l'omission du nom de famille: *Voilà Madame Leduc! Bonjour,* **Madame!**

EXPLICATIONS . . . .

● *Salutations*   *Formules de politesse*   *Adieux*

Bonjour!   Comment allez-vous?   Au revoir.
Salut!   Comment ça va?   À demain.
                 (Très) bien.   À bientôt.
                 Pas mal.   Ciao.[3]
                 Ça va.   Salut.
                 Merci.
                 Et vous?
                 Et toi?[4]
                 Pardon.
                 S'il vous plaît.

Professeur et professeur

— Bonjour, Monsieur.
— Bonjour, Madame. Comment allez-vous?
— Très bien, merci, et vous?
— Bien, merci. Pardon, Madame. Au revoir.
— À demain, Monsieur.

REMARQUEZ: Les expressions **Salut!, Comment ça va?, Pas mal, Ça va, Et toi?** et **Ciao**, sont des expressions familières (pour une conversation entre étudiants, par exemple).

Étudiant et étudiante

— Bonjour, Christine!
— Salut, Serge! Comment ça va?
— Ça va, et toi?
— Pas mal, merci.
— Ciao, Christine.
— Ciao, Serge. À bientôt.

● **Comment vous appelez-vous?** = question d'identification personnelle. La réponse est **Je m'appelle ...**

PROFESSEUR: **Comment vous appelez-vous**, Monsieur?
ÉTUDIANT: **Je m'appelle** Charbonneau ... Roger Charbonneau.

─────────────

3. *Ciao = au revoir* en italien. C'est une expression très utilisée par les étudiants en France.
4. *Et toi?* = forme familière de *Et vous?*

EXERCICES ORAUX . . . .

A. Salutations.

    1. Dites *Bonjour* à ...
        a. votre[5] professeur.
        b. tout le monde.[6]
        c. un(e) autre étudiant(e).
    2. Dites *Je m'appelle* ... et demandez *Comment vous appelez-vous?* à votre professeur.
    3. Demandez *Comment allez-vous?* à ...
        a. votre professeur.
        b. tout le monde.
    4. Dites *Au revoir* à ...
        a. votre professeur.
        b. tout le monde.
        c. un(e) autre étudiant(e).

---

5. *Votre* = adjectif possessif qui correspond à *vous*.
6. *Tout le monde* = la classe entière.

B. Voilà une réponse.   Imaginez une question logique.

◠ Très bien, merci.
   Comment allez-vous?

1. Très bien, merci. Et vous?
2. Je m'appelle Leduc, Olivier Leduc.
3. Ça va bien, et toi?

C. Rencontre.   Saluez votre professeur et dites au revoir.

◠ VOUS: *Bonjour, Monsieur (Madame, Mademoiselle). Comment allez-vous?*
   VOTRE PROFESSEUR: *Très bien, merci, et vous?*
   VOUS: *Bien, merci. Au revoir, Monsieur (Madame, Mademoiselle).*
   VOTRE PROFESSEUR: *À bientôt, Monsieur (Madame, Mademoiselle).*

---

2   Genre; *Qu'est-ce que c'est?; Qui est-ce?*

PRÉSENTATION . . . .

— **Qu'est-ce que c'est**, Monsieur Smith?
— **Je ne sais pas**.[7]
— **C'est un** livre. Répétez.
— **C'est un** livre, Madame.
— Et ça?[8] **Qu'est-ce que c'est?**
— **C'est une** porte.
— Excellent!

— Voilà[9] Jeff Smith. Maintenant,[10] montrez-moi[11] un autre étudiant et une étudiante.
— Voilà un autre étudiant.
— **Qui est-ce?**
— **C'est** Rick White. **C'est un** ami. Et voilà une étudiante, Madame.
— Bien. **Qui est-ce?**
— **C'est une** autre amie. **C'est** Kate Cole.

---

7. *Je ne sais pas* est une expression d'ignorance. C'est aussi une expression très pratique!
8. *Ça* désigne un objet non identifié.
9. *Voilà* = regardez.
10. *Maintenant* (adverbe de temps) signifie le moment présent.
11. *Montrez-moi* = indiquez. *Moi* = "me."

— Maintenant, l'appel.[12] Larry Brown?
— **Présent**.
— Elaine Cooper?
— **Présente**.
— Shannon Kelly?
— (*silence*)
— **Absente**!

EXPLICATIONS . . . .

● En français, un nom (personne ou objet) est masculin ou féminin. Un nom est généralement précédé d'un article masculin ou féminin. Si le nom est masculin, l'article indéfini est **un**. Si le nom est féminin, l'article indéfini est **une**.

Masculin = **un**

C'est **un** étudiant.
C'est **un** homme.
C'est **un** ami.
C'est **un** livre.
C'est **un** crayon.
C'est **un** stylo.
C'est **un** bureau.
C'est **un** cahier.
C'est **un** tableau.
C'est **un** mur.

Féminin = **une**

C'est **une** étudiante.
C'est **une** femme.
C'est **une** amie.
C'est **une** gomme.
C'est **une** lampe.
C'est **une** table.
C'est **une** chaise.
C'est **une** porte.
C'est **une** fenêtre.

---

12. *Appel* (m.) = vérification de présence.

● Un adjectif est aussi masculin ou féminin.

Masculin	*Féminin*
un étudiant présent	une étudiante présent**e**
un étudiant absent	une étudiante absent**e**

REMARQUEZ: Un adjectif masculin en **-e** est invariable au féminin; le masculin est identique au féminin.

un homme extraordinai**re**   une femme extraordinai**re**

● **Qu'est-ce que c'est?** est une question qui demande l'identification d'un objet. La réponse est **C'est un ...** ou **C'est une ...** (ou **Je ne sais pas**).

Qu'est-ce que c'est?
C'est un tableau.
C'est une gomme.
Je ne sais pas.

● **Qui est-ce?** est une question qui demande l'identification d'une personne[13] (le nom de la personne, le prénom ou la catégorie professionnelle). La réponse est **C'est ...** (ou **Je ne sais pas**).

Qui est-ce?
C'est Claire.
C'est Madame Lambert.
C'est un professeur.[14]
Je ne sais pas.

EXERCICES ORAUX . . . .

D. Indiquez le masculin de ...

1. présente
2. extraordinaire
3. absente
4. une
5. autre
6. étudiante
7. amie
8. femme

---

13. Le nom *personne* est invariablement féminin: *Monsieur Lebrun est* **une** *personne extraordinaire!*
14. Le nom *professeur* est invariablement masculin: *Madame Lambert? C'est* **un** *professeur de français.*

E. **Identification.** Demandez *Qu'est-ce que c'est?* ou *Qui est-ce?* à un(e) camarade. RÉPONSE: *C'est un ... , C'est une ... , C'est ...*

F. **Identification.** Indiquez un objet ou une personne dans la classe et demandez *Qu'est-ce que c'est?* ou *Qui est-ce?* RÉPONSE: *C'est un ... , C'est une ... , C'est ...* ou *Je ne sais pas.*

BRUCE: *Qu'est-ce que c'est, Anne?*
ANNE: *C'est un tableau. Qui est-ce, Paul?*
PAUL: *C'est Susan. Qu'est-ce que c'est, Blair?*
BLAIR: *Je ne sais pas. Qu'est-ce que c'est, George?*
GEORGE: *C'est une chaise.*
etc.

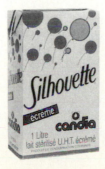

3 *C'est ... et Est-ce ... ?*

PRÉSENTATION . . . .

— **Est-ce** un cahier?
— Non, Madame, **c'est** un stylo.

EXPLICATIONS . . . .

● **C'est ...** = déclaratif.
Est-ce ... ? (inversion de *c'est*) = interrogatif (= question).

> —**Est-ce** un cahier?
> —Oui, **c'est** un cahier.

ATTENTION: Réponse à **Est-ce ... ?** = **Oui** ou **Non**.

> —Qu'est-ce que c'est? — C'est un stylo.
> *Mais:* —**Est-ce** un stylo? — **Oui**, c'est un stylo.
> —**Est-ce** un cahier? — **Non**, c'est un stylo.
>
> —Qui est-ce? — C'est Madame Charpentier.
> *Mais:* —**Est-ce** Madame Charpentier? — **Non**, c'est Mademoiselle La-
> pointe.

EXERCICES ORAUX . . . .

G. **Oui ou non?**   Voilà une réponse. Posez une question logique avec *est-ce*.

◯ Oui, c'est une chaise.
 Est-ce une chaise?

1. Oui, c'est une lampe.
2. Oui, c'est Jim.
3. Oui, c'est une gomme.
4. Oui, c'est un professeur.
5. Non, c'est un stylo.
6. Non, c'est Marc.
7. Oui, c'est un livre.
8. Non, c'est une porte.

H. **Identification.**   Voilà une réponse. Demandez *Qui est-ce?*, *Qu'est-ce que c'est?* ou *Est-ce ... ?*

 C'est un livre.
Qu'est-ce que c'est?

 Non, c'est un cahier.
Est-ce un livre? (une chaise? Charles? etc.)

1. C'est un cahier.
2. Oui, c'est un crayon.
3. C'est Dominique.
4. Non, c'est une table.
5. Oui, c'est un examen.

6. Oui, c'est un cours de français.
7. C'est Monique.
8. Non, c'est David.
9. C'est Monsieur Gagnier.
10. Non, c'est un professeur.

---

4   Comptez de 0 à 60

PRÉSENTATION ·

— Excusez-moi. Est-ce la salle[15] numéro 21?
— Non, c'est la salle numéro 11.
— Oh! pardon.

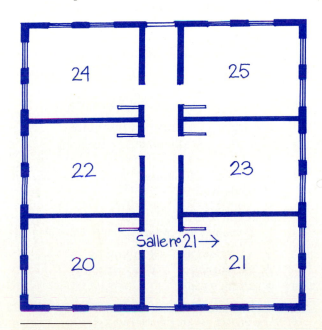

---

15. *Salle* (f.) = "room."

EXPLICATIONS . . . .

● Nombres

0 zéro	10 dix	20 vingt	40 quarante
1 un	11 onze	21 vingt et un	41 quarante et un
2 deux	12 douze	22 vingt-deux	42 quarante-deux
3 trois	13 treize	23 vingt-trois	43 quarante-trois
4 quatre	14 quatorze		
5 cinq	15 quinze	30 trente	50 cinquante
6 six	16 seize	31 trente et un	51 cinquante et un
7 sept	17 dix-sept	32 trente-deux	52 cinquante-deux
8 huit	18 dix-huit	33 trente-trois	53 cinquante-trois
9 neuf	19 dix-neuf		
			60 soixante

EXERCICES ORAUX . . . .

I. **Un cours de maths.**

   1. Comptez de 0 à 20 (de 21 à 40, de 41 à 60).
   2. Comptez de 10 à 1 (de 21 à 10, de 36 à 15, de 51 à 45).
   3. Continuez la série: 10, 20, 30, ... 60.
   4. Continuez la série: 5, 10, 15, ... 40.
   5. Continuez la série: 1, 3, 5, 7, ... 21.
   6. Continuez la série: 2, 4, 6, 8, ... 20.

J. Comptez le nombre d'étudiants et le nombre d'étudiantes de votre classe.

K. Identifiez le premier mot[16] à la page ...

   trente-trois   douze   quinze
   onze   quatorze   vingt-sept

L. **Numéro de téléphone?**   Voilà un numéro de téléphone. Prononcez à la française.

   ⌒ 45-02-31-22
      Quarante-cinq, zéro deux, trente et un, vingt-deux

   1. 43-25-03-29   *4.* 42-08-03-35
   2. 48-06-05-37   *5.* 44-57-33-21
   3. 47-06-23-40

---

16. *De* est un mot. *Un* est un mot. *Paris* est un mot. *Votre* est un mot, etc. Le premier mot du nom du livre est *Découverte*. Le premier mot de la page 10 est *Explications*.

5   Épelez et écrivez

PRÉSENTATION . . . .

— Maintenant écoutez. A ... B ... C ... D ... E ... etc. Qu'est-ce que c'est, tout le monde?
— C'est l'alphabet.
— A ... E ... I ... O ... U ... Qu'est-ce que c'est?
— C'est un groupe de voyelles.
— Bon. B ... C ... D ... F ... G ... etc. Qu'est-ce que c'est?
— C'est un groupe de consonnes.
— Remarquez que Y est normalement une voyelle (dans le mot *oxygène*, par exemple), mais aussi[17] une consonne (dans le mot *yaourt*, par exemple).
— Épelez votre prénom et votre nom de famille, s'il vous plaît, Monsieur.
— Je m'appelle Jean-François Pétard. J, E, A, N, trait d'union, F, R, A, N, C cédille, O, I, S. P, E accent aigu, T, A, R, D.

(spell)
épeler

EXPLICATIONS . . . .

● Alphabet

A [ɑ][18]	**J** [ʒi]	**S** [ɛs]
B [be]	**K** [kɑ]	**T** [te]
C [se]	**L** [ɛl]	**U** [y]
D [de]	**M** [ɛm]	**V** [ve]
E [ə]	**N** [ɛn]	**W** [dubləve]
F [ɛf]	**O** [o]	**X** [iks]
G [ʒe]	**P** [pe]	**Y** [igRɛk]
H [aʃ]	**Q** [ky]	**Z** [zɛd]
I [i]	**R** [ɛR]	

REMARQUEZ: G = [ʒe] et J = [ʒi].

17. *Aussi* = en plus.
18. C'est la prononciation du nom de la lettre en signe phonétique. Le signe phonétique est généralement utilisé par le dictionnaire.

● Accents et marques diacritiques

´	accent aigu	^	accent circonflexe
`	accent grave	¨	tréma
	ç et Ç		c cédille

étudiant	E **accent aigu**, T, U, D, I, A, N, T
très	T, R, E **accent grave**, S
fenêtre	F, E, N, E **accent circonflexe**, T, R, E
Noël	N, O, E **tréma**, L
ça	C **cédille**, A

● Signes de ponctuation

.	point
!	point d'exclamation
?	point d'interrogation
'	apostrophe
,	virgule
;	point-virgule
:	deux points
-	trait d'union

EXERCICES ORAUX . . . .

M. Récitez l'alphabet.

N. Épelez et écrivez au tableau:

1. mur	*7.* où	*12.* Marie-Hélène
2. stylo	*8.* très	*13.* Jeanne d'Arc
3. livre	*9.* fenêtre	*14.* Georges Pompidou
4. tableau	*10.* Noël	*15.* votre prénom
5. de	*11.* ça	*16.* votre nom de famille
6. ou		

O. **Dictée.**   Écoutez et écrivez au tableau.

1. Qu'est-ce que c'est?
2. C'est une chaise.
3. Mais non, c'est un crayon!
4. Numéro de téléphone: 44-11-22-55

Faites les exercices écrits dans le *Cahier d'exercices*.

Prononciation

EXPLICATIONS . . . .

● Articulation. Prononcez après le professeur.

bonjour	un tableau	un	six
monsieur	une porte	deux	sept
madame	et	trois	huit
mademoiselle	très bien	quatre	neuf
au revoir	répétez	cinq	dix

notre   **REMARQUEZ:** La prononciation de **monsieur** est très irrégulière: [məsjø]

● Syllabation. Prononcez après le professeur.

a / mi	me**r** / **c**i	**table**
b**u** / reau	pe**r** / **s**onne	for / mi / **dable**
m**a** / dame	a**b** / **s**ente	ré / **ponses**
fr**an** / çais	pro / fe**s** / seur	

● Accentuation. Prononcez après le professeur.

Bon**JOUR**.
Bonjour, Ma**DAME**.
C'est un profes**SEUR**.
C'est un professeur extraordi**NAIRE**.

● Intonation.

1. Déclaration

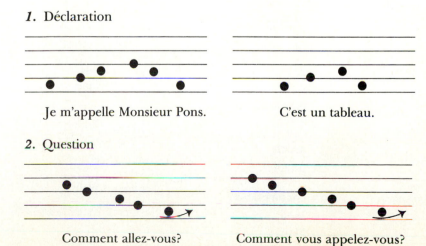

Je m'appelle Monsieur Pons.   C'est un tableau.

2. Question

Comment allez-vous?   Comment vous appelez-vous?

EXERCICE ORAL . . . .

P. Répétez après le professeur.

1. Comment vous appelez-vous?
2. Je m'appelle Jean.
3. Bonjour, Monsieur. Comment allez-vous?
4. Qu'est-ce que c'est?
5. C'est une chaise.

Faites les exercices de laboratoire dans le *Cahier d'exercices.*

Vocabulaire

noms

ami / amie *m./f.*
anglais *m.*
bureau *m.*
cahier *m.*
chaise *f.*
classe *f.*
cours *m.*
crayon *m.*
étudiant / étudiante *m./f.*
femme *f.*
fenêtre *f.*
français *m.*
gomme *f.*
groupe *m.*
homme *m.*
lampe *f.*
livre *m.*
madame *f.*
mademoiselle *f.*
monsieur *m.*
mot *m.*
mur *m.*
Noël *m.*
nom (de famille) *m.*
numéro (de téléphone) *m.*
porte *f.*
prénom *m.*
professeur *m.*
stylo *m.*
table *f.*
tableau *m.*

adjectifs

absent(e)
autre
extraordinaire
premier(première)
présent(e)
votre

adverbes

aussi
bien
maintenant
non
oui
très

pronoms

ça
je
moi
toi
tout le monde
vous

article

un/une

conjonctions

et
mais
ou

prépositions

avec
dans
de

autres expressions

à bientôt
à demain
au revoir
bonjour
ça va
c'est ...
ciao
comment allez-vous?
comment ça va?
comment vous appelez-vous?
est-ce ...?
et toi?
et vous?
je m'appelle ...
je ne sais pas
merci
pardon
pas mal
qu'est-ce que c'est?
qui est-ce?
salut
s'il vous plaît
très bien
voilà

nombres

zéro
un
deux
trois
quatre
cinq
six
sept
huit
neuf
dix
onze
douze
treize
quatorze
quinze
seize
dix-sept
dix-huit
dix-neuf
vingt
trente
quarante
cinquante
soixante

Échanges

Un monsieur présente une jeune fille à une dame

— Bonjour, Madame, je vous présente Mademoiselle Lecerf. (*à Mlle Lecerf*) ... Madame Duval.

— Bonjour, Madame. Je suis très heureuse de faire votre connaissance.

— Enchantée, Mademoiselle. ... Eh bien, Monsieur, Mademoiselle, voilà mon bus. Je vous dis au revoir ... et à bientôt.

— Au revoir, Madame. Au plaisir.

Une étudiante présente une amie à un autre étudiant

— Salut, Sylvie! ... Tiens![1] Tu connais Paul?

— Très heureux.

— Moi aussi.

— Alors, Sylvie! Ça va?

— Oui ... La classe d'anglais est formidable et le prof est super. En fait, tout le monde est extra.[2] Et toi? Ça va?

— Comme ci, comme ça.[3] J'adore la classe d'anglais, mais le reste ... je ne sais pas. C'est une autre histoire. Ciao! À demain.

— Ciao!

1. *Tiens!* = expression de surprise.
2. *Super, extra, formidable* (formules d'exagération) = très, très, très bien.
3. *Comme ci, comme ça* = "so-so."

2

DEUXIÈME LEÇON

Au Centre national
d'art et de culture
Georges-Pompidou

1   Identification générique et spécifique

PRÉSENTATION

— Voilà **un** sac. Est-ce **un** sac ordinaire?
— Non, c'est **un** sac particulier. C'est **le** sac de Diane.
— Très bien. Et ça, est-ce **une** clé ordinaire?
— Non, Monsieur, c'est **une** clé particulière. C'est **la** clé de **l'**auto de Diane.

EXPLICATIONS

● **Un** est un article indéfini masculin.
  Une est un article indéfini féminin. } = identification générique

     Voilà **un** sac.
     Voilà **une** clé.

● **Le** est un article défini masculin.
  La est un article défini féminin. } = identification spécifique

     C'est **le** sac de Michèle.
     C'est **la** clé de Madame Lambert.

REMARQUEZ: Élision:

$$\left.\begin{matrix} le \\ la \end{matrix}\right\} + \left\{\begin{matrix} \text{voyelle} \\ h \end{matrix}\right\} \rightarrow \mathbf{l'}$$

     C'est **l'**ami de Jacques.
     C'est **l'**histoire de France.

EXERCICES ORAUX . . . .

A. Possession et possesseur. Indiquez un objet ou une personne dans la classe (*Voilà ...*) et identifiez le possesseur avec l'expression *C'est le(la) ... de* + personne dans la classe.

⌒ livre
   Voilà un livre. C'est le livre de Georges.

1. clé   *5.* portefeuille ᵐ   *9.* livre
2. chaise   *6.* gomme   *10.* classe
3. stylo   *7.* bureau   *11.* ami
4. sac   *8.* peigne ᵐᵇ   *12.* étudiante
                        ᶜᵒᵐᵇ

B. Dans le vestiaire. Demandez à un(e) camarade d'identifier le possesseur.

⌒ sac / Monsieur Dupont

VOUS: *Est-ce le sac de Monsieur Dupont?*
CAMARADE: *Mais non. C'est le sac de Madame Renaud.*

1. le chemisier / Monsieur Dupont
2. la chemise / Serge
3. le chapeau / Madame Renaud
4. le pull-over / Monsieur Dupont
5. le maillot de corps / Madame Renaud
6. la robe / Serge
7. la jupe / Monsieur Dupont
8. le costume / Nathalie
9. la cravate / Nathalie
10. le pantalon / Madame Renaud

Faites les exercices écrits dans le *Cahier d'exercices.*

---

2 Le pluriel

PRÉSENTATION . . . .

— Qu'est-ce que c'est?
— C'est un doigt, Madame.
— Oui, et voilà un autre doigt ... et aussi un autre doigt. Voilà **des** doigts. Montrez-moi **des** mains.
— Voilà une main et aussi une autre main. Voilà **des** mains.

— Voilà l'œil de Jeanne et voilà l'autre œil de Jeanne. Voilà **les** yeux[1] de Jeanne. Maintenant, montrez-moi **les** oreilles de David.
— Voilà l'oreille de David et voilà l'autre oreille de David. Voilà **les** oreilles de David.

— Maintenant, qu'est-ce que c'est?
— C'est le pied de Bill.
— Bien. Et qu'est-ce que c'est?
— C'est l'autre pied de Bill.
— Et les deux ensemble?[2]
— **Ce sont** des pieds; **ce sont** les pieds de Bill.

---

1. Un *œil* + un *œil* = deux *yeux.* C'est un pluriel irrégulier.
2. *Les deux ensemble* = l'un et l'autre.

EXPLICATIONS . . . .

● Le pluriel de *un* et *une* est **des.**

> **un** œil   **des** yeux
> **une** oreille   **des** oreilles

● Le pluriel de *le, la* et *l'* est **les.**

> **le** gant   **les** gants
> **la** chaussure   **les** chaussures
> **l'**appartement   **les** appartements

● Le pluriel de *c'est* est **ce sont.**

> **C'est** un homme.   **Ce sont** des hommes.
> **C'est** le professeur de français.   **Ce sont** les professeurs de
>   français.

● Le **-s** est un signe graphique du pluriel. Le **-s** pluriel est muet.[3]

> une main   des mains
> le pied de Charles les pieds de Charles

● Un adjectif est aussi singulier ou pluriel.

> *singulier*   un homme extraordinaire
>   une femme extraordinaire
>
> *pluriel*   des hommes extraordinaire**s**
>   des femmes extraordinaire**s**

EXERCICES ORAUX . . . .

C. **Ce sont ...**   Un objet est dans un sac. Deux objets sont dans deux sacs. Dites au pluriel.

◠ C'est un sac.
  Ce sont des sacs.

1. C'est un calendrier.
2. C'est un crayon.
3. C'est une gomme.
4. C'est un stylo.
5. C'est une clé.
6. C'est une cravate.

7. C'est une adresse importante.
8. C'est une chaussette.
9. C'est un portefeuille.
10. C'est un numéro de téléphone important.

---

3. *Muet* (*te*) = non prononcé, silencieux.

D. Qu'est-ce que c'est?   *Des* vêtements ou *un* vêtement? Répondez au singulier.

⌒ Ce sont des vêtements?   *Non, c'est un vêtement.*

1. Ce sont des chemises?
2. Ce sont des chemisiers?
3. Ce sont des jupes?
4. Ce sont des pantalons?
5. Ce sont des chaussures?
6. Ce sont des robes?
7. Ce sont des poches?[4]
8. Ce sont des chapeaux?
9. Ce sont des chaussettes?
10. Ce sont des gants?

E. Dans la classe d'anglais.   Dites au pluriel.

⌒ C'est le crayon de Marie.   *Ce sont les crayons de Marie.*

1. C'est la gomme de Charles.
2. C'est le livre de Raymond.
3. C'est le cahier d'exercices de Jocelyne.
4. C'est la composition de Brigitte.
5. C'est l'examen d'anglais.

F. Qui est-ce?   Dites au singulier.

⌒ Ce sont les étudiants de Madame Plouf.
C'est l'étudiant de Madame Plouf.

1. Ce sont les étudiantes de Madame Plouf.
2. Ce sont les enfants[5] de Monsieur et Madame Plouf.
3. Ce sont les professeurs de français.
4. Ce sont les amies de Georges.
5. Ce sont les amis de Françoise.

G. Parties du corps.   Dites au pluriel.

⌒ C'est une main.
Ce sont des mains.

⌒ C'est la main de Madame Guillaume.
Ce sont les mains de Madame Guillaume.

1. C'est un pied.
2. C'est le pied de Martin.
3. C'est un œil.
4. C'est l'œil de Josette.
5. C'est une oreille.
6. C'est l'oreille de Claudette.
7. C'est un doigt.
8. C'est le doigt de votre main.

Faites les exercices écrits dans le *Cahier d'exercices.*

---

4. *Poche* (f.) = "pocket."
5. *Enfant* (m./f.) = "child."

---

3 | Identification précise; les contractions *du* et *des*

PRÉSENTATION . . . .

— Voilà un peigne. Est-ce le peigne **de** Jeanne?
— Non, Monsieur. C'est le peigne **de l'**autre étudiante—Diane.
— Bon. Et ça, est-ce le portefeuille **du** professeur **de** français?
— Non, c'est le portefeuille **de** Diane.
— Bien. Voilà votre sac, Diane. Merci.
— De rien,[6] Monsieur.
— Maintenant, montrez-moi les pieds **des** étudiants **de la** classe de français.
— Eh bien. Voilà les pieds **de** David, les pieds **de** Jeanne, etc. Ce sont les pieds **des** étudiants.

EXPLICATIONS . . . .

● | Nom + **de** + $\left\{\begin{array}{l}\text{nom propre} \\ \text{article défini + nom commun}\end{array}\right\}$ = identification précise (du possesseur, etc.)

Est-ce le livre **de Jeanne** ou **de Jean?**
Est-ce le livre **de la dame?**
Non, c'est le livre **du professeur**! C'est le livre **de M. Hébert.**

ATTENTION: *de* + *le* → **du**; *de* + *les* → **des**. Ce sont des contractions obligatoires.

Voilà le professeur **du** cours d'anglais.
Est-ce la clé de l'auto **du** professeur?
Ce sont les amis **des** étudiants?
Non, ce sont les amis **des** parents **des** étudiants.

---

6. *De rien* = expression de politesse, réponse à *Merci*.

EXERCICES ORAUX . . . .

H. Les vêtements.   Maintenant, montrez un vêtement sur une personne de la classe et indiquez le possesseur (*l'étudiant, l'étudiante, le professeur*).

cardigan
Voilà le cardigan de l'étudiante.

1. chemisier	**5.** pull-over	**8.** costume
2. chemise	**6.** robe	**9.** cravate
3. chapeau	**7.** jupe	**10.** pantalon
4. sac		

Ce sont les pieds des étudiants.

I. **Qu'est-ce que c'est?** Précisez.

⌒ les prénoms / les enfants
   Ce sont les prénoms des enfants.

   1. les livres / les étudiantes
   2. les dictionnaires / les professeurs d'anglais
   3. les portefeuilles / les étudiants
   4. la musique / les Beatles

Faites les exercices écrits dans le *Cahier d'exercices.*

Genre de certains noms

EXPLICATIONS . . . .

- Les noms terminés en **-sion** et **-tion** sont généralement[7] féminins.

l'élision	la décision	l'inversion	la division
la situation	la composition	la définition	la question

  REMARQUEZ: En français, le sens des mots en **-sion** et **-tion** est comparable au sens des mêmes mots en anglais.

- Les noms terminés en **-té** sont généralement féminins.

   la réalité   la vérité   la curiosité   la fatalité

  REMARQUEZ: En français, le sens des mots en **-té** est généralement comparable au sens des mots similaires en *-ty* en anglais.

- Les noms terminés en **-ment** sont généralement masculins.

   un appartement   un instrument
   le développement   un élément

- Les noms terminés en **-eau** sont généralement masculins.

   le château   le chapeau

---

7. Remarquez la terminaison adverbiale *-ment* qui correspond à *-ly* en anglais: *généralement* = general**ly**.

EXERCICE ORAL . . . .

J. **Genre.**   Dites si le mot donné est masculin ou féminin.

1. révolution   6. événement
2. l'arrondissement   7. répétition
3. difficulté   8. tableau
4. bureau   9. addition
5. beauté   10. liberté

| **4** | **Comptez de 60 à 1.000.000.000[8]** |

PRÉSENTATION . . . .

— Quel est[9] votre numéro de téléphone?
— C'est le 827-6897.
— Et quelle est votre adresse?
— C'est 184, rue Harmon.
— Et votre code postal?
— Le code postal est 95073.

---

8. Remarquez l'emploi du point (.) et de la virgule (,) avec les nombres: 1.000 = «mille»;
   2 1/2 = 2,5 = «deux virgule cinq».
9. *Quel(le) est ...* = indiquez.

EXPLICATIONS . . . .

● Nombres

60	soixante	80	quatre-vingts	100	cent
61	soixante et un	81	quatre-vingt-un	101	cent un
62	soixante-deux	82	quatre-vingt-deux	102	cent deux
63	soixante-trois	83	quatre-vingt-trois		
64	soixante-quatre	84	quatre-vingt-quatre	200	deux cents
65	soixante-cinq	85	quatre-vingt-cinq	201	deux cent un
66	soixante-six	86	quatre-vingt-six	202	deux cent deux
67	soixante-sept	87	quatre-vingt-sept		
68	soixante-huit	88	quatre-vingt-huit	300	trois cents
69	soixante-neuf	89	quatre-vingt-neuf	301	trois cent un
				302	trois cent deux
70	soixante-dix	90	quatre-vingt-dix		
71	soixante et onze	91	quatre-vingt-onze		
72	soixante-douze	92	quatre-vingt-douze	1.000	mille
73	soixante-treize	93	quatre-vingt-treize	1.001	mille un
74	soixante-quatorze	94	quatre-vingt-quatorze		
75	soixante-quinze	95	quatre-vingt-quinze	2.000	deux mille
76	soixante-seize	96	quatre-vingt-seize	2.001	deux mille un
77	soixante-dix-sept	97	quatre-vingt-dix-sept		
78	soixante-dix-huit	98	quatre-vingt-dix-huit		
79	soixante-dix-neuf	99	quatre-vingt-dix-neuf		

1.000.000   un million   1.000.000.000   un milliard

EXERCICES ORAUX . . . .

K. **Un cours de maths.**

1. Comptez de 1 à 39 (de 40 à 79, de 80 à 110, de 990 à 1.004).
2. Continuez la série: 100, 190, 195, 200, 290, 295, ... 500.
3. Continuez la série: 68, 78, 88, 98, 108, 118, ... 208.
4. Indiquez les numéros: 81, 891, 777, 1066, 1492, 1789.

L. **Statistiques.**   Indiquez le nombre ...

1. d'étudiants dans l'université (plus ou moins[10]).
2. de pages dans *Découverte et Création*.
3. de lettres dans l'alphabet.
4. de jours dans le mois de février.
5. de jours en 1990 (ou 1991, 1992, etc.).

---

10. *Plus ou moins* = approximativement.

PATISSIER
CHOCOLATIER
GLACIER

Kubler
29, avenue des Vosges
Strasbourg
Tél. 35.22.27

LIVRAISONS A DOMICILE

M. **Découverte.** Identifiez le premier mot à la page ...

1. trois cent quatre-vingt douze.
2. cent soixante-dix-huit.
3. quatre cents.
4. quatre cent quarante-quatre.
5. cent un.
6. soixante-seize.

N. **Votre numéro?** Quel est votre numéro de téléphone?

942-8314
C'est le neuf cent quarante-deux–quatre-vingt-trois–quatorze.

— Faites les exercices écrits dans le *Cahier d'exercices.*

5 Le calendrier

PRÉSENTATION . . . .

— Voilà un calendrier pour l'année. **Quelle est la date aujourd'hui?**
— Aujourd'hui, **c'est le 1er septembre 1990. C'est mercredi 1er septembre.**
— Et demain?
— Demain, **c'est le 2 septembre 1990—jeudi 2 septembre.**
— Et hier?
— **Mardi 31 août**, Monsieur.

— **Le dimanche**, est-ce un jour de classe?
— Non, **le samedi** et **le dimanche**, ce sont des jours de repos. C'est le week-end.

EXPLICATIONS   . . . .

L M M J V S D
1 2 3
4 5 6 7 8 9 10
11 12 13 14 15 16 17
18 19 20 21 22 23 24
25 26 27 28 29 30 31

déc. | janv.

	matin	après-midi
LUNDI **28** Sts Innocents	8 ___ 9 ___ 10 ___ 11 ___ 12 ___ 13 ___	14 ___ 15 ___ 16 ___ 17 ___ 18 ___ 19 ___
MARDI **29** St David	8 ___ 9 ___ 10 ___ 11 ___ 12 ___ 13 ___	14 ___ 15 ___ 16 ___ 17 ___ 18 ___ 19 ___
MERCREDI **30** St Roger	8 ___ 9 ___ 10 ___ 11 ___ 12 ___ 13 ___	14 ___ 15 ___ 16 ___ 17 ___ 18 ___ 19 ___
JEUDI **31** St Sylvestre	8 ___ 9 ___ 10 ___ 11 ___ 12 ___ 13 ___	14 ___ 15 ___ 16 ___ 17 ___ 18 ___ 19 ___
VENDREDI **1** Jour de l'an	8 ___ 9 ___ 10 ___ 11 ___ 12 ___ 13 ___	14 ___ 15 ___ 16 ___ 17 ___ 18 ___ 19 ___
SAMEDI **2** St Basile	8 ___ 9 ___ 10 ___ 11 ___ 12 ___ 13 ___	14 ___ 15 ___ 16 ___ 17 ___ 18 ___ 19 ___
DIMANCHE **3** Epiphanie		

●   Les jours de la semaine

lundi	**vendredi**
mardi	**samedi**
mercredi	**dimanche**
jeudi	

● Les mois de l'année

janvier	mai	septembre
février	juin	octobre
mars	juillet	novembre
avril	août	décembre

● **Le** devant le nom du jour signifie «en général». **Le lundi** = tous les lundis.

Aujourd'hui, c'est vendredi. Demain, c'est samedi.
Mais: En France, la semaine commence **le** lundi. **Le** samedi et **le** di-manche, c'est le week-end.

● La date

1. Questions: Quelle est la date?
                          Quelle est la date aujourd'hui?
2. Le jour précède le mois.

Réponse: C'est le 15 septembre.
Date complète: { Aujourd'hui, c'est mercredi 15 septembre 1990.
                          { Aujourd'hui, c'est le 15 septembre 1990.
Forme abrégée: 15/9/90

REMARQUEZ: C'est le **2** (**deux**), le **3** (**trois**), le **4** (**quatre**), etc., mais le **1er** (**premier**).

3. Voilà deux variantes pour exprimer l'année:

1991   { = **mille neuf cent** quatre-vingt-onze
           { = **dix-neuf cent** quatre-vingt-onze

EXERCICES ORAUX . . . .

0. **Quel jour est-ce?**   Indiquez le jour de la semaine.

⌓ aujourd'hui
   C'est lundi.

1. aujourd'hui   *4.* votre jour préféré[11]
2. hier   *5.* un jour de classe
3. demain   *6.* un jour de repos

_____

11. *Préféré(e)* = favori(favorite).

P. Les fêtes.   Quel est le mois des fêtes indiquées?

⌒ l'anniversaire des présidents Washington et Lincoln
  C'est le mois de février.

  1. Noël et Chanukah
  2. l'anniversaire de Martin Luther King
  3. la fête nationale américaine
  4. la fête nationale française
  5. la Saint-Patrick
  6. la Saint-Valentin
  7. Halloween
  8. Thanksgiving

Q. Lundi ou le lundi?   Finissez les phrases. Employez un jour de la semaine (par exemple, *lundi* ou *le lundi*).

⌒ Mon jour préféré est ...
  Mon jour préféré est le samedi.

⌒ Le premier examen de français est ...
  Le premier examen de français est vendredi.

  1. Le premier jour des cours chaque[12] semaine est ...
  2. Les jours du week-end sont ... et ...
  3. Aujourd'hui, c'est ...
  4. Le premier jour de la semaine du calendrier américain est ...
  5. Le premier jour de la semaine du calendrier français est ...

R. Dates importantes.   Indiquez les dates.

⌒ 11/11/18
  C'est le onze novembre mille neuf cent dix-huit. ou
  C'est le onze novembre dix-neuf cent dix-huit.

  1. 8/5/45
  2. 1/6/58
  3. 3/7/62
  4. 26/8/77
  5. 14/7/89

—Faites les exercices écrits dans le *Cahier d'exercices.*

---

12. *Chaque* = "each."

Prononciation

EXPLICATIONS . . . .

- Les voyelles[13]

1. Variations de la prononciation de **e**

e = [ə]	le, mercredi
e + consonne prononcée = **è** = **ê** = **ë** = [ɛ]	merci, très, fenêtre, Noël
er final = **ez** final = **é** = [e]	premier, demandez, étudiant

2. La prononciation d'autres voyelles

i = **ie** final = **y** = [i]	ami, amie, stylo
ai final = [e]	j'ai
ATTENTION: **ai** = [ɛ]	mais
a = **à** = [a]	cahier, ça, voilà
â = [ɑ]	théâtre
o + consonne prononcée = [ɔ]	objet, porte
au = **eau** = **o** final = **ô** = [o]	stylo, bientôt, aussi, tableau
ou = [u]	bonjour
u = [y]	une
eu = **eux** = **œu** = [ø]	adieu, deux, jeudi, œufs
eu = **œu** = [œ]	professeur, cœur
oi = [wa]	mademoiselle

3. Les voyelles nasales

aim = **ain** = **ein** = **im** = **in** = **ym** = **yn** = [ɛ̃]	faim, demain, peinture, improvisation, vingt, symphonie, synthèse
am = **an** = **em** = **en** = [ɑ̃]	lampe, enfant, membre
om = **on** = [ɔ̃]	nom, non
um = **un** = [œ̃]	parfum, un[14]

---

13. Ce sont des règles générales.
14. En français moderne, la distinction entre [œ̃] et [ɛ̃] disparaît. [ɛ̃] remplace graduellement [œ̃].

EXERCICES ORAUX . . . .

S. Prononcez les groupes de mots. La prononciation des voyelles indiquées est identique.

1. que / leçon / repos
2. chaise / fête / plaît / adresse
3. prénom / allez / année / chemisier
4. vous / douze / jour
5. bureau / salut / mur
6. auto / autre / maillot / bientôt
7. gomme / comment / poste
8. jeudi / deux yeux
9. professeur / peuple / cœur
10. madame / ça va / date / classe
11. théâtre / château / bâtiment
12. stylo / six / histoire / système
13. voilà / doigt / Antoine / histoire
14. demain / cinq / quinze / simple / symphonie
15. français / absent / trente / lampe / novembre
16. bon / monde / onze / nombre
17. un / lundi / humble

T. Prononcez les groupes de mots.

1. cou / cours / corps
2. cours / cœur / cure
3. vaux / votre / veux
4. pot / port / pour / pure
5. chez / chaise / chemise
6. nez / mais / mère / marre / ma
7. mont / ment / main / Maine / mine
8. beau / Beaune / bon / bonne
9. femme / faim / fin / fine
10. son / sent / saint / Seine / scène
11. ta / toi / temps / septembre / Antoine
12. saint / synthèse / symbole
13. un / une / unité
14. noter / non / nom / nombre

Exercices de conversation

A. Discutez les questions.

    1. Regardez la photo à gauche.[15]
        a. Quelle est la date de la révolution?
        b. Est-ce la révolution du peuple?[16]
    2. Regardez la photo à droite.
        a. Quelle est la date de la révolution? (Imaginez.)
        b. Est-ce la révolution du peuple?
        c. Indiquez les vêtements sur la photo.

La Sculpture représente le peuple en révolution.

Et la révolution continue maintenant.

15. ← *à gauche* ≠ *à droite* →
16. *Peuple* (m.) = la nation.

B. En groupes de trois personnes, montrez dix objets dans la classe et indiquez le possesseur selon[17] le modèle. Suggestions d'objets:

> parties de la salle
> objets dans un sac ou dans une poche
> objets pour la classe
> vêtements

ÉTUDIANT(E) #1: *Voilà une chemise.*
ÉTUDIANT(E) #2: *Est-ce la chemise du professeur?*
ÉTUDIANT(E) #3: *Non, c'est la chemise de Greg. Voilà un mur.*
ÉTUDIANT(E) #1: *Est-ce le mur de la classe?*
ÉTUDIANT(E) #2: *Oui, c'est le mur de la classe. Voilà une ...*
etc.

Lecture

CONSEILS/ACTIVITÉS AVANT LA LECTURE . . . .

Le texte «L'Importance de la date» contient des éléments (vocabulaire, structures, phrases) familiers. Certains mots sont nouveaux[18] mais faciles parce que ce sont des mots apparentés («**cousins**») en français et en anglais: **attaque**, **majorité**, **déclaration**, etc. Certains mots sont compréhensibles à cause du contexte: **prise, États-Unis, Vive!, À bas!**

Par exemple, quel est le sens des mots en italique?

1. Washington, D.C., est la capitale des *États-Unis*.
2. En 1864, le Général Sherman annonce *la prise* de Savannah. En 1940, Hitler annonce *la prise* de Paris.
3. *Vive* la liberté! *À bas* la tyrannie!

---

17. *Selon* = en conformité avec.
18. *Nouveau(nouvelle)* = "new." *Nouveaux* est masculin pluriel.

L'IMPORTANCE DE LA DATE

PROFESSEUR: Quelle est la date de la fête nationale française?

ÉTUDIANT: C'est le 14 juillet, Monsieur.

PROFESSEUR: Très bien. Et pourquoi est-ce le 14 juillet?

ÉTUDIANT: Je ne sais pas, Monsieur.

PROFESSEUR: Parce que le 14 juillet est l'anniversaire de l'attaque de la Bastille par le peuple de Paris. C'est «la prise de la Bastille», le 14 juillet 1789. Et quelle est la date de la fête nationale américaine?

TOUT LE MONDE: C'est le 4 juillet.

PROFESSEUR: Pourquoi?

TOUT LE MONDE: Parce que le 4 juillet est l'anniversaire de la signature de la déclaration de l'indépendance des États-Unis.

PROFESSEUR: Excellent! Et quelle est la date de l'examen?

TOUT LE MONDE: (silence)

ÉTUDIANT: L'examen est éliminé, Monsieur. C'est la décision de la majorité de la classe. C'est une démocratie, la démocratie du peuple, par le peuple et pour le peuple. Vive le peuple! Vive la classe de français! À bas l'examen!

La prise de la Bastille

QUESTIONS SUR LA LECTURE . . . .

1. Est-ce que le professeur de la lecture accepte la décision de la classe? Est-ce que l'attitude de votre professeur est démocratique?

2. Indiquez l'année d'une ou deux autres révolutions.

3. La prise de quelle ville[19] ou de quelle région est une date importante de la révolution américaine?

4. Quelles sont les dates importantes de l'histoire de votre université ou de votre collège?

Faites les exercices de laboratoire dans le *Cahier d'exercices*.

----

19. New York est une *ville*, Boston est une *ville*, Chicago est une *ville*, Los Angeles est une *ville*, etc.

Échanges

— On est quel jour[1] aujourd'hui ... mercredi ou jeudi?

— C'est vendredi, mon vieux[2] ... le 10 octobre.

— Zut![3] Demain, c'est l'anniversaire de Jean-Paul. Vite, vite, une carte marrante.[4]

1. *On est quel jour?* = Quel jour est-ce?
2. *Mon vieux* = mon ami.
3. *Zut!* est une interjection d'exaspération.
4. *Marrant(e)* = drôle.

Vocabulaire

noms

adresse *f.*
année *f.*
anniversaire *m.*
auto *f.*
calendrier *m.*
clé *f.*
code postal *m.*
décision *f.*
démocratie *f.*
dictionnaire *m.*
enfant *m./f.*
examen *m.*
fête *f.*
histoire *f.*
importance *f.*
jour *m.*
leçon *f.*
majorité *f.*
mois *m.*
peigne *m.*
peuple *m.*
poche *f.*
portefeuille *m.*
repos *m.*
rue *f.*
sac *m.*
salle *f.*
semaine *f.*
silence *m.*
téléphone *m.*
week-end *m.*

vêtements

chapeau *m.*
chaussette *f.*
chaussure *f.*
chemise *f.*
chemisier *m.*
costume *m.*
cravate *f.*
gant *m.*
jupe *f.*
maillot (de corps) *m.*
pantalon *m.*
pull-over *m.*
robe *f.*
vêtement *m.*

parties du corps

doigt *m.*
main *f.*
œil *m.*
oreille *f.*
pied *m.*
yeux *m.pl.*

jours de la semaine

lundi *m.*
mardi *m.*
mercredi *m.*
jeudi *m.*
vendredi *m.*
samedi *m.*
dimanche *m.*

mois de l'année

janvier *m.*
février *m.*
mars *m.*
avril *m.*
mai *m.*
juin *m.*
juillet *m.*
août *m.*
septembre *m.*
octobre *m.*
novembre *m.*
décembre *m.*

adjectifs

américain(e)
chaque
national(e)
ordinaire
parfait(e)
particulier(particulière)
préféré(e)

adverbes

aujourd'hui
demain
ensemble
hier
pourquoi

articles

des
le/la/l'
les

conjonctions

parce que

prépositions

à
par
pour
sur

autres expressions

ce sont
de rien
eh bien
quel(le) est ...

nombres

soixante-dix
quatre-vingts
quatre-vingt-dix
cent
mille
million *m.*
milliard *m.*

3

TROISIÈME
LEÇON

● ●

1 Les pronoms *il, elle, ils* et *elles*

PRÉSENTATION

— Le restaurant des professeurs est excellent!
— Oui ... d'accord ... **Il** est formidable.
— Et la cafétéria des étudiants?
— Oh là là! **Elle** est très mauvaise!

— Les examens du cours de français sont difficiles?
— **Ils** sont peut-être[1] très difficiles, mais les étudiants sont contents.
— Et les étudiantes aussi?
— Oui, **elles** sont contentes aussi.
— Pourquoi?
— Parce que les explications du professeur sont claires.
— **Elles** sont aussi faciles?
— Non, **elles** sont simplement très claires. C'est un bon professeur.

EXPLICATIONS

● La répétition du nom est possible, mais le pronom sujet est souvent[2] préférable.

> *Possible:* Jean-Claude est en forme?[3] Oui, Jean-Claude est en forme.
> *Préférable:* Jean-Claude est en forme? Oui, **il** est en forme.

---

1. *Peut-être* = c'est possible.
2. *Souvent* = fréquemment. C'est le contraire de *rarement*.
3. *En forme* = dans une condition excellente.

● **Il** remplace un nom *masculin singulier*.
Elle remplace un nom *féminin singulier*.
Ils remplace un nom *masculin pluriel*.
Elles remplace un nom *féminin pluriel*.

L'examen est difficile.	**Il** est difficile.
Irène est dans la salle de classe.	**Elle** est dans la salle de classe.
Christian et Georges sont absents.	**Ils** sont absents.
Les leçons sont faciles.	**Elles** sont faciles.

REMARQUEZ: Avec un couple ou un groupe mixte (masculin et féminin), le pronom est masculin pluriel **(ils)**.

Voilà *Suzanne, Brigitte, Caroline et Marc.* **Ils** sont très contents.

EXERCICES ORAUX ....

A. **Affirmation.**   Dites que vous êtes d'accord. Changez le sujet en pronom.

⌒ Les robes de Joan Collins sont extravagantes.
Oui, d'accord. Elles sont extravagantes.

1. La porte de Graceland est énorme.
2. Le talent de Meryl Streep est aussi énorme.
3. L'auto de Batman est extraordinaire.
4. Les tableaux de Picasso sont formidables.
5. Les lampes de Tiffany sont parfaites.
6. Les restaurants McDonald's sont américains.
7. Charles et Diane sont ensemble.
8. Arnold Schwarzenegger est en excellente forme.
9. La condition physique d'Arnold Schwarzenegger est excellente.
10. Les idées de Mikhaïl Gorbatchev sont révolutionnaires.

B. **La classe de français.**   Évaluez votre classe.

⌒ Est-ce que le tableau est grand ou petit?[4]
Il est grand.

1. Est-ce que les chaises sont confortables ou inconfortables?
2. Est-ce que les fenêtres sont grandes ou petites?
3. Est-ce que la salle de classe est agréable ou désagréable?
4. Est-ce que le livre est bon ou mauvais?
5. Est-ce que les leçons sont simples ou complexes?

---

4. *Grand(e)* ≠ *petit(e)*: Ce sont des désignations contraires des dimensions (verticale ou en volume).

6. Est-ce que les exercices sont faciles ou difficiles?
7. Est-ce que le professeur est français ou américain?
8. Est-ce que les étudiants sont excellents ou <u>médiocres</u>?

Faites les exercices écrits dans le *Cahier d'exercices*.

2   L'accord et les formes de l'adjectif; les adjectifs de nationalité

PRÉSENTATION . . . .

— Est-ce que votre livre est **ouvert**?
— Non, il est **fermé**.
— Eh bien, est-ce que les cahiers de la classe sont **ouverts**?
— Non, ils sont aussi **fermés**.
— Mais la porte est **ouverte**?
— Non, elle est **fermée** aussi.
— Les fenêtres sont certainement **ouvertes**.
— Non, elles sont **fermées** aussi. Les étudiants sont **attentifs** quand[5] les livres, les cahiers, les portes et les fenêtres sont **fermés**. Mais, naturellement, les yeux, les oreilles et les bouches sont **ouverts**.

— David est **américain**. Il est de Kansas City, une ville **américaine**.
— Et Monsieur Thibodeau est **français**? Il est de Marseille?
— Non, il est **canadien** ... <u>de</u> Trois-Rivières, une ville **québécoise**.

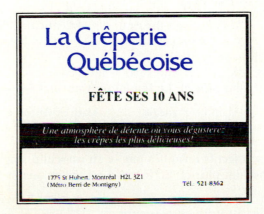

La Crêperie
Québécoise

FÊTE SES 10 ANS

Une atmosphère de détente où vous dégusterez les crêpes les plus délicieuses!

1775 St-Hubert. Montréal H2L 3Z1
(Métro Berri-de-Montigny)   Tél. 521-8362

---

5. *Quand* (conjonction de temps) = à un moment où.

EXPLICATIONS . . . .

● L'accord des adjectifs

1. Quand le nom (ou le pronom) est masculin singulier, l'adjectif est masculin singulier.

Thomas est **présent**.

2. Quand le nom (ou le pronom) est féminin singulier, l'adjectif est féminin singulier.

Thérèse est **présente**.

3. Quand le nom (ou le pronom) est masculin pluriel, l'adjectif est masculin pluriel.

Robert et Guillaume sont **présents**.

4. Quand le nom (ou le pronom) est féminin pluriel, l'adjectif est féminin pluriel.

Caroline et Michèle sont **présentes**.

5. Avec un nom masculin et un nom féminin, l'adjectif est masculin pluriel.

Un garçon et trois jeunes filles sont **présents**.

● Les formes des adjectifs

1. Les formes normales

Jean-Paul est présent.   Étienne et Gilles sont présent**s**.
Brigitte est présent**e**.   Yvette et Solange sont présent**es**.

2. Les adjectifs terminés par **-s** au masculin singulier sont identiques au masculin pluriel. Le féminin est normal (**-e**, **-es**).

Alain est français.   Alain et Antoine sont français.
Mais: Alice est français**e**.   Alice et Annick sont français**es**.

3. Les adjectifs terminés par **-x** au masculin singulier sont identiques au masculin pluriel. Le féminin est **-se** et **-ses**.

Basil est heureu**x**.[6]   Basil et Bernard sont heureu**x**.
Mais: Béatrice est heureu**se**.   Béatrice et Bernadette sont heureu**ses**.

---

6. *Heureux(heureuse)* = content.

La même chose

4. Les adjectifs terminés par **-f** au masculin singulier sont terminés par **-fs** au masculin pluriel. Le féminin est **-ve** et **-ves**.

> Charles est sporti**f**.   Charles et Christian sont sporti**fs**.
> *Mais:* Caroline est sporti**ve**.   Caroline et Claire sont sporti**ves**.

5. Les adjectifs terminés par **-al** au masculin singulier sont terminés par **-aux** au masculin pluriel. Le féminin est normal.

> Daniel est origin**al**.   Daniel et Denis sont origin**aux**.
> *Mais:* Danièle est origin**ale**.   Danièle et Denise sont origin**ales**.

REMARQUEZ: Beaucoup de *noms* masculins en **-al** sont aussi terminés en **-aux** au pluriel.

> un anim**al**   des anim**aux**
> un can**al**   des can**aux**

6. Les adjectifs terminés par **-e** (sans[7] accent) au masculin singulier sont identiques au féminin singulier. Le pluriel est en **-s**.

> Émile est pessimiste.   Émile et Éric sont pessimiste**s**.
> Élisabeth est pessimiste.   Élisabeth et Élise sont pessimiste**s**.

REMARQUEZ: **-é** est une lettre distincte, alors on emploie les formes normales.

> L'œil de Luc est fermé.   Les yeux de Luc sont fermé**s**.
> La main de Luc est fermé**e**.   Les mains de Luc sont fermé**es**.

ENTREE MUSEE   PT 10-07-89   25F0 045780

Réunion des musées nationaux

LOUVRE

droit d'entrée

---

7. *Sans* ≠ *avec.* Remarquez l'absence de l'article avec *sans: sans crayon, sans vêtements, sans importance.*

● Les adjectifs de nationalité

allemand(e)	Munich est une ville **allemande**.
américain(e)	Le base-ball est un sport **américain**.
anglais(e)	Le prince Charles est **anglais**.
belge	Jacques Brel est **belge**.
canadien(ne)	Wayne Gretsky est **canadien**.
chinois(e)	Mao Tsé-Toung est **chinois**.
espagnol(e)	Madrid est une grande ville **espagnole**.
français(e)	François Mitterrand est président de la République **française**.
haïtien(ne)	Mon ami Claude est **haïtien**.
italien(ne)	*La Traviata* est un opéra **italien**.
japonais(e)	La Toyota et la Nissan sont des autos **japonaises**.
mexicain(e)	Guadalajara est une ville **mexicaine**.
russe	Mikhaïl Gorbatchev est **russe**.
sénégalais(e)	Léopold Senghor est un poète **sénégalais**.
suisse	Genève est une ville **suisse** très importante.

REMARQUEZ: L'adjectif qui correspond à la province de Québec est **québécois(e)**.

Montréal est une ville et un port **québécois**. Québec et Trois-Rivières sont aussi des villes **québécoises**.

EXERCICES ORAUX . . . .

C. **Pour la forme.** Dites le masculin de chaque adjectif.

◠ présente
  présent

1. parfaite
2. heureuse happy
3. ouverte
4. canadienne
5. sportive
6. furieuse
7. française
8. attentive
9. mauvaise bad
10. américaine

RESTAURANT
ORCHIDEE
Spécialités Vietnamiennes et Chinoises
中国美鳥湯贄牛

Prop. Mme Y. Nielsen
39, Av. des Vosges (coin de la rue Gal Casteinau)
67000 STRASBOURG
Tél. (88) 35.54.75 - Ouvert de 12 h. à 14 h.
de 19 h. à 22 h 30 - Fermé le Dimanche

D. Psychologue. Vous comparez la personnalité de deux jumeaux.[8] *twin*
Indiquez la similitude.

⌓ Louise est active.
Louis est aussi actif.

1. Louis est content. Louise est ...
2. Bernadette est intéressante. Bernard est ...
3. Jacques est sérieux. Jacqueline est ...
4. Henriette est sportive. Henri est ...
5. Jean est attentif. Jeanne est ...
6. Christiane est furieuse. Christian est ...
7. Patrick est intuitif. Patricia est ...
8. Michel est intelligent. Michèle est ...
9. Laurence est nerveuse. Laurent est ...
10. Yves est studieux. Ève est ...

E. Club international. Imaginez la nationalité des personnes sui- *following*
vantes au club international de l'université. Attention à l'accord
des adjectifs.

⌓ Natasha et Vladimir Koshenko
Ils sont russes.

1. Giuseppe Fellini
2. Monsieur et Madame Wong
3. Akira et Yoshiko Fujikara
4. María et Juanita Lopez
5. Gretchen et Hildegard Bretschneider
6. Barney et Babs Baxter
7. Nicole Lebrun
8. Charles et Diana Windsor

F. Qui est-ce? Répondez à la question avec le nom d'une personne
célèbre.[9] Faites tous les changements nécessaires.

⌓ Qui est original(e)?
Pee Wee Herman est original.

1. Qui est grand(e)?   5. Qui est canadien(ne)?
2. Qui est petit(e)?   6. Qui est français(e)?
3. Qui est sérieux(sérieuse)? 7. Qui est sportif(sportive)?
4. Qui est optimiste?   8. Qui est formidable?

Faites les exercices écrits dans le *Cahier d'exercices.*

---

8. *Jumeaux* (m.pl.) = deux enfants (frères ou sœurs) du même âge.
9. *Célèbre* = fameux(fameuse).

3 | *C'est (ce sont)* et *il est (elle est, ils sont, elles sont)*

PRÉSENTATION . . . .

— Qui est-ce?
— **C'est** Anne. **Elle est** ici. **Elle est** dans la salle de classe.
— Anne, qu'est-ce que c'est?
— **C'est** un livre de mathématiques, Madame.
— **Est-ce** un livre intéressant ou ennuyeux?   *boring*
— **Il est** ennuyeux parce qu'**il est** difficile.
— Et ça? Qu'est-ce que c'est?
— **C'est** une revue de philosophie. **Elle est** difficile aussi, mais
   très intéressante.   *magazine - f*

— Qu'est-ce que c'est, Jack?
— **Ce sont** les pieds du professeur. **Ils sont** grands.
— Et qu'est-ce que c'est, Dominique?
— **Ce sont** les oreilles du professeur. **Elles sont** petites.

EXPLICATIONS . . . .

● La différence entre **C'est** et **Il est**

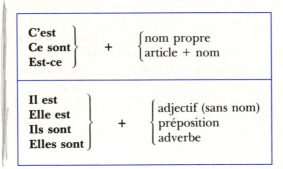

| **C'est**
 Ce sont
 Est-ce | + | nom propre <br> article + nom |

| **Il est**
 Elle est
 Ils sont
 Elles sont | + | adjectif (sans nom)
 préposition <br> adverbe |

Voilà le professeur; **c'est** Mademoiselle Leblanc. Et voilà deux
étudiants, une jeune fille et un garçon; **ce sont** Anne et Stéphane.
Anne, **c'est** la copine[10] de Stéphane. **Il est** assis. **Elle est** debout.[11]
Ils sont dans la salle de classe. **Ce sont** des étudiants de la classe de
français. **Est-ce** un cours difficile? Non, **c'est** un cours facile. **Il est**
facile, mais très intéressant.

---

10. *Copain / copine* (m./f.) = ami(e).
11. *Debout* ≠ *assis(e)*. *Debout* est un adverbe (invariable), mais *assis* est un adjectif (variable):
    *Il est **assis**. Elle est **assise**.*

REMARQUEZ: Pour les professions ...

1. quand l'identification d'une personne ou des personnes est importante:

> **C'est un** professeur. ⎫
> **Ce sont des** étudiants. ⎭ avec un article (*un, une, des*)

2. quand l'activité professionelle est importante:

> **Il est** professeur. ⎫
> **Elle est** étudiante. ⎮
> **Elles sont** médecins. ⎮ sans article
> **Ils sont** architectes. ⎭

EXERCICE ORAL

G. **Au musée Smithsonian.**   Indiquez certains objets du musée Smithsonian à un(e) touriste français(e). Le(la) touriste répond avec la réaction personnelle indiquée.

◠ la jupe d'Abigail Adams / petit

> VOUS: *Ici, c'est la jupe d'Abigail Adams.*
> TOURISTE: *Oh! Elle est petite.*

◠ des objets personnels de Martin van Buren / simple

> VOUS: *Ici, ce sont des objets personnels de Martin van Buren.*
> TOURISTE: *Oh! Ils sont simples.*

1. la chaise du président Kennedy / confortable *Elle*
2. le peigne du président Jefferson / grand *Il*
3. les livres du président Washington / fermé *Ils sont*
4. les robes de Betty Ford / formidable *Elles sont*
5. les gants de Jacqueline Kennedy / élégant *Ils sont*
6. la lettre de Mary Lincoln / sérieux *Elle est*
7. une table de 1776 / dans le hall *Elle*
8. le téléphone d'Alexander Graham Bell / pour son assistant, *Il est* Watson
9. les autos de Henry Ford / classique *Elles sont*
10. un pantalon Levi's / pratique *Il est*

Faites les exercices écrits dans le *Cahier d'exercices.*

4 Le verbe *être*

PRÉSENTATION . . . .

— **Nous sommes** ensemble dans la classe de français. Voilà une description de la classe. Madame, **vous êtes** debout. **Vous êtes** un bon professeur. **Je suis** assise sur une chaise. **Je suis** une bonne étudiante.
— Et Paul?
— **Il est** grand et intelligent. **C'est** une personne sympathique.[12] Mais **il est** absent aujourd'hui parce qu'**il est** malade.
— Et Sylvia?
— **Elle est** petite. Mais **elle est** forte parce qu'**elle est** très sportive.
— Et les autres étudiants?
— **Ils sont** intéressants et sympathiques. **Tout le monde** dans la classe **est** sympathique!
— Mais Marcy **est** un peu[13] changée aujourd'hui.
— **Tu es** triste, Marcy? ou peut-être fatiguée?
— Non, ça va. **C'est** simplement une allergie.

EXPLICATIONS . . . .

● Voilà la conjugaison du verbe **être**:

être *(à l'affirmatif)*	
je **suis**	nous **sommes**
tu **es**	vous **êtes**
il **est**/elle **est**/c'**est**/	ils **sont**/elles **sont**/
on **est**/tout le monde **est**	ce **sont**

● **On** est un pronom sujet impersonnel.

> **On** est généralement content quand **on** est avec une personne sympathique.

◉ Le pronom **tout le monde** indique le groupe entier. Le verbe est au singulier.

> **Tout le monde est** heureux aujourd'hui.

---

12. *Sympathique* = charmant, aimable, agréable.
13. *Un peu* = une petite quantité ≠ très.

● La différence entre **tu** et **vous** est une différence très personnelle. Généralement entre deux amis, entre les membres d'une famille et pour les enfants, on utilise la forme **tu**. Pour le reste, on utilise **vous**.

> PAPA: **Tu es** contente aujourd'hui, Nicole?
> ENFANT: Oui, papa, très contente. Et **toi**?[14]

> MONSIEUR: Comment allez-**vous** aujourd'hui, Madame?
> MADAME: Très bien, merci, Monsieur. Et **vous**?

REMARQUEZ: **Vous** signifie aussi un groupe de deux (trois, quatre, etc.) personnes.

> MAMAN: Eh bien, Christophe et Sylvie. Comment allez-**vous** aujourd'hui?
> ENFANTS: Bien, maman. Et **toi**?

EXERCICES ORAUX

H. **Amateurs de gymnastique.**   Une femme encourage un groupe. Elle est très enthousiaste. Elle dit que tout le monde est «en forme».

⌒ Je ...
Je suis en forme!

1. Tu *es*
2. Vous *être*
3. Anne *est*
4. Sybille et Claudie *sont*

5. Nous *sommes*
6. Marc *est*
7. Philippe et Serge *sont*
8. Tout le monde *est*

Elle est très animée!

⌒ Maintenant, je / content
Maintenant, je suis contente.

9. Nous / formidable
10. Marc / chic
11. Annie / sportif

12. Sylvie / parfait
13. Vous / fantastique
14. Tout le monde / excellent

Êtes-vous Ange ou Démon?

---

14. *Toi* est une forme accentuée de *tu*.

I. Dans la classe de français.   Demandez à un(e) camarade ...

◠ Qui est absent(e) aujourd'hui?
Marianne et Juliette sont absentes aujourd'hui.

1. Qui est présent(e) aujourd'hui?
2. Qui est sportif(sportive)?
3. Qui est sérieux(sérieuse)?
4. Qui est fatigué(e)?
5. Qui est sympathique?
6. Qui est très attentif(attentive)?
7. Qui est debout ou assis(e)?
8. Qui est grand(e)?
9. Qui est petit(e)?
10. Qui est intelligent(e)?
11. Qui est malade ou en forme?
12. Qui est content(e) ou triste?

Faites les exercices écrits dans le *Cahier d'exercices.*

---

5 | La négation; la question

PRÉSENTATION ·

— Le cours de français, **est-ce** un cours difficile?
— Mais non, **ce n'est pas** un cours difficile. Il est facile.
— Mais, **est-ce que** le professeur, Madame Lebrun, est désagréable? **Est-elle** très autoritaire?
— Non, **elle n'est pas** désagréable et **elle n'est pas** autoritaire. Elle est très sympathique.
— Mais **es-tu** timide dans le cours?
— Non, **je ne suis pas** timide. Je suis très enthousiaste.
— Les autres étudiants **sont-ils** désagréables?
— Non, **ils ne sont pas** désagréables!
— Ils sont sympathiques**?**
— Oui! Ils sont très sympathiques! Comme tu es pessimiste![15]

---

15. *Comme tu es pessimiste!* = Tu es très pessimiste!

C'est ne (pas) nécessaire

Je ne suis pas timide
dans le cours. Je suis
très enthousiaste.

EXPLICATIONS . . . .

● La forme négative est **ne** + verbe + **pas**.

> Ce **n'***est* **pas** un cours difficile.
> Ce **ne** *sont* **pas** des étudiants désagréables.
> Je **ne** *suis* **pas** timide.
> Tu **n'***es* **pas** optimiste.
> Le professeur **n'***est* **pas** désagréable.
> Nous **ne** *sommes* **pas** pessimistes.
> Vous **n'***êtes* **pas** autoritaire.
> Les étudiants **ne** *sont* **pas** tristes. Sad

être *(au négatif)*			
je	**ne** suis **pas**	nous	**ne** sommes **pas**
tu	**n'**es **pas**	vous	**n'**êtes **pas**
il/elle/on	**n'**est **pas**	ils/elles	**ne** sont **pas**

● Quatre formes interrogatives (questions) sont:

Phrase déclarative	*Phrase interrogative*
Il est français.	Il est français**?**
	Est-ce qu'il est français?
	Est-il français?
	Paul est-il français?

1. Ton interrogatif. Dans la langue *parlée,* on exprime[16] la question simplement par le ton interrogatif de la voix.[17]

> Ça va**?**
> Vous êtes enthousiaste**?**
> Les étudiants sont désagréables**?**

2. **Est-ce que** + phrase déclarative. Dans la langue *parlée,* on exprime aussi la question avec la structure **est-ce que** + phrase déclarative.

Phrase déclarative

Est-ce que + {
c'est un cours difficile
ce sont les étudiants de la classe
je suis enthousiaste
tu es pessimiste
le professeur est sympathique
on est content dans le cours de français
vous êtes agréable
nous sommes à Paris
ils sont désagréables
} + **?**

ATTENTION à l'élision devant[18] une voyelle.

> Est-ce **qu'**il est en forme?
> Est-ce **qu'**elles sont sympathiques?

3. Inversion avec un pronom sujet. Dans la langue *écrite,* on forme aussi la question avec l'inversion du verbe et du pronom sujet.

> C'est une femme sérieuse.
>
> **Est-ce** une femme sérieuse?
>
> Nous sommes à Paris.
>
> **Sommes-nous** à Paris?

---

16. *Exprime* (<*expression*) = indique.
17. Voir Intonation, *Première Leçon,* page 13.
18. *Devant* (préposition) = précédant.

Ils sont généralement optimistes.

Sont-ils généralement optimistes?

REMARQUEZ: Pour la forme **je** de tous les verbes à la forme interrogative, on utilise généralement la forme **est-ce que**.

Est-ce que je suis élégant?

4. Inversion avec un nom sujet. Quand le sujet est un nom, on répète le sujet avec un pronom.

La France est moderne.
La France **est-elle** moderne?

Paul est intéressant.
Paul **est-il** intéressant?

RÉSUMÉ: Déclaration et interrogation

phrase déclarative	C'est un étudiant. Vous êtes canadiens. Paul est à Marseille.
ton interrogatif	C'est un étudiant? Vous êtes canadiens? Paul est à Marseille?
question avec **est-ce que**	**Est-ce que** c'est un étudiant? **Est-ce que** vous êtes canadiens? **Est-ce que** Paul est à Marseille?
question avec inversion	**Est-ce** un étudiant? **Êtes-vous** canadiens? Paul **est-il** à Marseille?

être *(à l'interrogatif avec l'inversion)*

——————	**sommes-nous?**
es-tu?	**êtes-vous?**
est-il?/est-elle?/est-on?/est-ce?	**sont-ils?/sont-elles?**

EXERCICES ORAUX . . . .

J. **L'enfant rebelle.**   Vous êtes le baby-sitter de Didier et de Chantal. L'esprit[19] de contradiction de Didier est très développé. Quelle est la réponse quand vous dites ...

⌒ Nous sommes <u>enthousiastes</u>.
  Non, nous ne sommes pas enthousiastes!

  1. C'est un jour extraordinaire!
  2. Noël est un jour formidable.
  3. Les enfants sont parfaits.
  4. Nous sommes contents.

⌒ Mais Didier, je suis gentil(le).[20]
  Non, vous n'êtes pas gentil(le)!

  5. Didier, je suis vexé(e)!
  6. Je suis très fatigué(e).

⌒ Didier, tu es très ennuyeux.
  Non, je ne suis pas très ennuyeux!

  7. Tu es un mauvais garçon.
  8. Didier, tu es très désagréable!

K. **Autres difficultés.**   Maintenant, Chantal est dans la salle de bains[21] et la porte est fermée. Vous posez une question. Silence. Vous posez la question trois fois. Silence.

⌒ là[22]
  ***Tu es** là? ... **Es-tu** là? ... Chantal, **est-ce que tu es** là?*

  1. timide
  2. fatiguée
  3. triste
  4. malade
  5. morte[23]

---

19. *Esprit* (m.) = attitude.
20. *Gentil(le)* = d'un caractère agréable, aimable.
21. *Salle* (f.) *de bains* = "bathroom."
22. *Là* = présent. Littéralement, c'est le contraire de *ici*.
23. *Mort(e)*. Le corps d'une personne *morte* est un cadavre.

L. **Conversation transatlantique.**   Votre ami(e) est en France. Il(elle)
téléphone. Vous répondez aux questions sur votre université.

◠ L'université est-elle grande?
  Oui, elle est grande.   ou
  Non, elle n'est pas grande.

 1. Est-ce que les professeurs sont autoritaires?
 2. Les étudiants sont sérieux?
 3. Les cours sont-ils intéressants?
 4. Est-ce que la méthode du professeur de français est
    révolutionnaire?
 5. Es-tu content(e)?

Maintenant, vous posez des questions. Demandez ...

◠ si la France est accueillante.[24]   *welcoming*
  Est-ce que la France est accueillante?   ou
  La France est-elle accueillante?

 6. si les Parisiens sont sympathiques.
 7. si les cours sont difficiles.   *les cours sont-ils d...*
 8. si les étudiants sont différents. *les étudiants sont-ils ...*
 9. si les restaurants sont ouverts ou fermés le lundi.
10. si c'est un semestre agréable.

———————

24. *Accueillant(e)* = hospitalier, cordial.

M. Interview importante. Vous interviewez un jeune homme (une jeune femme) pour être votre camarade de chambre.[25] Est-il(elle) un(e) camarade de chambre parfait(e)?

◠ végétarien(ne)

VOUS: *Vous êtes végétarien(ne)?* ou
Êtes-vous végétarien(ne)? ou
Est-ce que vous êtes végétarien(ne)?
CAMARADE: *Oui, je suis végétarien(ne).* ou
Non, je ne suis pas végétarien(ne).

1. calme   *5.* sportif(sportive)
2. généreux(généreuse)   *6.* autoritaire
3. enthousiaste   *7.* optimiste
4. patient(e)   *8.* sérieux(sérieuse)

Faites les exercices écrits dans le *Cahier d'exercices.*

Prononciation

● Les consonnes

$t = th = $ [t] ma**th**ématiques
$c = k = q = qu = $ [k] **qu**é**b**é**c**ois, cin**q**, wee**k**-end
ATTENTION: $c + e = c + i = ç = $ [s] exer**c**ice, fran**ç**ais
$g = gu = $ [g] **g**arçon, fati**gu**é
ATTENTION: $g + e = g + i = $ [ʒ] bel**g**e, **g**énéralement, aller**g**ie
$f = ph = $ [f] **f**ermé, **ph**iloso**ph**ie
s initial $= ss = t + ie = t + ion = $ [s] **s**ui**ss**e, démo**c**ra**t**ie, expli**c**a**t**ion
$z = $ voyelle $+ s + $ voyelle $= $ [z] **z**éro, japonai**s**e
$ch = $ [ʃ] **ch**inois
$j = $ [ʒ] **j**eune
$l = $ [l] **l**ong, panta**l**on
$ll = $ [j] fami**ll**e, fi**ll**e, portefeui**ll**e
ATTENTION: $ll = $ [l] vi**ll**e, mi**ll**e, tranqui**ll**e
$r = $ [R] **r**estau**r**ant
$gn = $ [ɲ] espa**gn**ol

● Une consonne finale est généralement muette.

mauvais   ennuyeux   d'accord   petit
Exceptions: **c, r, f** et **l** final.

sa**c**   clai**r**   sporti**f**   anima**l**

---

25. *Camarade* (m./f.) *de chambre* = la personne, par exemple un(e) autre étudiant(e), qui occupe votre chambre avec vous.

● Une consonne finale—normalement muette—est prononcée devant une voyelle (ou un **h** muet). C'est la *liaison*. La consonne est prononcée avec la voyelle.

C'est le copain de l'étudiant.
Mais: C'est un étudiant.
C'est l'homme de Cro-Magnon.
Mais: C'est un homme.
Voilà un livre très difficile.
Mais: Voilà un livre très intéressant.[26]

● Le **-e** final du féminin de l'adjectif est muet, mais on prononce la consonne qui précède le **-e**.

petit	petite
français	française
américain	américaine
heureux	heureuse

EXERCICES ORAUX . . . .

N. Prononcez les groupes de mots. La prononciation des consonnes indiquées est identique.

1. **th**éâtre / **th**éléphone / Ka**th**erine / en**th**ousiaste / Aga**th**e
2. cin**q** / **qu**alité / sa**c** / tri**c**ot / **k**épi / ban**qu**e
3. **c**eltique / exer**c**ice / le**ç**on / addi**t**ion / **dess**ert
4. **dés**ert / cri**s**e / **z**éro / ro**s**e / déci**s**ion
5. **ch**âteau / diman**ch**e / ri**ch**e / en**ch**anté
6. au**j**ourd'hui / **j**uin / **g**énéral / â**g**e
7. or**eille** / f**ille** / portefeu**ille** / ju**ill**et
8. pei**gn**e / Espa**gn**e / A**gn**ès

O. Quelle lettre n'est pas prononcée comme les autres?

1. voya**g**eur / ob**j**et / ra**g**e / lon**gu**eur
2. québé**c**ois / **s**érie / profe**ss**eur / Fran**ç**ois
3. pou**r** / premie**r** / clai**r**e / hie**r**
4. dou**z**e / pré**s**ent / re**ss**emble / déci**s**ion
5. ab**s**ent / **s**ang / e**s**pagnol / **e**mploi

---

26. **S** en liaison → [z].

CRÉATION

· ·

Exercices de conversation

A. Interviewez un(e) camarade de classe. Employez la forme *tu* et les catégories suivantes. Résumez pour les autres le portrait du (de la) camarade de classe.

> *l'identité:* étudiant(e), professeur, ami(e) de ..., personne ..., etc.
> *la nationalité:* américain(e), anglais(e), canadien(ne), français(e), etc.
> *la condition physique:* grand(e), jeune, petit(e), en forme, malade, sportif(sportive), fort(e), etc.
> *la personnalité:* attentif(attentive) en classe, ennuyeux(ennuyeuse), enthousiaste, pessimiste, sérieux(sérieuse), timide, etc.

QUESTION: *Es-tu anglaise?*
RÉPONSE: *Non, je ne suis pas anglaise, je suis américaine.*
QUESTION: *Est-ce que tu es une personne active?*
RÉPONSE: *Oui, je suis généralement active, mais aujourd'hui je suis un peu fatiguée.*
etc.

RÉSUMÉ: *Voilà Michelle. Elle est américaine. C'est une étudiante généralement active, mais aujourd'hui elle est un peu fatiguée.*
etc.

B. La classe entière (ou un groupe d'étudiants) interviewe le professeur. Chaque étudiant(e) pose une question. Employez les catégories de l'exercice A et la forme *vous*.

C. Avec un(e) camarade, préparez la description (en cinq phrases affirmatives ou négatives) d'une personne ou d'une année de la liste suivante. Après la description, tout le monde pose des questions.

- l'année 1776
- George Bush
- l'homme politique idéal

- l'année 1789
- François Mitterrand
- la femme politique idéale

⌓ l'année 1789

— *L'année 1789 est une date importante dans l'histoire de France. C'est une date très importante parce que c'est le commencement de la révolte du peuple français. La démocratie moderne n'est pas autoritaire. Elle est généreuse pour le peuple.*

— *Est-ce une révolution violente ou tranquille?*

— *Est-ce que la démocratie est généreuse pour la majorité ou la minorité?*

Suggestions de vocabulaire:

n/pl. people

Noms: année, anniversaire, date, démocratie, explication, femme, fête, gens, groupe, histoire, homme, majorité, personne, peuple, philosophie, président, etc.

Adjectifs: américain(e), autoritaire, bon(ne), excellent(e), extraordinaire, français(e), important(e), mauvais(e), national(e), optimiste, premier(première), révolutionnaire, sérieux(sérieuse), sympathique, etc.

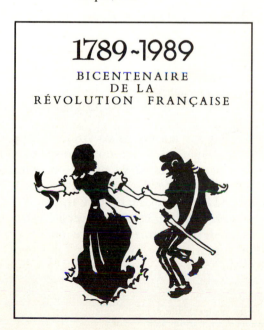

1789~1989

BICENTENAIRE
DE LA
RÉVOLUTION FRANÇAISE

Lecture

Mais qu'est-ce que c'est?
Est-ce le célèbre musée
du Louvre?

CONSEILS/ACTIVITÉS AVANT LA LECTURE ....

Voilà une liste de mots apparentés qui sont dans la lecture:

Noms: musée, entrée, idée, effet, utilité, accès, controverse
Adjectifs: souterrain, ancien, classique, choquant, vaste, général, célèbre
Verbes: adore, apprécie, existe, provoque

Le Louvre est un ancien palais royal à Paris transformé en musée à l'époque de Napoléon. C'est un monument visité par des millions de Parisiens et de touristes. Il est difficile de continuer à utiliser l'ancienne entrée. On réalise[27] finalement en 1989 un plan «révolutionnaire»—la pyramide de l'architecte américain I.M. Pei.

Dans votre ville ou à votre université est-ce qu'il existe des solutions contestées à des problèmes d'espace ou de circulation?[28] Quelle est la réaction des gens?

---

27. *On réalise* = on exécute.
28. *Circulation* (f.) = trafic dans les rues.

LA PYRAMIDE DU LOUVRE

— Mais qu'est-ce que c'est? Est-ce que nous sommes à Paris? Est-ce le célèbre musée du Louvre?

— Mais oui! La pyramide est l'entrée principale du musée.

— C'est une excellente idée. Et pourquoi est-elle en verre?[29]

5 — Parce que c'est une belle matière transparente et c'est la source de lumière[30] du hall d'accueil.[31] Tous les services sont maintenant souterrains: restaurants, boutiques, bureaux, toilettes, etc.

— Mais pourquoi une pyramide moderne avec des bâtiments anciens et classiques? Le contraste est choquant.

10 — La pyramide n'est-elle pas une forme traditionnelle et classique?

— Oui, d'accord, mais l'effet est bizarre! Et quelle est l'opinion des gens?

— Eh bien, un certain nombre adore le contraste, la simplicité des formes. On apprécie aussi l'utilité d'une vaste entrée générale du

15 musée et l'accès rapide aux collections. Mais une opinion contraire existe: c'est la destruction de l'harmonie merveilleuse du palais du Louvre. Ici, la modernisation de la ville provoque souvent la controverse.

— Ah, c'est bien le célèbre individualisme français: 55 millions de

20 français, 55 millions d'opinions.

QUESTIONS SUR LA LECTURE · · · · · · · · · · · · · · · · ·

1. Imaginez qui sont les interlocuteurs:[32] un(e) touriste américain(e)? japonais(e)? mexicain(e)? un(e) Français(e)? un(e) Parisien(ne)? un(e) anthropologue russe? ou ... ?

2. Quelle est l'attitude des deux interlocuteurs? Sont-ils(elles) choqué(e)s? intolérant(e)s? conservateurs(conservatrices)? dogmatiques? raisonnables? rationnel(le)s? ou ... ?

3. Imaginez comment ils sont: petit(e)s? grand(e)s? élégant(e)s? ordinaires? ou ... ?

4. Êtes-vous persuadé(e) que la pyramide est une forme traditionnelle et classique? Pourquoi? Pourquoi pas?

5. Pourquoi êtes-vous pour ou contre la modernisation des villes? Est-ce que votre opinion est typique des gens de votre génération?

6. Quel objet de votre ville ou de votre université est choquant? un bâtiment bizarre? une statue moderne? une autoroute? une enseigne néon? Est-ce que votre opinion est typique?

---

29. *Verre* (m.) = matière transparente; par exemple dans une fenêtre, un miroir, etc.
30. *Lumière* (f.) ≠ obscurité: Un objet est visible à la lumière.
31. *Accueil* (m.) = centre de réception (informations, guides, visites organisées, etc.).
32. *Interlocuteur/interlocutrice* (m./f.) = personnage du dialogue.

Compositions orales/écrites

1. Préparez la description d'un objet célèbre ou d'une personne célèbre. Ne mentionnez pas le nom de l'objet ou de la personne. À la fin de la description, demandez à la classe *Qu'est-ce que c'est?* ou *Qui est-ce?*

⌒ *C'est une personne, un homme français. Il est petit. Il est mort. C'est un général. C'est l'ami de Joséphine. Qui est-ce?* [33]

⌒ *C'est un objet, une statue. Elle est énorme. Elle est colossale. C'est le symbole de l'amitié franco-américaine. C'est aussi le symbole de la liberté. C'est le premier contact des immigrants avec l'Amérique. Qu'est-ce que c'est?* [34]

2. Vous préparez un article pour le journal de votre université sur une sculpture dans la cafétéria du campus. C'est une chaise et un bureau en papier. Défendez la sculpture. Pourquoi est-ce que ce n'est pas un désastre esthétique?

3. Votre université désire commencer un programme d'échange. Préparez une description de votre université (les cours, le campus, les étudiants, les professeurs, les salles de classe, les examens, les fêtes, etc.).

Faites les exercices de laboratoire dans le *Cahier d'exercices.*

---

33. C'est Napoléon.
34. C'est la Statue de la Liberté.

Échanges

— Regarde, Paul. Le musée est ouvert chaque jour sauf[1] le mardi. Demi-tarif[2] pour étudiants. Tu as ta carte d'étudiant?
— Ah, non. Zut!
— C'est dommage.[3] ... Bonjour, Madame. Une entrée à plein tarif[4] et une entrée à demi-tarif, s'il vous plaît. Voice ma carte d'étudiant.

1. *Sauf* = excepté.
2. *Demi(e)* = 1/2.
3. *C'est dommage* = "c'est regrettable."
4. *À plein tarif* = "prix entier, sans réduction."

Mademoiselle   Mesdemoiselle
Monsieur   Messieurs
Madame   Mesdames

Vocabulaire

noms

accueil *m.*
allergie *f.*
anthropologue *m.*
bâtiment *m.*
bouche *f.*
bureau *m.*
cafétéria *f.*
copain / copine *m.* /*f.*
exercice *m.*
explication *f.*
garçon *m.*
gens *m.pl.*
jeune fille *f.*
lumière *f.*
mathématiques *f.pl.*
musée *m.*
objet *m.*
personne *f.*
philosophie *f.*
restaurant *m.*
reste *m.*
revue *f.*
salle de classe *f.*
verre *m.*
ville *f.*

adjectifs

actif(active)
ancien(ne)
assis(e)
attentif(attentive)

autoritaire
bon(ne)
célèbre
choquant(e) *Dhocking*
choqué(e) *to shock*
conservateur(conservatrice)
contesté(e)
clair(e)
différent(e)
difficile
ennuyeux(ennuyeuse)
enthousiaste
facile
fatigué(e)
fermé(e)
formidable
fort(e)
furieux(furieuse)
généreux(généreuse)
grand(e)
heureux(heureuse)
intéressant(e)
intuitif(intuitive)
jeune
malade
mauvais(e)
nerveux(nerveuse)
ouvert(e)
petit(e)
raisonnable
rationnel(le)
sérieux(sérieuse)

sportif(sportive)
sympathique
triste
végétarien(ne)

nationalités

allemand(e)
anglais(e)
belge
canadien(ne)
chinois(e)
espagnol(e)
français(e)
haïtien(ne)
italien(ne)
japonais(e)
mexicain(e)
québécois(e)
russe
sénégalais(e)
suisse

verbe

être

adverbes

certainement
debout
généralement
ici
là

naturellement
ne ... pas
peut-être
simplement
souvent
un peu

pronoms sujets

je
tu
il/elle/on
nous
vous
ils/elles

conjonction

quand

prépositions

contre
devant
en
sans

autres expressions

comme ... !
d'accord
en forme
est-ce que ... ?

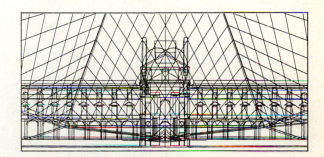

Le Grand Louvre

Les nouveaux espaces

4 QUATRIÈME LEÇON

Place de la Bastille et
l'Opéra de la Bastille

1 — L'adjectif *quel*

PRÉSENTATION

— **Quelle** est l'adresse de votre amie Monique?
— 38, rue de Vaugirard.
— Et **quel** est le code postal?
— C'est 75006 PARIS.

— **Quels** sont les bâtiments récents de Paris?
— L' Opéra de la Bastille, la tour Montparnasse, la Villette ...
— Et **quelles** sont les villes principales de la France?
— Paris, Marseille et Lyon.

— **Quelles** questions! Elles sont très difficiles.
— Mais **quelles** réponses! **Quels** étudiants! Nous sommes très intelligents!
— **Quel** bon professeur aussi!

EXPLICATIONS

● Les formes de l'adjectif **quel**

masculin	féminin
quel	quelle
quels	quelles

● **Quel** + *être* + nom + *?* = question

> **Quel** est le numéro de téléphone de Frédéric?
> **Quelle** est l'adresse de la famille Launay?
> **Quels** sont les mois de l'année?
> **Quelles** sont les villes principales du Canada?

● **Quel** + nom + *!* = exclamation

> **Quel** mystère!
> **Quelle** coïncidence remarquable!
> **Quels** idiots!
> **Quelles** questions intelligentes!

EXERCICES ORAUX . . . .

A. Rencontre avec E.T.   Quelle est votre réaction quand vous rencontrez E.T.?

⌒ grands yeux
Quels grands yeux!

1. pieds énormes
2. petites mains
3. doigt long
4. personnalité sympathique
5. dilemme sérieux

B. Révision.   Demandez à un(e) camarade ...

⌒ le nom d'un empereur français
— *Quel est le nom d'un empereur français?*
— *C'est Napoléon.*

1. le nom du président de la République française
2. les villes principales de la France
3. la date de la fête nationale française
4. le nom d'un musée de Paris
5. les bâtiments récents de Paris

Faites les exercices écrits dans le *Cahier d'exercices*.

---

2 | *Où;* Prépositions et expressions de lieu

PRÉSENTATION . . . .

— **Où** sommes-nous?

— Nous sommes **en** classe, **dans** un bâtiment de l'université.

— **Où** est la porte?

— Elle est **à droite** et les fenêtres sont **à gauche**. Une étudiante est **à la** porte.

— Bon. **Où** sont les affaires[1] du professeur?

— Le sac du professeur est **par terre**, **sous** la table. Le livre du professeur est **sur** la table.

— **Où** sont les étudiants?

— Bob, Kate et Liz sont **en face du**[2] tableau. Bob est **à côté de** Kate et **à côté du** mur. Il est **entre** Kate et le mur. Liz est **près de** la porte. Kate et Liz sont **devant** Scott et Diane. Matt est **derrière** tout le monde, **au fond de** la classe.

— Mais **où** est John?

— Il est absent. Il est **chez** le dentiste aujourd'hui.

— Quel dommage. Et **où** est le professeur?

— Madame Lagrange? Elle est **au** tableau.

---

1. *Affaires* (f.pl.) = possessions.
2. Remarquez la contraction: «en face *de* + *le* tableau» → en face *du* tableau.

EXPLICATIONS . . . .

● **Où** est <u>utilisé</u> pour demander la situation géographique d'un objet ou d'une personne.

Où est Jean-Michel? Il est en classe.

● <u>Prépositions</u> et expressions de lieu[3] place

à	Holly est **à** la porte.
à côté de	Diane est **à côté de** Scott.
au bord de along	Le livre est **au bord de** la table.
au fond de	Matt est **au fond de** la classe.
au milieu de ≠ autour de	Scott est **au milieu de** la classe.
autour de ≠ au milieu de	Le reste de la classe **est autour de** Scott.
chez	John est **chez** le dentiste.
dans	La classe est **dans** un bâtiment.
derrière ≠ devant	Le tableau est **derrière** le professeur.
devant ≠ derrière	Le professeur est **devant** la classe.
en face de	Le professeur est **en face de** Kate.
entre	Kate est **entre** Bob et Liz.
loin de ≠ près de	Matt est **loin du** professeur.
près de ≠ loin de	Le professeur est **près du** tableau.
sous ≠ sur	Le sac est **sous** la table **du** tableau.
sur ≠ sous	Le livre est **sur** la table.

REMARQUEZ:

⟵ **à gauche**   **à droite** ⟶

● Attention: Deux contractions sont obligatoires.

$à + le →$ **au**   **au** restaurant, **au** téléphone
$à + les →$ **aux**   **aux** États-Unis (= **aux** USA)

EXERCICES ORAUX . . . .

C. **Samedi.** Où est tout le monde? Répondez avec *à la, à l', au* ou *aux.*

⌒ nous / la maison[4]
Nous sommes à la maison.

1. je / l'appartement
2. vous / la maison

_____

3. *Lieu* (m.) = site, situation (géographique), localité.
4. *Maison* (f.) = résidence personnelle.

handwritten: Cahier 21·22

3. nous / le téléphone
4. les Dubois / la porte
5. Germaine / le restaurant
6. l'ami de Germaine / les toilettes
7. Chantal et Nadine / le bureau
8. Jean-Paul / le musée
9. Marc et Annick / l'opéra
10. le président Mitterrand / les États-Unis

D. **Localisation.**   Dites le contraire.

◠ La cafétéria est devant le musée.
   Mais non! La cafétéria est derrière le musée.

1. Hawaii est autour de l'océan. *au milieu de*
2. L'océan est au milieu de Tahiti. *au autour de*
3. Pierre est derrière Suzette. *devant*
4. Suzette est devant Pierre. *derrière*
5. New York est près de San Francisco. *loin de*
6. Saint Paul est loin de Minneapolis. *près de*
7. Les pieds sont sur la table. *sous*
8. Les cahiers sont sous la table. *sur*
9. La main gauche est à droite. *droite*
10. La main droite est à gauche. *gauche*

E. **En classe.**   Posez une question avec *Qui est ...* ou *Quel objet est ...*
Votre camarade observe la classe pour la réponse.

◠ à côté de la fenêtre

   VOUS: *Qui est à côté de la fenêtre?*   ou
         Quel objet est à côté de la fenêtre?
   CAMARADE: *Paul est à côté de la fenêtre.*   ou
             Le bureau est à côté de la fenêtre.

1. à côté de vous
2. sous la lampe
3. au fond de la classe
4. par terre
5. dans la classe
6. entre vous et la porte
7. en face du professeur

***F.* Contact professionel.**   Dites où on est quand on participe à l'activité indiquée ou quand on demande le service indiqué.

◠ une opinion médicale (avocat,[5] anthropologue, médecin[6])
On est chez le médecin.

1. une discussion des plans de construction d'une maison (professeur, architecte, dentiste)

2. un médicament[7] contre une infection (médecin, mécanicien, premier ministre)

3. une opinion légale (médecin, dentiste, avocat)

4. la réparation d'une automobile (électricien, directeur, mécanicien)

***G.* Scène touristique.**   Regardez le dessin et demandez à un(e) camarade *Où est ...* ou *Où sont ...* À chaque réponse, votre camarade emploie une préposition différente et un pronom sujet.

◠ les arbres VOUS: *Où sont les arbres?*
   CAMARADE: *Ils sont à côté de la rue.*

1. l'auto	**3.** le chien	**5.** Raymond	**7.** la pâtisserie
2. Margot	**4.** Joseph	**6.** Michelle	**8.** le téléphone

Faites les exercices écrits dans le *Cahier d'exercices.*

---

5. *Avocat/avocate* (m./f.) = conseiller légal.
6. *Médecin* (m.) = docteur en médecine.
7. *Médicament* (m.) = produit pharmaceutique; remède.

3   *Il y a*

PRÉSENTATION ·

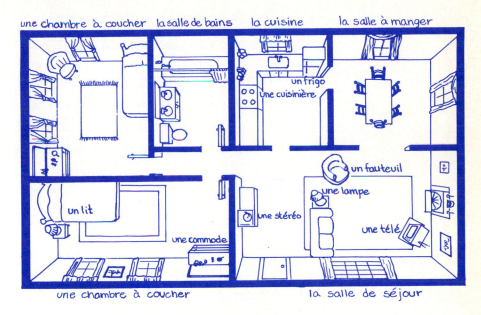

une chambre à coucher   la salle de bains   la cuisine   la salle à manger

un frigo
une cuisinière

un fauteuil
une lampe
une stéréo
une télé
un lit
une commode

une chambre à coucher   la salle de séjour

— Décrivez votre maison, Jennifer.
— **Il y a** six pièces: une salle de séjour, une salle à manger et deux chambres à coucher. **Il y a** aussi une cuisine et une salle de bains.
— Quelles sortes de meubles **y a-t-il**?
— Des meubles typiques. Par exemple, **il y a** des fauteuils, des lampes, une stéréo et une télé dans la salle de séjour. **Il n'y a pas de** piano. **Il y a** un lit dans chaque chambre à coucher et **il y a** aussi une commode.
— **Est-ce qu'il y a** une table et des chaises dans votre cuisine?
— Non, dans la cuisine **il n'y a pas de** table et **il n'y a pas de** chaises; elles sont dans la salle à manger. Mais **il y a** naturellement une cuisinière et un réfrigérateur.

EXPLICATIONS . . . .

- **Il y a** est une formule impersonnelle et idiomatique qui exprime l'existence, la présence d'une personne ou d'une chose ou une situation. On utilise souvent **il y a** dans une *description*.

  > **Il y a** *une lampe* à côté du fauteuil.
  > **Il y a** *des meubles* dans chaque pièce.
  > **Il y a** *vingt-deux étudiants* dans la classe.

- **Il y a** est souvent employé avec une préposition (*dans, sur, sous*, etc.).

  > **Il y a** une table *dans* la salle à manger.
  > **Il y a** des chaises *autour de* la table.

- **Il y a** est invariable devant un nom singulier ou un nom pluriel.

  > **Il y a** *une salle de séjour* dans l'appartement.
  > **Il y a** *deux salles de bains* dans la maison.

- **Il y a** au négatif:

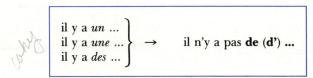

il y a *un* ...
il y a *une* ... → il n'y a pas **de (d')** ...
il y a *des* ...

  Dans la ville ...

il y a *un* hôpital.	il n'y a pas **d'**hôpital.
il y a *une* bibliothèque.[8]	il n'y a pas **de** bibliothèque.
il y a *des* étudiants.	il n'y a pas **d'**étudiants.
il y a *des* maisons.	il n'y a pas **de** maisons.

  ATTENTION: Omettez **de** devant un nombre.

  Dans l'appartement ...

il y a *trois* pièces.	il n'y a pas **trois** pièces. (Il y a *six* pièces.)

- Les formes interrogatives de **il y a**:

  *avec **l'intonation interrogative***: **Il y a** un sac par terre?
  *avec **est-ce que***: **Est-ce qu'il y a** un sac par terre?
  *avec **l'inversion***: **Y a-t-il** un sac par terre?

---

8. *Bibliothèque* (f.) = bâtiment où il y a un grand nombre de livres.

EXERCICES ORAUX . . . .

H. **Quel mystère!**   Vous êtes le docteur Watson et il y a un cadavre dans votre maison. Vous téléphonez à votre ami, Sherlock Holmes. Il pose les questions suivantes et vous répondez au négatif.

◠ Watson, y a-t-il un portefeuille dans la poche?
  Non, il n'y a pas de portefeuille dans la poche.

1. Y a-t-il une carte d'identité dans la poche?
2. Y a-t-il des objets par terre?
3. Y a-t-il des meubles en désordre?
4. Y a-t-il un stylo près du cadavre?
5. Y a-t-il une lettre d'adieu?
6. Y a-t-il des fenêtres ouvertes?
7. Y a-t-il des gens mystérieux dans la rue?
8. Y a-t-il une explication possible?

La Vénus de Milo au musée du Louvre

I. Description de l'université.   Demandez à un(e) camarade ...

⌒ s'il y a un examen aujourd'hui.

> VOUS: *Est-ce qu'il y a un examen aujourd'hui? ou*
> *Y a-t-il un examen aujourd'hui?*
> CAMARADE: *Oui, il y a un examen aujourd'hui. ou*
> *Non, il n'y a pas d'examen aujourd'hui.*

1. s'il y a une grande ville à côté du campus.
2. s'il y a des restaurants sur le campus.
3. s'il y a des autos au milieu du campus.
4. s'il y a un musée derrière la bibliothèque.
5. s'il y a des étudiants à la bibliothèque.
6. s'il y a un code postal spécial pour l'université.
7. s'il y a des arbres à côté de la classe.
8. s'il y a un cinéma sur le campus.

Faites les exercices écrits dans le *Cahier d'exercices.*

4 Les verbes réguliers en *-er*

PRÉSENTATION . . . .

— **Je parle** français. **Parlez-vous** français?
— Oui, **je parle** français.
— Roberta **parle-t-elle** français?
— Oui, **elle parle** français.
— Et Lana et Scott? **Parlent-ils** français?
— Oui, **ils parlent** français aussi.
— **Nous parlons** toujours[9] français. **Est-ce que nous parlons** anglais ici?
— Non, **nous ne parlons pas** anglais ici. **Nous écoutons** les explications en français, alors **nous parlons** français.

— **Regardez-vous** la télévision chaque soir?
— Non, **je ne regarde pas** souvent la télé. En fait,[10] **je n'aime pas** la télé.
— Et votre camarade de chambre, **aime-t-il** la télé?
— Oh, **il adore** la télé. **Il regarde** toujours la télé. **Il n'étudie pas** souvent!
— Quel dommage!

9. *Toujours* = continuellement, incessamment, éternellement.
10. *En fait* = en réalité.

— **Nous portons** *des* vêtements chic aujourd'hui. **Nous** *ne* **portons** *pas de* vêtements ridicules. **Marilyn porte** *un* chemisier et *une* jupe. **Elle** *ne* **porte** *pas de* pantalon. **Portez-vous** *un* chemisier avec *une* jupe aujourd'hui, Élisabeth, ou **est-ce que vous portez** *un* pantalon?

— **Je** *ne* **porte** *pas de* pantalon et **je** *ne* **porte** *pas de* jupe. **Je porte** *une* robe.

EXPLICATIONS . . . .

● On identifie un verbe par l'infinitif: par exemple, les verbes réguliers en **-er** comme **aimer, écouter, étudier, parler, regarder,** etc.

		radical	*terminaison*
infinitif		**parl**	**-er**
verbe conjugué	je	**parl**	**-e**
	tu	**parl**	**-es**
	il/elle/on	**parl**	**-e**
	nous	**parl**	**-ons**
	vous	**parl**	**-ez**
	ils/elles	**parl**	**-ent**

		radical	*terminaison*
infinitif		**écout**	**-er**
verbe conjugué	j'	**écout**	**-e**
	tu	**écout**	**-es**
	il/elle/on	**écout**	**-e**
	nous	**écout**	**-ons**
	vous	**écout**	**-ez**
	ils/elles	**écout**	**-ent**

J'**écoute** les explications du professeur et je **regarde** le tableau et le livre.

Le professeur et le livre **donnent** des explications claires.

Nous **parlons** français en classe.

Tu **étudies** avec des amis. Vous **travaillez** beaucoup à la bibliothèque.

Les étudiants **aiment** la classe de français.

● À l'affirmatif

travailler			
je	travaille	**nous**	travaill**ons**
tu	travaille**s**	**vous**	travaill**ez**
il/elle/on	travaille	**ils/elles**	travaill**ent**

donner			
je	donne	**nous**	donn**ons**
tu	donne**s**	**vous**	donn**ez**
il/elle/on	donne	**ils/elles**	donn**ent**

étudier			
j'	étudie	**nous**	étudi**ons**
tu	étudie**s**	**vous**	étudi**ez**
il/elle/on	étudie	**ils/elles**	étudi**ent**

Est-ce que les gens **travaillent** pour être riches?
Le professeur **donne** des notes[11] aux étudiants.
Nous **étudions** beaucoup à l'université.

● Au négatif

ne pas aimer[12]			
je	**n'**aime **pas**	nous	**n'**aimons **pas**
tu	**n'**aimes **pas**	vous	**n'**aimez **pas**
il/elle/on	**n'**aime **pas**	ils/elles	**n'**aiment **pas**

Marcel **n'aime pas** le dentiste.

---

11. *Note* (f.) = évaluation (**A, B, C,** etc.)
12. *Ne pas* précède le verbe à l'infinitif négatif.

ATTENTION: Pour les verbes avec un complément d'objet direct, la négation de **un** (**une**, **des**) est *ne ... pas* **de**.

Tu portes **un** pantalon.	Tu *ne* portes *pas* **de** pantalon.
Je donne **une** cravate à Guy.	Je *ne* donne *pas* **de** cravate à Guy.
On pose **des** questions.	On *ne* pose *pas* **de** questions.

● À l'interrogatif

1. On utilise **est-ce que** à toutes les personnes.

regarder?

Est-ce que je regarde?	**Est-ce que** nous regardons?
Est-ce que tu regardes?	**Est-ce que** vous regardez?
Est-ce qu'il(elle/on) regarde?	**Est-ce qu'**ils(elles) regardent?

Est-ce que tu regardes la télé chaque jour?

2. On utilise l'inversion à toutes les personnes sauf **je.**

regarder?

———	Regardons-**nous?**
Regardes-**tu?**	Regardez-**vous?**
Regarde-**t-il(elle/on)?**	Regardent-**ils(elles)?**

Regarde-t-elle une revue?

REMARQUEZ: Une question avec *je* est formée avec **est-ce que.**

Je parle bien.   **Est-ce que** je parle bien?

REMARQUEZ: Dans l'inversion, il y a un **-t-** avec *il, elle* et *on*.

Elle aime les films.	Aime-**t-**elle les films?
On parle anglais ici.	Parle-**t-**on anglais ici?

RAPPEL: Si le sujet est un *nom*, l'ordre de la phrase interrogative avec l'inversion est: **nom sujet** + verbe + **pronom.**

Les jeunes gens[13] regardent-**ils** des films souvent ou rarement?

---

13. On dit *un jeune* **homme**, mais *trois jeunes* **gens**. Remarquez aussi: un jeune homme et deux jeunes filles = *trois jeunes gens*.

● À la forme interro-négative

1. Avec **est-ce que**

ne pas danser?

Est-ce que je ne danse pas?   Est-ce que nous ne dansons pas?
Est-ce que tu ne danses pas?   Est-ce que vous ne dansez pas?
Est-ce qu'il(elle/on) ne danse pas?   Est-ce qu'ils(elles) ne dansent pas?

Pourquoi **est-ce que vous ne dansez pas** avec Émilie?

2. Avec l'inversion

ne pas danser?

———   Ne dansons-nous pas?
Ne danses-tu pas?   Ne dansez-vous pas?
Ne danse-t-il(elle/on) pas?   Ne dansent-ils(elles) pas?

Pourquoi **ne danse-t-il pas** avec Émilie?

● La prononciation des terminaisons des verbes en **-er**

1. terminaisons prononcées

écouter   nous écoutons   vous écoutez
[e]   [ɔ̃]   [e]

2. terminaisons non prononcées

j'écoute   tu écoutes   il(elle/on) écoute   ils(elles) écoutent

why

EXERCICES ORAUX . . . .

J. **Garde-robe.** Qui porte les vêtements suivants? Formez une phrase avec le verbe *porter* et les éléments donnés.

⌒ je / une robe
Je porte une robe.

  1. un businessman / un costume
  2. tu / un jean
  3. Nicole et Solange / des jupes

4. nous / des robes
5. Marc / un pantalon et une chemise
6. vous / une jupe et un pull

K. Quand le prof arrive. Indiquez les activités des personnes suivantes quand le prof arrive dans la classe de chinois.

⌒ je / écouter une cassette
J'écoute une cassette.

1. je / regarder un livre d'histoire
2. tu / parler avec un ami
3. vous / travailler
4. vous / parler chinois
5. Paul / indiquer Beijing sur une carte de la Chine
6. nous / partager[14] un sandwich
7. nous / dévorer le sandwich
8. Émile et Solange / arriver ensemble
9. Christine et Bernard / écouter la conversation d'Émile et de Solange
10. André / donner un crayon à Michel
11. Michel / étudier la leçon

L. Les cours universitaires. Répétez les questions suivantes avec la forme *est-ce que.*

⌒ Rita aime-t-elle le cours de chimie?[15]
Est-ce que Rita aime le cours de chimie? why-m?

1. Étudiez-vous la littérature?
2. Aimes-tu les mathémathiques (les maths)?
3. Jennifer adore-t-elle le cours de physique?
4. Mary déteste-t-elle le cours de biologie?
5. Peter et Charlene adorent-ils le cours de philosophie?
6. Thomas aime-t-il le cours de psychologie?
7. Étudions-nous le français?
8. Le prof donne-t-il un examen le vendredi?

M. Les cours universitaires (*suite*). Répondez négativement aux questions de l'exercice L.

⌒ Rita aime-t-elle le cours de chimie?
Non, elle n'aime pas le cours de chimie.

---

14. *Partager* = diviser un objet en deux (trois, etc.) parties égales. Remarquez un petit changement d'orthographe dans la forme *nous:* nous partageons.
15. *Chimie* (f.) = une science. Les autres grandes sciences sont la biologie et la physique.

N. Non-conformiste.   Marie travaille dans un bureau, mais elle est non-conformiste. Dites pourquoi selon[16] le modèle. ATTENTION: le négatif de *un/une/des* devant un objet direct est *pas de*.

according to

⌒ Est-ce qu'elle porte des collants?[17] / des chaussettes
  Non, elle ne porte pas de collants. Elle porte des chaussettes.

1. Est-ce qu'elle porte des chaussures? / des baskets[18]
2. Est-ce qu'elle porte des robes? / un jean
3. Est-ce qu'elle porte un chemisier? / un tee-shirt
4. Est-ce qu'elle porte une jupe? / un short

Inquiry

O. Enquête sociologique.   Demandez à un(e) camarade ...

⌒ s'il(si elle) parle japonais

VOUS: *Est-ce que tu parles japonais? ou*
        Parles-tu japonais?
CAMARADE: *Oui, je parle japonais.   ou*
        Non, je ne parle pas japonais.

1. s'il(si elle) aime le chemisier(la chemise) du professeur.
2. s'il(si elle) donne des vêtements aux gens pauvres.[19]
3. s'il(si elle) parle au téléphone chaque jour.
4. s'il(si elle) écoute la radio.
5. s'il(si elle) regarde la télé.
6. s'il(si elle) étudie devant la télé.
7. s'il(si elle) travaille avec des amis.
8. s'il(si elle) danse chaque week-end.

Faites les exercices écrits dans le *Cahier d'exercices.*

---

16. *Selon* = en conformité avec.
17. *Collants* (m.pl.) = "panty hose."
18. *Baskets* (m.pl.) = expression idiomatique pour les chaussures de basket-ball.
19. *Pauvre* ≠ riche.

5 | L'heure

PRÉSENTATION ....

Quelle heure est-il?

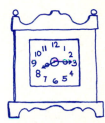

Il est huit heures.   Il est huit heures cinq.   Il est huit heures et quart.

Il est huit heures   Il est huit heures et   Il est neuf heures moins
vingt.   demie.   le quart.

Il est neuf heures   Il est midi.   Il est minuit.
moins dix.

EXPLICATIONS ....

● **Quelle heure est-il?**[20]

Il est une heure.[21]
Il est quatre heures et quart.   car
Il est six heures et demie.

---

20. On demande aussi: *Avez-vous l'heure?*
21. REMARQUEZ: *une heure*, mais *deux (trois, quatre, etc.) heures.*

● **À quelle heure ... ?**

> ... à trois heures.
> ... à quatre heures et quart.
> ... à midi et demi.[22]

> **À quelle heure** déjeunez-vous?
> Je déjeune dans la cafétéria **à une heure** de l'après-midi.[23]

● **De quelle heure à quelle heure ... ?** = Entre quelle heure et quelle heure ... ?

> ... de minuit à deux heures du matin.
> ... de neuf heures du matin à cinq heures du soir.

> **De quelle heure à quelle heure** êtes-vous en classe?
> Je suis en classe de onze heures à midi. (Je suis en classe entre
> onze heures et midi.)

● **Quand ... ?** = question de temps générale.

> **Quand** êtes-vous fatigué?
> Je suis *toujours* fatigué. Je suis fatigué *avant*[24] la classe, quand je suis
> en classe, après la classe et, naturellement, je suis fatigué le soir.

REMARQUEZ: Je suis énergique **le** matin, je suis actif **l'**après-midi, mais je
suis fatigué **le** soir. Je suis au lit **la** nuit.

● **Être en avance, être à l'heure, être en retard**

Le cours est à une heure.

| J'arrive en classe à une heure moins le quart. | J'arrive à une heure. | J'arrive à une heure et quart. |

Je suis **en avance.**   Je suis **à l'heure.**   Je suis **en retard.**

---

22. REMARQUEZ: *une heure et dem**e*** (avec **-e**) parce que le mot *heure* est féminin, mais *midi et
    dem**i*** (sans **-e**) parce que les mots *midi* et *minuit* sont masculins.
23. *Du matin* = entre minuit et midi = "A.M." *De l'après-midi* = entre midi et six
    heures = "P.M." *Du soir* = entre six heures et minuit = "P.M." *La nuit* = les heures où
    on est au lit.
24. *Avant* ≠ *après*.

EXERCICES ORAUX . . . .

P. Quelle heure est-il?

 *Il est neuf heures et demie.*

1.   **2.**   **3.**   **4.**   **5.**

Q. Question de ponctualité.   L'invitation est pour huit heures. Qui est en avance? à l'heure? en retard?

Élisabeth arrive à huit heures et demie.
    Elle est en retard.

1. Barbara arrive à huit heures moins vingt.
2. Gilles et Claude arrivent à huit heures cinq.
3. François arrive à huit heures et quart.
4. Annick et Chantal arrivent à huit heures moins le quart.
5. Vous arrivez à huit heures.
6. Votre copain et vous arrivez à huit heures vingt-cinq.

R. Une journée[25] typique.   Parlez avec un(e) camarade de votre journée typique.

À quelle heure déjeunez-vous?

    VOUS: *Je déjeune à onze heures et demie. Et toi?*
    VOTRE CAMARADE: *Moi, je déjeune à midi.*

1. À quelle heure arrivez-vous sur le campus?
2. À quelle heure est votre premier cours?
3. Êtes-vous toujours à l'heure?
4. Où êtes-vous généralement entre midi et une heure?
5. Si vous travaillez, quel(s) jour(s) est-ce que vous travaillez? de quelle heure à quelle heure?
6. Où êtes-vous généralement à quatre heures de l'après-midi?
7. À quelle heure terminez-vous le dîner?
8. Quand étudiez-vous—le matin, l'après-midi, le soir ou la nuit?

Faites les exercices écrits dans le *Cahier d'exercices.*
Faites les exercices de laboratoire dans le *Cahier d'exercices.*

---

25. *Journée* (f.) = matin + après-midi d'un jour.

CRÉATION

Exercices de conversation

A. Discutez avec un(e) camarade où vous êtes généralement quand vous ...

dînez

> VOUS: *Où est-ce que tu dînes généralement?*
> CAMARADE: *Je dîne généralement à la maison. Et toi?*   ou
> *Je dîne généralement au restaurant. Et toi?*
> VOUS: *Moi, je ... etc.*

dînez
écoutez les cassettes du cours de français
étudiez pour les examens
regardez la télé
écoutez la radio
êtes malade
dansez

B. Est-ce la description de votre ville? Comparez avec votre camarade. Si c'est exact, dites oui; sinon, corrigez la phrase.

⌒ Le cinéma est à côté de la bibliothèque.

> VOUS: *Oui, il est à côté de la bibliothèque.* ou
> *Non, il est au bord de la rivière.*
> CAMARADE: *Chez moi, il n'y a pas de cinéma.* etc.

La ville est au bord d'une rivière.
Il y a une fontaine au milieu du parc principal.
L'hôpital est en face du cinéma.
Il y a une université dans la ville.
Le bureau de poste est à côté d'un restaurant.
La banque est entre deux boutiques.
Il y a un lac dans la ville.
La bibliothèque est près d'un bar.
Le zoo est dans un parc.
Il y a des arbres devant les maisons.

C. Un(e) étudiant(e) typique. Discutez avec un(e) camarade les questions suivantes.

⌒ À quelle heure dîne-t-il(elle)? Où dîne-t-il(elle)?

> VOUS: *Il(elle) dîne à cinq heures à la cafétéria.*
> CAMARADE: *Oui, d'accord.* ou
> *Non, il(elle) dîne à six heures et demie au restaurant.* etc.

1. À quelle heure est le premier cours de l'étudiant(e) typique?
2. Quelles matières[26] étudie-t-il(elle)?
3. Arrive-t-il(elle) à l'heure en classe?
4. Quand est-il(elle) au laboratoire? Aime-t-il(elle) le laboratoire?
5. De quelle heure à quelle heure étudie-t-il(elle)? Où étudie-t-il(elle)?
6. Regarde-t-il(elle) la télé? De quelle heure à quelle heure? Quels programmes regarde-t-il(elle)?
7. Écoute-t-il(elle) la radio? Écoute-t-il(elle) des disques? Quelles sortes de musique aime-t-il(elle)? classique? rock? folklorique? le jazz? le rap? le reggae?
8. Danse-t-il(elle)? Quand?
9. Quels vêtements porte l'étudiant(e) typique?

---

26. *Matières* (f.pl.) = disciplines académiques.

Lecture

CONSEILS/ACTIVITÉS AVANT LA LECTURE · · · · · · · · · · ·

⌒ Quel est votre emploi du temps[27] aujourd'hui?
À huit heures et demie, j'ai le cours de maths. Entre ... etc.

Imaginez une étudiante française dans une université américaine. Est-ce
que la situation indiquée dans la lettre de la Lecture est familière? Est-ce
que la description du logement ressemble à une description d'un appartement ou d'une chambre typique? Et le programme d'études? Les activités
de Véronique sont-elles exceptionnelles ou sont-elles caractéristiques
d'une étudiante?

LA VIE UNIVERSITAIRE

Boston, le 9 septembre
8 heures du matin, avant les cours

Chers parents,

    Je suis maintenant bien installée dans mon appartement à côté du
5 campus. Il est grand! Il y a trois pièces (deux chambres à coucher et une
salle de séjour), une cuisine et une salle de bains.[28] Il est au rez-de-
chaussée (mais aux États-Unis c'est «le premier étage»!). Il n'y a pas de

---

27. *Emploi du temps* (m.) = distribution et heures des activités du jour; la routine.
28. Les Français ne considèrent pas la cuisine ou la salle de bains comme des pièces.

concierge. Je partage l'appartement avec trois autres étudiantes. Il y a un réfrigérateur et une cuisinière électrique. Il n'y a pas de meubles excepté
10 les lits, une table et un seul fauteuil. Heureusement il y a un grand tapis, alors tout le monde est par terre quand nous invitons des amis.

Je suis toujours très occupée. Considérez mon emploi du temps. À neuf heures, j'ai le cours d'anglais. Pour moi, il est très facile. Dans la classe, il y a vingt-cinq étudiants. Ils sont japonais, russes, vietnamiens, etc.
15 À dix heures dix, je suis au laboratoire de langues. Il est loin du bâtiment du cours d'anglais, mais heureusement près de la prochaine classe qui est à côté de la bibliothèque. À onze heures, c'est le cours de biologie. Le professeur est brillant et le cours n'est pas difficile.

Chaque jour à midi et demi, je déjeune avec les étudiants du cours
20 d'anglais. La conversation est très animée autour de la table et le temps passe très vite.[29] Le mardi et le jeudi, à une heure et quart, je suis dans un cours de chimie. Il est très difficile mais c'est un cours obligatoire. Le lundi, le mercredi et le vendredi après le déjeuner, je suis dans un cours d'histoire américaine qui est fascinant. Maintenant nous discutons la
25 révolution américaine. Je travaille à la bibliothèque le reste de l'après-midi.

Le soir, avant le dîner, je rentre à l'appartement. Après le dîner, si je n'étudie pas, je regarde la télé ou je parle avec des copines. À onze heures je suis au lit. Il n'y a pas de cours le week-end, alors je suis libre.
30 Mon Dieu! Il est neuf heures et quart du matin. Quelle catastrophe! Je suis en retard pour le cours d'anglais! Il commence à neuf heures et le professeur arrive toujours à l'heure. À bientôt!

Je vous embrasse,

Véronique

QUESTIONS SUR LA LECTURE . . . .

1. Pourquoi Véronique parle-t-elle de la vie à l'université?
2. Est-ce que la situation indiquée dans la lettre est similaire à votre vie? Quelles sont les ressemblances? les différences?
3. Qu'est-ce que Véronique observe dans la lettre à propos de son logement? Pourquoi?
4. Donnez la description du logement idéal pour un(e) étudiant(e).
5. Imaginez le programme idéal d'un(e) étudiant(e).
6. Comment est la description de votre vie à l'université dans votre correspondance (avec les parents, les amis)?

---

29. *Vite* = rapidement.

Compositions orales/écrites

1. Donnez une description originale et, si possible, amusante de la classe de français. Utilisez l'expression *il y a,* beaucoup de prépositions et beaucoup de verbes en *-er.*

   ◯ *Dans la classe de français, il y a ... Quel(le)(s) ... ! Il n'y a pas de ... Généralement nous parlons ... Nous ne ... pas ... Le professeur est ... Je suis ... Naturellement je ne ... pas parce que ... Il y a des situations amusantes dans la classe; par exemple ... etc.*

2. Donnez une petite description de votre journée et de votre emploi du temps. Utilisez les expressions et les verbes de la leçon et votre imagination.

   ◯ *Je m'appelle ... Je suis très occupé(e). À ... heures, je suis à ... , mais quelquefois ... et je n'arrive pas à l'heure. Après le cours de ... , je vais à ... , etc.*

3. Donnez une description imaginative de l'emploi du temps d'une personne célèbre. C'est peut-être un acteur, une actrice, un politicien, un professeur célèbre, un monstre ...

Improvisation

Deux personnes: C'est le premier jour d'un(e) étudiant(e) français(e) sur le campus de votre université. Il(elle) pose des questions à un(e) étudiant(e) américain(e) qui parle français. (*Où est-ce qu'on dîne? Y a-t-il une bibliothèque? À quelle heure ...* etc.). L'étudiant(e) américain(e) répond.

Vocabulaire

noms

après-midi *m.*
arbre *m.*
banque *f.*
bibliothèque *f.*
camarade *m./f.*
carte *f.*

chef *m.*
chien *m.*
cinéma *m.*
collants *m.pl.*
déjeuner *m.*
dîner *m.*
disque *m.*

États-Unis *m.pl.*
études *f.pl.*
heure *f.*
hôpital *m.*
laboratoire *m.*
lieu *m.*
matin *m.*

médecin *m.*
médicament *m.*
midi *m.*
minuit *m.*
note *f.*
nuit *f.*
personnalité *f.*

quart *m.* quarter
réponse *f.*
soir *m.*
temps *m.*
tour *f.*
vie *f.*

appartement/maison

appartement *m.*
chambre (à coucher) *f.*
commode *f.*
concierge *m./f.*
cuisine *f.*
cuisinière *f.*
étage *m.*
fauteuil *m.* armchair
lit *m.* bed
logement *m.* liv. quart
maison *f.*
meuble *m.* furn.
pièce *f.*
réfrigérateur *m.*
rez-de-chaussée *m.*
salle à manger *f.*
salle de bains *f.*
salle de séjour *f.*
tapis *m.* rug
télé (télévision) *f.*

adjectifs

animé(e) animated
cher(chère)
chic
demi(e)
énorme
idéal(e)
libre free
occupé(e)
pauvre
prochain(e) next
quel(le)
ridicule
seul(e) alone
typique
universitaire

verbes

aimer
arriver
commencer
danser
déjeuner
détester
dîner
discuter (de)
donner

écouter
étudier
parler
partager
passer
porter
poser (une question)
regarder
rencontrer
terminer
travailler

adverbes

comment
heureusement
moins
où
toujours
vite fast

prépositions

à côté de
après
au bord de
au fond de
au milieu de
autour de
avant

chez
derrière
en face de
entre
loin de
près de
sous

conjonction

si

autres expressions

à droite
à gauche
à l'heure
alors
en avance
en classe
en fait actually
en retard
il y a
par terre
Quel dommage.
Quelle heure est-il?

Échanges

— Salut, Jacqueline! Quoi de neuf?[1]
— Pas grand'chose,[2] et toi?
— Je vais au cinéma ce soir. Il y a un film de Woody Allen. Tu veux venir?[3]
— Oh, oui. J'aime beaucoup Woody Allen.
— Alors, d'accord. À ce soir à sept heures, devant la bibliothèque. Je suis toujours à l'heure. Ne sois pas[4] en retard!

1. Quoi de neuf? = "What's new?"
2. Pas grand'chose = "not much."
3. Tu veux venir? = "Do you want to come?"
4. Ne sois pas ... = "don't be ... "

5

CINQUIÈME LEÇON

1   Le verbe *avoir*

PRÉSENTATION ·

— **J'ai un** chien. C'est un setter anglais. **Est-ce que vous avez un** chien ou **un** chat?

— **J'ai un** chat siamois. **Il a** les yeux bleus.

— Molly **a-t-elle des** animaux?

— Non, **elle n'a pas d'**animaux parce qu'**elle a des** allergies. Elle est allergique.

— Les gens qui sont allergiques aux animaux **ont-ils des** problèmes?

— **Ils n'ont pas de** problèmes **s'ils ont des** poissons rouges à la maison.

EXPLICATIONS ·

● À l'affirmatif

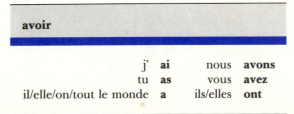

avoir			
j'	**ai**	nous	**avons**
tu	**as**	vous	**avez**
il/elle/on/tout le monde	**a**	ils/elles	**ont**

● Au négatif avec *avoir*, **un (une, des)** ... → **de** ...

J'ai *un* poisson rouge.   Je n'ai pas **de** poisson rouge.
Nous avons *des* animaux.   Nous n'avons pas **d'**animaux.

● On forme l'interrogatif du verbe *avoir* avec **est-ce que** ou avec l'inversion, exactement comme les autres verbes.

Est-ce que vous avez l'heure?   **Avez-vous** l'heure?
Est-ce qu'ils ont une maison?   **Ont-ils** une maison?

ATTENTION: Il y a un **-t-** supplémentaire dans *a-t-il*, *a-t-elle* et *a-t-on*.

A-t-il une auto?
A-t-elle un chat siamois?
A-t-on des questions?

EXERCICES ORAUX . . . .

A. **Logement.**   Formulez une question avec *avoir*.

⌒ une chambre à coucher claire[1] / Solange
Est-ce que Solange a une chambre à coucher claire?

1. deux salles de bains / Pierre et Laurent
2. une salle de séjour moderne / Marianne
3. une grande cuisine / nous
4. un grand réfrigérateur dans la cuisine / vous
5. petite salle à manger / tu
6. chambre à coucher typique / je

B. **Appareils[2] utiles.**   Répondez au négatif (avec le pronon sujet approprié).

⌒ Est-ce que tu as un magnétophone?[3]
Non, je n'ai pas de magnétophone.

1. As-tu une stéréo?
2. Est-ce que vous avez une cuisinière à gaz?
3. Est-ce que Chantal a une télé?
4. Les Lebrun ont-ils un réfrigérateur?
5. Est-ce que j'ai un répondeur?[4]
6. Est-ce que j'ai une radio?
7. Est-ce que nous avons un téléphone dans la salle de classe?

---

1. *Clair(e)* ici signifie *bien illuminé.*
2. *Appareil* (m.) = machine.
3. *Magnétophone* (m.) = "tape recorder."
4. *Répondeur* (m.) = machine qui répond automatiquement au téléphone.

ai as a avons avez ont

C. Être ou avoir. Commencez une phrase par *Je suis* ou *J'ai*. Attention à la logique de la phrase.

⌒ des allergies   *J'ai des allergies.*

1. un chien
2. un chat
3. allergique
4. chez le médecin
5. des médicaments
6. en forme! (*Maintenant, ...*)

Maintenant, commencez une phrase par *Ils sont* ou *Ils ont*.

7. américains
8. un appartement en France
9. une concierge idéale
10. des meubles français
11. contents
12. une vie formidable à Paris

Cette armoire est un vrai lit!
La Méridienne
SPÉCIALISTE DU LIT ESCAMOTABLE. TOUS BOIS. TOUS STYLES.
89, rue du Faubourg St-Antoine. 75011 Paris. Tél. 43.07.43.83 - Parking dans la cour.
Autres points de vente Grenoble et Genève.

D. Qu'est-ce que vous avez dans les poches? Utilisez la forme *vous* pour demander au professeur s'il(si elle) a les objets suivants dans les poches.

⌒ un peigne   *Est-ce que vous avez un peigne?* ou
                Avez-vous un peigne?

1. un calendrier   4. un portefeuille
2. des stylos   5. des clés
3. un kleenex   6. une liste

Utilisez la forme *tu* et posez les mêmes questions à un(e) camarade.

Faites les exercices écrits dans le *Cahier d'exercices*.

2 Les adjectifs possessifs

PRÉSENTATION ....

— Dans **notre** classe les étudiants sont très chic aujourd'hui. **Nos** vêtements sont très à la mode. Marilyn porte **son** chemisier et je porte **mon** chemisier. Portez-vous **votre** chemisier aujourd'hui, Élisabeth?

— Non, je porte la chemise de **mon** ami, Paul. Ce n'est pas **ma** chemise, c'est **sa** chemise.

— Pourquoi ne portez-vous pas **votre** chemise?

— Parce qu'elle est sale.[5]

— Et ces chaussures, est-ce que ce sont les chaussures de **votre** ami ou est-ce que ce sont **vos** chaussures?

— Ce ne sont pas **ses** chaussures. Ce sont **mes** chaussures. **Ses** pieds sont trop[6] grands!

EXPLICATIONS ....

● Les adjectifs possessifs

possesseur	possession		
	masculin	féminin	pluriel (m. et f.)
je	mon	ma	mes
tu	ton	ta	tes
il/elle/on	son	sa	ses
nous	notre	notre	nos
vous	votre	votre	vos
ils/elles	leur	leur	leurs

Votre banque
au Grand-Duché de Luxembourg

---

5. *Sale* = "dirty."
6. *Trop* = excessivement.

- L'accord de l'adjectif possessif (nombre et genre) est déterminé par la chose (ou la personne) *possédée* et non pas par le possesseur.

> Tom a *une* chemise. C'est **sa** chemise.
>   (**sa,** parce que *chemise* est féminin singulier)
> Molly a *un* cahier. C'est **son** cahier.
>   (**son,** parce que *cahier* est masculin singulier)

> J'ai *un* portefeuille. C'est **mon** portefeuille.
> J'ai *une* clé. C'est **ma** clé.
> J'ai *des* clés. Ce sont **mes** clés.

> Tu as *un* pantalon. C'est **ton** pantalon.
> Tu as *une* cravate. C'est **ta** cravate.
> Tu as *des* vêtements. Ce sont **tes** vêtements.

> Il (elle/on) a *un* professeur. C'est **son** professeur.
> Il (elle/on) a *une* leçon. C'est **sa** leçon.
> Il (elle/on) a *des* exercices. Ce sont **ses** exercices.

> Nous avons *un* professeur. C'est **notre** professeur.
> Nous avons *une* composition. C'est **notre** composition.
> Nous avons *des* examens. Ce sont **nos** examens.

> Vous avez *un* chemisier. C'est **votre** chemisier.
> Vous avez *une* chemise. C'est **votre** chemise.
> Vous avez *des* chaussures. Ce sont **vos** chaussures.

> Ils (elles) ont *un* appartement. C'est **leur** appartement.
> Ils (elles) ont *une* maison. C'est **leur** maison.
> Ils (elles) ont *des* difficultés. Ce sont **leurs** difficultés.

REMARQUEZ: Devant un nom ou un adjectif *féminins* singuliers qui commencent par une voyelle ou par un **h** muet on utilise l'adjectif possessif *masculin* singulier.

> J'ai *une* clé. C'est *ma* clé. Mais où est **mon** autre clé?
> Pierre raconte[7] *une* longue histoire. C'est **son** histoire.

- La négation de *j'ai **mon*** ... est *je n'ai pas **mon*** ...

> Aujourd'hui ...
> j'ai **ma** jupe.   je n'ai pas **ma** jupe.
> Solange a **son** pantalon.   Solange n'a pas **son** pantalon.
> les Duval[8] ont **leur** chien.   les Duval n'ont pas **leur** chien.

---

7. *Raconter* = parler de, rapporter.
8. *Les Duval.* Un nom propre n'a pas de **-s** au pluriel.

EXERCICES ORAUX . . . .

E. Possessions et possesseurs. Voilà des gens. Qu'est-ce qu'ils ont dans la main? Employez l'adjectif possessif approprié dans chaque réponse.

⌓ Jean-Claude a un journal.[9]
  C'est son journal.

  1. Marc a une carte d'identité.
  2. Le médecin a un calendrier.
  3. Monsieur Boulanger a une revue de photographie.
  4. Pierre a des papiers importants.
  5. Mademoiselle Boucher a des collants.
  6. Suzanne et Monique ont des livres.
  7. Monsieur et Madame Charpentier ont une petite radio.
  8. Les boxeurs ont des gants.
  9. Maurice a des disques.
  10. Monsieur et Madame Lheureux ont des clés.

F. Bricabrac. Vous discutez avec votre camarade de chambre qui est le possesseur des objets dans le placard.[10] Formez des phrases selon le modèle.

⌓ Voilà un portefeuille.
  Ce n'est pas ton portefeuille, c'est mon portefeuille.

⌓ Voilà des chaussettes.
  Ce ne sont pas tes chaussettes, ce sont mes chaussettes.

  1. Voilà un pantalon.   4. Voilà un jean.
  2. Voilà des gants.   5. Voilà des disques.
  3. Voilà une cravate.   6. Voilà une auto miniature.

Maintenant votre camarade de chambre et vous discutez avec deux autres camarades de la maison les possesseurs des objets dans le garage de votre maison.

⌓ Voilà des vélos.[11]
  Ce ne sont pas vos vélos, ce sont nos vélos.

  7. Voilà un fauteuil.   10. Voilà une lampe de bureau.
  8. Voilà des autos.   11. Voilà des vêtements de ski.
  9. Voilà un tapis oriental. 12. Voilà des revues de 1980.

───────────

9. *Journal* (m.) = "newspaper."
10. *Placard* (m.) = où on range les objets: les vêtements, les ustensiles, les provisions, etc.
11. *Vélo* (m.) = bicyclette.

G. **Une invitation importante.**   Vous êtes nerveux(nerveuse) parce que vous êtes invité(e) à la Maison-Blanche.[12] Vous demandez à votre ami(e) ...

⌒ si votre pantalon est trop long (si votre jupe est trop courte[13]).

> **VOUS:** *Est-ce que ma jupe est trop courte?*
> **CAMARADE:** *Non, elle n'est pas trop courte.*

1. si votre costume est acceptable.
2. si votre chemise est trop ouverte (si votre chemisier est trop ouvert).
3. si votre cravate est chic (si vos collants sont chic).
4. si vos chaussures sont trop ordinaires.
5. si votre tee-shirt antinucléaire est acceptable.

Faites les exercices écrits dans le *Cahier d'exercices*.

$\boxed{3}$ La parenté

PRÉSENTATION ·

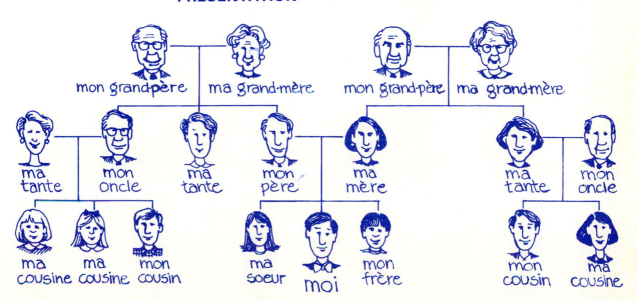

---

12. *Maison-Blanche* (f.) = résidence du président des États-Unis.
13. *Court(e)* ≠ long.

EXPLICATIONS . . . .

- La famille immédiate

    1. Votre **père** et votre **mère** sont vos **parents.**[14]
    2. Votre père est le **mari** de votre mère, et votre mère est la **femme** de votre père.
    3. Vous êtes l'**enfant** de vos parents, leur **fils** ou leur **fille.**
    4. Si vous avez un **frère** ou une **sœur,** vos parents ont deux enfants.
    5. Dans une **famille,** le premier enfant est l'**aîné** (l'**aînée**) et le dernier (la **dernière**) est le **cadet**(la **cadette**).
    6. Si vous n'avez pas de frère ou de sœur, vous êtes **fils unique** ou **fille unique.**

- La famille (au sens large)

    7. Les frères et les sœurs de votre père ou de votre mère sont vos **oncles** et vos **tantes.**
    8. Vous êtes le **neveu** ou la **nièce** de votre oncle et de votre tante.
    9. Leurs enfants (les neveux et les nièces de vos parents) sont vos **cousins** et vos **cousines.**
    10. Le père et la mère de votre père ou de votre mère sont votre **grand-père** et votre **grand-mère.** Ce sont vos **grands-parents.**
    11. Vous êtes le **petit-fils** ou la **petite-fille** de vos grands-parents.

- La parenté par alliance (le mariage et le divorce)

    12. Si vous êtes marié(e), le père et la mère de votre femme ou de votre mari sont votre **beau-père** et votre **belle-mère.** Ce sont vos **beaux-parents.**
    13. Si votre sœur est mariée, le mari de votre sœur est votre **beau-frère.**
    14. Si votre frère est marié, la femme de votre frère est votre **belle-sœur.**
    15. Si vos parents sont divorcés, le mari de votre mère est votre **beau-père** et la femme de votre père est votre **belle-mère.** L'enfant de votre beau-père ou de votre belle-mère est votre **beau-frère** ou votre **belle-sœur.**

---

14. Le terme *parent* est utilisé aussi pour toutes les personnes qui ont un degré de parenté avec vous. *Ma famille est d'origine française; j'ai beaucoup de **parents** en France—des tantes, des oncles, des cousins et des cousines. / Monique habite avec sa mère et son père à New York, mais elle a des **parents** à Boston.*

EXERCICES ORAUX

H. **La généalogie.** Finissez les phrases.

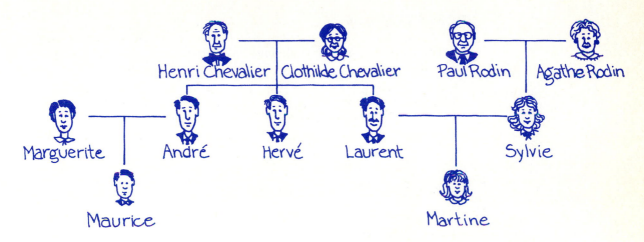

◠ Henri a ...
Henri a trois fils: André, Hervé et Laurent. ou
Henri a une femme: Clothilde.

le mari et la femme
un mari et un père
la femme de Henri
la fille de Henri d C.
de femme
deux fils

1. Laurent et Sylvie ont ...
2. Sylvie a ...
3. Clothilde est ...
4. Martine est ...
5. Hervé n'a pas ...
6. Hervé a ...

7. Maurice n'a pas ... *de frère ou une* *soeur*
8. Maurice est ... *fils unique*
9. Henri n'a pas ... *des filles*
10. Paul et Agathe n'ont pas ... *de fils .*
11. Marguerite a ... *un fils*
12. Marguerite est ...

I. **La parenté.** Expliquez le degré de parenté entre les deux personnes données.

◠ James Madison et Dolly Madison *le mari et la femme*
James est le mari de Dolly. ou *Dolly est la femme de James.*

1. Louis XVI et Marie Antoinette *le mari et la femme*
2. Ted Kennedy et John Kennedy, Jr. *est le fils de*
3. Ted Kennedy et Caroline Kennedy *est la nièce de*
4. Michael Jackson et Latoya Jackson *est la soeur de*
5. Julian Lennon et Yoko Ono *est la femme de*
6. le prince Charles et la princesse Margaret *est la tante de*
7. Liza Minelli et Judy Garland *est la mère de*
8. George Bush et Barbara Bush *est la femme de*

est le père de
est le oncle de
est le frère de
est le mari de
est le neveu de
est la fille de
est le mari de

Faites les exercices écrits dans le *Cahier d'exercices.*

4   Les couleurs

PRÉSENTATION . . . .

— De quelle couleur est le chemisier d'Annie?
— Il est **rouge.**
— Et les chaussures de Richard?
— Elles sont **noires.**
— Le pantalon de Paul est **bleu.** De quelle couleur est la jupe de Marilyn?
— Elle est **bleue** aussi.

— Est-ce que Marilyn est **blonde** ou **brune?**
— Elle est **blonde**. Mais Paul est **brun.**

EXPLICATIONS . . . .

● Les adjectifs de couleur

bleu	un pantalon bleu	une cravate bleu**e**
blond	un homme blond	une femme blond**e**
brun	un garçon brun	une jeune fille brun**e**
gris	un éléphant gris	une maison gris**e**
noir	un tableau noir	une cravate noir**e**
vert	un tapis vert	une porte ver**te**

ATTENTION:

| **blanc** | un chapeau blanc | une auto blan**che** |
| **violet** | un chemisier violet | une chemise viole**tte** |

REMARQUEZ: Les adjectifs terminés par **-e** ne changent pas au féminin.

beige	un sac beige	une robe beige
jaune	un chat jaune	une banane jaune
rose	un éléphant rose	une rose rose
rouge	un crayon rouge	une bouche rouge

REMARQUEZ: Certains adjectifs de couleur restent invariables.

marron	un pantalon marron	une jupe marron
	des pantalons marron	des jupes marron
orange	un cahier orange	une chaussette orange
	des cahiers orange	des chaussettes orange

EXERCICES ORAUX . . . .

J. Daltonien.[15]   Pour chaque phrase, protestez et corrigez l'erreur de logique.

△ La Maison-Blanche est verte.
Mais non! Elle n'est pas verte, elle est blanche!

1. La porte de la salle de classe est violette.
2. Les éléphants sont jaunes.
3. Le journal est rouge et vert.
4. Catherine Deneuve est brune.
5. Les yeux de Paul Newman sont orange.
6. Les cigarettes sont bleues.
7. Le chapeau d'un cowboy sympathique est noir.
8. L'uniforme de la police est rouge.

K. Arc-en-ciel.[16]   Demandez à un(e) camarade de quelle couleur est (sont) ...

△ son crayon.

VOUS: *De quelle couleur est ton crayon?*
CAMARADE: *Il est jaune.*

1. son livre.
2. son cahier.
3. les murs de la classe.
4. le tableau.

5. les photos du livre. (*Elles ...*)
6. (Inventez une question à propos de quelque chose dans la salle de classe.)

Faites les exercices écrits dans le *Cahier d'exercices*.

Intermarco

---

15. *Daltonien(ne)* = incapable de distinguer entre les couleurs.
16. *Arc-en-ciel* (m.) = les couleurs du prisme (violet, bleu, vert, etc.) présentées en forme d'arc.

5 La place de l'adjectif

PRÉSENTATION . . . .

— Comment est Sam?
— Il est **intelligent**; il est **jeune**. C'est un **jeune** garçon **intelligent**.
— Comment est Suzie?
— Elle est **grande** et **intelligente**. C'est une **grande** fille **intelligente**.
— Quelles sortes d'étudiants sont-ils?
— Ce sont **de** bons étudiants.

EXPLICATIONS . . . .

● Les adjectifs sont généralement placés *après* le nom.

un exercice **facile**   une étudiante **intelligente**
des examens **difficiles**   des notes **excellentes**

● Certains adjectifs communs sont placés *devant* le nom.

autre	une **autre** femme
beau	un **beau** garçon
bon	un **bon** dîner
certain	une **certaine** femme
grand	une **grande** jeune fille
gros	un **gros** appétit
jeune	un **jeune** homme
joli	une **jolie** actrice
long	un **long** week-end
mauvais	une **mauvaise** note
nouveau	un **nouveau** système
petit	un **petit** garçon
vieux	un **vieux** chapeau

● Quand un nom a *deux* adjectifs, ils sont placés à leurs places respectives.

C'est un homme **sportif** et **charmant**.
C'est une **grande** femme **sympathique**.
C'est une **jolie petite** fille.

● Quand l'adjectif est placé *devant* le nom pluriel, **des → de.**[17]

des acteurs → **de** mauvais acteurs
des actrices → **de** jolies actrices

EXERCICES ORAUX . . . .

L. La diversité. Placez les adjectifs correctement dans les phrases (attention à leur forme).

⌒ Voilà un étudiant. (brun)
Voilà un étudiant brun.

1. C'est un étudiant. (mauvais)
2. Il a une question. (important)
3. C'est une question. (naïf)
4. Voilà une étudiante. (intelligent)
5. C'est une étudiante. (sérieux)
6. C'est une étudiante. (bon)
7. Elle a un livre. (vieux)
8. Elle donne une réponse (intelligent) à l'étudiant.

M. Portraits. Il y a un grand nombre de personnalités différentes. Quelles sortes de gens y a-t-il? Placez les adjectifs correctement (attention à leur forme).

⌒ une personne (actif, enthousiaste)
une personne active et enthousiaste

1. des enfants (content, actif)
2. un homme (certain, brun)
3. un garçon (intelligent, sportif)
4. une actrice (jeune, italien)
5. des femmes (autre, célèbre)
6. des gens (intelligent, généreux)
7. des professeurs (brillant, sympathique)
8. des maisons (grand, confortable)

Faites les exercices écrits dans le *Cahier d'exercices*.

---

17. *Jeune fille* est une unité considérée comme un seul mot, alors on dit **des** *jeunes filles*.

6 | Les adjectifs irréguliers

PRÉSENTATION ·

— Maurice Desmond est un **vieil** acteur. Ce n'est pas un très **bel** homme.
— C'est parce qu'il est **vieux**. Mais quel homme extraordinaire! **Tous** ses films sont excellents!
— De toute façon,[18] moi, je préfère[19] les actrices ... les **nouvelles** actrices ... pas **toutes** les actrices ... les **jeunes** actrices.
— Et moi, les **nouveaux jeunes** acteurs!

EXPLICATIONS ·

- **Blanc, bon** et **long** sont irréguliers au féminin singulier.

masculin singulier	féminin singulier	masculin pluriel	féminin pluriel
blanc	blanche	blancs	blanches
bon	bonne	bons	bonnes
long	longue	longs	longues

un chemisier **blanc**   une chemise **blanche**
des gants **blancs**   des chaussettes **blanches**

- **Beau, nouveau** et **vieux**

    1. *Beau, nouveau* et *vieux* changent devant un nom masculin singulier qui commence par une voyelle ou un **h** muet: **bel, nouvel, vieil.**

    un *beau* garçon   un **bel** acteur
    un *nouveau* film   un **nouvel** étudiant
    un *vieux* livre   un **vieil** homme

    2. Le féminin est: **belle, nouvelle, vieille.**

    un *beau* garçon   une **belle** fille

---

18. *De toute façon* = en somme, en conclusion; "in any case."
19. Remarquez un changement d'orthographe: Préférer: nous préférons, vous préférez.
    Mais: je préfère, tu préfères, il/elle/on préfère, ils/elles préfèrent.

3. Au masculin pluriel: **beaux, nouveaux, vieux.** Au féminin pluriel:
belles, nouvelles, vieilles.

deux **beaux** acteurs	deux **belles** actrices
de **nouveaux** étudiants	de **nouvelles** étudiantes
trois **vieux** amis	trois **vieilles** amies

RÉSUMÉ:

masculin singulier	féminin singulier	masculin pluriel	féminin pluriel
beau (bel)	**belle**	**beaux**	**belles**
nouveau (nouvel)	**nouvelle**	**nouveaux**	**nouvelles**
vieux (vieil)	**vieille**	**vieux**	**vieilles**

● **Chic** et **snob** sont des adjectifs invariables (comme *marron*).

Ton costume est **chic.**	Ta cravate est **chic.**	Ils sont **chic.**
Jean est **snob.**	Louise est **snob.**	Ils sont **snob.**

● Les formes de l'adjectif **tout**

masculin	féminin
tout	**toute**
tous	**toutes**

REMARQUEZ: Généralement, on emploie l'adjectif **tout (tous, toute, toutes)** + *article défini* + nom.

Nous visitons **tout** *l'*appartement.
Toute *la* classe aime les films de Gérard Depardieu.
Je ne suis pas présent **tous** *les* jours.
Est-ce que **toutes** *les* télés sont en couleurs?

EXERCICES ORAUX . . . .

N. **Précisions.** Complétez les phrases par les adjectifs indiqués. Attention à l'accord.

◠ un animal (vieux) *un vieil animal*

1. des chaussettes (blanc)
2. des cravates (blanc et noir)
3. des explications (bon)
4. un exercice (bon)
5. un examen (long)
6. des histoires (long)
7. un enfant (beau)
8. un chapeau (beau)

9. une amie (nouveau)
10. des amies (nouveau)
11. un homme (vieux)
12. une femme (vieux)
13. un jean (vieux)
14. une personnalité (snob)
15. des chaussures (chic)

O. **Préparation pour l'examen.** Faites une phrase avec une forme de l'adjectif *tout*.

◠ Les étudiants étudient pour l'examen.
Tous les étudiants étudient pour l'examen.

1. Les explications du professeur sont claires.
2. Nous regardons les exercices.
3. En fait, nous étudions la leçon.
4. Alors l'examen est facile.
5. La classe est très intelligente.

Faites les exercices écrits dans le *Cahier d'exercices*.

7 | L'adjectif démonstratif

PRÉSENTATION . . . .

Voilà une photo de ma famille en 1965. **Cet** homme-**là**, c'est mon père; **cette** femme, c'est ma mère. **Ce** garçon, c'est mon frère, Philippe. **Ces** deux jeunes filles sont mes sœurs, Isabelle et Chantal, et **ces** personnes âgées sont mes grands-parents.

EXPLICATIONS . . . .

● Les formes de l'adjectif démonstratif **ce**

masculin	féminin
ce (cet)	cette
ces	ces

Ce livre est intéressant.   **Cette** femme est libre.
Ces livres sont ennuyeux.   **Ces** femmes sont occupées.

REMARQUEZ: Le féminin pluriel est comme le masculin pluriel: **ces.**

● On utilise **cet** (au lieu de **ce**) devant un nom ou un adjectif masculins singuliers qui commencent par une voyelle ou par un **h** muet. Le pluriel est régulier: **ces.**

        Cet étudiant est sérieux.
Mais: **Ces** étudiants sont sérieux.

● Le suffixe **-là** est quelquefois employé si une distinction entre deux choses (ou deux personnes) est nécessaire.

        Ce livre est intéressant, mais **ce** livre-**là** est ennuyeux.

EXERCICES ORAUX ·

P. **Cadeaux**[20] **d'anniversaire.** Remplacez le nom dans la phrase par le nom donné et adaptez le reste de la phrase.

⌒ Ce chapeau est formidable! (la chemise / les gants)
Cette chemise est formidable!
Ces gants sont formidables!

1. J'adore ce magnétophone. (le disque / les cassettes / la radio)
2. Ce pull est chic. (les collants / le pantalon / les chaussettes)
3. Aimes-tu ces cravates? (le portefeuille / la robe / les cadeaux)

Q. **Un nouveau logement.** Vous visitez un bel appartement avec un agent immobilier.[21] L'agent indique les chambres, etc., et vous donnez vos impressions. Inventez une phrase avec une forme de l'adjectif démonstratif *ce*.

⌒ Admirez les placards.
J'aime la couleur de ces placards. ou
Ces placards sont grands!

1. Regardez les murs.
2. Voilà la salle de séjour.
3. Les chambres à coucher sont ici.
4. Et maintenant la cuisine.
5. Voilà le réfrigérateur.
6. Il y a aussi une cuisinière électrique.
7. Et voilà la salle de bains.
8. Et c'est tout l'appartement.

R. **Vive la différence!** Quelles sont les différences entre les gens de cette classe? Indiquez les différences avec les noms indiqués et le suffixe *-là*.

⌒ étudiant
Cet étudiant est blond, mais cet étudiant-là est brun.

1. étudiante
2. garçon (homme)
3. fille (femme)
4. personnes

Faites les exercices écrits dans le *Cahier d'exercices*.

---

20. *Cadeau* (m.) = un présent.
21. *Agent* (m.) *immobilier* = "real estate agent."

CRÉATION

• •

 ## Exercices de conversation

A. Vous préparez des listes de cadeaux d'anniversaire avec un(e) camarade. Pour chaque personne, répondez à ces questions. *Qu'est-ce qu'il (elle) a? Qu'est-ce qu'il(elle) n'a pas? Quel est votre choix de cadeau pour cette personne?* Votre camarade suggère un autre cadeau. Vous dites si c'est une bonne idée ou non.

◯ votre frère

VOUS: *Mon frère a un vélo, des vêtements bizarres et une stéréo. Il n'a pas de disques. Alors, je donne à mon frère des disques de son musicien préféré, Bob Marley.*

CAMARADE: *Ou peut-être un joli sweater ou un short?*

VOUS: *Non, il n'aime pas les sweaters et il ne porte pas de shorts.*

votre mère
votre père
votre sœur
votre frère
vos grands-parents
votre copain ou copine

Sometimes

B. Quelquefois les couleurs sont une indication de la personnalité ou de la psychologie des gens. Imaginez les vêtements des personnes suivantes. Discutez en groupe de la couleur de son pantalon (sa robe, sa jupe, sa chemise, son chemisier, sa cravate, son pull, son chapeau, ses chaussettes, ses chaussures, ses bottes, etc.).

⌒ une femme calme
  Sa robe est bleue, son chapeau et ses bottes sont gris. Elle a aussi un sweater bleu et gris et un manteau bleu.

  un homme conservateur
  un homme daltonien
  une vieille dame pittoresque
  un jeune homme timide
  un professeur excentrique
  deux adolescentes conformistes
  une jeune femme exubérante et charmante
  Cindy Lauper
  Madonna
  Bill Cosby

Lecture

CONSEILS/ACTIVITÉS AVANT LA LECTURE . . . .

already

Vous savez déjà le nom des différentes pièces d'un appartement (*salle de séjour,* etc.) et de quelques meubles (*fauteuil,* etc.). Faites un plan de votre appartement et indiquez les pièces et les meubles.

Voici la description de l'appartement d'une famille bourgeoise dans une grande ville. Est-ce différent du logement d'une famille bourgeoise de votre ville? Comment la vie dans un immeuble est-elle différente de la vie dans une maison particulière?[22] Imaginez, dans un grand immeuble, l'importance de l'employé—le concierge ou le gardien. Préférez-vous une maison avec votre famille ou un appartement dans un immeuble avec un(e) concierge?

---

22. *Particulière* ici signifie *personnelle, privée.*

Voici un bel appartement dans un quartier agréable.

CHEZ LES FOURNIER

La famille de Stéphane Fournier habite à Paris. Les Fournier ont un bel appartement dans un quartier agréable. Stéphane a une sœur aînée, Nathalie, qui est étudiante à l'université, mais il n'a pas de frères. Son père travaille dans une société[23] française d'informatique et, naturellement, il a

5 un ordinateur[24] dans son bureau à la maison. Sa mère est professeur d'anglais dans un grand lycée parisien. Stéphane et Nathalie ont aussi des grands-parents. Leur grand-mère maternelle habite seule à Vanves, dans la banlieue parisienne; son mari est mort. Leurs grands-parents paternels habitent dans le Midi.

10 L'appartement des Fournier est au troisième étage d'un nouvel immeuble. La concierge, qui est chargée de la surveillance générale de l'immeuble, habite au rez-de-chaussée. Elle observe chaque personne qui entre, distribue les lettres, etc. Elle est gentille, mais elle est très curieuse et elle parle beaucoup.

---

23. *Société* (f.) = une firme, une compagnie (Société anonyme = S.A. = "Inc.")
24. *Informatique* (f.) = "computer science, data processing." Un «Macintosh» ou un «IBM PS/2» sont des *ordinateurs*.

Une famille parisienne
à table.

15   L'appartement des Fournier est très clair parce qu'il donne sur une
belle avenue. Il y a une salle de séjour avec de jolis fauteuils bleus, un long
canapé blanc et un beau tapis blanc. Sur les murs il y a des tableaux con-
temporains. La cuisine est très moderne avec un grand réfrigérateur, une
cuisinière à gaz, un lave-vaisselle et un four à micro-ondes. Il y a aussi
beaucoup de placards.

20   La chambre à coucher des parents a une salle de bains; les enfants
partagent une autre salle de bains. La chambre de Stéphane est particulièrement originale, mais malheureusement elle est toujours en
désordre. Ses vêtements sont souvent par terre, sur les chaises ou sous le
lit. Sur les murs il y a des affiches des musiciens de rock que Stéphane admire. La chambre des parents est toujours en ordre.

25   Voilà l'appartement d'une famille française bourgeoise. Et vous, comment est votre famille, votre maison ou votre appartement?

QUESTIONS SUR LA LECTURE . . . .

1. Où est-ce que la famille Fournier habite?
2. Où les parents travaillent-ils? Dans la vie contemporaine
   américaine, les deux parents ont-ils normalement un travail?

3. Est-ce que les grands-parents de Stéphane et Nathalie sont vivants? Vos grands-parents sont-ils vivants? Si oui, habitent-ils loin ou près de vos parents?

4. Comment la vie dans cet immeuble est-elle différente de la vie dans une maison particulière? *machine*

5. Est-ce que les Fournier aiment le progrès? Quels appareils des Fournier sont indispensables (à votre avis[25])? *opinion*

6. Le désordre est-il beau (à votre avis)? Employez des adjectifs pour donner une description du désordre dans la chambre de Stéphane. Les jeunes gens préfèrent-ils généralement l'ordre ou le désordre? Pourquoi?

Compositions orales/écrites

1. Préparez une description de votre famille. Utilisez une photo ou un dessin[26] sur le tableau si vous désirez. Avez-vous un père, une mère, des frères, des sœurs, des oncles, des tantes, des cousins, des cousines, des grands-parents, des beaux-parents, des neveux, des nièces, des enfants? Parlez de leurs personnalités, de leurs intérêts, etc.

2. Préparez la description d'une famille célèbre ou intéressante. Qui sont les membres de la famille? Comment sont-ils? Y a-t-il des personnalités bizarres?

3. Décrivez votre maison ou votre appartement. Combien de pièces y a-t-il? Comment est la salle de séjour? Comment est votre chambre? Où déjeunez-vous? Où dînez-vous? Où étudiez-vous? etc.
lunch

25. *Votre avis* (m.) = votre opinion.
26. *Dessin* (m.) = caricature.

Improvisation

Trois personnes: Un jeune couple marié désire adopter une fille ou un fils. Un(e) assistant(e) social(e) interviewe le couple pour déterminer si une adoption est possible. L'assistant(e) demande au couple, par exemple ...

- comment est le mari
- comment est la femme
- comment sont leurs familles
- s'ils ont d'autres enfants
- s'ils ont un appartement ou une maison
- la description de leur maison
- une liste de leurs possessions
- s'ils ont des dettes
- s'ils travaillent ou s'ils sont étudiants
- s'ils aiment les enfants
- pourquoi ils désirent un enfant

Qu'est-ce que l'assistant(e) social(e) décide?

Faites les exercices de laboratoire dans le *Cahier d'exercices*.

Échanges

— Oh, j'adore les vieilles photos. Qui sont tous ces gens?
— Tiens.[1] Ça, ce sont mes grands-parents et voilà mes parents.
— Ce beau militaire, qui est-ce?
— C'est mon cousin. Et cette femme élégante est sa mère, ma tante Françoise.
— Et ce joli bébé blond?
— C'est moi!

1. *Tiens* (expression idiomatique) = "here, look."

vieux – old
prochain – next
attendre – wait

Vocabulaire

noms

acteur/actrice *m./f.*
affiche *f.* poster
appareil *m.* device, machine
banlieue *f.* suburb
botte *f.* boot
cadeau *m.* gift
canapé *m.* sofa, couch
chat *m.*
couleur *f.*
dette *f.* debt
divorce *m.*
employé/employée *m./f.*
famille *f.*
four (à micro-ondes) *m.* oven
immeuble *m.* building
informatique *f.*
journal *m.*
lave-vaisselle *m.* dish washer
lycée *m.* high school
magnétophone *m.*
mariage *m.*
ordinateur *m.* computer
photo *f.*
placard *m.* cupboard
quartier *m.* section
répondeur *m.*
société *f.* club, co. firm
travail *m.* (wrk)
vaisselle *f.* dishes
vélo *m.* bike
voyage *m.*

noms de parenté

beau-frère *m.*
beau-père *f.*
beaux-parents *m.pl.*
belle-mère *f.*
belle-sœur *f.*
cousin *m.*
cousine *f.*
femme *f.*
fille *f.*
fils *m.*

frère *m.*
grand-mère *f.*
grand-père *m.*
grands-parents *m.pl.*
mari *m.*
mère *f.*
neveu *m.*
nièce *f.*
oncle *m.*
parent *m.*
parenté *f.*
père *m.*
petit-fils *m.*
petite-fille *f.*
sœur *f.*
tante *f.*

adjectifs

âgé(e)
aîné(e)
beau (bel, belle)
cadet(te)
ce (cet, cette)
certain(e)
chic
contemporain(e)
court(e)
daltonien(ne)
dernier(dernière)
divorcé(e)
gentil(le)
gros(se)
joli(e)
long(ue)
marié(e)
mort(e)
nouveau (nouvel, nouvelle)
sale
snob
tout(e)
unique
vieux (vieil, vieille)
vivant(e) living

adjectifs possessifs

mon (ma, mes)
ton (ta, tes)
son (sa, ses)
notre (notre, nos)
votre (votre, vos)
leur (leur, leurs)

adjectifs de couleur

beige
blanc(blanche)
bleu(e)
blond(e)
brun(e)
gris(e)
jaune
marron
noir(e)
orange
rose
rouge
vert(e)
violet(violette)

verbes

avoir
donner sur to overlook
entrer
habiter
préférer
préparer
raconter

adverbes

beaucoup
malheureusement
trop too, too much

autres expressions

de toute façon in any case
quelquefois sometimes
voici

6

SIXIÈME
LEÇON

Est-ce que vous lisez des revues françaises pour pratiquer votre français?

‧ ‧

1 Les verbes *aller, venir, dire, écrire, lire*

PRÉSENTATION

— **Je vais** quelquefois dans ma famille en France. Où **allez-vous** en vacances, Mark?
— Pour les vacances **je vais** souvent à New York.
— Votre sœur Christine **va-t-elle** à New York aussi?
— Non, **elle va** généralement chez ses amis dans le Colorado.
— Et le reste de votre famille?
— Mes parents **vont** souvent en Europe, mais à Noël **nous allons** tous chez mes grands-parents à Saint Louis.

— **Venez-vous** à l'université le dimanche?
— Non, je vais chez moi le week-end et **je reviens** le lundi. Les études **deviennent** de plus en plus difficiles quand on n'a pas de repos.

— Est-ce que **vous lisez** des revues françaises pour pratiquer votre français?
— Oui, quelquefois **je lis** *Le Nouvel Observateur* ou *L'Express*. **Je ne lis pas** *Le Point*.

— **Écrivez-vous** des compositions et des poèmes?
— **J'écris** des compositions. **Je n'écris pas** de poèmes, mais dans notre classe, certains étudiants **écrivent** des poèmes remarquables.
— Qu'est-ce que **vous écrivez** dans vos compositions?
— **Nous décrivons** souvent nos familles, notre classe, nos sentiments, nos idées, nos préférences ...

— Qu'est-ce que vous **dites** quand vous entrez dans la classe?

— Je **dis** «Bonjour, tout le monde.»

— **Dites**-vous la même[1] chose à la fin de la classe?

— Mais non! À la fin de la classe tout le monde **dit** «Au revoir».

EXPLICATIONS

- RAPPEL: L'infinitif d'un verbe (par exemple, **parler**) est formé d'un radical (**parl-**) et d'une terminaison (**-er**). La conjugaison d'un verbe régulier est formée du radical et de certaines terminaisons régulières.[2] Mais beaucoup de verbes très communs ne sont pas réguliers.

- **aller**

je	**vais**	nous	**allons**
tu	**vas**	vous	**allez**
il/elle/on	**va**	ils/elles	**vont**

REMARQUEZ: **Aller** est toujours accompagné d'un complément *adverbial*.

Pascale va **au cinéma**.

Serge et sa sœur vont **chez leurs grands-parents**.

Je vais **bien** mais ma mère ne va pas **bien**. (expression idiomatique)

- **venir** (*et ses composés **devenir, revenir,** etc.*)

je	**viens**	nous	**venons**
tu	**viens**	vous	**venez**
il/elle/on	**vient**	ils/elles	**viennent**

devenir: je **de**viens, tu **de**viens, il/elle/on **de**vient, nous **de**venons, vous **de**venez, ils/elles **de**viennent

revenir: je **re**viens, tu **re**viens, il/elle/on **re**vient, nous **re**venons, vous **re**venez, ils/elles **re**viennent

Je **viens** à l'université chaque matin.

La nuit, le docteur Jekyll[3] **devient** Monsieur Hyde.

---

1. *Même* = "same."
2. Voir la Quatrième Leçon, page 75.
3. *Le docteur Jekyll*: On emploie l'article défini avec le titre professionnel.

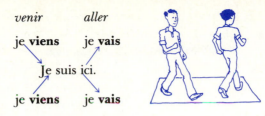

venir	*aller*
je **viens**	je **vais**

Je suis ici.

| je **viens** | je **vais** |

● **dire**

je	**dis**	nous	**disons**
tu	**dis**	vous	**dites**
il/elle/on	**dit**	ils/elles	**disent**

ATTENTION: **Dire** n'est pas synonyme de **parler**.

1. **Dire** est généralement accompagné d'un complément *d'objet direct*.

> Annie dit **quelque chose**.[4]
> Vous dites **la vérité?**[5]
> Ils disent **que vous êtes intelligent**.
> Noëlle dit: «**Bonjour, Madame**».

2. **Parler** est généralement *seul* ou accompagné d'un complément *adverbial*.[6]

> Chut! Le président parle.
> Vous parlez **vite**.
> Ils parlent **avec Madame Giscard**.

● **écrire** (*et son composé* **décrire**)

j'	**écris**	nous	**écrivons**
tu	**écris**	vous	**écrivez**
il/elle/on	**écrit**	ils/elles	**écrivent**

> Nous **écrivons** quelquefois des lettres à nos amis au Canada.
> Pierre **décrit** sa vie à l'université de Montpellier.

---

4. *Quelque chose* = "something."
5. *Vérité* (f.) = "truth."
6. Il y a aussi une construction idiomatique: **parler** + langue (sans article): *Je parle français. / On ne parle pas anglais ici.*

lire (*et son composé* **relire**)

je	**lis**	nous	**lisons**
tu	**lis**	vous	**lisez**
il/elle/on	**lit**	ils/elles	**lisent**

Le professeur **lit** les journaux français.
Les étudiants **lisent** les journaux américains.

EXERCICES ORAUX

A. Dîner d'anniversaire. Il y a un grand dîner d'anniversaire pour votre mère. Un grand nombre de gens arrivent. Formez des phrases complètes avec les sujets donnés.

aller au dîner d'anniversaire de ma mère (je / nous / toute la famille)
Je vais au dîner d'anniversaire de ma mère.
Nous allons au dîner d'anniversaire de ma mère.
Toute la famille va au dîner d'anniversaire de ma mère.

1. écrire une carte d'anniversaire (tu / ma tante / mes sœurs / nous)
2. venir en auto (tout le monde / tu / vous / mes parents)
3. dire «Joyeux anniversaire!» (je / vous / nous / tous les invités)
4. lire les cartes (ma mère / mon père et moi / vous / les invités)
5. aller dans le jardin[7] pour photographier ma mère (vous / je / mon frère / tu / les cousins)

B. Curiosité. Répondez aux questions de votre professeur.

1. Bonjour. Comment allez-vous?
2. À quelle heure venez-vous sur le campus?
3. Où allez-vous après les classes?
4. Devenez-vous nerveux(nerveuse) quand vous préparez un examen?
5. Dites-vous «bonjour» au commencement de la classe ou à la fin?
6. Dans quelles circonstances dit-on «pardon»?
7. Écrivez-vous vite ou lentement?
8. Qui écrit des livres célèbres?
9. Lisez-vous *Peanuts*?
10. Les Hébreux lisent-ils de droite à gauche ou de gauche à droite? Et vous?

---

7. *Jardin* (m.) = terrain où on cultive des fleurs (ou des légumes).

***C.* Sondage.**[8]   Demandez à un(e) camarade ...

> *1.* s'il(si elle) lit le *National Enquirer*.
> *2.* si le Président dit généralement la vérité.
> *3.* s'il(si elle) écrit son numéro de téléphone sur les murs des cabines téléphoniques.
> *4.* dans quelles circonstances il(elle) devient tout(e) rouge.
> *5.* où il(elle) va en général après la classe de français.
> *6.* s'il(si elle) vient en classe le dimanche.

Faites les exercices écrits dans le *Cahier d'exercices*.

---

2   Le verbe *faire*

PRÉSENTATION ·

— Que **faites-vous** généralement le soir?
— Mes amis et moi, **nous faisons** nos devoirs; quelquefois nous allons au cinéma, au théâtre ou au restaurant.
— Que **faisons-nous** maintenant?
— Nous parlons français, nous étudions le verbe **faire**, nous écoutons le professeur.

EXPLICATIONS ·

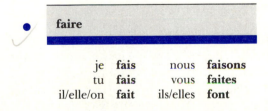

faire			
je	**fais**	nous	**faisons**
tu	**fais**	vous	**faites**
il/elle/on	**fait**	ils/elles	**font**

Ces enfants **font** leur lit tous les matins.
Julien **fait** quelquefois de grosses erreurs dans ses devoirs.

---

8. *Sondage* (m.) = investigation méthodique pour déterminer la nature des habitudes, des activités ou des opinions dans une population.

REMARQUEZ: **Faire** exprime l'action ou la production «en général». Il est souvent employé dans les questions mais, logiquement, n'est pas nécessairement employé dans la réponse, parce que la réponse indique l'action précise.

Que **fais**-tu? J'*écris* les exercices.
Que **faites**-vous? Nous *regardons* la télévision.
Que **font**-ils? Ils *écoutent* le professeur.

EXERCICES ORAUX . . . .

D. **Les activités du week-end.** Employez le sujet donné pour former une question avec le verbe *faire*. Commencez votre question par *Qu'est-ce que* ... Votre camarade donne une réponse avec les verbes indiqués.

⌒ vous / écrire une lettre

VOUS: *Qu'est-ce que vous faites?*
CAMARADE: *J'écris une lettre.*

1. vous / écrire à votre copain (copine)
2. tu / lire un livre
3. je / étudier en français
4. nous / aller à un concert de rock
5. Claude et Michel / skier tout le week-end
6. Philippe / travailler à l'ordinateur
7. Marie / préparer le dîner
8. Pierre / dîner chez Marie
9. Robert et Bertrand / venir chez moi
10. Sybille et Élisabeth / aller au cinéma

E. **Une petite investigation.** Demandez à un(e) camarade ...

1. quand il(elle) fait son lit (chaque jour? quand sa mère vient?)
2. où il(elle) fait des erreurs (en classe? dans le *Cahier d'exercices*? aux examens?)
3. quand il(elle) fait ses devoirs (l'après-midi? après le dîner? avant les classes?)
4. s'il(si elle) fait le dîner tous les jours.
5. pourquoi il(elle) fait cet exercice.

Faites les exercices écrits dans le *Cahier d'exercices*.

3   Les noms de villes et de pays[9]

PRÉSENTATION · · · · · · · · · · · · · · · · · · ·

— Vous allez **en Europe?** Quels pays visitez-vous, les pays francophones?

— Pas seulement. Nous allons **en France** et **en Belgique**, mais aussi **en Espagne**, **au Portugal**, **en Italie** et **en Grèce**.

— Est-ce que vous allez **au Danemark** ou **en Suède?**

— Non, mais nous allons **aux Pays-Bas**. Mon ami est bilingue et parle aussi hollandais.

— Dans quelles villes allez-vous?

— Nous allons **à Paris**, naturellement. Et aussi **à Madrid**, **à Lisbonne**, **à Rome**, **à Athènes** et **à Amsterdam**.

EXPLICATIONS · · · · · · · · · · · · · · · · · · ·

● Les pays terminés en **-e** sont généralement féminins et les autres sont masculins. Un certain nombre de pays sont masculins pluriels.

la Belgique	**le** Canada	**les** États-Unis
la Chine	**le** Luxembourg	**les** Pays-Bas
la Grèce	**le** Japon	**les** Philippines

ATTENTION: **le** Cambodge, **le** Mexique, **le** Zaïre.

● On emploie l'article défini avec un nom de pays quand le nom de pays est le sujet ou le complément d'objet direct du verbe.

La France est un vieux pays avec une histoire de 2.200 ans.[10]
Le Canada a 6,84 millions d'habitants[11] francophones.
Mes parents visitent souvent **les** Pays-Bas.

ATTENTION: **Israël** n'a pas d'article défini.

Israël est en Asie Mineure.

---

9. *Pays* (m.) = nation.
10. On utilise *an* après un nombre, après *tous les*, après *par*. Pour les autres situations, on utilise *année*: *Vingt ans*, c'est longtemps. / Il vient *tous les ans*. / Je vois Aline quatre fois *par an*. Mais: *Cette année* nous allons à Paris. / Je vois Aline *chaque année*.
11. *Habitant/Habitante* (m./f.) = personne qui habite un pays ou une ville.

● Pour indiquer où on est et où on va

```
à    +   ville ou île
en   +  ┌ pays féminin ou continent
        └ pays qui commence par une voyelle
au   +   pays masculin
aux  +   pays qui a un nom pluriel
```

à +	*en +*	*au(x) +*
ville ou île	*pays ou continent*	*pays*
à Beyrouth	en Allemagne	au Brésil
à Bruxelles	en Angleterre	au Canada
à Dakar	en Australie	au Danemark
à Genève	en Belgique	au Japon
à Londres	en Chine	au Liban
à Mexico	en Colombie[12]	au Nigéria
à Montréal	en Égypte	au Portugal
à Moscou	en Espagne	au Sénégal
à New York	en France	
à Québec	en Grande-Bretagne	aux États-Unis
à Tokyo	en Grèce	aux Pays-Bas[14]
à Venise	en Inde	aux Philippines
	en Iran	
à Cuba	en Iraq	
à Haïti	en Israël	
à Terre-Neuve	en Italie	
à Tahiti	en Suède	
	en Suisse	
	en U.R.S.S.[13]	
	en Amérique (du Nord, du Sud)	
	en Afrique	
	en Asie	
	en Europe	

● La même règle est applicable pour les états des États-Unis et les provinces de France et du Canada.

en Arkansas	au Kansas
en Californie	au Texas
en Ontario	au Québec
en Nouvelle-Écosse	au Nouveau-Brunswick
en Normandie	
en Provence	

---

12. Remarquez la forme française de certains noms de pays (et d'états des États-Unis): *Columbia → **la Colombie**, Virginia → **la Virginie**, Florida → **la Floride**.*
13. *En U.R.S.S. = en Union des républiques socialistes et soviétiques = en Russie.*
14. *Aux Pays-Bas = en Hollande.*

REMARQUEZ: On dit **dans le Midi** pour indiquer le sud de la France.

Beaucoup d'Européens vont **dans le Midi** en vacances.

REMARQUEZ: Pour éviter les erreurs (ou pour distinguer entre ville et état), dites *dans l'état de*.

dans l'état de Tennessee
dans l'état de Washington   *Mais:* à Washington (la capitale)
dans l'état de New York   *Mais:* à New York (ville)

● Pour indiquer l'origine, *à* → **de**, *en* → **de**, *au* → **du**, *aux* → **des**.

Tu vas *à* Paris.   → Tu arrives **de** Paris.
Je voyage *en* France.   → J'arrive **de** France.
Nous allons *au* Danemark.   → Nous sommes **du** Danemark.
Mon père voyage *aux* Pays-Bas.   → Mon père téléphone **des** Pays-Bas.

EXERCICES ORAUX . . . .

F. **Destination mystérieuse.**   Tous vos amis préparent des voyages divers. Voilà leurs activités. Où vont-ils?

⌒ Albert étudie l'art chinois.
  Il va en Chine.

1. Bernard demande un visa d'étudiant au consulat allemand.
2. Chantal demande des roubles à la banque.
3. David réserve une chambre dans un hôtel de luxe à Rio de Janeiro.
4. Élisabeth écoute des disques de chez Berlitz et répète «por favor» et «gracias».
5. Francis réserve une place dans un avion[15] de la ligne El-Al.
6. Germaine et Gilberte regardent des brochures sur le mont Fuji.
7. Hélène et Henri hésitent entre un hôtel à Picadilly Circus et un hôtel en face de Big Ben.
8. Le guide d'Irène et d'Isabelle est Olaf Olafsen.
9. Jean et Joël étudient les ruines grecques.
10. Léon et Louis réservent des places dans un théâtre de Broadway.

---

15. *Avion* (m.) = moyen de transport aérien.

G. Test pour devenir rédacteur[16] **de guides touristiques.**   Pour chaque
phrase, protestez et corrigez l'erreur.

 Le Kremlin est en France.
Mais non! Il n'est pas en France, il est en U.R.S.S.

1. L'université de Chicago est à Boston.
2. Le musée du Louvre est à Moscou.
3. Les Alpes sont au Brésil.
4. Le Palais de Buckingham est aux Pays-Bas.
5. Les pyramides sont en Angleterre.
6. Le zoo de San Diego est à San Francisco.
7. Le festival de films de Cannes est à Paris.
8. Montréal est en France.

H. L'origine.   Formez une phrase pour indiquer l'origine.

 le café colombien
Le café colombien vient de Colombie.

1. le président des États-Unis
2. les spaghetti
3. le journal *Pravda*
4. les parfums Chanel
5. les films américains
6. la Toyota
7. vos deux sénateurs
8. la Volkswagen

Faites les exercices écrits dans le *Cahier d'exercices.*

---

4   La formation des adverbes

PRÉSENTATION ·

— Vous êtes rapide, Christine. Faites-vous tout **rapidement**?
— Je lis très **rapidement**. Mais je ne parle pas **vite**. **Malheureusement**,
je parle **lentement**.

---

16. *Rédacteur/Rédactrice* (m./f.) = "editor."

EXPLICATIONS . . . .

● Les adverbes réguliers sont formés avec le féminin de l'adjectif + **-ment**.

Adjectif masculin	*Adjectif féminin*	*Adverbe*
certain	certaine	**certainement**
dernier	dernière	**dernièrement**
heureux	heureuse	**heureusement**
lent *slow*	lente	**lentement**
naïf	naïve	**naïvement**
seul *alone*	seule	**seulement** *only*

ATTENTION: Si l'adjectif masculin est terminé par *une voyelle*, on ajoute **-ment** *add*
à la forme *masculine*.

Adjectif masculin	*Adverbe*
rapide	**rapidement**
vrai *truly*	**vraiment**
absolu	**absolument**
passionné	**passionnément**

● Pour les adjectifs terminés par **-ant** ou **-ent,** on élimine la terminaison et
on ajoute **-amment** ou **-emment.**

Adjectif masculin	*Adverbe*
constant	**constamment**
courant	**couramment**[17] *fluently*
évident	**évidemment**
récent	**récemment**

● Il y a quelques adverbes irréguliers.

Adjectif masculin	*Adjectif féminin*	*Adverbe*
bon	bonne	**bien**
mauvais	mauvaise	**mal**

● Il y a des adverbes qui ne correspondent pas à des adjectifs: **beaucoup,**
presque,[18] **souvent, très, vite,** etc.
almost   often

---

17. *Couramment* = "fluently."
18. *Presque* = "almost."

EXERCICES ORAUX . . . .

I. **De quelle manière?** *manière*   Formation des adverbes. Voilà des adjectifs.
Formez les adverbes qui correspondent.

⌒ premier
   premièrement

sérieusement
généralement
clairement
probablement
joliment
naturelement

1.	sérieux	*7.*	entier *ère entièrement*
2.	général	*8.*	relatif *ive relativement*
3.	clair	*9.*	bon *bien*
4.	probable	*10.*	dernier *dernièrement*
5.	joli	*11.*	évident *évidemment*
6.	naturel	*12.*	constant *constamment*

J. **Le match de tennis.**   Formez une nouvelle phrase avec l'adverbe qui
convient.

⌒ Nous aimons (beaucoup/vite) le sport.
   Nous aimons beaucoup le sport.

1. Nous allons (souvent/sérieusement) aux matchs de tennis.
2. Steffi Graf est (beaucoup/vraiment) excellente.
3. Elle gagne[19] presque *almost* (très/toujours).
4. Les athlètes sont (seulement/certainement) intelligents et (très/
    lentement) sportifs.
5. C'est une expérience (récemment/extrêmement) intéressante.

Faites les exercices écrits dans le *Cahier d'exercices*.

---

19. *Gagner* = "to win."

5   Le futur immédiat   (Proche) near

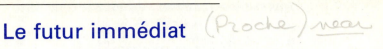

PRÉSENTATION . . . .

— Qu'est-ce que vous **allez faire** ce soir?
— Je **vais dîner** avec un ami et nous **allons regarder** la télé.
— Et qu'est-ce que vos parents **vont faire?**
— Ils **vont rester** à la maison.

EXPLICATIONS . . . .

● Le **futur immédiat**: **aller** (au présent) + infinitif

— Je ne **vais** pas **venir** en classe demain, Madame.
— Quelle catastrophe! Qu'est-ce que nous **allons faire?**

ATTENTION: Pour exprimer le futur de certaines expressions impersonnelles:

$$c'est \rightarrow \textbf{ça va être}$$
$$il\ y\ a \rightarrow \textbf{il va y avoir}$$

Ça va être difficile.   **Ça ne va pas être** difficile.
Il va y avoir un examen.   **Il ne va pas y avoir** d'examen.

EXERCICES ORAUX . . . .

K. **Projets de voyage.**   Voici une description de ce que vous faites
généralement en voyage avec vos amis. Racontez ce que vous allez
faire à l'occasion de votre prochain voyage. *next*

◠ Les vacances arrivent.
     Les vacances vont arriver.

1. Nous allons à l'aéroport ensemble.
2. Nos amis disent «bon voyage».
3. Nous voyageons en Europe.
4. Il y a des personnes intéressantes dans chaque pays.
5. Je parle français aux gens francophones.
6. Mon ami écrit des cartes postales.
7. C'est un voyage sans problèmes.
8. Nous revenons très contents.

L. Soirée tranquille.[20]   Dites au négatif.

◠ Je vais aller au McDonalds.
   Je ne vais pas aller au McDonalds.

1. Je vais aller au cinéma.
2. Tu vas lire un livre.
3. Marcel va téléphoner à la pizzeria Domino.
4. Nous allons travailler.
5. Vous allez dîner au restaurant.
6. Anne et Marie-Paule vont venir avec nous.

M. Dans dix ans.   Posez une question avec les mots indiqués pour déterminer la situation dans dix ans. Votre camarade répond affirmativement ou négativement.

◠ tu / devenir snob

VOUS: *Est-ce que tu vas devenir snob?* ou
         Vas-tu devenir snob?
CAMARADE: *Oui, je vais devenir snob.* ou
                 Non, je ne vais pas devenir snob.

1. ta mère / avoir des petits-enfants
2. tes parents / habiter où ils habitent maintenant
3. tu / aller en Europe
4. nous / voyager ensemble
5. nous / être bilingues
6. ton mari(ta femme) / venir aux «réunions» de la classe de français avec toi
7. tu / écrire un best-seller
8. tu / être riche ou pauvre
9. mon mari(ma femme) et moi / lire ton nom dans les journaux
10. ton père / être moins conservateur

Faites les exercices écrits dans le *Cahier d'exercices.*

---

20. Le mot *soirée* (f.) signifie *soir* et aussi *partie*. *Tranquille* = calme.

CRÉATION

Exercices de conversation

A. Un copain et vous allez passer dix jours au Club Méditerranée. Discutez avec votre copain ce que vous allez faire ensemble et ce que
vous allez faire seul(e). Décidez aussi si vous n'allez pas faire certaines choses.

VOUS: *Qu'est-ce que nous allons faire au Club Med?*
CAMARADE: *Je vais regarder les animaux et les plantes sous la mer et je vais
participer à des matchs de tennis.*
VOUS: *Nous allons peut-être participer à des matchs de tennis ensemble.
J'aime le tennis. Je vais aussi aller dans les discothèques.*
CAMARADE: *Moi, je ne vais pas aller dans les discothèques. Je vais ...*

Voilà des choses que les gens font souvent au Club Med. Souvent au
Club Med, les gens ...

disent adieu au travail
vont au bord de la mer[21]
passent des heures au soleil[22]
écrivent des cartes postales
lisent des best-sellers sur la plage[23] beach
regardent les animaux et les plantes sous la mer
vont aux cours de bridge (de tennis, de badminton, de volley)
participent à presque tous les matchs de bridge (de tennis, de
badminton, de volley)
viennent aux soirées du Club Med
dansent joyeusement dans les discothèques
font des projets pour d'autres vacances

---

21. *Mer* (f.) = océan.
22. *Soleil* (m.) = Le centre du système solaire. *Notre soleil a neuf planètes.*
23. *Plage* (f.) = terre plate au bord de la mer.

131

B. Demandez à un(e) camarade ce qu'il(elle) fait dans les situations données. Deux réponses sont proposées. Utilisez la réponse préférable ou inventez une autre réponse. Employez aussi un adverbe dans votre conversation: *aussi, bien, très, ensemble, certainement, généralement, ici, là, naturellement, peut-être, souvent, un peu, heureusement, toujours, vite, beaucoup, trop, malheureusement, absolument, évidemment, lentement, presque, seulement, vraiment.*

◠ Il(elle) a une composition pour demain. (être absent(e) / écrire la composition)

VOUS: *Qu'est-ce que tu fais quand tu as une composition pour demain?*
CAMARADE: *J'écris la composition, naturellement.*

Il(elle) prépare un examen. (étudier ses notes / écouter les cassettes au laboratoire)
Il(elle) va en vacances. (voyager à vélo / préparer un itinéraire à l'avance)
Il(elle) n'est pas content(e) d'une action politique. (écrire une lettre à son sénateur / protester dans la rue)
Il(elle) a un accident de voiture.[24] (téléphoner à la police / pleurer[25])
Il(elle) dîne dans un restaurant exotique. (demander un hamburger / essayer[26] des choses exotiques)
Il(elle) arrive en retard pour un rendez-vous très important. (dire «pardon» / devenir rouge)
Les programmes à la télé sont ennuyeux. (aller au cinéma / lire un bon livre)

Vacances à la FraӍçaise.

Chez votre agent de voyages et infos minitel 36.16 FRAM

---

24. *Voiture* (f.) = auto.
25. *Pleurer* = "to cry."
26. *Essayer* = "to try." Remarquez un changement d'orthographe: Essayer: nous essayons, vous essayez. *Mais:* j'essaie, tu essaies, il/elle/on essaie, ils/elles essaient.

Lecture

CONSEILS/ACTIVITÉS AVANT LA LECTURE . . . .

Qu'est-ce que vous préférez quand vous allez en vacances? Pourquoi?

⌒ aller à la montagne / rester en ville
  Je préfère aller à la montagne parce que j'aime skier. ou
  Je préfère rester en ville et sortir tous les soirs avec des amis.

  1. aller en Europe / voyager aux États-Unis
  2. voyager en avion / voyager à vélo
  3. faire du camping / aller à l'hôtel
  4. avoir beaucoup de temps / avoir plusieurs petites vacances
  courtes   *several*

Quand on prépare un voyage de tourisme dans de nouveaux pays, pourquoi décide-t-on de visiter ces pays? Leur culture exotique? Leur civilisation ancienne? Des musées et des monuments de grande valeur? Des panoramas scéniques extraordinaires? Les habitudes des habitants? Une cuisine excellente?

Dans la conversation suivante entre deux jeunes Canadiens, Paul donne-t-il toujours la raison de son itinéraire?

PROJETS DE VACANCES

Deux étudiants du Nouveau-Brunswick parlent ensemble.

DANIELLE: Qu'est-ce que tu fais ce soir? Tu viens au cinéma avec nous?

PAUL: Non, je vais chez Georges et Sarah. Ils ont des brochures de voyages que nous allons regarder ensemble. Nous allons voyager en Europe pendant les vacances. Mardi prochain, nous allons faire nos réservations d'avion.

DANIELLE: Où allez-vous? Dans quels pays? Dans quelles villes?

PAUL: Oh, notre itinéraire n'est pas absolument décidé. Mais nous allons certainement aller en Angleterre et en France et, si nous avons le temps, nous allons visiter la Suisse et l'Allemagne.

DANIELLE: Allez-vous rester longtemps?

PAUL: Le voyage va durer presque deux mois, mais ce n'est pas vraiment longtemps. Nous allons voyager en avion du Canada en Angleterre et pour le reste du voyage, nous allons aller en train, à vélo, en auto-stop ou même[27] à pied. Je ne sais pas … ça dépend …

DANIELLE: Vous n'allez pas en Italie, en Espagne ou au Portugal? Quel dommage!

PAUL: Ah! mais c'est notre premier voyage. Notre temps et notre argent sont limités.

DANIELLE: Mais pour les étudiants, il y a des réductions de tarif, et les trains sont un moyen de transport rapide et très efficace en Europe.

PAUL: Oui, c'est vrai. Mais j'ai des amis à Londres et une cousine à Paris et je n'ai pas d'amis dans ces autres pays. En Allemagne ou en Suisse et même en France, nous allons rester dans des auberges de jeunesse et nous allons peut-être faire du camping.

DANIELLE: Vous allez emporter votre équipement, des sacs de couchage[28] et … ?

PAUL: Bien sûr! le minimum … et nos appareils-photo.[29] Nous allons aller dans les Alpes entre la France et la Suisse. J'adore la montagne. Et

---

27. *Même* (adverbe) = "even"; *même* (adjectif) = identique.
28. *Sac* (m.) *de couchage* = substitut du lit pour le camping.
29. *Appareil-photo* (*appareil*) (m.) = "camera."

j'aime aussi la mer et le soleil, alors, nous allons probablement visiter la Côte d'Azur. À Nice nous allons passer nos journées sur la plage et le soir nous allons rencontrer de nouveaux amis dans les rues et dans les cafés.

DANIELLE: Est-ce que tu écris beaucoup de cartes postales quand tu es en voyage?

PAUL: Oui, quelquefois dans le train ou à la terrasse d'un café j'écris à mes amis et à ma famille. Quand ils lisent mes lettres ou mes cartes ils participent un peu à mes aventures. Mais ... naturellement, je ne dis pas toujours tout! ...

QUESTIONS SUR LA LECTURE . . . .

1. Pourquoi Paul va-t-il chez Georges et Sarah?

2. Comment est-ce qu'ils vont voyager? Pourquoi (deux ou trois raisons)?

3. Pourquoi vont-ils aller en Angleterre et en France? Est-ce que Paul donne une raison pour aller en Allemagne et en Suisse? Quand vous parlez de vos projets de vacances avec des amis, est-ce que vous justifiez vos projets? Pourquoi ou pourquoi pas?

4. Quels sont les intérêts de Paul? Est-ce qu'il dit que les autres aiment les mêmes choses? Quels sont vos intérêts quand vous voyagez? Quels pays visitez-vous dans un voyage idéal? Pourquoi?

5. Pourquoi Paul ne dit-il pas toujours tout quand il écrit à sa famille ou à ses amis?

Compositions orales/écrites

1. Vous allez voyager aux États-Unis ou au Canada. Quel va être votre itinéraire? Qu'est-ce que vous allez faire? Comment allez-vous voyager? Qu'est-ce que vous allez emporter? Qu'est-ce que vous faites maintenant pour préparer votre voyage?

2. Pourquoi la vie d'un(e) étudiant(e) est-elle difficile? Parlez de votre expérience personnelle et employez les nouveaux verbes (*aller, venir, devenir, dire, écrire, décrire, lire* et *faire*) et des adverbes.

Improvisation

Deux personnes: Vous parlez avec un agent de voyages. Vous posez des questions à propos d'un voyage que vous allez faire en Amérique du Sud, en Asie, en Europe ou dans une autre partie du monde. Employez beaucoup de noms de pays et de villes, beaucoup de verbes au présent et au futur immédiat et, naturellement, des adverbes.

Faites les exercices de laboratoire dans le *Cahier d'exercices.*

Vocabulaire

noms

aéroport *m.*
an *m.*
appareil-photo *m.*
argent *m.*
auberge (de jeunesse) *f.*
avion *m.*
café *m.*
chose *f.*
devoirs *m.pl.* homework
erreur *f.*
état *m.*
fin *f.* 'inhabitant
habitant/habitante *m./f.*
habitude *f.* habit
hôtel *m.*
idée *f.*
île *f.*
intérêt *m.*
jardin *m.*
journée *f.*
mer *f.*
monde *m.*
montagne *f.*
means moyen (de transport) *m.*
pays *m.*
place *f.*
plage *f.* beach
poème *m.*
projet *m.*
rendez-vous *m.*
sac de couchage *m.* for camping

soirée *f.*
soleil *m.*
tarif *m.*
théâtre *m.*
train *m.*
université *f.*
vacances *m.pl.*
vélo *m.*
vérité *f.*
voiture *f.*

pronom

tout

adjectifs

absolu(e)
bilingue
courant(e) fluent
entier(entière)
efficace effective
évident(e)
lent(e)
mauvais(e)
même
naïf(naïve)
rapide
politique
remarquable
touristique
tranquille
vrai(e)

verbes

aller
décider
décrire
demander
devenir
dire
durer to last
écrire
emporter to take away
essayer to try
faire
gagner to earn, win
hésiter
justifier
lire
participer
pleurer to cry
pratiquer to participate
protester
rester to stay
revenir
téléphoner
venir
visiter
voyager to take a trip

adverbes

absolument
couramment fluently

dernièrement lastly
évidemment
lentement
longtemps
mal
même
naïvement
presque almost
récemment recently
seulement only
vraiment truly

préposition

pendant during

autres expressions

à pied
à vélo
au soleil
bien sûr of course
ça dépend it depends
de plus en plus
en auto-stop
en train
quelque chose

Échanges

On achète un billet de train

— Un billet pour Tours, s'il vous plaît.
— Deuxième? aller et retour?
— Oui, c'est ça: deuxième ... mais un aller
simple. À quelle heure part le train?
— Ah, Mademoiselle, ... il y a plusieurs
trains ... ça dépend ... Il y a un train à
11 h 30, un autre à 14 h 05 ... à 17 h 15 ...
— Le train qui part à 14 h 05, c'est très bien!
— C'est un rapide ... Il y a un supplément de
50 francs.
— D'accord. Ça fait combien?
— Ça vous fait 189 francs en tout.
— Vous acceptez la carte bleue?[1]
— Bien sûr.
— Voilà ... et c'est quel quai, le train de
14 h 05?
— Quai numéro 9 ... Regardez le tableau.
C'est indiqué.
— Merci, Monsieur.

Dans le train

— Pardon, Monsieur, est-ce que cette place
est déjà prise?
— Non, Mademoiselle, elle est libre ... Ah!
... un petit coup de main[2] pour votre
valise? ... Voilà, elle est bien calée dans le
filet.[3]
— Vous êtes très aimable, Monsieur.
— Je vous en prie,[4] Mademoiselle.

1. *La carte bleue* = Visa (carte de crédit).
2. *Coup* (m.) *de main* = de l'aide.
3. *Bien calée dans le filet* = stabilisée dans le porte-bagage,
   endroit où on pose des valises au-dessus de sa place
   dans un train.
4. *Je vous en prie* = formule de politesse employée après
   un remerciement.

Je finis ma journée à trois heures, mais mon ami Richard finit à deux heures.

---

1   Les verbes réguliers en *-ir*

PRÉSENTATION . . . .

— À quelle heure **finissez**-vous votre journée?
— **Je finis** ma journée à trois heures de l'après-midi, mais mon ami Richard **finit** à deux heures. Certains cours **finissent** à six heures du soir.
— Oh, c'est tard!

— **Réfléchissez**-vous bien quand vous **choisissez** vos cours?
— Oui, je **réfléchis** bien **à** mon programme et je **choisis** de bons cours.

EXPLICATIONS . . . .

- La conjugaison d'un verbe régulier en **-ir** (**bâtir, choisir, finir, obéir, réagir, réfléchir, réussir,** etc.) est formée du radical (**bât-, chois-, fin-, obé-, réag-, réfléch-, réuss-**) et des terminaisons **-is, -is, -it, -issons, -issez** et **-issent**.

finir			
je	fin**is**	nous	fin**issons**
tu	fin**is**	vous	fin**issez**
il/elle/on	fin**it**	ils/elles	fin**issent**

Nous **choisissons** des cours intéressants mais difficiles.
Je suis toujours fatiguée parce que je **finis** mes devoirs à minuit.

REMARQUES:

Obéir (désobéir) **à** quelqu'un[1]	Ces enfants obéissent **à** leurs parents.
Réagir **à** quelque chose	Sylvie réagit bien **à** mon idée.
Réfléchir **à** quelque chose	Nous réfléchissons **à** ces problèmes.
Réussir **à** un examen[2]	Est-ce que tu réussis **aux** examens?

REMARQUEZ: Beaucoup de verbes réguliers en **-ir** correspondent à des adjectifs, par exemple:

beau (belle)	→ **embellir**	blanc (blanche)	→ **blanchir**
grand	→ **grandir**	brun	→ **brunir**
gros (grosse)	→ **grossir**	noir	→ **noircir**
lent	→ **ralentir**	pâle	→ **pâlir**
maigre	→ **maigrir**	rouge	→ **rougir**
vieux (vieille)	→ **vieillir**	vert	→ **verdir**

Est-ce qu'on **pâlit** ou **rougit** au soleil?
Nous **brunissons** bien quand nous sommes en vacances sur la Côte
   d'Azur.
Tu **maigris** parce que tu es au régime.[3]

EXERCICES ORAUX · · · · · · · · · · · · · · · · · · ·

A. À huit heures du soir. Il est huit heures et vous allez dîner avec
   vos camarades. Qu'est-ce que tout le monde finit? Faites une phrase
   complète.

   ⌒ Marc / son travail
      Marc finit son travail.

   1. Claude et moi, nous / nos compositions
   2. Jacques / une longue sieste
   3. Tu / la préparation du dîner
   4. Anne et toi, vous / votre conversation
   5. Gilberte et Denise / leurs devoirs
   6. Je / ... (un livre? mes maths? autre chose?)

B. En vacances. Qu'est-ce qu'on fait avant les vacances et pendant un
   voyage? Demandez à un(e) camarade ...

   1. s'il(si elle) réfléchit bien aux projets de voyage.
   2. s'il(si elle) établit un itinéraire intéressant.

---

1. *Quelqu'un* = une personne.
2. *Passer* un examen, c'est être dans la classe et écrire un examen. Après, on a une note. Si
   c'est une bonne note, on *réussit* à l'examen. Si c'est une mauvaise note, on *rate*
   l'examen.
3. *Être au régime* = manger moins pour devenir maigre, pour ne pas grossir.

3. s'il(si elle) choisit un bon appareil-photo.
4. s'il(si elle) maigrit avant le voyage.
5. s'il(si elle) grossit beaucoup pendant le voyage.
6. comment il(elle) réagit au décalage horaire.[4]
7. s'il(si elle) brunit ou rougit au soleil.
8. comment ses vacances finissent.

C. Le cours de français.   Combinez les sujets, les verbes et les fins de phrases pour décrire le cours de français à un(e) camarade. Faites des phrases affirmatives ou négatives.

⌒ *Le professeur choisit de bons exemples.*

Sujets	Verbes	Objets
je	finir (très vite)	la leçon
les étudiants	choisir	les devoirs
le professeur	réfléchir à	les corrections
tu	définir (bien)	les examens
nous	réussir à	les nouveaux mots
	établir	de bons exemples
	réagir à (bien)	de bons rapports
	fournir *furnish*	de bonnes réponses
		les critiques

Faites les exercices écrits dans le *Cahier d'exercices.*

---

2   Six autres verbes en *-ir*

PRÉSENTATION . . . .

— Où **dormez-vous** généralement? **Dormez-vous** souvent dans la classe de français?
— Mais non! **Je dors** dans mon lit. **On ne dort pas** en classe.
— Est-ce qu'il y a des personnes qui **ne dorment pas** dans un lit?
— Oui. Les sans-logis[5] **dorment** souvent dans des endroits[6] publics. *site*

— **Sortez-vous** ce soir?
— Non, **je ne sors pas,** mais Jim **sort** avec Julie. **Ils sortent** ensemble; ils vont à une soirée chez Diane.

---

4. *Décalage* (m.) *horaire* = différence des heures selon la région.
5. *Sans-logis* (m.pl.) = gens pauvres qui n'ont pas de maison, pas de chambre, pas de logement.
6. *Endroit* (m.) = site, localité.

EXPLICATIONS . . . .

Six autres verbes en **-ir** (**dormir, mentir, partir, sentir, servir, sortir**) et leurs composés ont un autre système de conjugaison.

dormir			
je	**dors**	nous	**dormons**
tu	**dors**	vous	**dormez**
il/elle/on	**dort**	ils/elles	**dorment**

partir			
je	**pars**	nous	**partons**
tu	**pars**	vous	**partez**
il/elle/on	**part**	ils/elles	**partent**

servir			
je	**sers**	nous	**servons**
tu	**sers**	vous	**servez**
il/elle/on	**sert**	ils/elles	**servent**

Tu **mens,** tu ne dis pas la vérité.
Chez un fleuriste, vous **sentez** l'odeur des fleurs.[7]
Nous **sortons** de la salle après la classe.

ATTENTION: **Partir** et **sortir** n'ont pas le même sens. **Partir** ≠ *arriver*, **sortir** ≠ *entrer*.

Nous **partons** en voyage la semaine prochaine.
Quand la classe finit, nous **sortons**.
Je ne **sors** pas ce soir parce que j'ai beaucoup de devoirs.

EXERCICES ORAUX . . . .

D. **Questions indiscrètes.** Répondez aux questions.

1. Dormez-vous bien quand vous voyagez dans un train?
2. Avec qui sortez-vous ce week-end?
3. Quand vous mentez, est-ce que vous rougissez?
4. Partez-vous quand vous sentez une mauvaise odeur?
5. Servez-vous le café au commencement ou à la fin du dîner?

---

7. *Fleur* (f.). Les roses, les tulipes, les chrysanthèmes, etc., sont des *fleurs*.

Pont sur la Vanne, petite rivière au sud-est de Paris

La Géode, à la cité des sciences et de l'industrie au parc de la Villette

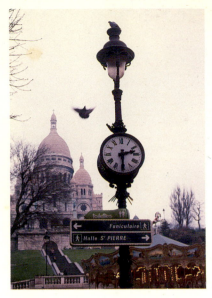

Vue du Sacré-Cœur à Montmartre

Dans le plus ancien quartier de Paris, le Marais, théâtre en plein air

Défilé du 14 juillet à Paris

Le carnaval de Nice, pendant le Mardi gras

Un tableau de Chagall

L'artisanat français: la peinture sur porcelaine

E. Activités diverses. Quand est-ce qu'on fait les choses suivantes? Employez les mots indiqués comme sujet d'une phrase.

⌒ sortir de sa chambre (je / nous / on)
Je sors de ma chambre quand je vais en classe.
Nous sortons de notre chambre à huit heures du matin.
On sort de sa chambre le matin.

1. sortir de la classe (tu / vous / Anne et Michèle)
2. partir du campus (le prof / nous / Estelle et Suzanne)
3. dormir en classe (tu / vous / le prof)
4. mentir au professeur (quelques étudiants / je / vous)
5. servir des crêpes en classe (les profs / je / nous)
6. sentir une délicieuse odeur de cuisine (vous / tu / les étudiants)

F. Cause et effet. Pourquoi est-ce que les gens indiqués font les choses suivantes?

⌒ Nos amis / partir en Europe
Nos amis partent en Europe parce qu'ils aiment les voyages.

1. Les sans-logis / dormir dans des endroits publics
2. On / mentir
3. Les hôtesses / servir le dessert
4. On / partir en montagne
5. Les étudiants / sortir généralement le samedi soir

Faites les exercices écrits dans le *Cahier d'exercices.*

---

3 | Trois pronoms relatifs: *qui, que, où*

PRÉSENTATION . . . .

Monique regarde un homme; *il* fait beaucoup de gestes bizarres.
Monique regarde un homme **qui** fait beaucoup de gestes bizarres.

C'est un gendarme; Monique regarde *ce gendarme.*
C'est le gendarme **que** Monique regarde.

Il indique un restaurant; elle va dîner *dans ce restaurant.*
Il indique le restaurant **où** elle va dîner.

C'est un moment; elle rencontre ses amis *à ce moment.*
C'est le moment **où** elle rencontre ses amis.

EXPLICATIONS . . . .

● **Qui** (sujet)

Voilà l'homme **qui** parle toujours.

Qui représente *l'homme*.
L'homme est le sujet de *parle*, alors, **qui** est aussi le sujet de *parle*.

Voilà une auto **qui** va vite.

Qui représente *une auto*.
Une auto est le sujet de *va*, alors, **qui** est aussi le sujet de *va*.

REMARQUEZ:

1. Le pronom relatif **qui** représente une personne ou une chose.

> **Les gens qui** font du camping dorment dans des sacs de couchage.
> Marie-Claire a **un appareil-photo qui** ne marche[8] pas bien.

2. **Qui** est directement devant le verbe parce que c'est le *sujet* du verbe.

> Les gens **qui font** du camping dorment dans des sacs de couchage.
> Marie-Claire a un appareil-photo **qui ne marche pas** bien.

3. Il n'y a pas d'élision avec **qui**.

> L'étudiante **qui a** des allergies, c'est Michèle.

● **Que** (objet)

Voilà le professeur **que** tu admires.

Que représente *le professeur*.
Le professeur est le complément d'objet direct de *tu admires* (*tu admires le professeur*), alors, **que** est aussi le complément d'objet direct de *tu admires*.

Voilà le champagne **que** je préfère.

Que représente *le champagne*.
Le champagne est le complément d'objet direct de *je préfère* (*je préfère le champagne*), alors, **que** est aussi le complément d'objet direct de *je préfère*.

─────────

8. *Marcher* = fonctionner.

REMARQUEZ:

1. Le pronom relatif **que** représente une personne ou une chose.

> Gérard Depardieu est **l'acteur que** Monique préfère.
> J'aime **la robe que** vous portez aujourd'hui.

2. **Que** n'est pas directement devant le verbe parce que ce n'est pas le sujet. Alors, un sujet est nécessaire entre **que** et le verbe.

> Gérard Depardieu est l'acteur *que* **Monique préfère**.
> J'aime la robe *que* **vous portez** aujourd'hui.

3. **Que** devient **qu'** devant une voyelle ou un **h** muet: **qu'il, qu'elle, qu'on**, etc.

> Gérard Depardieu est aussi l'acteur **qu'Hélène** préfère.

● **Où** (lieu ou temps). **Où** est le pronom relatif de lieu et aussi le pronom relatif de temps.

1. Lieu

> Voilà l'université **où** je vais.

Où représente *à l'université*.
L'université est le complément de lieu de *je vais*, alors, **où** est aussi le complément de lieu de *je vais: Je vais à l'université*.

2. Temps

> *Summer*
> L'été, c'est la saison **où** nous voyageons beaucoup.

Où représente *pendant la saison*.
La saison est le complément de temps de *nous voyageons beaucoup*, alors, **où** est aussi le complément de temps: *Nous voyageons beaucoup pendant cette saison*.

REMARQUEZ: **Où** n'est pas directement devant le verbe parce que **où** n'est pas le sujet.

> Nous allons à un petit café où **on** sert des crêpes.
> Il est dix heures. C'est l'heure où **Martine** arrive.

EXERCICES ORAUX . . . .

G. **Dialogues.**   Complétez les petits dialogues suivants avec les pronoms relatifs *qui, que* ou *où*.

◠ Ce jeune homme rougit toujours.

> VOUS: *Voilà le jeune homme.*
> CAMARADE: *Quel jeune homme?*
> VOUS: *Le jeune homme qui rougit toujours.*

1. Ce professeur arrive toujours en retard.

> VOUS: *Voilà le professeur.*
> CAMARADE: *Quel professeur?*
> VOUS: ... *qui*

2. J'aime beaucoup ces disques.

> VOUS: *Voilà des disques.*
> CAMARADE: *Quels disques?*
> VOUS: ... *que*

3. Nous allons souvent à ce cinéma.

> VOUS: *Voilà le cinéma.*
> CAMARADE: *Quel cinéma?*
> VOUS: ... *où*

4. Je ne vais pas lire ces livres.

> VOUS: *Voilà des livres.*
> CAMARADE: *Quels livres?*
> VOUS: ... *que*

5. Ces lettres viennent de France.

> VOUS: *Voilà des lettres.*
> CAMARADE: *Quelles lettres?*
> VOUS: ... *qui*

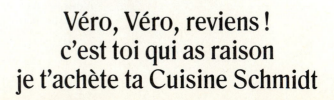

Véro, Véro, reviens !
c'est toi qui as raison
je t'achète ta Cuisine Schmidt

Voilà le musée qu'on visite pour admirer une statue de Picasso.

Au musée Picasso à Paris

H. **Au musée.** Vous regardez les tableaux et les sculptures au musée. Faites des observations avec l'expression *Voilà le (la, l', les) ... qui (que, où) ...*

◠ Je préfère ce tableau.
 Voilà le tableau que je préfère.

1. Cette statue est remarquable. *qui*
2. Les critiques adorent ce portrait. *que*
3. Vous admirez ce tableau. *que*
4. Vous préférez ce tableau de Picasso. *que*
5. Vous allez regarder les impressionnistes dans cette salle. *que*
6. Cette sculpture inspire tout le monde. *qui*
7. Je vais souvent à ce musée. *où*

I. Précisions.   Combinez les phrases données. Employez le pronom relatif approprié.

○ Voilà un homme. (a) Je n'aime pas beaucoup cet homme. (b) Il n'est pas vieux.
Voilà un homme que je n'aime pas beaucoup.
Voilà un homme qui n'est pas vieux.

1. Voilà un restaurant. (a) Vous aimez beaucoup ce restaurant. (b) Ce restaurant est célèbre.
2. Aimez-vous ce livre? (a) Il est sur le bureau. (b) Vous lisez ce livre pendant vos vacances.
3. Je pense[9] à une saison. (a) Il y a beaucoup de soleil pendant cette saison. (b) Je trouve[10] cette saison agréable.
4. La Peugeot est une bonne voiture. (a) Elle va vite. (b) Tout le monde admire cette voiture.
5. Nous allons au parc. (a) Il est au centre de la ville. (b) Il y a quelquefois des concerts de jazz dans ce parc.

J. À Nice.   Combinez les deux phrases. Employez le pronom relatif approprié.

○ Nice est une ville. J'aime cette ville.   *Nice est une ville que j'aime.*

1. Nice est une jolie ville française. Il y a beaucoup de touristes à Nice.
2. Les Niçois sont des gens. Je trouve les Niçois sympathiques.
3. Et j'adore la salade niçoise. On sert cette salade dans les restaurants.
4. J'ai un ami. Il habite à Nice.
5. Il travaille dans un restaurant. Il est garçon[11] dans ce restaurant.
6. Il a un appartement. Son appartement n'est pas très loin du restaurant.
7. Mai est un mois. Je vais aller chez mon ami en mai.

LA GRANDE PARADE DU JAZZ

Arènes des Jardins de Cimiez
NICE
Du 8 au 18 Juillet 1989

---

9. *Penser* = réfléchir, raisonner.
10. *Trouver* = découvrir, juger, considérer.
11. *Garçon* (m.) = serveur. L'équivalent féminin est *serveuse* (f.)

K. Mes villes préférées. Complétez les phrases avec des informations touristiques ou avec vos opinions personnelles.

 Los Angeles est une ville où ...
Los Angeles est une ville où il n'y a pas de métro. [12]

1. New York est une ville qui ...
   C'est une ville que ...
   Juillet et août à New York sont les mois où ...
2. Boston est une ville qui ...
   Il y a beaucoup d'universités à Boston que ...
   C'est une ville où ...
3. San Francisco a une population qui ...
   San Francisco est une ville que ...
   C'est une ville où ...
4. Je viens d'une ville qui ...
   C'est une ville que ...
   C'est aussi une ville où ...

Faites les exercices écrits dans le *Cahier d'exercices.*

---

4 Verbe conjugué + infinitif

PRÉSENTATION . . . .

— Qu'est-ce que vous **aimez faire?**
— J'**adore lire** des romans policiers.
— Qu'est-ce que vous **détestez faire?**
— Je **déteste écrire** des lettres et des compositions.

— Est-ce que vous **finissez *de* travailler** avant minuit?
— Généralement, j'**essaie *de* finir** avant minuit, mais quelquefois j'**oublie *de* faire** certains devoirs.

— Est-ce que vous **commencez *à* avoir** un bon accent en français?
— Oui. Nous **continuons *à* aller** au laboratoire. Nous **commençons *à*** ne pas **faire** d'erreurs et nous allons **réussir *à* parler** comme des Français.

---

12. *Métro* (m.) = train urbain souterrain.

EXPLICATIONS . . . .

● Quand un verbe est placé après un autre verbe, le deuxième verbe est à l'infinitif.

> Odile **aime faire** du camping dans la montagne.
> Nous **allons être** heureux.
> Victor et Max **désirent aller** au concert.
> Je **déteste arriver** en retard.

REMARQUEZ: S'il y a un troisième verbe, il est aussi à l'infinitif.

> Les Dupré **aiment sortir dîner** en ville.

● Beaucoup de verbes précèdent directement un autre verbe à l'infinitif, par exemple:

aimer	**désirer**	**espérer**[13]
aller	**détester**	**préférer**

> Est-ce que tu **détestes** visiter les monuments historiques?
> J'**espère** écrire un livre avant mon trentième anniversaire.
> Nous **préférons** habiter en ville.

● Certains verbes ont la préposition **de** devant un autre verbe à l'infinitif. Les plus importants sont:

accepter de	**dire de**	**oublier de**
choisir de	**essayer de**	**refuser de**
décider de	**finir de**	**regretter de**
demander de		

> Nous **décidons de** partir.
> Le professeur **dit de** répéter la phrase.
> J'**essaie de** réussir, mais j'ai beaucoup de difficultés.
> Nous **finissons de** dîner à huit heures du soir.
> Véronique **oublie de** donner son argent à Marc.
> Pardon, je **regrette d'**être en retard.

---

13. *Espérer* a le même système de conjugaison que *préférer*. Voir l'Appendice.

● Certains verbes ont la préposition **à** devant un autre verbe à l'infinitif. Les plus importants sont:

aider à	**continuer à**	**réussir à**
commencer à	**inviter à**	

> Thierry **aide** sa mère **à** préparer le dîner.
> Nous **commençons à** apprécier la culture française.
> Les Français n'**invitent** pas souvent leurs amis **à** dîner.

● Au négatif, **ne ... pas** va généralement avec le premier verbe.

> Nous **n'**allons **pas** rester longtemps.
> Vous **n'**acceptez **pas** de signer la pétition.
> Éric **ne** réussit **pas** à trouver son portefeuille.

REMARQUEZ: Quand l'infinitif est au négatif, il est précédé par **ne pas**.

> J'espère **ne pas** être en retard.
> Je regrette de **ne pas** venir à votre soirée.
> Vous continuez à **ne pas** écouter!

EXERCICES ORAUX . . . .

L. **Caruso Dupont.**   Finissez les phrases avec *chanter, de chanter* ou *à chanter*.

⌒ Caruso Dupont aime ...   *Caruso Dupont aime chanter.*

1. Caruso aime *chanter avec lui*
2. À six heures du matin il commence *à chanter*
3. À midi il ne finit pas *de chanter*
4. Alors toute la journée il continue *à chanter*
5. Quand il est très malade il essaie *de* mais il ne réussit pas *chanter*
6. Généralement, si on demande à Caruso *de* il ne refuse pas *de* parce qu'il adore *chanter*.

M. Questions impossibles.   Répondez au négatif.

◠ ~to fail~ Désirez-vous rater votre examen?
Non, je ne désire pas rater mon examen.

1. Préférez-vous aller en prison? *Je ne préfère pas*
2. Aimez-vous être triste? *Je n'aime pas*
3. Espérez-vous être malade cette semaine? *Je n'espère pas*
4. Détestez-vous parler français? *Je ne déteste pas*
5. Adorez-vous insulter vos amis? *Je n'adore pas*
6. Refusez-vous de payer vos dettes? *Je ne refuse pas*
7. Oubliez-vous de payer vos dettes? *Je n'oublie pas*
homeliss? abode 8. Invitez-vous des sans-logis à habiter avec votre famille?
9. Regrettez-vous d'exister?
10. Réussissez-vous à être parfait(e)? *Je essaye*

N. Invitation.   Vous invitez votre professeur à une soirée. Finissez les phrases suivantes. Employez un infinitif précédé par *à* ou *de*.

◠ Trois étudiants invitent ...
Trois étudiants invitent le professeur à dîner vendredi prochain.

1. Monsieur, désirez-vous ...? *commencer à soirée*
finir de/partir 2. J'espère que vous allez essayer... parce que nous allons ...
3. À neuf heures tout le monde va commencer *à travailler*
4. À minuit on va finir *de Dois devoir.*
5. Est-ce que vous acceptez de ...? *mon invitation*

O. Sentiments personnels.   Inventez la fin des phrases. Employez un infinitif.

1. Je regrette *de mon congé.*
2. J'aime *mes amis.*
3. Je refuse *de payer*
4. Je préfère *mon porsche*
5. Je vais essayer *de réussir*

Faites les exercices écrits dans le *Cahier d'exercices*.

5 Quelques adverbes

PRÉSENTATION . . . .

— Est-ce que vous réussissez **déjà** à parler comme un Français?
— Non. Malheureusement, je ne réussis pas **encore**.[14]
— Mais vous ne parlez pas **mal**.
— Oui, c'est vrai. Je commence **déjà** à parler **assez**[15] bien! *rather*

EXPLICATIONS . . . .

● Il y a beaucoup d'adverbes courts et fréquents (par exemple: **aussi, beaucoup, même, presque, souvent, trop, un peu, vite**). D'autres sont:

assez	J'ai dix-huit ans. Je suis **assez** âgé pour voter.
déjà	Nous sommes **déjà** à l'université en octobre.
encore	Nous sommes **encore** en vacances en août.
mal	Vous ne parlez pas **mal**, vous parlez bien.
tard	Il est minuit. Il est **tard**.
tôt	Il est six heures du matin. Il est **tôt**.

EXERCICE ORAL . . . .

P. **Où allons-nous?** Choisissez l'adverbe logique.

◯ Les Duval passent (toujours/presque) leurs vacances ensemble.
Les Duval passent toujours leurs vacances ensemble.

1. En janvier, ils commencent (assez/déjà) à faire des projets.
2. Mais ils ne finissent pas (tôt/tard).
3. Madame Duval aime (très/bien) aller à la mer.
4. Mais Marc Duval fils préfère (vraiment/même) aller en montagne.
5. Il ne désire pas retourner (encore/trop) à la mer.
6. Pour Marc, la mer n'est pas (bien/assez) intéressante.
7. Marguerite, la fille, refuse (mal/toujours) de donner son opinion.
8. Alors, le père décide (vite/mal) d'aller à la campagne.
9. Alors, les Duval passent (souvent/déjà) de mauvaises vacances.

Faites les exercices écrits dans le *Cahier d'exercices.*

---

14. *Encore* = (1) "still" (2) "again"; *pas encore* = "not yet" ≠ déjà.
15. *Assez* = (1) suffisant; suffisamment (2) relativement.

CRÉATION

Exercices de conversation

A. Discutez avec votre camarade ce que vous faites dans chaque situation. Employez des verbes de cette leçon dans votre conversation, par exemple:

accepter	**dormir**	**obéir**	**rougir**
applaudir	**finir**	**partir**	**servir**
choisir	**mentir**	**réussir**	**sortir**

 Vous êtes juge dans une compétition de musique.

VOUS: *Naturellement, je choisis le musicien que je préfère.*
CAMARADE: *Moi, j'essaie de décider, mais je ne réussis pas à choisir. Je n'aime pas beaucoup la musique.*

Voilà les situations:

Vous êtes très fatigué(e).
Quelqu'un raconte une histoire grossière.
Vous êtes garçon dans un restaurant élégant. Il est huit heures du soir.
Votre composition est pour cet après-midi.
Vous recevez une invitation à dîner au consulat de France.
Vous étudiez beaucoup et vous passez votre examen.
Les ordres de vos parents sont très clairs.
Votre ami demande «Comment trouves-tu ma nouvelle chemise?» Sa chemise est horrible, mais il déteste les critiques.
Vous êtes à un concert qui est excellent.

B. Discutez les fins de phrase avec un(e) camarade pour faire une description d'une scène familière sur le campus. Après, lisez votre description à la classe. La classe va deviner quelle scène vous décrivez.

◯ C'est une scène où ... Un(e) étudiant(e) est avec des gens qui ... Il y a un(e) autre étudiant(e) que ... Il y a aussi quelqu'un qui ... C'est un moment où ... Les gens disent des choses qui ... C'est une scène que ...

▪ Lecture

CONSEILS/ACTIVITÉS AVANT LA LECTURE

1. Lisez le premier paragraphe de la Lecture. À votre avis, quelles sortes d'endroits les trois amis vont-ils visiter aujourd'hui pour satisfaire tout le monde? Consultez le plan de Paris au début du livre si vous désirez.

2. Les gens ont souvent des idées très différentes à propos des voyages. Certains préfèrent improviser leur voyage au jour le jour.[16] D'autres choisissent une agence pour faire un voyage organisé. Certains aiment faire un long séjour dans un seul endroit, d'autres passent vite d'une ville à l'autre. Si vous êtes en voyage en compagnie d'amis, qui décide l'itinéraire? Y a-t-il une discussion difficile ou un consensus rapide? Des compromis? Réfléchissez si la lecture suivante décrit bien un groupe en voyage.

EN VACANCES À PARIS

C'est le premier jour de vacances à Paris pour trois jeunes Québécois: Céline, Luc et Raymond. Les trois amis sont dans la salle à manger de leur hôtel où ils finissent leur petit déjeuner. Ils essaient de décider où ils vont passer la journée. Luc fait une liste de musées. C'est Luc qui aime les distractions culturelles: l'opéra, le théâtre, les
5 *concerts, les musées. Céline préfère l'histoire, la géographie et l'architecture; elle lit un guide touristique. Raymond adore les activités de la jeunesse: les discothèques, les cafés, les boutiques.*

CÉLINE: Le guide explique que Paris a vingt arrondissements. Le premier est au centre et ...

10 RAYMOND: Mais qu'est-ce que nous allons faire? Je ne vais pas rester ici toute la journée!

---

16. *Au jour le jour* = d'un jour à l'autre.

LUC: Tu n'aimes pas la géographie, Raymond?

RAYMOND: Si,[17] mais je préfère aller quelque part et regarder les gens.

LUC: Alors, nous allons choisir un seul endroit où il y a quelque chose à
15   faire pour tout le monde?

CÉLINE: C'est une bonne idée, mais dans le guide on dit qu'il est facile de
traverser Paris et qu'il y a des stations de métro partout. *everywhere*

LUC: Moi, je propose le musée d'Orsay. Sa collection est très intéressante et
le bâtiment aussi; c'est dans l'ancienne gare d'Orsay. Tu aimes beau-
20   coup l'architecture, Céline, n'est-ce pas?[18]

CÉLINE: Oui. Bon. J'accepte d'aller au musée d'Orsay. Raymond va regarder les visiteurs et moi le bâtiment.

LUC: Raymond, qu'est-ce que tu choisis de faire cet après-midi?

RAYMOND: Je ne sais pas. Qu'est-ce que tu suggères?

25   LUC: Il y a le Quartier latin ...

CÉLINE: ... dans le cinquième arrondissement.

RAYMOND: C'est le quartier des jeunes, n'est-ce pas?

CÉLINE: Oui, et des écoles. Alors c'est un endroit parfait pour toi. Il y a de
petits restaurants, des bars, des cinémas et des discothèques. Il est pos-
30   sible d'y aller[19] à pied; le musée et le Quartier latin sont tous deux sur
la rive gauche.[20]

RAYMOND: Eh bien, je suis d'accord pour le Quartier latin.

LUC: Bon. Tout le monde est content. En route pour le musée d'Orsay!

QUESTIONS SUR LA LECTURE

1. Quelles sortes d'intérêts ont les trois amis? Quels sont vos intérêts quand vous êtes en voyage?
2. Quelle sorte de voyage préférez-vous? Un voyage indépendant ou organisé? Seul ou avec d'autres gens? Pourquoi? Quelle sorte de voyage font les trois amis québécois?
3. Dans la lecture, quel jeune Québécois est impatient? Quelles indications y a-t-il qu'il est impatient? Est-ce que vous passez normalement beaucoup de temps à organiser un voyage? un week-end? une soirée? Est-ce que vous êtes impatient?
4. Est-il possible d'être content simplement parce qu'on est là? Est-ce qu'on désire nécessairement visiter tous les endroits célèbres? Comment est manifestée cette attitude chez un des personnages?
5. Qu'est-ce qu'ils vont faire au musée d'Orsay?
6. Pourquoi choisissent-ils d'aller au Quartier latin (deux raisons)?

17. On dit *si* au lieu de *oui* en réponse affirmative à une question négative.
18. *N'est-ce pas?* = expression qui demande si la déclaration est juste (vraie).
19. *Y aller* = aller à cet endroit.
20. La Seine divise Paris en deux parties: la rive droite et la rive gauche.

Au musée d'Orsay à Paris.

7. Comment identifie-t-on les membres du groupe qui ont des idées, qui donnent des suggestions? Qui cherche[21] des compromis? Qui décide finalement? Qui accepte?

8. Pour quel(s) personnage(s) avez-vous une certaine sympathie? antipathie? Expliquez.

 ## Compositions orales/écrites

1. Quels sont les endroits intéressants de votre ville pour un visiteur ou un touriste? Indiquez les choses que vous aimez faire, les choses que vous n'aimez pas faire, les choses que vous décidez de faire, les choses que vous invitez vos amis à faire, etc. Employez le vocabulaire et les structures de la leçon.

21. *Chercher* = faire un effort pour trouver.

2. Quelle sorte de personne êtes-vous? Faites un autoportrait pour la classe. Décrivez ce que vous faites chaque jour et indiquez les choses que vous aimez et que vous détestez. Indiquez pourquoi vous préférez certaines choses. Indiquez comment vous changez et ce que vous allez faire dans l'avenir.[22] Employez le vocabulaire et les structures de la leçon.

 ## Improvisation

Deux personnes: Un étudiant français vient visiter votre université. Vous demandez les choses qu'il aime faire ou les endroits qu'il préfère visiter. Finalement vous suggérez un itinéraire intéressant et agréable pour sa visite.

Faites les exercices de laboratoire dans le *Cahier d'exercices.*

---

22. *Avenir* (m.) = temps futur.

Échanges

— Bonsoir, Madame. Vous avez une chambre?
— C'est pour vous, Monsieur?
— Oui, pour moi et mon ami.
— Avec salle de bains, monsieur?
— Oui.
— Voyons[1] ... J'ai une grande chambre au quatrième étage avec salle de bains et petit déjeuner compris[2] ... 250 francs par jour, service inclus.
— Bon.
— Avez-vous une pièce d'identité, Monsieur? Et votre ami?
— Voilà nos passeports. Acceptez-vous la carte Visa ou American Express?
— Mais naturellement, Monsieur!

1. *Voyons* = "Let's see."
2. *Compris* = inclus.

Vocabulaire

noms

agence (de voyage) *f.*
arrondissement *m.*
avenir *m.* ~ future
critique *f.*
critique *m./f.*
décalage horaire *m.* —
dessert *m.*
distraction *f.*
école *f.*
endroit *m.*
fleur *f.*
garçon *m.*
gare *f.*
gendarme *m.*
geste *m.*
guide *m.*
métro *m.*
petit déjeuner *m.*
plan *m.*
rapport *m.*
roman (policier) *m.*
sans-logis *m.pl.*
séjour *m.* visit, stay
serveuse *f.* waitress
sieste *f.* —

adjectifs

maigre —
obligé(e)
pâle
public(publique)

pronoms

où
que
quelqu'un
qui

verbes

accepter
aider
applaudir
bâtir
blanchir
brunir
chanter
chercher *to look for*
choisir
continuer
définir
désirer
désobéir
dormir
embellir
espérer *to hope*
établir
expliquer
finir
fournir *to furnish*
grandir
grossir
indiquer
inviter
maigrir *to be thin*
marcher
mentir
noircir
obéir
oublier
pâlir
partir
payer
penser *to think*
ralentir *slow down*
réagir
réfléchir
refuser

regretter
répéter
réussir
rougir
satisfaire
sentir
servir
sortir
suggérer
traverser *to cross*
trouver *to find*
verdir
vieillir

adverbes

assez
déjà *already*
encore
mal
partout *everywhere*
quelque part
tard
tôt

autres expressions

à mon (ton/etc.) avis
à propos de
aller en montagne
être au régime
n'est-ce pas
passer un examen
rater un examen
réussir à un examen
si

faire etc.
future immed. 179
geographic subj + city
verbs w/prep
adverbs

HUITIÈME LEÇON

On parle et on mange avec la bouche et on sent avec le nez.

penser – to think
sembler – to seem

---

1   Les parties du corps

PRÉSENTATION . . . .

— Qu'est-ce qu'on fait avec **la bouche** et **le nez?**

— On parle et on mange[1] avec **la bouche** et on sent avec **le nez.**

— Regardez cet homme-là!

— Quel homme?

— L'homme qui a **les bras** musclés de Hulk-Hogan mais **la** petite **tête** de Pee Wee Herman.

— Ah! oui! Quel **corps! Ses épaules** sont très larges. C'est pourquoi **sa tête** semble miniscule, n'est-ce pas? Regardez aussi sa femme. Comme elle est belle!

— Vous trouvez? **Ses jambes** sont longues et élégantes, mais elle a **la figure** étrange.

— Mais non! Moi, je pense qu'elle a **le visage** parfait: **le nez** de Candice Bergen, **les yeux** violets d'Elizabeth Taylor et **la bouche** de Catherine Deneuve.

— De toute façon ... imaginez leurs enfants!

— **Avez-vous les yeux bleus?**

— Non, **je n'ai pas les yeux bleus. J'ai les yeux bruns. Mais j'ai les cheveux blonds.**

L'HEBDO
bon pour la tête

---

1. *Manger* = dîner, déjeuner, dévorer quelque chose, etc.

EXPLICATION . . . .

● Pour les caractéristiques physiques, on utilise particulièrement la construction *idiomatique* **avoir** + *article défini* + partie du corps + adjectif.

J'**ai les cheveux bruns.**
Tu **as le nez long;** est-ce que tu mens?

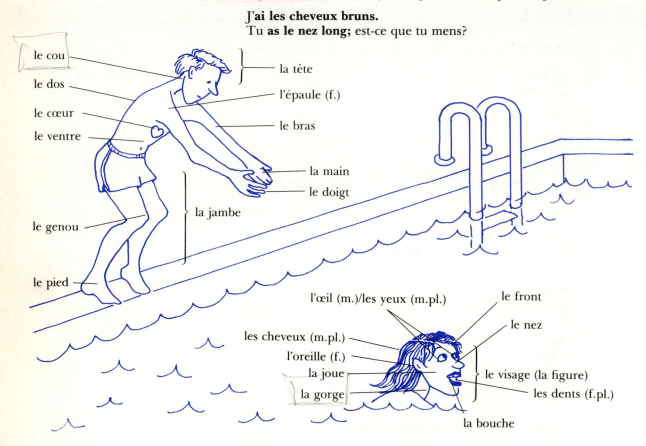

● On utilise aussi une construction *non idiomatique* avec *l'adjectif possessif.*

Ses épaules sont larges.
Pourquoi est-ce que **ta** main tremble?
Vos yeux sont magnifiques!

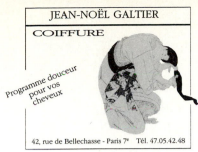
EXERCICES ORAUX . . . .

A. **Quelle est la partie du corps?**   Cette partie du corps ...

⌒ est blonde, brune ou rousse.[2]   *Ce sont les cheveux.*

1. écrit. *la main*
2. porte des chaussures. *les pieds*
3. danse. *les pieds*
4. porte peut-être un chapeau. *la tête*
5. est capable de sentir les odeurs. *le nez*

6. mange et parle. *la bouche*
7. regarde le monde. *les yeux*
8. attache la tête au corps. *la gorge*
9. grandit si on ment. *le nez*
10. écoute la musique. *les oreilles*

B. **Caractéristiques célèbres.**   Souvent on associe les gens célèbres à une particularité physique. Dites quelle personnalité célèbre on associe avec la partie du corps indiquée. Personnages possibles: *Bouddha, Paul Newman, Elizabeth Taylor, Albert Einstein, le fantôme de l'opéra, Rapunzel, Pinocchio, Florence Griffith Joyner, le prince Charles, Arnold Schwarzenegger.*

⌒ la bouche   *Morton Downey, Jr. est célèbre pour sa bouche.*

1. le nez
2. les oreilles
3. la tête
4. les jambes
5. le visage déformé
6. les yeux bleus
7. les cheveux longs
8. les yeux violets
9. les bras musclés
10. le ventre

C. **Image de marque.**   Regardez les autres étudiants de la classe de français. Répondez aux questions.

⌒ Qui a les yeux bleus?
   Robert a les yeux bleus.

1. Qui a les yeux bleus?
2. Qui a les yeux bruns?
3. Qui a les cheveux bruns?
4. Qui a les cheveux blonds?
5. Qui a les cheveux longs?
6. Qui a les cheveux courts?

Faites les exercices écrits dans le *Cahier d'exercices.*

───────────

2. *Roux(rousse)* = rouge (pour les cheveux).

2 Expressions idiomatiques avec *avoir*

PRÉSENTATION . . . .

— Thomas, vous avez quelquefois des migraines, n'est-ce pas?

— Oh! Oui, des migraines horribles! **Je n'ai pas** seulement **mal à la
tête. J'ai chaud** et après **j'ai froid.** Généralement, **j'ai soif,** mais **je
n'ai pas faim. J'ai** aussi **mal aux yeux.**

— C'est dommage. Nola, décrivez vos symptômes quand vous avez la
grippe.

— Normalement, **j'ai froid. Je n'ai pas faim,** parce que **j'ai mal à
l'estomac. J'ai** souvent **mal à la gorge** et **mal au dos.** Naturellement,
j'ai sommeil; je dors presque toute la journée.

— **Avez-vous peur de** quelque chose? **Avez-vous honte** quelquefois?

— Oui, **j'ai honte de** dire que **j'ai peur de** faire des fautes[3] en classe.

— **Nous avons** tous **peur de** quelque chose. Moi, **j'ai honte** parce que
j'ai peur des oiseaux, surtout[4] des pigeons.

— Diane, est-ce que **j'ai raison** si je dis que vous êtes un homme?

— Non, **vous avez tort.** Je suis une femme.

— Est-ce que **j'ai l'air** jeune?

— Oui, **vous avez l'air** d'être très jeune, surtout quand vous n'êtes pas
fatiguée. Quelquefois **vous avez l'air d'**une étudiante comme nous.

— Est-ce qu'**on a** toujours **besoin de** porter des vêtements?

— Non, **on n'a pas besoin de** vêtements si on est nudiste.

— **Avez-vous envie d'**entrer dans une colonie de nudistes?

— Non, j'aime trop porter des vêtements.

— **Quel âge avez-vous?**

— **J'ai vingt ans.** Je suis né le 30 juillet 1970. Mon anniversaire est le
30 juillet.

Soifs Légères. On a toujours soif d'été.

---

3. *Faute* (f.) = erreur.
4. *Surtout* = particulièrement, principalement.

exprimer - to express

EXPLICATIONS . . . .

● Les sensations physiques

avoir chaud	Éric a **chaud**.	Sophie n'a pas **chaud**.
avoir froid	Sophie a **froid**.	Éric n'a pas **froid**.
avoir faim	Pierre a **faim**.	Yolande n'a pas **faim**.
avoir soif	Yolande a **soif**.	Pierre n'a pas **soif**.
avoir sommeil	Laurence a **sommeil**.	Je n'ai pas **sommeil**.
avoir mal à	Georges a **mal à** la tête.	Tu n'as pas **mal à** la tête.

REMARQUEZ: **Avoir mal à** + partie du corps.

Anne **a mal à la gorge** parce qu'elle parle constamment!

● Les sensations psychologiques. **Avoir peur** exprime l'appréhension ou la terreur. **Avoir honte** exprime l'embarras. On utilise les deux expressions *seules*, avec **de** + nom ou avec **de** + infinitif.

$$
\left.\begin{array}{l} \textbf{avoir peur} \\ \textbf{avoir honte} \end{array}\right\} + \left\{\begin{array}{l} \underline{} \\ \textbf{de} + \text{nom} \\ \textbf{de} + \text{infinitif} \end{array}\right.
$$

Cécile **a peur**.
Elle **a peur des** avions.
Elle **a peur de** voyager en avion.

Gilles **n'a pas peur**.
Il **n'a pas peur des** avions.
Il **n'a pas peur de** voyager en avion.

Paul **a honte**.
Il **a honte de** sa note.
Il **a honte d'**avoir une mauvaise note.

Valérie **n'a pas honte**.
Elle **n'a pas honte de** sa note.
Elle **n'a pas honte d'**avoir une
    mauvaise note.

●   Le jugement ou l'opinion: **avoir raison** ou **avoir tort**

Jean **a raison**.
Karine **a tort**.

Karine **n'a pas raison**.
Jean **n'a pas tort**.

●   L'apparence

avoir l'air +	**d'un/d'une** + nom **de** + verbe adjectif masculin

Sylvie **a l'air d'une** étudiante.
Elle **a l'air d'**être sérieuse.
Elle **a l'air** sérieux.

Francis **n'a pas l'air d'un** étudiant.
Il **n'a pas l'air d'**être sérieux.
Il **n'a pas l'air** sérieux

REMARQUEZ: L'adjectif est au masculin parce que le mot **air** est masculin.

Sylvie a l'air **sérieux.**

● La nécessité et le désir. **Avoir besoin de** exprime la nécessité. **Avoir envie de** exprime le désir.

avoir besoin de		nom
avoir envie de	+	infinitif

Mireille **a besoin d'**un stylo.
Elle **a besoin d'**écrire un chèque.

Jean **n'a pas besoin de** stylo.
Il **n'a pas besoin d'**écrire de chèque.

Jean **a envie d'**un disque.
Il **a envie de** danser.

Mireille **n'a pas envie de** disque.
Elle **n'a pas envie de** danser.

REMARQUEZ:

1. Quand on parle d'une quantité *indéterminée*, l'objet des expressions **avoir besoin de** et **avoir envie de** n'a pas d'article.

> J'ai besoin **d'**argent.
> Il n'a pas besoin **de** stylo, il n'a pas besoin **de** crayons.
> Myriam a envie **de** thé; elle n'a pas envie **de** café.

2. Quand on parle d'une quantité ou d'une chose précises, il y a un article.

> Elle n'a pas besoin **d'une** machine à écrire, elle a besoin **d'un** ordinateur. En fait, elle a besoin **de l'**ordinateur de Marcel.

● L'âge. Pour indiquer l'âge, on utilise **avoir** + *nombre* + **an(s)**.

Nicole **a** vingt **ans.**
Monsieur Oudot **a** soixante **ans.**

Monsieur Oudot **n'a pas** vingt **ans.**
Nicole **n'a pas** soixante **ans.**

REMARQUEZ: Monsieur Oudot est *né* en 1930. Nicole est *née* en 1970.

EXERCICES ORAUX . . . .

D. Au parc.   Dans le parc de Versailles, vous voyez un homme et une femme. Décrivez ce couple avec l'expression *avoir l'air*.

⌒ Ils / être heureux
Ils ont l'air d'être heureux.

1. La femme / très jeune
2. L'homme / avoir trente ans
3. Il / un homme sympathique
4. Elle / très content
5. Ils / un couple marié
6. Ils / faire leur voyage de noces[5]

E. Halloween.   Dites que la personne indiquée a peur de ces choses.

⌒ Je / les fantômes
J'ai peur des fantômes.

1. Megan / les fantômes
2. Bill et Emily / être seuls à la maison
3. Terry / sortir
4. Lee / un chat noir dans la rue
5. Anne / avoir mal au ventre Stomach

F. Quel âge a-t-on?   Indiquez l'âge de chaque personne décrite.

⌒ Larry va voter pour la première fois[6] cette année.
Il a probablement dix-huit ans.

1. Cecilia est née le 23 mai 1975.
2. Monica va commencer l'école primaire en septembre.
3. Julian finit ses études secondaires.
4. Alex va avoir son permis de conduire[7] demain.
5. C'est la Bar-Mitzwah de Paul.

G. Une longue journée.   Employez une expression avec *avoir* pour expliquer chaque situation de la journée.

⌒ Le matin, en classe, je dis «Le Québec est une province française!»
Vous avez tort.   ou
Vous n'avez pas raison.

1. Mon professeur explique ma faute et je rougis.
2. Je dis «Le Québec est une province du Canada!»

---

5. *Voyage* (m.) *de noces* = voyage d'un couple juste après leur mariage.
6. *Fois* (f.) = occasion.
7. *Permis* (m.) *de conduire* = document officiel qui autorise l'emploi d'une voiture.

   3. Après le cours je vais au sauna.

   4. Au restaurant, je mange six sandwichs!

   5. Je demande aussi trois cocas.

   6. Après, j'achète[8] un tube d'aspirines à la pharmacie.

   7. À la maison, je dors.

H. **La classe.** Posez les questions suivantes et rapportez les réponses.

Qui a besoin de travailler pour son argent de poche?

> JERRY: *J'ai besoin de travailler.*
>
> CAROL: *Je n'ai pas besoin de travailler.*
>
> VOUS: *Jerry a besoin de travailler pour son argent de poche, mais Carole n'a pas besoin de travailler.*

   1. Qui a sommeil (froid, chaud) en ce moment?

   2. Qui a faim ou soif?

   3. Qui a besoin de quelque chose aujourd'hui? De quoi?[9] Pourquoi?

   4. Qui a souvent raison en classe? Ont-ils quelquefois tort aussi?

   5. Qui a honte de faire des fautes en classe? Pourquoi?

   6. Qui a peur de quelque chose? De quoi?

   7. Qui a l'air content (sportif, fatigué) maintenant? Pourquoi?

   8. Qui a dix-huit ans? vingt ans? quarante ans?

I. **Les vacances en famille.** Vous rentrez chez vos parents. Quelles sont vos sentiments, vos réactions, vos impressions?

J'ai envie ...
> *J'ai envie de rester à la maison.*

   1. J'ai envie ...

   2. J'ai généralement besoin ...

   3. J'ai toujours faim quand ...

   4. Mes parents ont tort quand ...

   5. Mais ils ont raison quand ...

Faites les exercices écrits dans le *Cahier d'exercices*.

---

8. *Acheter* = payer (un objet); obtenir (avec des francs, des dollars). Remarquez un changement d'orthographe dans la conjugaison: Acheter: nous achetons, vous achetez.

9. *De quoi* = de quelle(s) chose(s).

| 3 | Les expressions météorologiques |

PRÉSENTATION . . . .

— Gla ... gla ... gla ... **Quel temps fait-il** aujourd'hui?
— Oh là là! **Il fait mauvais. Il ne fait pas beau.** C'est un temps typique de février. *raining*   *snowing*
— Est-ce qu'**il pleut** où est-ce qu'**il neige?**
— Oh, **il pleut.** Et **il fait froid.**
— En effet, le temps est désagréable. J'espère qu'**il va faire beau** demain!

EXPLICATIONS . . . .

● **Quel temps fait-il?**

1. Termes généraux: le beau temps, le mauvais temps

Il fait beau.   **Il fait beau** à Miami et à Monte Carlo.
Il fait mauvais.   **Il fait** souvent **mauvais** à Boston et à Bruxelles
                           en janvier.

2. Température: la chaleur, le froid   *heat*

Il fait chaud.   **Il fait chaud** dans le Sahara et à Marseille.
Il fait frais. *cool* **Il fait frais** à Vancouver et à Grenoble en mai.
Il fait froid.   **Il fait froid** en Sibérie et au Québec en janvier.

3. Le ciel: le soleil, les nuages, les précipitations (le brouillard, la pluie, *clouds*   *fog*   *rain*
la neige), le vent *wind*

Il fait du soleil.   **Il fait du soleil.** Il n'y a pas de nuages.
Il fait du brouillard.   **Il fait** souvent **du brouillard** à San Fran-
                             cisco et à Londres.
Il fait du vent.   **Il fait** souvent **du vent** en mars.
Le ciel est couvert.   **Le ciel est couvert.** Il y a des nuages.
Il pleut.   **Il pleut** en avril.
Il neige.   **Il neige** en janvier.

REMARQUEZ: Au négatif, **il fait** *du* ... devient **il ne fait pas** *de* ...

À minuit, il ne fait pas **de** soleil.
Quand l'air est tranquille, il ne fait pas **de** vent.

REMARQUEZ: Au futur immédiat:

Il va faire (beau, etc.).   **Il ne va pas faire** (beau, etc.).
Il va pleuvoir. to rain   **Il ne va pas pleuvoir.**

EXERCICES ORAUX . . . .

J. **Quelle est la date et où sommes-nous?**

◠ Il fait froid et il neige.
     C'est le 30 décembre et nous sommes à New York.

1. Il fait chaud et il fait du soleil.
2. Il fait du vent et il fait frais.
3. Il pleut mais il ne fait pas froid.
4. Il fait du soleil et il fait chaud.
5. Il fait beau.
6. Il fait frais mais il ne fait pas de vent.

K. **Quel temps fait-il ici?**   Posez une question avec *Quel temps fait-il ici* ... Votre camarade va répondre.

◠ en août

     VOUS: *Quel temps fait-il ici en août?*
     CAMARADE: *Il fait beau et il fait chaud.*

1. en février   *4.* en octobre
2. le premier mai   *5.* à Noël
3. le 4 juillet   *6.* aujourd'hui

L. **La météo.**[10]   Vous partez en camping ce week-end. Vous posez des questions à votre camarade de chambre qui lit la page de la météo dans le journal. Employez le futur immédiat (*aller* + verbe).

◠ faire du soleil cet après-midi

     VOUS: *Est-ce qu'il va faire du soleil cet après-midi?*
     CAMARADE: *Oui, il va faire du soleil.*   ou
                 Non, il ne va pas faire de soleil.   ou
                 Non, le ciel va être couvert.

1. faire frais aujourd'hui   *4.* faire du vent demain
2. neiger cet après-midi   *5.* pleuvoir ce week-end
3. faire beau ou mauvais ce soir   *6.* faire du brouillard à la plage beach

Faites les exercices écrits dans le *Cahier d'exercices.*

—————

10. *Météo* (f.) = rapport sur la météorologie, le climat du jour, de la semaine.

4   Les quatre saisons de l'année

PRÉSENTATION . . . .

— Quelle saison préférez-vous?
— Je préfère **l'hiver,** parce que j'aime skier. Et vous?
— Moi, je préfère **l'été.** J'adore la chaleur et je déteste le froid.
— Que faites-vous **en automne** et **au printemps?**
— Je porte des pull-overs comme **en hiver.**

EXPLICATION . . . .

● Les saisons de l'année

le printemps	(mars, avril, mai)
l'été	(juin, juillet, août)
l'automne	(septembre, octobre, novembre)
l'hiver	(décembre, janvier, février)

J'aime **le printemps. L'hiver** est trop froid, **l'été** est trop chaud et **l'automne** est la saison de la rentrée.[11]

REMARQUEZ: On dit **en été, en automne, en hiver,** mais **au printemps.**

En automne, nous revenons à l'université, **en hiver** et **au printemps** nous sommes en classe. Mais **en été,** nous sommes en vacances.

EXERCICES ORAUX . . . .

M. **Les saisons.**   Demandez à un(e) camarade ...

1. combien de saisons il y a dans l'année.
2. quelles sont les saisons de l'année.
3. quelle est sa saison préférée.
4. en quelle saison nous sommes maintenant.
5. en quelle saison est son anniversaire.

---

11. *Rentrée* (f.) = le recommencement des cours à l'école; le début de l'année scolaire.

N. **En quelle saison sommes-nous?**   Pour chaque situation, répondez à la question *En quelle saison sommes-nous?*

◠ Ce sont les vacances de Noël.   *Nous sommes en hiver.*

1. C'est l'anniversaire de George Washington.
2. Les cours à l'université commencent demain.
3. C'est le 14 juillet.
4. Les jeunes gens pensent à l'amour.
5. On sert le dîner de Thanksgiving.

Faites les exercices écrits dans le *Cahier d'exercices.*

5   Récapitulation de la négation

PRÉSENTATION . . . .

— Est-ce un laboratoire de langues ici?
— Non, **ce n'est pas un** laboratoire de langues. C'est une salle de classe.
— Ah oui! Y a-t-il une télévision dans cette salle de classe?
— Non, **il n'y a pas de** télé.
— Alors, avons-nous une stéréo?
— Non, nous **n'avons pas de** stéréo! Nous **n'écoutons pas de** disques dans la classe.
— Bien. Regardez-vous vos livres quand j'explique la leçon?
— Non, nous **ne regardons pas nos** livres. Nous regardons le tableau.

EXPLICATIONS . . . .

● Dans une négation, l'article indéfini (*un, une, des*) devient généralement **de**.

Dans ce sac ...	Dans ce sac ...
il y a *un* stylo.	il n'y a pas **de** stylo.
il y a *une* carte de crédit.	il n'y a pas **de** carte de crédit.
il y a *des* clés.	il n'y a pas **de** clés.
j'ai *un* stylo.	je n'ai pas **de** stylo.
j'ai *une* carte de crédit.	je n'ai pas **de** carte de crédit.
j'ai *des* clés.	je n'ai pas **de** clés.
je trouve *un* stylo.	je ne trouve pas **de** stylo.
je trouve *une* carte de crédit.	je ne trouve pas **de** carte de crédit.
je trouve *des* clés.	je ne trouve pas **de** clés.

ATTENTION: Cette règle n'est pas applicable avec le verbe **être.**

C'est *un* stylo.   Ce n'est pas **un** stylo.
C'est *une* carte de crédit.   Ce n'est pas **une** carte de crédit.
Ce sont *des* clés.   Ce ne sont pas **des** clés.

● Dans une négation, l'article défini (**le, la, les**), les adjectifs possessifs (**mon, ma, mes,** etc.) et les adjectifs démonstratifs (**ce,** etc.) ne changent pas.

VOUS N'AVEZ
PAS LA PRIORITE

Dans ce sac ...   Dans ce sac ...
  il y a *le* peigne de mon père.   il n'y a pas **le** peigne de mon père.
  il y a *mon* carnet d'adresses.   il n'y a pas **mon** carnet d'adresses.
  il y a *ce* plan de la ville.   il n'y a pas **ce** plan de la ville.

  j'ai *le* peigne de mon père.   je n'ai pas **le** peigne de mon père.
  j'ai *mon* carnet d'adresses.   je n'ai pas **mon** carnet d'adresses.
  j'ai *ce* plan de la ville.   je n'ai pas **ce** plan de la ville.

  je trouve *le* peigne d'Éric.   je ne trouve pas **le** peigne d'Éric.
  je trouve *mon* carnet d'adresses.   je ne trouve pas **mon** carnet.
  je trouve *ce* plan de la ville.   je ne trouve pas **ce** plan de la ville.

Qu'est-ce que c'est?   Qu'est-ce que c'est?
  C'est *le* peigne de mon père.   Ce n'est pas **le** peigne de mon père.
  C'est *mon* carnet d'adresses.   Ce n'est pas **mon** carnet d'adresses.

EXERCICES ORAUX ·

0. **Devinez.**   Vous donnez une boîte[12] mystérieuse à votre ami(e). Il(elle) est curieux(curieuse) et pose des questions sur le contenu de la boîte. Vous répondez négativement.

◠ Est-ce un billet[13] de concert?
  Non, ce n'est pas un billet de concert.

  1. Alors, est-ce une cassette de Bruce Springsteen?
  2. Est-ce que c'est une chose qu'on mange?
  3. Est-ce qu'il y a des billets d'avion dans la boîte?
  4. Y a-t-il un petit animal dans la boîte?
  5. Est-ce qu'il y a un objet précieux dans la boîte?
  6. Je ne sais pas. Dis-moi! (*Alors, c'est ...*)

---

12. *Boîte* (f.) = "box."
13. *Billet* (m.) = ticket.

P. **Avant Noël.** Vous travaillez dans une boutique de mode. C'est le 23 décembre et il ne reste pas beaucoup d'articles dans la boutique. On pose des questions et vous répondez avec le verbe *avoir* et la forme négative appropriée.

◠ Je voudrais[14] une cravate en coton.
   Je suis désolé(e),[15] mais nous n'avons pas de cravates en coton.

◠ Avez-vous cette robe en jaune?
   Malheureusement, nous n'avons pas cette robe en jaune.

1. Je voudrais un pull rose.
2. Je désire un sweater marron.
3. Je voudrais ce chemisier en bleu.
4. Est-ce que vous avez des gants en coton?
5. Y a-t-il des chaussettes de ski?
6. Est-ce qu'il y a une jupe en velours?
7. Avez-vous cette cravate en vert?
8. Je voudrais un sac de voyage.

Faites les exercices écrits dans le *Cahier d'exercices.*

NOËL AU CHÂTEAU
Jouets de la Collection Lawrence Wilkinson
Matteo Thun: le manifeste du superficiel

QUATUOR VOCAL
Chants traditionnels

19, 20, 26, 27 décembre
2, 3 janvier
14 h et 15 h

Angle boul. Pie-IX et rue Sherbrooke
Mercredi au dimanche, 11 h à 17 h
(514) 259-2575

Château Dufresne
Musée des Arts décoratifs de Montréal

---

14. *Je voudrais* = expression polie pour *Je désire.*
15. *Être désolé(e)* = regretter.

CRÉATION

Exercices de conversation

A. Décrivez votre aspect[16] physique et votre personnalité en trois ou quatre phrases. Employez les expressions avec *avoir* et les autres structures de la leçon.

 J'ai dix-neuf ans. J'ai les cheveux blonds, les yeux bleus, les bras longs mais les jambes courtes. J'ai peur de ... J'aime l'hiver parce que ... etc.

B. Décrivez un(e) autre étudiant(e) en trois ou quatre phrases. Employez les expressions avec *avoir* et les autres structures de la leçon. La classe va deviner qui c'est.

 C'est un garçon. Il a les cheveux bruns et courts. Il a les yeux bruns aussi. Il a toujours l'air mystérieux. etc.

C. Décrivez le temps qu'il fait dans une certaine ville que vous n'identifiez pas. Employez les expressions météorologiques. Après chaque phrase, la classe va essayer de deviner la ville.

 VOUS: *Il fait frais, mais il fait rarement très froid.*
CLASSE: *C'est Seattle?*
VOUS: *Non. Il fait du brouillard, même en été.*
CLASSE: *C'est Londres?*
VOUS: *Non. Il fait du vent en automne et au printemps.*
CLASSE: *C'est San Francisco?*
VOUS: *Voilà! C'est exact!*

---

16. *Aspect* (m.) = apparence.

Lecture

J'ai l'air sérieux, c'est un fait, mais en réalité ...

CONSEILS/ACTIVITÉS AVANT LA LECTURE . . . .

En français, on emploie souvent certains mots dans la conversation (au début ou entre des phrases), quand on hésite, quand on n'est pas sûr de ce qu'on dit, quand on désire demander si son interlocuteur est d'accord. Ces expressions sont les équivalents des expressions américaines comme «*uh* ... , *um* ... , *well* ... , *ya know?* ... , *like* ... ». Trouvez-vous des expressions semblables dans la Lecture? Faites une liste avant de lire la Lecture entière.

UN ÊTRE[17] EXCEPTIONNEL

SYLVIE: Quel âge as-tu, Philippe? Tu as souvent l'air si jeune.

PHILIPPE: Devine.

SYLVIE: Oh ... dix-huit ans?

PHILIPPE: Tu as tort! En fait, j'ai vingt ans. Et toi, quel âge as-tu? Tu as aussi
5   l'air très jeune, mais quelquefois tu as l'air d'une femme très sérieuse
et assurée. Alors ... voyons ... tu as peut-être vingt-cinq ans?

SYLVIE: Ah, tu exagères, Philippe! J'ai l'air sérieux, c'est un fait, mais en
réalité j'ai presque le même âge que toi. Mais nous sommes vraiment
différents. Pourquoi?

10   PHILIPPE: Je suis né en mars, alors je suis fantaisiste, même instable. On dit
que les gens qui sont nés en mars sont comme le temps de mars: un
peu fantasques, un peu bizarres, mais toujours originaux et
intéressants.

SYLVIE: Je suis d'accord. Quand l'hiver vient, quand il neige et quand tout
15   le monde a froid, j'imagine que tu sors en chemise et que tu ne portes
pas de manteau! Et tu as toujours envie d'une glace ou d'aller au parc
ou au bord du lac!

PHILIPPE: Oui, tu as entièrement raison.

SYLVIE: Alors, ça ne t'ennuie pas[18] d'être si différent?

20   PHILIPPE: Je n'ai pas le choix. C'est dans ma tête. Mes amis disent que je suis
fou. Je n'ai pas faim comme tout le monde, je n'ai pas sommeil comme
tout le monde, j'écris des poèmes et je lis des romans classiques. Non.
Je n'ai pas les mêmes goûts que les autres. En fait, je suis très simple.
Je n'ai pas besoin d'argent ou de vêtements élégants, je n'ai pas envie
25   d'une voiture chère. Mais il y a une chose sûre: j'ai besoin d'amour
comme tout le monde.

SYLVIE: Alors, tu n'es certainement pas fou. C'est bien la preuve!

---

17. *Être* (nom masculin) = un être humain.
18. *Ça ne t'ennuie pas ... ?* = "Doesn't it bother you?"

QUESTIONS SUR LA LECTURE . . . .

1. Quel âge a Philippe? Quel âge a Sylvie? Pourquoi pense-t-elle que Philippe a dix-huit ans? Pourquoi Philippe pense-t-il que Sylvie a vingt-cinq ans?

2. Quand on a vingt ans, est-ce qu'on pense que dix-huit ans est un âge assez jeune? Imaginez votre réaction dans une situation comparable. Est-elle la même? Pourquoi?

3. Est-ce que Sylvie et Philippe ont l'air gêné?[19] Si oui, quels sont les signes de leur embarras?

4. Quel est l'autoportrait de Philippe? Est-ce qu'il est vraiment un être exceptionnel? À votre avis, pourquoi est-ce qu'il dit qu'il est «différent» des autres, complexe ou difficile? Sylvie dit-elle qu'il a raison?

5. Les amis de Philippe ont-ils raison quand ils disent qu'il est fou? Quelle est la réaction de Sylvie à cette idée?

6. Quelle est la différence entre la personne qu'on est, la personne qu'on désire être et la personne que les autres imaginent en nous?

Compositions orales/écrites

1. Faites votre propre autoportrait moral. Êtes-vous un être exceptionnel? Expliquez pourquoi ou pourquoi pas et employez les expressions idiomatiques de la leçon (*avoir besoin de, avoir envie de, avoir peur de,* etc.).

2. Avez-vous des goûts simples ou extravagants? Êtes-vous matérialiste ou idéaliste? Donnez des exemples personnels.

Improvisations

1. Deux personnes: On arrange un rendez-vous entre X et Y. Ils sortent ensemble pour la première fois et, malheureusement, vont trouver leurs personnalités incompatibles. Ils parlent de leurs goûts, de leurs besoins, de leurs sensations. Employez les expressions de la leçon.

---

19. *Gêné(e)* = mal à l'aise.

2. *Deux personnes:* Un(e) psychologue interroge un(e) nouveau(nouvelle) patient(e). Le(la) psychologue demande ...

- l'âge de la personne
- de qui ou de quoi il(elle) a peur
- dans quelles situations il(elle) a honte
- s'il(si elle) a souvent mal à la tête et si oui, s'il(si elle) remarque un rapport entre ses problèmes et ses maux[20] de tête
- s'il(si elle) a envie de faire des choses dangereuses/extravagantes/ étranges
- quelle est sa réaction quand il(elle) a tort
- pourquoi il(elle) a besoin d'un(e) psychologue

Le(la) psychologue décide si cette personne est vraiment malade et si elle a besoin de ses services.

Faites les exercices de laboratoire dans le *Cahier d'exercices.*

—————

20. *Maux* (m.pl.) = souffrances, malaises physiques. Pluriel de *mal.*

Échanges

— Oh! là là! J'ai mal aux dents.
— Entrons dans cette pharmacie. Le pharmacien va peut-être recommander quelque chose.

Dans la pharmacie
— Bonjour, Monsieur. Avez-vous quelque chose pour les maux de dents?
— Voyons ... J'ai ce médicament qu'on applique à[1] la gencive[2] ou alors de l'«Aspro»[3] ...
— Je vais prendre[4] les deux.
— Et avec ça, Mademoiselle?
— C'est tout, merci.
— Merci, Mademoiselle.

1. *Appliquer à* = mettre sur.
2. *Gencive* (f.) = "gum."
3. *Aspro* est une marque française d'aspirine.
4. *Prendre* = "to take."

Vocabulaire

noms

âge *m.*
billet *m.*
blouson *m.*
boîte *f.*
carnet (d'adresses) *m.*
choix *m.*
début *m.*
embarras *m.*
fait *m.*
faute *f.*
fois *f.*
goût *m.*
grippe *f.*
manteau *m.*
oiseau *m.*
partie *f.*
permis (de conduire) *m.*
preuve *f.*
psychologue *m./f.*
saison *f.*

parties du corps

bras *m.*
cheveux *m.pl.*
cœur *m.*
corps *m.*
cou *m.*
dent *f.*
dos *m.*
épaule *f.*
estomac *m.*
figure *f.*
front *m.*
genou *m.* knee
gorge *f.*
jambe *f.*
joue *f.*
nez *m.*
tête *f.*
ventre *m.* stomach
visage *m.*

saisons

automne *m.*
été *m.*
hiver *m.*
printemps *m.*

adjectifs

chaud(e)
couvert(e) covered
désolé(e) sorry
étrange strange
fou (fol, folle) crazy
frais(fraîche) cool, fresh
froid(e)
gêné(e) upset
propre clean
roux(rousse) red-haired
sûr(e) sure

verbes

acheter
deviner
employer
ennuyer
exagérer
manger
rentrer

*expressions avec **avoir***

avoir besoin de to need
avoir chaud (froid)
avoir envie de to want to
avoir faim (soif)
avoir honte
avoir l'air to look, to seem
avoir mal à to have a pain
avoir peur
avoir raison (tort) / to be wrong
avoir sommeil
avoir … ans

adverbe

surtout

préposition

comme

pronom

quoi

autres expressions

en réalité
être né(e)
je voudrais
voyons

expressions météorologiques

Quel temps fait-il?
il fait …
il neige
il pleut
neiger
pleuvoir
brouillard *m.*
chaleur *f.*
ciel *m.*
froid *m.*
météo *f.*
neige *f.*
nuage *m.*
pluie *f.*
temps *m.*
vent *m.*

9

NEUVIÈME
LEÇON

... une partie de tous les œufs du monde.

---

1 Le partitif à l'affirmatif

PRÉSENTATION

Dans la cuisine, il y a une quantité indéterminée d'assiettes (32? 75? 100?).

Il y a *une partie* DE toutes LES assiettes du monde.

Dans la cuisine, il y a **DES** assiettes.
Sur la table, il y a **des** assiettes.
Dans le placard, il y a **des** assiettes.

Dans le placard, il y a une quantité indéterminée de marmelade (5 kilogrammes? 10 kilos? 2,5 kilos?[1]).

Il y a *une partie* DE toute LA marmelade du monde.

Dans le placard, il y a **DE LA** marmelade.
Dans le pot, il y a **de la** marmelade.

Dans la cave, il y a une quantité indéterminée de champagne (50 bouteilles? 41 litres? 3 magnums?).

Il y a *une partie* DE tout LE champagne du monde.

Dans la cave, il y a **DU** champagne.
Dans le verre, il y a **du** champagne.

Dans la piscine, il y a une quantité indéterminée d'eau (15.000 gallons? 30.000 litres?)

Il y a *une partie* DE toute L' eau du monde.

Dans la piscine, il y a **DE L'**eau.
Dans la bouteille, il y a **de l'**eau.
Dans le verre, il y a **de l'**eau.

---

1. *Kilo* est l'abbréviation de *kilogramme; kg* est le symbole.

183

EXPLICATIONS . . . .

● Une quantité indéterminée est exprimée par le partitif: **de** + article défini + nom.

> **du** (de + le)
> **de la**
> **de l'**
> **des** (de + les)   } + nom (pour exprimer *une partie* de la totalité)

du poulet[2] = une *quantité indéterminée* de poulet
de la salade = une *quantité indéterminée* de salade
de l'argent = une *quantité indéterminée* d'argent
des amis = une *quantité indéterminée* d'amis

Pour le déjeuner, je désire **du** poulet et Frédéric désire **de la**
salade. Comme boisson,[3] Frédéric choisit **de l'**eau minérale. Moi,
je choisis **du** vin.[4] Nous mangeons **des** fruits comme dessert.

Éric a **de l'**argent, mais il a **des** problèmes émotionnels.
Valérie a **des** amis parce qu'elle a **de l'**humour.

EXERCICES ORAUX . . . .

A. **Casse-tête.**[5]   Répondez.

⌒ Qu'est-ce qu'il y a dans une bouteille de vodka?
Il y a de la vodka.

1. Qu'est-ce qu'il y a dans un verre de champagne?
2. Qu'est-ce qu'il y a dans une assiette de poulet?
3. Qu'est-ce qu'il y a dans une bouteille d'orangina?
4. Qu'est-ce qu'il y a dans un plat de fruits?
5. Qu'est-ce qu'il y a dans un pot de marmelade?

B. **On aime, alors on mange.**   Chaque personne aime la chose indiquée. Complétez les phrases selon le modèle.   *according to*

⌒ Sébastien aime le rosbif. Au déjeuner, il mange ...
Au déjeuner, il mange du rosbif.

1. Annick aime la soupe. Au dîner, elle mange ...
2. Bruno aime le poulet. Au déjeuner, il mange ...

---

2. *Poulet* (m.) = "chicken."
3. *Boisson* (f.) = "drink."
4. *Vin* (m.). Le bordeaux, le chablis et le champagne sont des *vins*.
5. *Casse-tête* (m.) = "riddle."

3. Christelle aime la salade. Au déjeuner, elle mange ...
4. David aime les tomates. Au dîner, il mange ...
5. Émilie aime le chocolat. Pour son dessert, elle mange ...
6. Frédéric aime les fruits. Pour son dessert, il mange ...

Faites les exercices écrits dans le *Cahier d'exercices*.

---

2   Le partitif au négatif

PRÉSENTATION . . . .

Pour les hors-d'œuvres, je prépare *des* légumes.
Pour le dessert, je **ne** prépare **pas de** légumes.

Pour le plat principal, je mange *de la* viande.
Pour le dessert, je **ne** mange **pas de** viande.

Je mange *du* pain avec le plat principal.
Je **ne** mange **pas de** pain avec le dessert.

Comme boisson, je désire *de l'*eau.
Avec mon dessert, je **ne** désire **pas d'**eau.

EXPLICATIONS . . . .

● La négation du partitif *du, de la, de l', des* est **pas de**.

> Pour le petit déjeuner, je **ne** désire **pas de** poulet et Frédéric **ne** désire **pas de** salade. (Nous désirons du pain.) Comme boisson, Frédéric ne désire **pas d'**eau. Moi, je **ne** désire **pas de** vin. (Nous choisissons du café.) Nous **ne** mangeons **pas de** fruits comme dessert. En fait, nous **ne** mangeons **pas de** dessert.

> Valérie **n'a pas d'**argent, mais elle **n'a pas de** problèmes émotionnels.
> Éric **n'a pas d'**amis parce qu'il **n'a pas d'**humour.

ATTENTION: Le partitif ne change pas au négatif avec le verbe **être**.

> — Qu'est-ce que c'est? Est-ce du lait?[6]
> — Non, ce **n'est pas du** lait, ce **n'est pas de la** crème, ce **n'est pas de l'**eau. C'est du yaourt.

---

6. *Lait* (m.) = "milk."

EXERCICE ORAL . . . .

C. **Mais non!**   Dites les phrases suivantes à la forme négative.

1. Nous avons des restaurants français sur le campus.
2. Charles mange de la soupe.
3. Il y a de la pollution dans ma chambre.
4. Cet artiste a de l'imagination.
5. Il y a des œufs dans le réfrigérateur.
6. Céline a des amis italiens.
7. Il y a de l'eau dans le Sahara.

Faites les exercices écrits dans le *Cahier d'exercices*.

---

3   Les expressions de quantité

PRÉSENTATION . . . .

— Les étudiants ont-ils **beaucoup de** travail?
— Oui, ils ont **beaucoup de** travail.
— **Combien de** cours avez-vous, Kim?
— Moi, j'ai quatre cours ce semestre.
— Et avez-vous **beaucoup de** devoirs pour ces cours?
— Oui, j'ai **trop de** devoirs!
— Avez-vous **assez de** temps libre?
— Mais non! En fait, je n'ai **pas assez de** temps libre.   *enough*

EXPLICATIONS . . . .

● Pour indiquer une quantité relative ou approximative, on emploie les expressions de quantité suivantes avec un nom (sans article).

beaucoup de (une grande quantité de)
trop de (une quantité excessive de)
assez de (une quantité suffisante de) ⎫
peu de (une petite quantité de) ⎬ + nom (sans article)
combien de ... ? (quelle quantité de ... ?) ⎭

Michel mange-t-il **assez de** viande?
Il y a des gens qui ont **trop d'**argent et des gens qui n'ont
  pas assez d'argent.

REMARQUEZ:

1. On emploie **un peu de** seulement avec un nom *singulier*.

Il y a **un peu de** *crème* dans mon café.

2. On emploie **quelques** avec un nom *pluriel* pour indiquer une petite quantité.

Je n'ai pas beaucoup d'amis ... mais j'ai **quelques** *amis*.

3. On emploie **plusieurs**[7] avec un nom *pluriel*.

Le professeur n'est pas content quand **plusieurs** *étudiants* sont absents.

● Pour indiquer une quantité précise:

> récipient
> mesure } + **de** + nom (sans article)

une assiette de soupe   **une douzaine d'**œufs
une boîte de[8] conserves   **un litre de** vin
une bouteille d'eau minérale   **une livre**[9] **de** beurre
une corbeille de pain   **un kilo de** tomates
un plat de rosbif   **trois mètres de** tissu
un pot de marmelade
une tasse de thé
un tube d'aspirines
un verre de champagne

---

7. *Plusieurs* = "several."
8. *Boîte* signifie ici un récipient en métal pour préserver les légumes, etc.
9. *Livre* (f.) = 0,453 kilos. L'unité de mesure américaine est *la livre*; l'unité de mesure européenne est *le kilo*.

EXERCICES ORAUX . . . .

D. Le temps.   Modifiez les phrases suivantes avec l'expression appropriée: *beaucoup de* ou *peu de*.

⌒ Il y a du brouillard à San Francisco en février.
  Il y a beaucoup de brouillard à San Francisco en février.

1. Il y a de la neige dans les montagnes en hiver.
2. Il y a de la neige dans les montagnes en été.
3. Il fait du vent à Chicago.
4. Il fait du vent à Los Angeles.
5. Il y a des nuages dans le ciel aujourd'hui.
6. Il y a des nuages dans le ciel en août.
7. Il y a du soleil à Dallas en été.
8. Il y a des personnes qui aiment le mauvais temps.

Il y a des personnes qui aiment le mauvais temps.

E. Dans une cuisine française.   Modifiez les phrases suivantes avec une expression appropriée (*un peu de, quelques* ou *plusieurs*) pour décrire la cuisine de Madame Charpentier.

 Il y a du yaourt dans le frigo.[10]
Il y a un peu de yaourt dans le frigo.

1. Il y a du pain dans une corbeille sur la table.
2. Il y a de la marmelade dans un petit pot.
3. Il y a des fruits dans une assiette.
4. Il y a des boîtes de conserves dans le placard.
5. Il y a de la salade dans un plat.
6. Il y a de la vinaigrette pour la salade.
7. Il y a des œufs dans le frigo.
8. Il y a des tomates dans le frigo.

F. Laure.   Refaites les phrases avec une expression de quantité.

 Laure a de l'imagination. (trop/peu)
Laure a trop d'imagination.   ou
Laure a peu d'imagination.

1. Elle a du courage. (beaucoup/trop/assez)
2. Elle a de l'enthousiasme. (un peu/beaucoup)
3. Elle désire de la publicité. (beaucoup/trop/peu)
4. Elle fait du travail pour devenir célèbre. (assez/un peu)
5. Elle a des difficultés. (plusieurs/trop/peu)
6. Elle n'a pas de talent. (assez/beaucoup)

G. Au marché.   Vous allez au marché et vous dites aux marchands que vous désirez les quantités suivantes de certaines choses que vous indiquez.

 une douzaine … *Une douzaine de roses, s'il vous plaît.*

1. une douzaine …   *5.* un kilo …
2. un litre …   *6.* une livre …
3. une bouteille …   *7.* un magnum …
4. une boîte …

---

10. *Frigo* (m.) = expression familière pour *réfrigérateur*.

H. La vie universitaire.   Demandez à un(e) camarade ...

    1. combien de cours il(elle) a.
    2. s'il y a assez de cours à cette université.
    3. combien de livres il(elle) a dans sa chambre.
    4. s'il y a trop de devoirs pour le cours de français.
    5. si les étudiants ont assez de vacances.
    6. s'il(si elle) a trop d'argent.
    7. s'il(si elle) a beaucoup d'ambition.
    8. s'il y a beaucoup de surprises dans sa vie.

Faites les exercices écrits dans le *Cahier d'exercices.*

---

4   La différence entre le partitif et l'article défini

PRÉSENTATION

— Aimez-vous **les** boissons fraîches ou **les** boissons chaudes?
— Oh, je préfère **les** boissons froides. J'aime **l'**eau. J'aime **le** lait. J'aime **la** bière. J'aime **les** bons vins blancs.
— Comme boisson chaude, préférez-vous **le** café ou **le** thé?
— Le matin j'aime **le** café. Je prépare **du** café avec **de la** crème et un peu **de** sucre. Mais l'après-midi je préfère **le** thé.

EXPLICATIONS

●   Étudiez les exemples.

      Je désire **du** café parce que j'aime **le** café.
      Les légumes frais[11] sont bons. On mange **des** légumes pour avoir beaucoup de vitamines.

●   On utilise le partitif **du, de la, de l', des** ou **de** quand on parle d'une quantité indéterminée.

      Béatrice désire **du** café au lait.
      Je désire **de la** soupe, s'il vous plaît.
      Alexandre achète **des** légumes pour le dîner.
      Vous n'avez pas **de** pain?
      Les étudiants ont **de l'**imagination.

---

11. *Frais(fraîche)* signifie ici "fresh."

● Il y a deux emplois de l'article défini **le, la, l'** ou **les:**

    1. Pour identifier une chose spécifique (exactement comme en anglais)

        Je mange **le** pain qui est dans la cuisine.
        L'eau qui est dans le frigo est froide.
        Je prépare toujours **les** légumes préférés de ma famille.

    2. Pour parler d'une généralité

        Le pain est délicieux à Paris.
        L'eau est essentielle à la vie.

    REMARQUEZ: On généralise quand on emploie un verbe qui exprime un jugement de valeur.

        J'**aime la** bonne cuisine.[12]
        Je **déteste les** pommes.[13]
        Je **préfère le** vin rouge.

EXERCICES ORAUX . . . .

    I. **Avant le pique-nique.** Vous préparez un pique-nique avec vos amis. Tout le monde annonce ses préférences. Finissez les phrases suivantes avec le mot donné précédé de l'article défini ou partitif.

      ⌒ eau minérale
        (a) Bertrand n'aime pas ...   *Bertrand n'aime pas l'eau minérale.*
        (b) Mais nous allons acheter ...   *Mais nous allons acheter de l'eau minérale.*

      1. rosbif
        (a) Je n'aime pas ...
        (b) Mais Marie mange souvent ...
      2. salade
        (a) Est-ce que tout le monde mange ... ?
        (b) Non, il y a certains d'entre nous qui n'aiment pas ...
      3. pommes
        (a) Désirez-vous ...   (c) Nous ne détestons pas ...
        (b) Oui, achète ... s'il te plaît![14]   (d) En fait, nous adorons ...
      4. œufs durs[15]
        (a) As-tu ... ?   (c) Je voudrais ...
        (b) J'aime ...   (d) Olivier ne mange pas ...

---

12. *Cuisine* signifie ici la gastronomie.
13. *Pomme* (f.) = fruit rouge ou vert. *Ève donne la **pomme** à Adam.*
14. *S'il te plaît* = forme familière de *s'il vous plaît.*
15. *Dur(e)* = solide.

J. **Qualités et défauts.**   Posez les questions suivantes à votre camarade. Il(Elle) va répondre. Après, votre camarade pose les mêmes questions et vous répondez.

1. Quelles qualités ont tes amis? (courage, loyauté, patience, etc.)
2. Quelles qualités préfères-tu?
3. Quels défauts ont tes amis? (impatience, nervosité, timidité, etc.)
4. Quels défauts détestes-tu?
5. Quelles choses sont essentielles dans ta vie?

Faites les exercices écrits dans le *Cahier d'exercices.*

---

5   Les verbes *boire, prendre, mettre*

PRÉSENTATION . . . .

— Qu'est-ce que **vous buvez** quand vous avez soif?
— **Je bois** du Perrier ou du coca.

— À quelle heure **prenez-vous** le petit déjeuner?
— **Je prends** le petit déjeuner à huit heures du matin, mais je ne mange pas beaucoup. **Je prends** un peu de pain et du café, c'est tout.

— Comment est-ce que les Français **mettent** le couvert?
— En France, on **met** généralement la fourchette à gauche et le couteau à droite. La serviette est à gauche de la fourchette. On **met** la cuillère à soupe à côté du couteau et on **met** le verre directement devant l'assiette. On met la cuillère à dessert entre le verre et l'assiette.

EXPLICATIONS . . . .

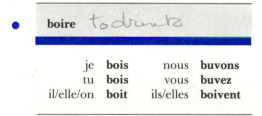

boire			
je **bois**		nous	**buvons**
tu **bois**		vous	**buvez**
il/elle/on **boit**		ils/elles	**boivent**

Je bois souvent de la bière.
Adélaïde **boit** une tasse de café chaque matin.
Nous buvons une bouteille de vin rouge.

learn

- **prendre** (et ses composés **apprendre**, **comprendre**)

je	**prends**	nous	**prenons**
tu	**prends**	vous	**prenez**
il/elle/on	**prend**	ils/elles	**prennent**

Quand nous allons à nos cours, nous **prenons** nos livres.
Pour aller de Paris à Strasbourg, on **prend** le train, la voiture ou
    l'avion.
Les enfants **apprennent** vite.
Vous **comprenez** ma situation.

REMARQUEZ: On emploie souvent le verbe **prendre** quand on parle de manger ou de boire.

Je **prends** du café et un pain au chocolat.
Xavier **prend** du thé.
Les Lapointe **prennent** leur petit déjeuner à huit heures.

REMARQUEZ: **Apprendre** + **à** + infinitif

J'apprends à préparer les plats chinois.

permet promise

- **mettre** (et ses composés **permettre**, **promettre**)

je	**mets**	nous	**mettons**
tu	**mets**	vous	**mettez**
il/elle/on	**met**	ils/elles	**mettent**

En Amérique **on met** souvent du ketchup sur les frites;[16] en France
    on met souvent de la moutarde. Au Québec **on met** du vinaigre.
    En Belgique **on met** de la mayonnaise.
Quand il fait froid, je **mets** un pull ou un manteau.
Nous **ne permettons pas** d'alcool ici.
Je **promets** de dire la vérité.

REMARQUEZ: **Permettre à** quelqu'un **de** faire quelque chose

Les parents **permettent à** leur fils **de** boire un peu de vin.

---

16. *Frites* (f.pl.) = "French fries."

EXERCICES ORAUX . . . .

K. **Différences personnelles.**   Formez une phrase avec le verbe et le sujet indiqué. Inventez une fin de phrase différente pour chaque personne indiquée.

◠ boire ... (Christophe/nous/vous/je)
Christophe boit de la bière.
Nous buvons du vin.
Vous buvez du champagne.
Je bois de l'eau.

1. prendre ... (Christelle/ces voyageurs/nous/tu)
2. comprendre ... (vous/je/les mathématiciens/tu)
3. apprendre (à) ... (Sébastien/vous/je/les enfants)
4. boire ... (tu/les bébés/vous/on)
5. mettre ... (Sophie et Jérôme/nous/je/le garçon dans un restaurant)
6. permettre à ... de ... (le professeur/tu/nous/ces médecins)

L. **«Trivial Pursuit».**   Répondez aux questions.

1. Buvez-vous quand vous avez soif ou quand vous avez faim?
2. Est-ce que les Français boivent beaucoup de coca-cola?
3. Qu'est-ce que vous buvez le matin?
4. Est-ce qu'on prend des notes dans un cours de yoga?
5. Quand prenez-vous des photos?
6. À quelle heure les Américains prennent-ils le petit déjeuner?
7. Qu'est-ce qu'on apprend à faire dans un cours de danse?
8. Qui apprend le japonais?
9. Qu'est-ce que vous ne comprenez pas?
10. Où mettez-vous votre argent?
11. Quand mettez-vous un manteau?
12. Qu'est-ce que l'université ne permet pas aux étudiants de faire?

M. **Dans un restaurant.**   Demandez à un(e) camarade ...

1. à quelle heure il(elle) prend son dîner quand il(elle) va au restaurant.
2. qui met le couvert dans les restaurants.
3. s'il(si elle) comprend les menus français.
4. s'il(si elle) apprend le français quand il(elle) lit un menu français.
5. où il(elle) met ses pieds quand il(elle) mange dans un restaurant.
6. ce qu'il(elle) prend comme plat principal. (*Qu'est-ce que tu ...*)
7. ce qu'il(elle) boit dans un restaurant. (*Qu'est-ce que tu ...*)
8. s'il(si elle) prend des escargots quand il(elle) mange au restaurant.

Faites les exercices écrits dans le *Cahier d'exercices.*

6 Expressions idiomatiques avec *faire*

PRÉSENTATION . . . .

— Qu'est-ce que vous faites à l'université?

— Je **fais du** français, **de la** philosophie et **de l'**astrophysique.

— Mon Dieu! Quel programme! **Faites**-vous aussi **du** sport?

— Oui, je **fais du** tennis et je **fais du** ski. J'aime aussi **faire des** promenades à pied et j'aime quelquefois **jouer au** golf. Quand je suis triste, je **joue du** piano ou **de la** guitare.

— Vous êtes très éclectique!

Deux musiciens au jardin des Tuileries.

EXPLICATIONS ·

● **Faire de** + article défini + nom (= **faire** + partitif)

faire du sport (du tennis, du ski, du foot, du base-ball, etc.)
faire de la musique (du piano, du violon, de la trompette, etc.)
faire du français (de la philosophie, des mathématiques, etc.)

> Je **fais du foot**[17] en été et je **fais du ski** en hiver.
> Ma sœur **fait du violon**, et mon frère **fait de la guitare.**
> **Faites**-vous **des mathématiques** à l'université?

REMARQUEZ:

1. **jouer de** + instrument de musique

> David et Isabelle **jouent du** piano.

2. **jouer à** + sport ou jeu[18]

> Mon frère **joue au** foot le jour, mais il **joue au** bridge le soir.

● D'autres expressions idiomatiques avec **faire** ne prennent pas le partitif:

faire attention	Je **fais attention** en classe.
faire la connaissance de	Tous les étés, je **fais la connaissance d'**un nouvel ami.
faire la cuisine	Quel bon repas![19] Tu **fais** bien **la cuisine.**
faire la vaisselle	Après le dîner, je **fais la vaisselle.**
faire les courses	Je **fais les courses** le samedi.
faire une promenade	Céline **fait une promenade** à vélo.
faire un voyage	Ils **font** toujours **des voyages** en bateau.

H. SELMER & Cie
instruments de musique
18, rue de la fontaine au roi
75011 Paris
France

---

17. On dit *foot, basket* et *volley* comme abréviations des noms complets *football, basket-ball, volley-ball.* REMARQUEZ: *Le football* n'est pas la même chose que le football américain. *Le foot* = "soccer."
18. *Jeu* (m.). Monopoly, Trivial Pursuit, Poker, etc., sont des *jeux.*
19. *Repas* (m.). Le petit déjeuner, le déjeuner et le dîner sont des *repas.*

EXERCICES ORAUX . . . .

N. **Superactif/Superactive.**   Expliquez la situation avec une expression idiomatique avec *faire*.

⌒ Vous allez à cheval[20] dans le parc.
Je fais une promenade.   ou
Je fais une promenade à cheval.

1. Vous partez en Europe sur le *S.S. Rotterdam*.
2. Vous jouez du piano.
3. Vous préparez le dîner.
4. Vous achetez plusieurs choses au supermarché.
5. Vous écoutez le professeur.
6. Vous étudiez Socrate, Descartes et Kant.
7. Vous allez quelque part en voiture le dimanche.
8. Vous jouez au basket.

O. **Athlète ou musicien.**   Remplacez le verbe *faire* par le verbe *jouer*.

⌒ Je fais du foot.
Je joue au foot.

⌒ Je fais du violon.
Je joue du violon.

1. Artur Rubinstein fait du piano.
2. Les Raiders font du football américain.
3. Nous faisons de la trompette.
4. Steffi Graf fait du tennis.
5. Eric Clapton fait de la guitare.
6. Michael Jordan fait du basket.
7. Fais-tu du golf?
8. Les anges font de la harpe.

Faites les exercices écrits dans le *Cahier d'exercices*.

CONSERVATOIRE
NATIONAL SUPÉRIEUR DE
musique
P A R I S

---

20. *Cheval* (m.) = "horse."

CRÉATION

Exercices de conversation

A. Discutez vos habitudes alimentaires avec un(e) camarade. Répondez aux questions suivantes.

    1. Qu'est-ce que vous mangez pour le petit déjeuner?
    2. Qu'est-ce que vous mangez à midi?
    3. Qu'est-ce que vous mangez pour le dîner?
    4. Qu'est-ce que vous mangez quand vous faites vos devoirs?
    5. Qu'est-ce qu'il y a dans votre réfrigérateur?

B. Vous êtes invité(e) à une réception. Regardez le joli buffet et répondez aux questions.

    1. Qu'est-ce qu'il y a sur la table?
    2. Qu'est-ce que vous aimez?
    3. Qu'est-ce que vous détestez?
    4. Qu'est-ce que vous choisissez de manger?
    5. Qu'est-ce que vous décidez de boire?
    6. Qu'est-ce que les autres invités vont manger?
    7. Qu'est-ce que les autres invités ne vont pas manger?
    8. Qu'est-ce que tout le monde va prendre comme dessert?

C. Sondage sur les activités de loisir des étudiants de la classe: Qui fait les choses suivantes quand il(elle) ne travaille pas? (Levez la main et faites une phrase complète.)

	Tous les étudiants	Beaucoup d'étudiants	Quelques étudiants	Zéro étudiant
1. faire du camping	☐	☐	☐	☐
2. faire du tennis	☐	☐	☐	☐
3. jouer au golf	☐	☐	☐	☐
4. faire la cuisine	☐	☐	☐	☐
5. jouer de la guitare	☐	☐	☐	☐
6. faire du yoga	☐	☐	☐	☐
7. jouer aux cartes	☐	☐	☐	☐
8. faire les courses	☐	☐	☐	☐
9. faire du français	☐	☐	☐	☐
10. faire des promenades à cheval	☐	☐	☐	☐

Quelles activités sont les préférées? Expliquez. Quelles activités ne sont pas très appréciées? Expliquez.

Lecture

CONSEILS/ACTIVITÉS AVANT LA LECTURE ....

La cuisine et les habitudes culinaires sont souvent très différentes entre pays. Quelles sont vos idées sur la cuisine française? À quelle heure dînent les Français? Quel est le repas principal? Qu'est-ce que les Français prennent pour le petit déjeuner? pour le déjeuner? pour le dîner? Est-ce qu'on mange avec la main gauche ou la main droite? Faites une «liste mentale» de vos idées et corrigez ces idées, si c'est nécessaire, pendant votre lecture de «Bon Appétit!».

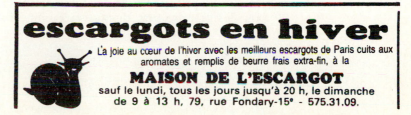

BON APPÉTIT!

Les Français prennent généralement leur déjeuner à midi et demi et leur dîner à huit heures ou huit heures et demie. Le petit déjeuner est moins important en France qu'aux États-Unis, mais le déjeuner est un repas complet.

5 Tout le monde est réuni autour de la table de la salle à manger et on met, d'habitude,[21] une bouteille de vin sur la table. Les enfants ne boivent pas de vin; ils boivent généralement de l'eau minérale ou de l'eau fraîche et, quelquefois, les parents mettent un peu de vin dans leur verre d'eau pour donner l'impression qu'ils boivent du vin comme les adultes.

10 Pour le déjeuner, il y a des hors-d'œuvre, qui sont généralement des légumes frais en salade (des tomates, des concombres, des carottes râpées[22]), de la charcuterie (du pâté, du jambon ou du saucisson), des œufs durs, etc. (Pour le dîner, on sert de la soupe comme entrée, surtout en hiver, quand il fait froid.)

15 Le plat principal, c'est généralement de la viande ou du poisson et on mange aussi des légumes (par exemple, des épinards ou des petits pois), des pâtes, du riz ou des pommes de terre. Les portions sont généralement petites. Les Français mangent du pain, alors il y a toujours une corbeille de pain sur la table.

20 Après le plat principal on mange de la salade verte et, après la salade, des fromages variés. Les Français adorent le fromage et il y a beaucoup de sortes de fromage en France. Et, bien sûr, on boit du vin avec le fromage; le vin rouge est de rigueur.

À la fin du repas il y a le dessert. C'est peut-être un gâteau au choco-
25 lat,[23] une tarte aux fraises, une glace à la vanille, un yaourt au citron, ou simplement des fruits frais. Après le dessert, on boit du café dans de petites tasses avec du sucre, mais pas de crème. (Le matin on prend du café au lait.)

Les façons de manger varient. D'habitude on tient[24] la fourchette dans
30 la main gauche et le couteau dans la main droite. Mais certaines personnes font comme aux États-Unis et changent leur fourchette de la main gauche à la main droite pour manger.

Pour le petit déjeuner, on ne mange généralement pas d'œufs, pas de bacon (mais on apprécie de plus en plus les céréales américaines). La plu-
35 part[25] des gens prennent du café au lait ou du thé dans de grands bols. On mange du pain grillé ou des toasts avec du beurre et de la confiture et, pour les grands jours, de bons croissants chauds. Bon appétit!

---

21. *D'habitude* = généralement, habituellement.
22. *Râpé(e)* = "shredded."
23. *Au chocolat, aux fraises, à la vanille,* etc. La préposition **à** + *article défini* + *nom* indique l'ingrédient principal.
24. *Tenir* = "to hold." *Tenir* est conjugué comme *venir.*
25. *La plupart* = la majorité.

QUESTIONS SUR LA LECTURE

1. À quelle heure les Français prennent-ils leur déjeuner? À quelle heure dînent-ils? Et les Américains?
2. Quelle est la différence fondamentale entre un déjeuner typique en France et un déjeuner américain?
3. Qu'est-ce qu'on boit au déjeuner en France?
4. Pourquoi met-on quelquefois du vin dans le verre d'eau des enfants?
5. Qu'est-ce qu'il y a généralement comme hors-d'œuvre au déjeuner? Est-ce que le mot *hors-d'œuvre* a le même sens en français et en anglais?
6. Est-ce que le mot *entrée* a le même sens en français et en anglais?
7. Généralement, quel est le plat principal?
8. Pourquoi y a-t-il toujours une corbeille de pain sur la table? Y a-t-il une corbeille de pain sur la table dans votre famille?
9. Qu'est-ce qu'on mange après le plat principal?
10. Qu'est-ce que les Français mangent comme dessert?
11. Qu'est-ce qu'on boit après le dessert?
12. Qu'est-ce qu'on mange au petit déjeuner en France? Aux États-Unis?

Compositions orales/écrites

1. Quelles différences remarquez-vous entre les repas français et les repas américains? Expliquez, et utilisez le partitif et beaucoup d'expressions de quantité.

2. Racontez un dîner typique chez vous. Qui fait la cuisine? À quelle heure mangez-vous? Qu'est-ce que vous mangez? Qui fait la vaisselle?

3. Préparez un rapport sur les résultats du sondage à la page 199.

Improvisations

1. Trois personnes: Monsieur et Madame Lambert vont donner un grand dîner pour le mariage de leur fille. Ils parlent avec le traiteur[26] qui organise la réception et ils discutent le menu ensemble.

2. Deux personnes: Dialogue entre un garçon(une serveuse) et un client. Le garçon(la serveuse) propose des plats, le client répond avec ses préférences.

LE GARÇON/LA SERVEUSE: *Qu'est-ce que vous désirez comme hors-d'œuvre? Désirez-vous un artichaut ou du pâté?*
LE CLIENT: *Je n'aime pas ... Je vais prendre ...*
LE GARÇON/LA SERVEUSE: *Et comme viande? Désirez-vous ... ou ... ?*
LE CLIENT: *Je suis allergique à ... Je vais prendre ...*
LE GARÇON/LA SERVEUSE: *Et comme légumes? Prenez-vous ... ou ... ?*

Faites les exercices de laboratoire dans le *Cahier d'exercices.*

───────────────

26. *Traiteur* (m.) = organisateur professionnel de ce qu'on mange à une réception.

Vocabulaire

noms
bébé *m.*
cave *f.*
cheval *m.*
défaut *m.*
façon *f.*

frigo *m.*
invité/invitée *m./ f.*
jeu *m.*
piscine *f.*
qualité *f.*
tissu *m.*

traiteur *m.*

récipients et quantités
assiette *f.*
bol *m.*
bouteille *f.*

corbeille *f.*
douzaine *f.*
livre *f.*
plat *m.*
pot *m.*
récipient *m.*
tasse *f.*

aliments
alcool *m.*
artichaut *m.*
beurre *m.*
bière *f.*
carotte *f.*

céréales *f.pl.*
charcuterie *f.*
chocolat *m.*
citron *m.*
concombre *m.*
confiture *f.*
conserves *f.pl.*
crème *f.*
eau *f.*
épinards *m.pl.*
frites *f.pl.*
fromage *m.*
fruit *m.*
gâteau *m.*
glace *f.*
jambon *m.*
lait *m.*
légume *m.*
moutarde *f.*
nourriture *f.*

œuf *m.*
pain *m.*
pâtes *f.pl.*
pâté *m.*
petit pois *m.*
poisson *m.*
pomme *f.*
pomme de terre *f.*
poulet *m.*
riz *m.*
rosbif *m.*
salade *f.*
saucisson *m.*
soupe *f.*
sucre *m.*
tarte *f.*
thé *m.*
tomate *f.*
viande *f.*
vin *m.*

vinaigre *m.*
yaourt *m.*

à table

boisson *f.*
couteau *m.*
cuillère *f.*
entrée *f.*
fourchette *f.*
repas *m.*

adjectifs

dur(e)
plusieurs
quelques

verbes

apprendre
boire

changer
comprendre
corriger
jouer
mettre
permettre
prendre
promettre
tenir

expressions avec faire

faire attention
faire de la musique
faire du français
faire du sport
faire la connaissance (de)
faire la cuisine
faire les courses
faire la vaisselle

faire une promenade
faire un voyage

adverbes

combien
peu

autres expressions

d'habitude
en bateau
en voiture
mettre le couvert
mettre la table

Échanges

— Garçon ... garçon!
— Une minute, une minute, Monsieur ... Oui, Monsieur?
— Vous avez de la bière allemande?
— Oui, Monsieur, de la «Munich». Et pour Mademoiselle?
— Un café, s'il vous plaît.
— Oui, Mademoiselle, un express?[1]
— C'est très bien.
— Alors une bière Munich et un express.

Quand le garçon revient

— Voilà. Une bière et un express.
— Combien je vous dois?[2]
— Trente-deux francs, Monsieur. Le service est compris.

1. *Express* (m.) = "espresso (coffee)."
2. *Combien je vous dois?* = "How much do I owe?"

DIXIÈME LEÇON

Si une étudiante pose une question à un autre étudiant, il répond.

1 ## Les verbes réguliers en *-re*

attendre – to wait for
entendre to hear

PRÉSENTATION

— Quand vous posez une question en classe, qui **répond**? Est-ce que je **réponds**?

— Oui, vous **répondez** toujours à nos questions et nous **répondons** à vos questions.

— Parfait. Et si un étudiant ou une étudiante posent une question aux autres étudiants, ils **répondent**. Tout le monde essaie toujours de **répondre**.

— Chut![1] ... Écoutez! J'**entends** un bruit.[2] Est-ce que vous **entendez** ce bruit?

— Oui, j'**entends** les étudiants qui parlent dans la classe à côté. Ils **attendent** leur professeur parce qu'il est en retard.

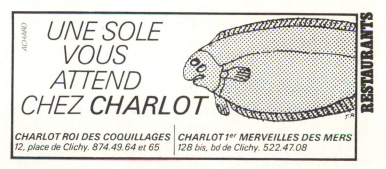

ACHARD

UNE SOLE VOUS ATTEND CHEZ *CHARLOT*

RESTAURANTS

CHARLOT ROI DES COQUILLAGES
12, place de Clichy. 874.49.64 et 65

CHARLOT 1er MERVEILLES DES MERS
128 bis, bd de Clichy. 522.47.08

---

1. *Chut!* = Silence!; Ne parlez pas!
2. *Bruit* (m.) ≠ silence.

EXPLICATIONS . . . .

● La conjugaison d'un verbe régulier en **-re** (**attendre, descendre, entendre, perdre, rendre, répondre, vendre**[3], etc.) est formée du radical (**attend-, descend-, entend-, perd-, rend-, répond-, vend-**) et des terminaisons **-s, -s, —, -ons, -ez, -ent.**

attendre			
j'	attend**s**	nous	attend**ons**
tu	attend**s**	vous	attend**ez**
il/elle/on	attend	ils/elles	attend**ent**

Quand je vais chez mon ami, je monte au troisième étage; quand
   je pars, je **descends** et je sors.
Quand je **perds** mes clés, je cherche partout. Souvent je trouve les
   clés derrière la porte ou sous une chaise.

REMARQUEZ: Il n'y a pas de terminaison avec **il/elle/on.**

On **vend** des livres dans une librairie.[4]

● **Entendre** n'est pas synonyme du verbe *écouter. Écouter* = entendre inten-
tionnellement.

J'**entends** une explosion, mais j'*écoute* une symphonie.

● Le verbe **attendre** prend généralement un complément d'objet direct.

Vous avez l'air impatient. Qu'est-ce *que* vous **attendez**?
J'**attends** *le bus.*
Est-ce que Marc **attend** *ses amis* quand ils sont en retard?

● Le verbe **rendre** a deux sens importants:

1. **Rendre** + *nom* = restituer, redonner.

Le professeur **rend** *les devoirs* aux étudiants.
Je **rends** toujours *l'argent* que j'emprunte.[5] Je **rends** aussi *les livres* à
   la bibliothèque.

---

3. *Vendre* ≠ acheter.
4. *Librairie* (f.) = où on vend des livres. Une *librairie* n'est pas une bibliothèque!
5. *Emprunter* = prendre ou accepter l'usage temporaire de quelque chose avec l'intention
   de rendre l'objet à son propriétaire.

2. Rendre + *adjectif* exprime le résultat physique ou psychologique.

L'amour **rend** les gens *heureux*.
Les mauvaises notes **rendent** les étudiants *malheureux*.

EXERCICES ORAUX . . . .

A. **Embouteillage.**[6]   Un accident entre un autobus et une voiture cause un grand embouteillage. Qu'est-ce que tout le monde fait?

⌒ entendre les klaxons[7] des voitures (tout le monde)
Tout le monde entend les klaxons des voitures.

1. attendre l'arrivée de la police (nous / je / tout le monde)
2. descendre du bus (tu / vous / les passagers)
3. répondre aux questions de la police (les gens / nous / le conducteur du bus)
4. vendre du café (des marchands[8] opportunistes / un bistro à côté)
5. rendre les gens furieux (l'embouteillage / toutes les questions)
6. perdre patience[9] (les autres automobilistes / je / vous / les passagers du bus)

B. **Résultats prévisibles.**   Finissez les phrases.

⌒ La télé rend tout le monde ...
La télé rend tout le monde idiot.

1. Le café rend ma mère ...
2. Le dentifrice Colgate rend les dents ...
3. L'amour rend Charlie Brown ...
4. L'argent rend les gens ...

⌒ Vous rendez l'argent que vous empruntez à ...
Vous rendez l'argent que vous empruntez à la banque.

5. Les étudiants rendent les livres à ...
6. Les professeurs rendent les devoirs à ...

---

6. *Embouteillage* (m.) = situation où les voitures n'avancent pas; toutes les voitures restent immobiles.
7. *Klaxon* (m.) = "car horn."
8. *Marchand/marchande* (m./f.) = personne qui vend; vendeur.
9. *Perdre patience* est une expression idiomatique; *patience* n'a pas d'article.

C. La vie d'étudiant.   Répondez à ces questions sur la vie d'étudiant.

⌒ Perdez-vous la tête[10] quand le professeur pose une question difficile?
Non, je ne perds pas la tête. (J'essaie de répondre.)

1. Pourquoi est-ce que vous répondez toujours en français?
2. Vos professeurs répondent-ils bien à vos questions?
3. Est-ce que vous descendez en ascenseur[11] ou à pied après les cours?
4. Pourquoi les examens rendent-ils les étudiants nerveux?
5. Comment est-ce qu'on rend les professeurs fous?
6. Qu'est-ce que vous entendez maintenant?
7. Est-ce que vous entendez du bruit maintenant? *noire*
8. Perdez-vous souvent votre argent? vos clés? vos livres? vos devoirs?
9. Qu'est-ce qu'on vend dans une librairie?
10. Qu'est-ce qu'on rend à la bibliothèque?
11. Rendez-vous toujours les livres à la bibliothèque?
12. Est-ce que vous vendez vos compositions aux autres étudiants?

D. La vie d'étudiant (suite).   Demandez à un(e) camarade ...

1. s'il(si elle) entend le téléphone quand son(sa) camarade de chambre joue sa stéréo très fort.
2. qui répond généralement au téléphone chez lui(elle).
3. si les étudiants descendent à la cave pour choisir un bon vin.
4. s'il(si elle) attend le week-end avec impatience.
5. s'il(si elle) attend la fin de l'année scolaire avec impatience.

Faites les exercices écrits dans le *Cahier d'exercices.*

10. *Perdre la tête* = devenir un peu irrationnel(le).
11. *Ascenseur* (m.) = cage mécanique qui transporte les gens entre les étages d'un bâtiment.

2   Le comparatif

PRÉSENTATION . . . .

— Une Cadillac est **plus** grande **qu'**une Volkswagen. Est-ce qu'une Peugeot est **plus** ou **moins** grande **qu'**une Cadillac?
— Elle est **moins** grande. Elle est **plus** petite.
— La Cadillac est-elle **meilleure** ou **moins bonne qu'**une Peugeot?
— Elle n'est pas **meilleure,** mais elle n'est pas **moins bonne** non plus.[12] *also*
Elle est **aussi bonne qu'**une Peugeot.

— Je joue au tennis **moins** souvent **que** beaucoup de gens. Mais je joue **plus** souvent au golf. Et vous?
— Je ne fais pas de sport, mais je joue **plus** souvent du piano **que** beaucoup de gens parce que je fais des études de musique.
— Quelle chance! Moi, je suis débutant, alors je ne joue pas **aussi bien que** vous. En fait, je joue probablement beaucoup **moins bien.** Vous jouez certainement **mieux que** moi.

— Avez-vous **autant d'**argent **que** vos parents?
— Non, j'ai **moins d'**argent **que** mes parents. Ils ont **plus d'**argent **que** moi.

EXPLICATIONS . . . .

● Il y a trois formes pour comparer les adjectifs ou les adverbes.

> **plus** (le comparatif de supériorité)
> **moins** (le comparatif d'infériorité) } + adjectif / adverbe } (+ **que ...**)[13]
> **aussi** (le comparatif d'égalité)

Didier est **plus grand que** Guy.
Guy est **moins grand que** Didier.
Nicole est **aussi grande que** Didier.

Nicole travaille **plus régulièrement que** Didier.
Didier travaille **moins régulièrement que** Nicole.
Guy travaille **aussi régulièrement que** Nicole.

---

12. *Non plus* = négation de *aussi.*
13. Si le contexte est clair, une comparaison complète avec **que** n'est pas toujours nécessaire. Par exemple: *Est-ce que Guy est aussi grand que Didier? Non, Didier est **plus grand.***

ATTENTION: Le comparatif de supériorité de l'adjectif *bon* est **meilleur(e)**.

McDonald's est *moins bon que* Maxim's.
Les vins français sont *aussi bons que* les vins californiens.
Mais: Pour le dîner, les pâtes sont **meilleures que** les céréales.

ATTENTION: Le comparatif de supériorité de l'adverbe *bien* est **mieux**.

Je chante *moins bien que* Michael Jackson.
Je chante *aussi bien que* mes amis.
Mais: Je chante **mieux que** mon père.

● Pour comparer les quantités, on emploie les formes suivantes:

> **plus de**
> **moins de** ⎫ + nom (+ **que ...**)
> **autant de** ⎭

Il y a **plus d'**étudiants ici **que** dans l'autre classe.
Martine boit **moins de** lait **qu'**Alice.
Les Américains ne mangent pas **autant de** pain **que** les Français.

EXERCICES ORAUX . . . .

E. **Comparaisons gastronomiques.**   Comparez les aliments[14] suivants.
Donnez deux réponses.

◠ la mousse au chocolat / le pudding / savoureux[15]
  La mousse au chocolat est plus savoureuse que le pudding.
  Le pudding est moins savoureux que la mousse au chocolat.

1. l'eau Perrier / le Schwepps / chic
2. les légumes / la viande / bon pour la santé[16]
3. le champagne / l'eau / bon pour la santé
4. le poisson / les pâtes / mauvais pour la santé
5. les épinards / le riz / frais
6. le beurre / la margarine / bon
7. la glace / la soupe / froid
8. une tasse de café / un verre de thé glacé / chaud

---

14. *Aliment* (m.) = les choses qu'on mange.
15. *Savoureux(savoureuse)* = délicieux.
16. *Santé* (f.) = état physique. *Être en bonne santé* ≠ être malade.

F. **Aptitudes.** Répondez aux questions pour indiquer vos aptitudes.

◯ Parlez-vous français plus couramment que le professeur? *(fluently)*
Non, je ne parle pas français plus couramment que le professeur. Je parle français moins couramment.

1. Comprenez-vous mieux que les autres étudiants?
2. Apprenez-vous plus vite qu'Albert Einstein?
3. Lisez-vous plus lentement qu'Evelyn Wood?
4. Jouez-vous mieux au tennis que John McEnroe?
5. Chantez-vous moins bien que Whitney Houston?

G. **Tout est relatif.** Comparez les quantités.

◯ George Bush a beaucoup de responsabilités. Vous avez quelques responsabilités.
George Bush a plus de responsabilités que vous.

1. L'eau n'a pas de calories. Un gâteau a beaucoup de calories.
2. La Chine a beaucoup d'habitants. Monaco n'a pas beaucoup d'habitants.
3. J'ai deux frères. Thomas a deux frères. *? beaucoup plus de*
4. Vous ne mangez pas beaucoup de quiche. Je mange beaucoup de quiche.
5. Carl Lewis a trois médailles d'or. Ben Johnson n'a pas de médaille d'or.

H. **Moyens de transport.** Demandez à un(e) camarade de faire les comparaisons suivantes.

◯ Est-ce que la Peugeot est ... (confortable/la BMW)

VOUS: *Est-ce que la Peugeot est plus confortable, moins confortable ou aussi confortable que la BMW?*
CAMARADE: *La Peugeot est probablement aussi confortable que la BMW.*

1. Est-ce que les trains européens sont ... (bons/les trains américains)
2. Est-ce qu'une voiture va ... (vite/un vélo)
3. Est-ce qu'une voiture va ... (lentement/un avion)
4. Est-ce que le métro est ... (économique/un taxi)
5. Est-ce que l'autobus est ... (pratique/une voiture)

Faites les exercices écrits dans le *Cahier d'exercices*.

3 Le superlatif

PRÉSENTATION

— Voilà tous les étudiants de la classe. Qui est **le plus grand** étudiant **de** la classe?
— Robert est **le plus grand de** la classe.
— Et qui est **la plus grande** étudiante **de** la classe?
— Jeanne et **la plus grande**.
— Et qui est **le moins grand** (ou **le plus petit**) **de** la classe?
— Thomas et Stéphanie sont **les moins grands** (**les plus petits**).
— Qui est **le meilleur** professeur **de** l'université?
— Vous êtes **le meilleur** professeur **de** l'université et vous êtes **le professeur le plus modeste** aussi.

— Qui parle **le plus vite de** la classe?
— Vous parlez **le plus vite de** la classe.
— Et qui écrit **le mieux de** la classe?
— Patricia et Paméla écrivent **le mieux de** la classe.

EXPLICATIONS

● Le superlatif des adjectifs:

> **le/la/les plus** (superlatif de supériorité)⎫
> **le/la/les moins** (superlatif d'infériorité)⎭ + adjectif (+ **de** ...)

Sylvie est l'étudiante **la plus attentive de** la classe.
Henri est l'étudiant **le moins attentif de** la classe.

ATTENTION: Le superlatif de supériorité de l'adjectif *bon* est **le (la, les) meilleur(e)(s).**

La Rolls-Royce est **la meilleure** voiture **du** monde.

● La place de l'adjectif superlatif

1. Quand l'adjectif précède normalement le nom, il précède le nom au superlatif aussi.

une *belle* voiture   **la moins belle** voiture **du** monde
un *grand* problème   **le plus grand** problème **de** la vie
une *bonne* étudiante   **la meilleure** étudiante **de** l'université

2. Quand l'adjectif est normalement après le nom, il est après le nom au superlatif aussi.

un ami *riche* l'ami **le moins riche de** tous mes amis
une idée *folle* l'idée **la plus folle du** monde

ATTENTION: Dans ce cas, l'article défini est répété (devant le nom et devant l'adjectif superlatif).

Richard est **l'**ami **le** moins riche de tous mes amis.
C'est vraiment **l'**idée **la** plus folle du monde.

● Le superlatif des adverbes:

> **le plus** (superlatif de supériorité)
> **le moins** (superlatif d'infériorité) } + adverbe (+ **de** ...)

Ma sœur marche[17] **le plus** *vite* **de** ma famille.
Mon grand-père marche **le moins** *vite* **de** ma famille.

ATTENTION: Le superlatif de supériorité de l'adverbe *bien* est **le mieux**.

Voilà les deux personnes que j'aime **le mieux de** toute ma famille.

REMARQUEZ: L'adverbe superlatif est toujours précédé par **le** parce que les adverbes sont invariables.

Ève parle **le** mieux de la classe, mais Max et Noé lisent **le** plus vite.

EXERCICES ORAUX ....

I. **Une famille intéressante.** Comparez les membres de votre famille.

⌒ Qui est le(la) plus animé(e) de votre famille?
Ma mère est la plus animée de ma famille.

1. Qui est le(la) plus indépendant(e) de votre famille?
2. Qui est le(la) plus amusant(e)?
3. Qui est le(la) plus sportif(sportive)?
4. Qui est le(la) plus studieux(studieuse)?
5. Qui est le(la) plus remarquable?
6. Qui est le(la) plus gentil(le)?
7. Qui est le(la) plus difficile?
8. Qui est la meilleure personne de votre famille?

---

17. *Marcher* signifie ici *aller à pied.*

J. **Le summum.**   Formez une phrase au superlatif. Commencez par le nom donné et utilisez les autres mots donnés. Placez l'adjectif superlatif correctement devant ou après le nom.

⌒ le président / homme / puissant[18]
Le président est l'homme le plus puissant des États-Unis.

1. Athina Onassis / fille / riche
2. Jesse Jackson / personne / intéressante
3. Rhode Island / état / petit
4. Tiffany's / magasin[19] / cher
5. Paris / ville / belle
6. Stephen Hawking / homme / intelligent
7. le Dom Pérignon 1955 / champagne / bon
8. l'éléphant / animal / grand

K. **La classe d'anglais.**   Décrivez une classe d'anglais en France. Formez une phrase au superlatif. Commencez par les mots donnés et utilisez l'adverbe donné.

⌒ Monique travaille ... (dur[20])
Monique travaille le moins dur de la classe.   ou
Monique travaille le plus dur de la classe.

1. Émilie apprend ... (vite)
2. Émilie et Jacques comprennent ... (bien)
3. Denise écoute ... (attentivement)
4. Louise et Josette répondent ... (correctement)
5. Vincent et Pascal étudient ... (sérieusement)
6. Le professeur parle anglais ... (bien)

L. **Supériorité nationale ou mondiale.**   Demandez à un(e) camarade d'identifier les choses superlatives dans les catégories suivantes.

⌒ voiture chère (du monde)

VOUS: *Quelle est la voiture la plus chère du monde?*
CAMARADE: *La Rolls-Royce est la voiture la plus chère du monde.*

1. petit pays (du monde?)
2. bon boxeur (du monde?)
3. bonne université (des États-Unis?)

---

18. *Puissant(e)* = "powerful."
19. *Magasin* (m.) = établissement où on vend et achète des choses (vêtements, aliments, meubles, etc.)
20. *Dur* (adverbe) = énergiquement. L'adverbe *dur* est employé seulement avec les verbes *travailler* et *frapper*.

    4. deux femmes importantes (du monde?)
    5. train qui va vite (du monde?)
    6. personne qui danse bien (du monde?)
    7. grande ville (des États-Unis?)
    8. petit état (des États-Unis?)

Faites les exercices écrits dans le *Cahier d'exercices.*

4   Les verbes *vouloir, pouvoir* et *savoir*

PRÉSENTATION

— **Voulez**-vous un sandwich?
— Oui, merci. J'ai très faim. Je **veux** manger quelque chose.
— Alors, **pouvez**-vous préparer votre sandwich vous-même? Je suis occupé.
— Malheureusement, je ne **peux** pas. Je n'ai pas le temps.

— **Savez**-vous pourquoi Marc est absent?
— Oui, je **sais** la raison de son absence: Il est à l'hôpital après un accident de ski.
— **Sait**-il vraiment skier?
— Non. Il **ne sait pas** skier. Voilà la cause de son accident.

EXPLICATIONS

● Le verbe **vouloir** exprime le désir ou la volonté.

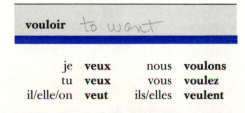

vouloir	*to want*		
je **veux**		nous **voulons**	
tu **veux**		vous **voulez**	
il/elle/on **veut**		ils/elles **veulent**	

Jacqueline **veut** une nouvelle voiture.
Voulez-vous venir avec moi?

● Le verbe **pouvoir** exprime la possibilité ou la permission.

pouvoir	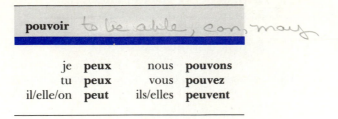

je	**peux**	nous	**pouvons**
tu	**peux**	vous	**pouvez**
il/elle/on	**peut**	ils/elles	**peuvent**

Peut-on avoir un permis de conduire à l'âge de 16 ans en France?

● Le verbe **savoir** signifie «*être informé de* quelque chose» ou «*être capable de* faire quelque chose».

savoir	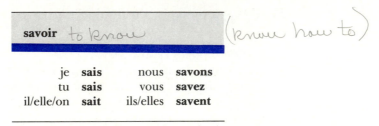

je	**sais**	nous	**savons**
tu	**sais**	vous	**savez**
il/elle/on	**sait**	ils/elles	**savent**

Est-ce qu'ils **savent** parler français?
Je ne **sais** pas.

● **Vouloir, pouvoir** et **savoir** précèdent souvent un infinitif.

Nous **voulons** *sortir.*
Les animaux **ne peuvent pas** *parler.*
Je **ne sais pas** *danser.*

REMARQUEZ: L'expression **vouloir dire** = *signifier.*

— L'expression *au lieu de* **veut dire** «instead of» en anglais.

● **Vouloir** et **savoir** peuvent précéder un nom aussi.

Voulez-vous *un café*?
Je **ne sais pas** *la réponse.*

EXERCICES ORAUX . . . .

M. Fête d'anniversaire. Vos amis organisent une fête pour votre anniversaire. Quels sont leurs compétences et leurs désirs?

⌒ pouvoir faire la cuisine (tu)
Tu peux faire la cuisine.

1. savoir faire la cuisine (vous/Jean-Luc/quelques invités)
2. pouvoir faire les courses (vous/je/nous)
3. ne pas savoir faire un gâteau (tu/vous/nous)
4. vouloir acheter un cadeau (je/les invités/nous)
5. ne pas vouloir arriver en retard (Hélène et ses amies/vous/on)
6. vouloir faire une surprise (nous/tout le monde)

N. Mais non! Répondez au négatif.

⌒ Voulez-vous sortir sans vêtements?
Mais non! Je ne veux pas sortir sans vêtements!

1. Voulez-vous aller en prison?
2. Voulez-vous boire du vinaigre?
3. Est-ce que le mot *actuellement* veut dire «actually»?
4. Pouvez-vous expliquer le secret de la vie en cinq minutes?
5. Est-ce que je peux mettre mon pied dans mon oreille?
6. Savez-vous lire et écrire le grec ancien?
7. Savez-vous les paroles[21] de l'hymne national soviétique?
8. Est-ce que je sais vos secrets personnels?

O. Au parc. Une jeune femme est assise sur un banc dans un parc. Elle lit. Un homme arrive et pose des questions inopportunes. La jeune femme, furieuse, répond non à chaque question. Jouez les rôles. L'homme demande ...

1. si elle sait quelle heure il est.
2. si elle veut une cigarette.
3. si elle veut visiter son appartement.
4. pourquoi elle ne peut pas venir maintenant.
5. s'il peut être son ami.
6. pourquoi elle ne veut pas répondre oui.

Faites les exercices écrits dans le *Cahier d'exercices.*

_____

21. *Paroles* (f.pl.) = les mots (d'une chanson).

CRÉATION

Exercices de conversation

A. Vous cherchez un travail et vous voulez préparer votre présentation pour une interview dans un bureau de placement. Vous demandez de l'aide à un(e) ami(e). L'ami(e) joue le rôle de l'intervieweur et pose des questions pour bien comprendre ce que vous savez faire, ce que vous voulez ou ne voulez pas faire et ce que vous pouvez ou ne pouvez pas faire.

 CAMARADE: *Est-ce que tu peux arriver régulièrement à l'heure?*
VOUS: *Oui, je peux arriver à l'heure.*
CAMARADE: *Est-ce que tu sais faire du traitement de texte[22] à l'ordinateur?*
VOUS: *Oui, je sais, mais je ne veux pas faire ça!*
etc.

L'ami(e) demande, par exemple, si vous savez (pouvez, voulez) ...

taper à la machine[23]
faire du traitement de texte à l'ordinateur
travailler à l'ordinateur huit heures par jour
additionner correctement et rapidement des chiffres[24]
vendre des vêtements, des chaussures, etc.
servir à table
rester debout toute la journée
réparer un moteur
vendre des automobiles d'occasion[25]
établir un bon rapport avec les autres employés
admettre votre responsabilité quand vous avez tort
être poli(e) avec les clients, même avec des clients désagréables
arriver régulièrement à l'heure

---

22. *Traitement* (m.) *de texte* = "word processing."
23. *Taper à la machine* = "to type."
24. *Chiffre* (m.) = nombre.
25. *D'occasion* = de seconde main.

B. Comparez. Employez les adjectifs *grand, petit, sympathique, beau, gros, amusant, sérieux, sportif, élégant,* etc. Employez aussi les autres verbes et structures de la leçon si possible.

Lecture

CONSEILS/ACTIVITÉS AVANT LA LECTURE

Souvent, on peut comprendre un nouveau mot si on considère le contexte de la phrase entière. Imaginez quel est le sens des mots en italique dans les phrases suivantes.

1. C'est très bien! Bravo! *Félicitations!*
2. Dans *les petites annonces* du journal, on trouve des autos, des appartements à vendre, des offres d'emploi et quelquefois des messages personnels.
3. Si vous payez un journal avec un billet de vingt dollars, on vous rend *la monnaie.*
4. Je ne travaille pas à temps complet, je travaille à *mi-temps.*
5. Le désert du Sahara est très *sec.* Quand on est dans une piscine on n'est pas *sec.*

La Lecture raconte une conversation entre le patron[26] d'un restaurant parisien et un jeune homme américain qui veut travailler comme garçon. Considérez ce contexte pour compléter les phrases suivantes avec le mot ou l'expression exacts: *félicitations, les petites annonces, la monnaie, à mi-temps, sec.*

   1. Il regarde ... dans le journal et trouve une offre d'emploi comme garçon dans un petit restaurant.
   2. Chez moi en Californie, je travaille ... dans un restaurant.
   3. Savez-vous rendre ... ?
   4. Je trouve aussi que le champagne français est plus ... et bien meilleur que le champagne californien.
   5. Mes ... ! Vous allez commencer votre travail ici mardi prochain.

---

26. *Patron/patronne* (m./f.) = propriétaire, directeur.

QU'EST-CE QUE VOUS SAVEZ FAIRE?
QUELS VINS PRÉFÉREZ-VOUS?

David Franklin, étudiant américain à Paris, cherche un travail pour l'été. Il sait que beaucoup d'employés français prennent leurs vacances en été, alors il regarde les petites annonces dans le journal et trouve une offre d'emploi comme garçon dans un petit restaurant sur la rive droite. Maintenant, David est dans le bureau de Monsieur Gaillard, patron du restaurant «Le Vaudeville».

M. GAILLARD: Alors, pourquoi voulez-vous travailler dans mon restaurant, Monsieur Franklin?

DAVID: J'adore Paris. Alors, après la fin des cours, je veux rester pendant l'été. Mais je ne peux pas continuer à habiter ici sans argent, vous comprenez.

M. GAILLARD: Bien sûr. Avez-vous de l'expérience comme garçon?

DAVID: Oh? Oui! Chez moi, en Californie, je travaille à mi-temps dans un restaurant.

M. GAILLARD: Très bien, mais vous êtes maintenant en France. Savez-vous servir à table comme un Français, savez-vous suggérer les spécialités aux clients, savez-vous rendre la monnaie? Si vous ne pouvez pas faire le travail, nous sommes perdus! C'est qu'il y a beaucoup de monde, beaucoup d'agitation ici le soir, vous comprenez?

DAVID: Oui, je comprends. Je peux faire tout ce que[27] vous voulez. Aux États-Unis je travaille dans un restaurant authentiquement français.

M. GAILLARD: Très bien. Et les vins? Nos clients veulent souvent avoir la recommandation du garçon. Pouvez-vous recommander les vins?

DAVID: Je peux mieux recommander les vins californiens, naturellement, mais ...

M. GAILLARD: Oui, c'est vrai, on dit que vous avez de bons vins en Californie. Sont-ils meilleurs que les vins français? Votre sauvignon blanc, par exemple, est-il plus délicat ou moins délicat que notre sauvignon?

DAVID *(diplomate):* J'aime bien les vins de mon pays, Monsieur, mais j'aime mieux les vins français. Notre sauvignon est moins délicat que le sauvignon français, et le bourgogne français a plus de bouquet que le californien. Je trouve aussi que le champagne français est plus sec et bien meilleur que le champagne californien.

M. GAILLARD: Vos réactions sont excellentes, mon ami. Mes félicitations! Vous allez commencer votre travail ici mardi prochain.

---

27. *Tout ce que* = toutes les choses que.

QUESTIONS SUR LA LECTURE . . . .

1. Où David trouve-t-il l'offre d'emploi? Quelles autres offres peut-on trouver dans les petites annonces des journaux?

2. Pourquoi David cherche-t-il un emploi temporaire? Si vous cherchez un travail temporaire, quelle sorte de travail cherchez-vous?

3. Quelle sorte d'expérience David a-t-il dans la restauration? Comment Monsieur Gaillard réagit-il à l'expérience de David? Pourquoi?

4. Qu'est-ce qu'on a besoin de savoir faire si on veut travailler au restaurant «Le Vaudeville»?

5. Pourquoi David dit-il qu'il aime mieux les vins français? Et quelle est l'opinion de Monsieur Gaillard? Justifiez votre réponse.

6. Est-ce que David est à l'aise pendant sa conversation avec Monsieur Gaillard? Expliquez votre réponse.

Compositions orales/écrites

1. Écrivez une lettre pour demander un emploi. Indiquez les choses que vous savez faire, etc.

> *Monsieur,*
>
> *À la suite de votre annonce dans le «Tribune» … , je sollicite l'emploi proposé. J'ai … ans … Je suis … Je sais … Je peux … Je ne sais pas … Je ne peux pas … Je préfère …*
> *Veuillez agréer, Monsieur, l'expression de mes sentiments respectueux.* [28]

2. Faites une comparaison entre deux pays, deux personnes, deux familles, deux vins, deux voitures, deux magasins ou deux autres choses.

Improvisations

1. *Deux personnes:* Une interview pour un emploi. Une personne joue le rôle du patron (de la patronne) et l'autre est la personne qui cherche un emploi. PAR EXEMPLE: un garçon(une serveuse) dans un restaurant, un(e) assistant(e) d'anglais dans un lycée français, un acteur(une actrice) dans un film, etc.

---

28. Cette phrase est une formule commune pour terminer une lettre d'affaires.

2. *Deux personnes:* Un(e) touriste arrive dans votre ville et interroge un guide sur les choses qu'on peut faire. Il(elle) veut les meilleures vacances possibles; alors, il(elle) pose beaucoup de questions au comparatif et au superlatif. Le(la) touriste veut, par exemple, ...

- descendre dans un hôtel[29] élégant
- visiter un grand musée
- manger dans un restaurant réputé
- aller dans un café charmant
- faire une promenade dans un joli parc
- visiter des monuments intéressants
- aller à un bon concert

Le(la) touriste peut poser d'autres questions aussi, naturellement.

> TOURISTE: *Je voudrais descendre dans un hôtel élégant. Quel est l'hôtel le plus élégant?*
> GUIDE: *Le plus élégant, c'est le Plaza.*

Faites les exercices de laboratoire dans le *Cahier d'exercices.*

------

29. *Descendre dans un hôtel* = loger dans un hôtel.

Échanges

On entre dans un restaurant et on demande une table.

— Bonsoir, Monsieur.
— Une table pour deux, s'il vous plaît.
— Très bien ... par ici ...
— Il y a un peu trop de bruit de ce côté-là ... Vous n'avez pas quelque chose dans un coin[1] tranquille?
— Ah, Monsieur! ... Il y a du monde ce soir! ... Je ne sais pas ...
— Mais cette table, là-bas ... Elle n'a pas l'air occupé.
— Où ça?
— Là-bas! Regardez!
— Ah bon? ... Eh bien, peut-être ... Je vais demander si elle est libre ...
— Si, si, si! Je suis sûr qu'elle est libre ... Allons-y!

On regarde la carte et on commande le dîner.

— Vous désirez commander?
— Oui, s'il vous plaît ... nous sommes prêts.[2]
— Comme entrée?
— Une salade de tomates et un melon au porto.
— Et puis après?
— Une escalope de veau et un châteaubriand.
— Et le châteaubriand: comment? saignant[3]?
— Non, bien cuit.[4]
— Et comme boisson?
— Un demi[5] ... et ... un Perrier.

1. *Coin* = "corner."
2. *Prêt(e)* = préparé (pour).
3. *Saignant(e)* = (viande) encore très rouge à l'intérieur.
4. *Bien cuit(e)* ≠ saignant.
5. *Un demi* = une bière.

Vocabulaire

noms

aide *f.*
annonce *f.*
arrivée *f.*
ascenseur *m.*
autobus *m.*
automobiliste *m.*
banc *m.*
bruit *m.*
cabine (téléphonique) *f.*
cause *f.*
chance *f.*
chiffre *m.*
client/cliente *m./f.*
conducteur *m.*
coude *m.*
débutant/débutante *m./f.*
dentifrice *m.*
désert *m.*
désir *m.*
embouteillage *m.*
emploi *m.*
expérience *f.*
félicitations *f.pl.*
klaxon *m.*
librairie *f.*
magasin *m.*
marchand/marchande *m./f.*
monnaie *f.*
moteur *m.*
offre *f.*
or *m.*
passager/passagère *m./f.*
patron/patronne *m./f.*
petite annonce *f.*
police *f.*
raison *f.*
recommandation *f.*
santé *f.*
spécialité *f.*

adjectifs

amusant(e)
diplomate
économique
européen(ne)
exact(e)
glacé(e)
malheureux(malheureuse)
meilleur(e)
poli(e)
pratique
puissant(e)
savoureux(savoureuse)
sec(sèche)
scolaire

verbes

attendre
descendre
descendre dans un hôtel
emprunter
entendre
faire du traitement de texte
monter
perdre
perdre patience
pouvoir
recommander
rendre
répondre
savoir
signifier
skier
taper à la machine
vendre
vouloir
vouloir dire

adverbes

actuellement
aussi ... (que)
autant
dur
mieux
moins
plus

pronom

cela

autres expressions

à l'aise
à mi-temps *part-time*
à table
à temps complet *full-time*
au lieu de
beaucoup de monde
chut!
d'occasion *used*
non plus *neither*
par exemple

11

ONZIÈME
LEÇON

Lisez-vous le journal?
Oui, je le lis chaque
jour.

---

1   Les pronoms objets directs

PRÉSENTATION

— Lisez-vous le journal?
— Oui, je **le** lis.
— Regardez-vous la télé?
— Oui, je **la** regarde.
— Est-ce que vous écoutez la radio?
— Oui, je **l'**écoute quelquefois.
— Détestez-vous les gens qui posent trop de questions?
— Non, je ne **les** déteste pas, je **les** adore.

— **Me** regardez-vous?
— Oui, je **vous** regarde.
— **M'**écoutez-vous?
— Oui, je **vous** écoute aussi.

EXPLICATIONS

- Quand on mentionne une personne ou une chose dans une question
  ou dans une conversation, il n'est pas toujours nécessaire de répéter
  le nom de la personne ou de la chose. On peut employer un pronom
  complément d'objet direct.

  — Jean regarde-t-il *la télé*?   — Oui, il **la** regarde.

  La remplace *la télé*, complément d'objet direct de *regarde*.

● Les pronoms objets directs

singulier	pluriel
me	**nous**
te	**vous**
le/la	**les** (m. et f.)

— **Me** déteste-t-il?
— Oui, il **te** déteste.
— Alors, moi, je ne **l'**aime pas.

— Pourquoi est-ce qu'ils **nous** regardent?
— Peut-être parce qu'ils **vous** trouvent comiques.
— Et nous, nous **les** trouvons trop sérieux!

REMARQUEZ: Devant une voyelle, *me* → **m'**, *te* → **t'**, *le* et *la* → **l'**.

J'aime écouter la radio. Je **l'**écoute tous les matins.

● On met le pronom objet direct directement *devant* le verbe. On ne sépare pas le pronom objet et le verbe.

affirmatif:	Tu **le** *regrettes.*
négatif:	Tu ne **le** *regrettes* pas.
interrogatif affirmatif:	**Le** *regrettes*-tu?
interrogatif négatif:	Ne **le** *regrettes*-tu pas?

● Avec la construction *verbe conjugué + infinitif,* on met le pronom objet direct devant le verbe qui a un rapport logique avec le pronom.

Vas-tu faire *la cuisine*?
Oui, je vais **la** faire. Non, je ne vais pas **la** faire. (**La** est le complément d'objet direct du verbe *faire*.)

Catherine invite-t-elle *Philippe* à sortir?
Oui, elle **l'**invite à sortir. Non, elle ne **l'**invite pas à sortir. (**L'** est le complément d'objet direct du verbe *inviter*.)

ATTENTION: Il n'y a pas de contraction entre **à** ou **de** et le pronom objet **le** ou **les**.

Commencez-vous à parler *français*?
Oui, je commence **à le** parler.

Oubliez-vous d'écrire *les exercices*?
Non, je n'oublie pas **de les** écrire.

EXERCICES ORAUX . . . .

A. Étiquette vestimentaire.   Demandez à un(e) camarade dans quelles circonstances il(elle) porte ou ne porte pas les vêtements indiqués. Utilisez un pronom objet direct dans la réponse.

◠ son imperméable[1]   VOUS: *Quand portes-tu ton imperméable?*
CAMARADE: *Je le porte quand il pleut. Je ne le porte pas quand je vais à la plage en été.*

1. sa cravate	*4.* ses lunettes[2] de soleil	*7.* son jean
2. ses collants	*5.* son blouson	*8.* son pyjama
3. son manteau	*6.* son short	*9.* sa montre[3]

Est-ce que votre camarade a besoin de lire les conseils[4] d'Emily Post?

B. Un professeur sévère.   Vous parlez d'un professeur sévère avec votre ami(e). Votre ami(e) demande certaines choses et vous répondez que non.

Est-ce que ton prof te prend au sérieux?
Non, il ne me prend pas au sérieux.

1. Est-ce qu'il te trouve intelligent(e)?
2. Est-ce qu'il t'écoute quand tu parles?
3. Est-ce qu'il te comprend?
4. Est-ce qu'il t'ennuie?
5. Est-ce qu'il va te recommander pour un job?

C. Concentration.   Utilisez le pronom objet direct pour demander à un(e) camarade ...

◠ s'il vous regarde.   VOUS: *Est-ce que tu me regardes?*
CAMARADE: *Oui, je te regarde.*   ou
Non, je ne te regarde pas.

1. s'il(si elle) vous écoute maintenant.
2. quand le professeur le(la) regarde.
3. pourquoi il(elle) étudie les leçons.
4. s'il(si elle) aime le français.
5. si vous l'aidez à apprendre le français.

Faites les exercices écrits dans le *Cahier d'exercices.*

---

1. *Imperméable* (m.) = manteau qu'on porte quand il pleut.
2. *Lunettes* (f.pl.) = "eyeglasses."
3. *Montre* (f.) = Un objet qui indique l'heure. On le porte sur le bras.
4. *Conseil* (m.) = recommandation.

2   Les verbes *voir* et *recevoir*

PRÉSENTATION . . . .

— Ursule, vous qui êtes clairvoyante: **recevez**-vous des messages?
— Oui, je **reçois** souvent des messages prophétiques.
— Regardez dans votre boule de cristal. Qu'est-ce que vous **voyez**?
— Je **vois** beaucoup de choses. Je **vois** un voyage magnifique. Je **vois** quelques problèmes aussi.

EXPLICATIONS . . . .

● **voir**

je	**vois**	nous	**voyons**
tu	**vois**	vous	**voyez**
il/elle/on	**voit**	ils/elles	**voient**

Jacques ne **voit** pas bien; il a besoin de porter des lunettes.

ATTENTION: *place*

1. On **visite** un endroit (un monument, une ville, une maison, etc.)

Nous allons **visiter** Paris pendant notre voyage.

2. On **va voir** une personne (un ami, un parent, etc.)

Je **vais voir** ma grand-mère cette semaine.

3. On **rend visite à** une personne qui est importante ou dans une situation officielle.

Ils **rendent visite au** président de l'université.

● **recevoir**

je	**reçois**	nous	**recevons**
tu	**reçois**	vous	**recevez**
il/elle/on	**reçoit**	ils/elles	**reçoivent**

Vous **recevez** régulièrement des lettres de votre mère?
Madame Perrier **reçoit** (des gens) le jeudi.

EXERCICES ORAUX . . . .

D. **Boule de cristal.**   Qu'est-ce qu'on voit dans l'avenir?[5]

⌒ je / la paix[6] mondiale
Je vois la paix mondiale.

1. tu / un travail comme espion[7]   *vois*
2. Catherine / beaucoup d'argent   *voit*
3. vous / une vie heureuse   *voyez*
4. Monique et Paul / plusieurs enfants   *voient*
5. je / un voyage autour du monde   *vois*
6. nous / beaucoup de responsabilités   *voyons*

E. **Cadeaux d'anniversaire.**   Qu'est-ce qu'on reçoit comme cadeau?

⌒ Jean-Claude / un parapluie[8]   *reçoit*
Jean-Claude reçoit un parapluie.

1. vous / un appareil-photo   *recevez*
2. tu / une montre   *reçois*
3. nous / des blousons identiques   *recevons*
4. Monsieur Magoo / des lunettes   *reçoit*
5. Rip Van Winkle / un pyjama   *reçoit*
6. Germaine et Raoul / des billets d'avion   *reçoivent*

F. **Visites.**   Complétez les phrases avec **visiter** ou **aller voir** selon le cas.   *according to*

⌒ Nous ... nos grands-parents.
Nous allons voir nos grands-parents.

1. Jean-Paul ... le musée d'art de sa ville.   *visite*
2. Tu ... ta mère à l'hôpital.   *vas voir*
3. Vous ... l'appartement de votre amie.   *allez voir*
4. Je ... Paris.   *visite*
5. Les Laclos ... leurs enfants.   *vont voir*
6. Nous ... nos amis en Bourgogne.   *allons vois*

Faites les exercices écrits dans le *Cahier d'exercices.*

_____

5. *Avenir* (m.) = le temps futur.
6. *Paix* (f.) = "peace."
7. *Espion/espionne* (m./f.): Un espion fait de l'espionnage.
8. *Parapluie* (m.) = objet qui protège contre la pluie.

---

3 | Les pronoms objets indirects

PRÉSENTATION ·

— Écrivez-vous souvent à vos parents?
— Non, je ne **leur** écris pas, mais je **leur** téléphone quelquefois.
— Qu'est-ce que vous dites à votre père?
— Je **lui** dis que je mange bien et que je dors assez. *enough*
— Et à votre mère?
— Je **lui** dis que j'étudie beaucoup et que je reçois de bonnes notes.
— Qu'est-ce qu'ils **vous** disent?
— Ils **me** disent qu'ils vont venir **me** voir parce que c'est incroyable![9]

EXPLICATIONS ·

• On distingue le *nom* complément d'objet indirect parce qu'il est précédé
par **à**.

> Parlez-vous **à Michel**?

• Le pronom objet indirect remplace le nom complément d'objet indirect.

> — Parlez-vous à Michel?   — Oui, je **lui** parle.

Lui remplace *à Michel*, complément d'objet indirect de **parle.**

• Les pronoms objets indirects

singulier	*pluriel*
me	nous
te	vous
lui (m. et f.)	**leur** (m. et f.)[10]

> Comme[11] elle **me** téléphone chaque jour, je ne **lui** écris pas.
> Est-ce que vos amis **vous** écrivent toujours?
> Nous **leur** proposons un week-end en Bretagne.

---

9. *Incroyable* = inconcevable, inimaginable.
10. Le pronom *leur* est invariable (sans **-s** final). Ne le confondez pas avec l'adjectif possessif (par exemple, **leurs** *livres*).
11. *Comme* est ici une conjonction qui signifie *parce que*.

ATTENTION: Devant une voyelle, *me* → **m'** et *te* → **t'**.

— Tu ne **m'**écris pas assez souvent.
— Ce n'est pas vrai. Je **t'**écris très souvent!

● Certains verbes sont souvent employés avec un complément d'objet indirect. Par exemple:

demander à	**écrire à**	**permettre à**
dire à	**obéir à**	**répondre à**
donner à	**parler à**	**téléphoner à**

J'écris *à mes parents.*   Je **leur** écris.
J'obéis *à mes parents.*   Je **leur** obéis.
Je parle *à mon professeur.*   Je **lui** parle.
Je réponds *au professeur.*   Je **lui** réponds.
Je téléphone *à David.*   Je **lui** téléphone.

● On met le pronom objet indirect directement *devant* le verbe, exactement comme le pronom objet direct.

affirmatif: Tu **lui** *écris* une lettre.
négatif: Tu ne **lui** *écris* pas de lettre.
interrogatif affirmatif: **Lui** *écris*-tu une lettre?
interrogatif négatif: Ne **lui** *écris*-tu pas de lettre?

● Avec la construction *verbe conjugué + infinitif*, on met le pronom objet indirect *devant* le verbe qui a un rapport logique avec le pronom, exactement comme le pronom objet direct.

Espères-tu parler *à Marc et à Christine?*
Oui, j'espère **leur** parler. Non, je n'espère pas **leur** parler.

Leur est le complément d'objet indirect du verbe *parler.*

Est-ce que tu demandes *à Marc* de venir?
Oui, je **lui** demande de venir. Non, je ne **lui** demande pas de venir.

Lui est le complément d'objet indirect du verbe *demander.*

Ce guide peut vous changer la vie.

EXERCICES ORAUX · · · · · · · · · · · · · · · · ·

G. **Le club français.**　Vous organisez une réunion[12] du club français et vous faites des projets pour informer tout le monde. Répondez aux questions.

Anne parle à ses amis?
Oui, elle leur parle.

1. Lucie écrit une carte à Michel?
2. Barbara propose l'idée à Joseph et à Thierry?
3. Catherine demande à Marie-Paule et à Renée de venir?
4. Mimi téléphone à Christine?
5. Brigitte va écrire à ses amis?
6. Denise n'oublie pas de parler à Georges?

H. **Communication.**　Utilisez le pronom objet indirect pour demander à un(e) camarade ...

s'il(si elle) vous parle.

VOUS: *Est-ce que tu me parles?*　ou
Me parles-tu?
CAMARADE: *Oui, je te parle.*

1. pourquoi il(elle) vous parle maintenant.
2. qui lui explique les leçons du livre. *Il lui explique.*
3. s'il(si elle) sait qui vous écrit souvent. *Il sait, e lui écrit*
4. qui lui téléphone souvent. *Il elle téléphone,*
5. s'il(si elle) va vous répondre. *Elle va me répondre*
6. si vous pouvez lui poser une question indiscrète. *Oui, Je peux lui poser*

I. **Dans l'avion.**　Vous écoutez la conversation entre les voyageurs à côté de vous dans l'avion. Répétez les phrases suivantes avec le pronom approprié (objet direct ou indirect).

J'écoute la femme à côté de moi.　*Je l'écoute.*

Elle parle à Monsieur et Madame Béjard.　*Elle leur parle.*

1. Ils parlent français. *Ils les parlent*
2. La femme demande à Monsieur Béjard s'il est belge. *Elle lui demande*
3. Monsieur Béjard répond à la femme que oui. *Il lui répond*
4. La femme dit aux Béjard qu'elle aime beaucoup Bruxelles. *Elle leur dit*
5. Elle demande la raison de leur voyage. *Elle leur demande*
6. Elle invite Monsieur et Madame Béjard chez elle. *Elle leur invite*

at the home of

---

12. *Réunion* (f.) = assemblée.

J. **Un job pour l'été.** Mettez le pronom indiqué dans la phrase.

 Mes parents disent de travailler. (me)
Mes parents me disent de travailler.

1. Le patron dit de répondre à ses lettres. (me) *Le patron me dit ...*
2. Je propose d'aider à organiser son bureau. (le) *Je propose de l'aider ...*
3. Mais je refuse de préparer son café. (lui) *Mais je refuse de lui préparer*
4. J'essaie d'expliquer pourquoi. (lui) *J'essaie de lui expliquer*
5. Alors, il accepte de faire. (le) *Alors, il le accepte*
6. Mes amis proposent de venir voir. (me) *Mes amis proposent de me voir*
7. Je dis d'arriver à midi. (leur) *Je dis leur arriver à midi*
8. Je peux voir pendant le déjeuner. (les) *Je peux leur voir pendant le déjeuner*

Faites les exercices écrits dans le *Cahier d'exercices.*

---

4 Le verbe *connaître*

PRÉSENTATION . . . .

— **Connaissez**-vous la France?
— Oui, je la **connais** un peu à cause de mon cours de français.
— Est-ce que vous **connaissez** François Mitterrand?
— Non, je ne le **connais** pas personnellement et il ne me **connaît** pas non plus. Mais je **sais** qu'il est président de la République.
— **Savez**-vous son adresse?
— Non, je ne **sais** pas où il habite.
— Mais c'est le président de la République! Il habite à Paris au palais de l'Élysée.

EXPLICATION . . . .

to know   *to recognize*

● **connaître** *(et son composé* **reconnaître***)*

je	**connais**	nous	**connaissons**
tu	**connais**	vous	**connaissez**
il/elle/on	**connaît**	ils/elles	**connaissent**

Est-ce que Marc **connaît** ta sœur?

REMARQUEZ: Il y a un accent circonflexe sur le **-i-** seulement avec les formes *il/elle/on* et l'infinitif.

Jacqueline **reconnaît** son ami dans la rue après dix ans.

ATTENTION: **Connaître** n'est pas synonyme de **savoir**.

—1. **Savoir** indique une information (*Je sais son adresse*) ou une compétence (*Je sais chanter*) précises. **Savoir** précède un nom, un infinitif ou une proposition subordonnée.

> Tu **sais** la réponse.
> Vous **savez** danser?
> Je **sais** qu'il va venir demain.
> Nous **savons** où est la piscine.

—2. Le verbe **connaître** signifie une familiarité qui résulte d'un contact personnel ou d'une expérience. On emploie **connaître** comme complément d'objet direct d'un nom (ou pronom). **Connaître** ne précède pas un infinitif ou une proposition subordonnée.

> Je **connais** bien Jean-Louis.
> Il est parisien et **connaît** bien sa ville natale.

EXERCICES ORAUX . . . .

K. Touristes. Quelques amis français viennent vous voir. Est-ce que vous (et d'autres) pouvez les aider à visiter votre ville? Formez une phrase avec le sujet donné.

⌒ connaître notre ville (je)
Je connais notre ville.

1. connaître notre ville (nous / tu / les employés du bureau de tourisme)
2. reconnaître les bâtiments célèbres (je / Annabelle et Jacques / tout le monde)
3. savoir trouver les endroits intéressants (tu / nous / Jacques et Pierre)

L. Connaître ou savoir? Commencer ces phrases avec *Je sais* ou *Je connais* (ou leurs formes négatives).

1. ... le numéro de téléphone du professeur. *sais*
2. ... la femme du président de l'université. *connais*
3. ... bien New York. *connais*
4. ... que les Français mangent bien. *sais*
5. ... pourquoi Jacqueline est fatiguée. *connais*

6. ... la culture américaine. *Connais*

7. ... la chanson canadienne *Alouette*. *Sais*

8. ... chanter *Alouette*. *Sais*

M. **Connaissance/reconnaissance.** Demandez à un(e) camarade ...
(Votre camarade va employer un pronom objet direct dans sa
réponse.)

 s'il(si elle) connaît bien la France.

> VOUS: *Est-ce que tu connais bien la France?*
> CAMARADE: *Oui, je la connais bien.* ou
> *Non, je ne la connais pas bien.*

1. s'il(si elle) reconnaît la cathédrale de Chartres sur les photos.
2. s'il(si elle) connaît Gérard Depardieu.
3. si son(sa) camarade de chambre le(la) connaît bien.
4. si ses parents connaissent son(sa) camarade de chambre.
5. s'il(si elle) reconnaît ses amis de l'école primaire.

Faites les exercices écrits dans le *Cahier d'exercices.*

---

5 | Les adverbes de transition

PRÉSENTATION ....

— Qu'est-ce que vous faites généralement le lundi? Racontez.
— **D'abord**, je prends mon petit déjeuner. **Ensuite** je quitte[13] la maison
et je vais à l'université. **Et puis**, après les cours, je vais à la bibliothèque et **alors** j'étudie. **Ensuite**, je vais chez mes amis. Et
finalement, vers[14] cinq heures, je rentre chez moi.

---

13. *Quitter* = partir d'un lieu. C'est le contraire de *rester.*
14. *Vers* ici indique une approximation. *Vers* signifie aussi *dans la direction de.*

EXPLICATIONS ·

● Les adverbes suivants sont des formules de transition dans une succession
d'actions ou d'idées différentes.

d'abord	(pour la première action ou idée)
ensuite **puis (et puis)** **alors**[15]	(pour les suivantes)
enfin **finalement**	(pour la dernière action ou idée)

> **D'abord,** je quitte la maison à huit heures du matin. **Et puis** je bois
> mon café au restaurant de l'université. **Ensuite,** je vais à mon
> cours de mathématiques. **Alors** je parle avec mes amis et **enfin,**
> quand le professeur arrive, je fais attention parce que nous al-
> lons avoir un examen demain.

EXERCICE ORAL ·

N. **Finissez l'histoire.**   Employez les termes de liaison donnés pour
continuer l'histoire.

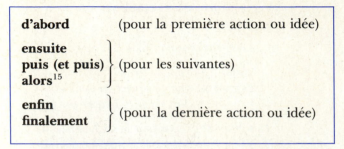 D'abord un homme arrive à la porte ... (ensuite / et puis)
Ensuite il entre dans la chambre. Et puis il va au lit.

1. D'abord Alice trouve une petite clé ... (ensuite / et puis / alors /
   enfin)
2. D'abord l'espion arrive devant la porte secrète ... (et puis / ensuite / finalement)
3. D'abord le jeune homme téléphone à la jeune fille ... (alors / et
   puis / ensuite / enfin)

Faites les exercices écrits dans le *Cahier d'exercices.*

---

15. *Alors* introduit souvent la *conséquence* d'une idée déjà mentionnée.

À la terrasse d'un café parisien

L'Hôtel de Ville, dans le
quatrième arrondissement
à Paris

Un vendeur de journaux

Vous êtes perdu à Paris? Consultez la machine SITU!

Un embouteillage à Paris, place Charles-de-Gaulle (l'Étoile)

Paysage alpin en France

Vue de Dinan, petite ville de Bretagne

Les vendanges dans la région de Bordeaux

CRÉATION

Exercices de conversation

A. Discutez avec un(e) camarade les personnalités suivantes (ou d'autres de votre choix). Dites si vous connaissez, aimez, respectez ou détestez la personne ou le groupe et puis dites si vous avez envie de parler ou d'écrire à cette personne ou à ce groupe. Comparez vos opinions avec les opinions de votre camarade. Employez des pronoms objets.

Tom Hanks	Jane Fonda	les «skinheads»
Dan Quayle	Sandra Day O'Connor	les L.A. Lakers

 les Harlem Globetrotters

VOUS: *Connais-tu les Harlem Globetrotters?*
CAMARADE: *Oui, je les connais et je les aime. Je ne les déteste pas. Je voudrais bien leur parler un jour. Et toi?*
VOUS: *Moi aussi, mais je voudrais surtout les voir.*

B. Vous commencez une histoire avec la phrase donnée. Un(e) camarade emploie des termes de transition pour vous demander de continuer.

 VOUS: D'abord, j'arrive en classe.
CAMARADE: *Et puis?*
VOUS: *Et puis, je prends ma place.*
CAMARADE: *Et après?*
VOUS: *Et après, le professeur commence la leçon.*

CAMARADE: *Et alors?*
VOUS: *Alors, nous apprenons beaucoup.*
CAMARADE: *Et finalement?*
VOUS: *Enfin, nous partons.*

Quelques commencements possibles:

1. D'abord, je vois un petit objet bizarre.
2. D'abord, Robert reçoit une lettre parfumée.
3. D'abord, on va servir des hors-d'œuvre.
4. D'abord, Régine ne remarque pas François.
5. D'abord, ...

Lecture

CONSEILS/ACTIVITÉS AVANT LA LECTURE · · · · · · · · · · ·

Quand vous êtes invité(e) dans la famille d'un(e) ami(e), est-ce que vous êtes sûr(e) que vous allez faire bonne impression ou avez-vous des appréhensions? Qu'est-ce qu'un(e) invité(e) fait aux États-Unis pour faire bonne impression? Est-ce qu'on apporte[16] un cadeau? Est-ce qu'on dit «Sir» au père de son ami(e)? Et les Français? Qu'est-ce qu'on fait en France?

UN WEEK-END EN NORMANDIE

Gail et Helmut, deux étudiants étrangers à Paris, vont passer le week-end chez les parents de leur ami français Bernard, qui les reçoivent dans leur résidence secondaire en Normandie. Gail veut faire bonne impression et discute de ses appréhensions avec Helmut avant le départ.

GAIL: Tu connais les parents de Bernard?

HELMUT: Non, je ne les connais pas, mais je sais qu'ils sont très gentils. Je leur parle au téléphone quand ils appellent. Et il paraît[17] qu'ils ont une très jolie maison.

5 GAIL: Est-ce qu'ils parlent anglais?

HELMUT: Je ne sais pas exactement. Je pense qu'ils le comprennent mais qu'ils ne savent pas le parler.

GAIL: Quand ils te parlent, est-ce qu'ils te disent «tu» ou «vous»?

HELMUT: Ils me disent «vous» parce que je ne les connais pas bien et je leur
10   dis «vous» aussi, naturellement. Mais Bernard a une petite sœur qui a neuf ans et nous pouvons lui dire «tu».

GAIL: Tu leur apportes quelque chose?

HELMUT: Peut-être un bouquet de fleurs ou une boîte de chocolats. Mais ce n'est pas absolument nécessaire.

15 GAIL: Est-ce que nous allons les embrasser ou simplement leur serrer la main?

HELMUT: Oh écoute, Gail, s'ils t'embrassent, tu peux les embrasser. S'ils te serrent la main, tu leur serres la main ...

BERNARD *(qui vient les chercher):* Vous êtes prêts? C'est le départ!

Ils passent trois heures en route, d'abord à travers la campagne de l'Île-de-France, puis en Normandie. À Rouen, Gail et Helmut achètent une boîte de chocolats dans

---

16. *Apporter* = "to bring." Le contraire est *emporter*.
17. *Il paraît que* = on dit que. *Paraître* a le même système de conjugaison que *connaître*.

une pâtisserie. Finalement ils arrivent. Les parents de Bernard viennent ensemble à la porte pour les recevoir. Ils embrassent Bernard qui leur présente ses amis. Tout le monde serre la main de tout le monde. Gail et Helmut trouvent les parents vraiment charmants.

20   LA MÈRE DE BERNARD: Vite, vite, mes enfants, un petit tennis pour vous donner de l'appétit avant le déjeuner!

Gail est ravie. Ses appréhensions disparaissent enfin.

QUESTIONS SUR LA LECTURE . . . .

1. À qui est-ce qu'on dit «vous»? À qui dit-on «tu»?
2. Qu'est-ce que Gail et Helmut apportent aux parents de Bernard? Quand vous allez voir quelqu'un, apportez-vous quelque chose? Qu'est-ce que vous apportez?
3. Qu'est-ce qu'on fait quand on voit ses parents et ses amis en France? Que fait-on quand on rencontre quelqu'un pour la première fois? Et vous, embrassez-vous vos parents quand vous les voyez? Embrassez-vous vos amis?
4. Quelle est la réaction des parents de Bernard quand les jeunes gens arrivent?
5. Décrivez la personnalité de Gail? Êtes-vous comme elle?

Compositions orales/écrites

1. Vous voyez vos parents après une longue séparation. Décrivez la scène et racontez la conversation. Employez beaucoup de pronoms objets.

2. Quelles sont vos appréhensions quand vous allez voir pour la première fois quelqu'un que vous ne connaissez pas? Expliquez vos sentiments sous forme de dialogue entre vous et un(e) ami(e). Employez les verbes de la leçon et des pronoms objets.

Improvisation

Deux personnes: Vous êtes les parents d'un(e) étudiant(e) à l'université qui invite chez vous un ami étranger. Il vient d'un pays que vous ne connaissez pas bien (la France, le Japon, la Chine, etc.). Vous attendez cette visite et vous avez beaucoup de questions à poser. Parlez ensemble de cette visite et de vos préparatifs. Employez beaucoup de pronoms objets directs et indirects et les verbes de la leçon.

Faites les exercices de laboratoire dans le *Cahier d'exercices.*

Vocabulaire

noms

appréhension *f.*
boule (de cristal) *f.*
campagne *f.*
circonstance *f.*
conseil *m.*
départ *m.*
espion/espionne *m./f.*
imperméable *m.*
lunettes *f.pl.*
montre *f.*
paix *f.*
parapluie *m.*

pâtisserie *f.*
préparatifs *m.pl.*
réunion *f.*

pronoms

objets directs

me
te
le/la
nous
vous
les

objets indirects

me
te
lui
nous
vous
leur

adjectifs

charmant(e)
clairvoyant(e)
étranger(étrangère)
incroyable

indiscret(indiscrète)
magnifique
mondial(e)
natal(e)
nécessaire
prêt(e)
ravi(e)

verbes

aller voir
appeler
apporter
connaître

disparaître
embrasser
faire bonne (mauvaise)
  impression
prendre au sérieux
présenter
quitter
recevoir
reconnaître

rendre visite à
serrer la main
voir

adverbes

d'abord
enfin
ensuite

finalement
puis

préposition

vers

conjonction

comme

autres expressions

à cause de
à travers
en route
il paraît que
sous forme de

Échanges

Au restaurant universitaire

— Qu'est-ce qu'on bouffe?[1] J'ai une faim de loup.[2] Passe-moi le pain.
— Prends ton pain toi-même. Tu as le bras long.
— Tiens ... steak-frites.[3]
— Oh! là là! C'est toujours la même chose.

À table avec un invité dans une famille bourgeoise

— Je vous sers du rôti, Monsieur?
— Je vous en prie, Madame, servez-vous.
— J'espère que vous aimez le rôti peu cuit. Mon mari et mes enfants adorent la viande saignante.
— Moi aussi.
— Voilà ... Vous prenez aussi de la sauce?
— Un peu ... mais votre rôti n'a pas besoin de sauce. Il est délicieux comme ça.
— Vous êtes trop aimable.

1. *Bouffer* (familier) = manger.
2. *Loup* (m.) = grand animal féroce qui ressemble à un chien.
3. *Steak-frites* = biftek avec des pommes de terre frites.

DOUZIÈME LEÇON

J'ai étudié hier soir parce que nous avions un examen dans mon cours de chimie ce matin.

---

1 Deux concepts différents du passé

PRÉSENTATION

— Aujourd'hui, c'est mercredi. Hier, **c'était** mardi. Aujourd'hui, il y a une leçon importante; c'est la douzième leçon. Hier, **il y avait** une leçon importante aussi; **c'était** la onzième leçon. **Étiez-vous** présent hier, Paul?

— Oui, **j'étais** présent, mais **Pat n'était pas** présente. En fait, **plusieurs étudiants étaient** absents. **Ils avaient** tous la grippe!

— **Avez-vous étudié** hier soir?

— Oui, **j'ai étudié** parce que **nous avions** un examen dans mon cours de chimie ce matin. **J'ai regardé** mes notes et puis **j'ai téléphoné** à mon ami, John, parce que **j'avais** besoin d'explications. **Nous avons discuté** pendant quelques heures. Alors, **j'étais** bien préparé.

EXPLICATIONS

● Le passé a essentiellement deux temps: l'**imparfait** et le **passé composé**.

J'avais faim, alors **j'ai mangé** un énorme sandwich.

REMARQUEZ:

1. Le **passé composé** indique une action ou un état terminés.
2. Au contraire, on emploie l'**imparfait** quand on ne veut pas insister sur la fin de l'action ou de l'état mais sur le développement (une description, une action habituelle, etc.).
3. On emploie souvent les deux temps différents dans une même phrase pour exprimer deux notions différentes.
4. On peut employer tous les verbes à l'imparfait ou au passé composé selon le sens de la phrase.

245

● **L'imparfait**

1. Le passé des expressions **c'est** et **il y a** et des verbes **avoir** et **être** est très souvent exprimé à l'**imparfait**.

> *c'est* ⟶ **c'était**
> *il y a* ⟶ **il y avait**

> **C'était** une journée parfaite. **Il** n'**y avait** pas de vent et le ciel **était** bleu. **J'avais** envie de chanter.

2. Pour former l'**imparfait**, on prend la forme *nous* du verbe au présent, on élimine la terminaison *-ons* et on ajoute les terminaisons de l'imparfait.

je	... **-ais**	nous	... **-ions**
tu	... **-ais**	vous	... **-iez**
il/elle/on	... **-ait**	ils/elles	... **-aient**

avoir (~~nous avons~~)

j'	av**ais**	nous	av**ions**
tu	av**ais**	vous	av**iez**
il/elle/on	av**ait**	ils/elles	av**aient**

REMARQUEZ: Seulement le verbe *être* a un radical irrégulier à l'imparfait (**ét-**). Les terminaisons sont régulières.

être *(ét-)*

j'	ét**ais**	nous	ét**ions**
tu	ét**ais**	vous	ét**iez**
il/elle/on	ét**ait**	ils/elles	ét**aient**

3. Le négatif et l'interrogatif de l'imparfait sont formés comme au présent.

Tu *n'es pas* prêt?	Tu **n'étais pas** prêt?
Est-ce que tu *es* prêt?	Est-ce que tu **étais** prêt?
Es-tu prêt?	**Étais**-tu prêt?
Jean *est*-il prêt?	Jean **était**-il prêt?

● **Le passé composé**

1. Le passé des verbes qui indiquent une action (pas une description) est exprimé très souvent au **passé composé**.

> **J'ai déjeuné** dans le parc.
> Suzanne **a étudié** toute la nuit.
> Les Charpentier **ont téléphoné** hier soir.
> Nous **avons dansé**.

2. Le **passé composé** est formé avec le présent d'un verbe auxiliaire (généralement **avoir**) + le participe passé du verbe.

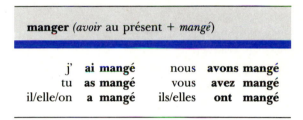

manger (*avoir* au présent + *mangé*)

j'	**ai mangé**	nous	**avons mangé**
tu	**as mangé**	vous	**avez mangé**
il/elle/on	**a mangé**	ils/elles	**ont mangé**

3. Formation du participe passé des verbes réguliers

a. Tous les verbes en **-er** ont un participe passé régulier en **-é**. Pour former le participe passé, on élimine la terminaison **-er** de l'infinitif et on ajoute **-é**.

> j'ai appel**é**   j'ai racont**é**   j'ai quitt**é**

b. Pour former le participe passé d'un verbe régulier en **-ir** (et des verbes **dormir, mentir, partir, sentir, servir** et **sortir**) on élimine la terminaison **-ir** de l'infinitif et on ajoute **-i**.

> j'ai fin**i**   j'ai chois**i**   j'ai réuss**i**

c. Pour former le participe passé d'un verbe régulier en **-re**, on élimine la terminaison **-re** de l'infinitif et on ajoute **-u**.

> j'ai perd**u**   j'ai rend**u**   j'ai entend**u**
>   to lose   to hear

UB

4. Au passé composé, beaucoup de participes passés sont irréguliers.
Par exemple:

faire	j'ai **fait**
dire	j'ai **dit**
écrire (décrire)	j'ai **écrit (décrit)**
mettre (permettre, promettre)	j'ai **mis (permis, promis)**
prendre (apprendre, comprendre)	j'ai **pris (appris, compris)**
boire	j'ai **bu**
lire	j'ai **lu**
recevoir	j'ai **reçu**
tenir (obtenir[1])	j'ai **tenu (obtenu)**
voir	j'ai **vu**

5. Le négatif et l'interrogatif du passé composé sont simplement les
formes négatives et interrogatives du verbe auxiliaire suivies du participe passé.

J'ai déjeuné chez *Maxim's*.   Je **n'ai pas** déjeuné chez *Maxim's*.
Vous avez bu du café.   Vous **n'avez pas** bu de café.

Vous avez parlé à Marc.   **Avez-vous** parlé à Marc?
Les Vautrin ont reçu   Les Vautrin **ont-ils** reçu un
   un cadeau.   cadeau?

6. Normalement, on place les adverbes courts (**bien, mal, encore, déjà,
toujours,** etc.) après l'auxiliaire et devant le participe passé.

J'ai **bien** appris la leçon.
As-tu **déjà** écrit la composition pour demain?
Non, je n'ai pas **encore** fait les devoirs.

REMARQUEZ: En général, on met les adverbes longs après le participe
passé ou à la fin de la phrase.

Vous avez répondu **correctement** à la question.
Les enfants n'ont pas obéi à leurs parents **immédiatement**.

----

1. *Obtenir* = "to obtain."

EXERCICES ORAUX . . . .

A. **Au passé.**   Dites à l'imparfait.

⌒ C'est samedi.   *C'était samedi.*

Il y avait
avait
étais
avions

1. C'est dimanche. *C'était*
2. Il y a un concert de jazz.
3. Anne n'a pas peur.
4. Je suis triste.
5. Nous avons faim.

6. Vous êtes aimable. *étiez*
7. Jean-Luc a-t-il soif? *avait-t-il*
8. Valérie et Karine sont malades. *étaient*
9. Es-tu content? *étais-tu*
10. J'ai une question. *avais*

B. **La forme correcte.**   Quel est le participe passé des verbes suivants?

1. parler *parlé*
2. écouter *écouté*
3. voyager *voyagé*
4. choisir *choisi*
5. finir *fini*

6. réussir *réussi*
7. rendre *rendu*
8. vendre *vendu*
9. attendre *attendu*
10. prendre *pris*

11. faire *fait*
12. dire *dit*
13. mettre *mis*
14. lire *lu*
15. recevoir *reçu*

16. écrire *écrit*
17. tenir *tenu*
18. apprendre *appris*
19. voir *vu*
20. boire *bu*

C. **Actions passées.**   Dites au passé composé.

⌒ Je fais mon lit.   *J'ai fait mon lit.*

1. Nous écrivons nos exercices. *avions écrit*
2. Les Ménard prennent leur dîner. *avaient pris*
3. Vous apprenez la leçon. *étiez appris*
4. Laurent comprend la situation. *était comprendu*
5. Laurence voit la difficulté. *était vu*
6. Tu lis le livre. *étais lu*
7. Je mets mon imperméable. *avais mis ou étais*
8. Nous recevons des lettres. *avions reçu*
9. Je dis bonjour. *avais dit*
10. Tristan promet un amour éternel. *était promis*

D. **Le départ.**   Vous partez en France. Votre père ou votre mère vous pose des questions avant le départ. Vous répondez affirmativement.

◠ As-tu dit «au revoir» aux voisins?[2] *neighbors*
Oui, j'ai dit «au revoir» aux voisins.

1. As-tu préparé toutes tes affaires?[3]
2. As-tu fini tes bagages?
3. Est-ce que tu as pris assez de vêtements chauds?
4. As-tu écrit l'adresse de ta famille française dans ton carnet?
5. As-tu compris où ils habitent?
6. Est-ce que tu as mis ta chambre en ordre?
7. As-tu mis ton billet et ton passeport dans ton sac de voyage?

E. **Le jour et la nuit.**   Serge est très organisé, mais son frère Stéphane fait toujours le contraire de Serge. Serge décrit leur journée. Finissez les phrases au négatif.

◠ J'ai pris mon petit déjeuner, mais ...
Stéphane n'a pas pris son petit déjeuner.

1. J'ai fait mon lit, mais ...
2. J'ai écrit ma composition, mais ...
3. J'ai reçu un «A» aujourd'hui en classe, mais ...
4. J'ai fait mes devoirs pour demain, mais ...
5. J'ai passé une bonne journée, mais ...

F. **Le retour de tante Aurélie.**   Votre tante est un peu sourde.[4] *deaf* Posez les questions sur ses vacances une deuxième fois, en employant l'inversion.

◠ Est-ce que le voyage en avion a été difficile?
Le voyage en avion a-t-il été difficile?

1. Est-ce que tu as trouvé Paris magnifique? *as-tu*
2. Est-ce que tu as mangé des escargots? *as-tu*

---

2. *Voisin/voisine* (m./f.) = personne qui habite dans la maison à côté de votre maison.
3. *Affaires* (f.pl.) = objets personnels, surtout les vêtements, les papiers, etc.
4. *Sourd(e):* une personne **sourde** ne peut pas entendre.

3. Est-ce que l'oncle Henri a téléphoné chaque matin? *a-t-il*

on? — 4. Est-ce que ton hôtel était avenue des Champs-Élysées? *était-ton*

5. Est-ce que tu as pris des photos? *as-tu*

6. Est-ce qu'il y avait beaucoup de touristes? *avait-il*

7. Est-ce que tu as visité le grand Louvre? *as-tu*

? 8. Est-ce qu'il faisait beau? *faisait-il*

G. **Une matinée chargée.**[5] Qu'est-ce que vous avez fait ou n'avez pas fait ce matin avant de venir en classe? Formez des phrases complètes au passé composé.

⌒ recevoir des invités

J'ai reçu des invités. ou

Je n'ai pas reçu d'invités.

1. prendre le petit déjeuner *J'ai pris le*
2. boire du café *J'ai bu*
3. dire «bonjour» à votre camarade de chambre *J'ai dit*
4. lire le journal *J'ai lu*
5. voir Geraldo Rivera à la télé *J'ai vu*
6. faire vos devoirs *J'ai fait*
7. apprendre la formation de l'imparfait *J'ai appris*
8. écrire une composition *J'ai écrit*
9. téléphoner à vos parents *J'ai téléphoné*
10. promettre à votre ami(e) de déjeuner ensemble *J'ai promis*

H. **Interrogatoire.** Demandez à un(e) camarade ...

1. s'il(si elle) était à Rome pour Noël.
2. s'il(si elle) a écrit une composition récemment.
3. s'il y avait beaucoup d'étudiants en classe hier.
4. s'il faisait beau hier.
5. s'il(si elle) a pris de l'aspirine hier.
6. s'il(si elle) a vu un film hier soir.
7. combien d'exercices il y avait à écrire hier soir.
8. s'il(si elle) a bien mangé ce matin.
9. s'il(si elle) a pris du café ou du thé ce matin.
10. quelle heure il était au commencement de la classe.

---

5. *Une matinée chargée* = une matinée (un matin) où on fait beaucoup de choses.

I. **Au concert.**   Placez l'adverbe correctement dans la phrase.

⌒ Patrick a choisi un programme dans *L'Officiel des Spectacles.*[6] (bien)
Patrick a bien choisi un programme dans L'Officiel des Spectacles.

1. Nous avons cherché un bon concert. (longuement)
2. J'ai acheté des disques de ce groupe de musiciens. (souvent)
3. Ils ont fini leur première tournée d'Europe. (déjà)
4. Le concert a commencé. (mal)
5. Ils sont arrivés sur la scène. (lentement)
6. On a amplifié la musique. (trop)
7. L'ouvreuse[7] a répondu à mes plaintes. (très poliment)
8. Ils ont réussi leur deuxième numéro. (bien)

Faites les exercices écrits dans le *Cahier d'exercices.*

---

2 Les verbes d'état physique ou mental à l'imparfait

PRÉSENTATION . . . .

— **Saviez**-vous qu'**il y avait** un examen ce matin?
— Oui, je le **savais**, mais Denise, elle, ne le **savait** pas parce qu'elle **était** absente hier.
— Pourquoi **était**-elle absente?
— Elle ne **pouvait** pas venir parce qu'elle **avait** un rendez-vous.

EXPLICATIONS . . . .

Certains verbes ou expressions verbales, par leur nature, sont plus aptes à exprimer un *état* physique ou mental. Alors, au passé, on emploie fréquemment les expressions suivantes à l'**imparfait:**

État physique	**c'était**	**il faisait beau** (**mauvais,** etc.)	**j'étais**
	il y avait	**il pleuvait** (**neigeait,** etc.)	**j'avais**
			je pouvais

---

6. *L'Officiel des Spectacles* = un des nombreux guides des distractions parisiennes (spectacles, concerts, music-halls, théâtres, cinémas, expositions, conférences, restaurants, etc.)
7. *Ouvreuse* (f.) = la personne à qui on donne les billets (de cinéma, de théâtre) et qui guide les clients à leur place.

État mental	j'adorais	je **désirais**	j'**espérais**
	j'aimais	je **voulais**	je savais
	je **détestais**	je **préférais**	je **pensais**
			j'**avais peur** (**honte,** etc.)

Je **détestais** étudier alors je n'ai pas étudié.
Pierre **voulait** manger un sandwich, alors il a préparé un sandwich.
Quand j'**avais** seize ans, je **voulais** devenir astronaute ou pilote. Je **savais** que mes parents n'**aimaient** pas mes idées, mais j'**étais** idéaliste et je **pensais** avoir une vocation. Ma mère ne **pouvait** pas comprendre mes idées; mon père, qui **désirait** avoir le calme, **pensait** simplement que j'**étais** jeune. Il **espérait** voir sa fille changer d'idée plus tard et devenir médecin, psychiatre, avocate, ou ingénieur. **Avait**-il raison?

● Dans un contexte passé, le futur immédiat (**aller** + infinitif) est toujours à l'imparfait.

Nous **allions voir** ce film, mais il était trop tard.
René **allait partir** quand on a téléphoné.

EXERCICES ORAUX . . . .

J. **Premier jour.**   Quels étaient vos sentiments pendant votre premier jour à l'école primaire? Décrivez vos émotions et votre état mental selon vos souvenirs.[8] Employez l'imparfait.

◠ avoir peur de quitter ma mère
   J'avais peur de quitter ma mère.   ou
   Je n'avais pas peur de quitter ma mère.

1. avoir envie de pleurer
2. adorer (détester) la maîtresse
3. aimer les autres enfants
4. préférer jouer avec mes amis
5. ne pas savoir lire
6. avoir honte de ne pas savoir lire
7. être impatient(e) d'apprendre à lire
8. espérer savoir lire après le premier jour
9. être surpris(e) de manger à l'école
10. penser que l'école était facile
11. être content(e) à la fin de la journée
12. vouloir rentrer chez moi

---

8. *Souvenir* (m.) = impression ou idée conservées dans la mémoire.

K. Cause et effet.   Dites au passé. Employez l'imparfait ou le passé composé selon le sens.

⌒ Comme il pleut, j'achète un parapluie.
   Comme il pleuvait, j'ai acheté un parapluie.

faisait   decide   fait
1. Il fait beau, alors nous décidons de faire un pique-nique.
                  était   mange
2. Comme Solange est malade, elle ne mange pas.   *suis*
       repondu
3. Ernie ne répond pas à la question parce qu'il ne sait pas la réponse.
                              skié
avais 4. J'ai peur, alors je ne skie pas.
été   5. Comme la musique est joyeuse, nous dansons. *dansé*
pouvions 6. Comme elle ne peut pas dormir, elle lit. *lu*
mangions 7. Nous mangeons parce que nous avons faim. *eu*
voulais 8. Je ne veux pas étudier, alors je regarde la télé. *regardé*
été   9. Comme vous êtes à la bibliothèque, vous étudiez. *étudié*
regardions 10. Annick regarde la télé parce qu'il y a une émission[9] intéressante. *eu*
décorait 11. On décore la maison parce que c'est Noël. *été*
fait   12. Vous faites un voyage parce que vous avez des vacances. *eu*
avait   13. On a soif, alors on boit un coca. *bu*
étudié 14. Ils étudient et puis ils jouent au tennis, alors ils sont fatigués.
                              joué   *été*

L. Championnats de tennis à Roland Garros.   Cette compétition célèbre est toujours en juin. Décrivez la scène de l'année dernière. Employez l'imparfait.

⌒ C'est un beau dimanche de printemps.
   C'était un beau dimanche de printemps.

   faisait
1. Il fait un temps splendide.
        avait
2. Il y a un public cosmopolite au stade Roland Garros.
                      voulions
3. Tous les Parisiens veulent voir leur idole. *vu*
           connaissait   discutaient
4. Tout le monde connaît les joueurs et discute leur talent.
5. Pendant chaque match on sent un enthousiasme extraordinaire pour les champions.
                  sentait

29 mai- 11 juin : Championnats internationaux de Roland Garros
Cette grande manifestation du tennis rassemble les 100 meilleurs joueurs mondiaux. Renseignements, Fédération française de tennis, 2 av Gordon Benett, 75016 Paris. Tél : 47.43.48.00.

_____

9. *Émission* (f.) = programme de radio, de télé.

M. Les meilleures intentions.   Pierre a les meilleures intentions du monde. Quand il y a une catastrophe, il dit toujours qu'il allait faire quelque chose pour l'éviter.[10] Employez *aller* + infinitif, *penser* + infinitif, *vouloir* + infinitif ou *avoir l'intention de* + infinitif à l'imparfait.

⌒ Il pleut et nous faisons une promenade. (apporter le parapluie)
C'est dommage! J'allais apporter le parapluie.   ou
J'avais l'intention d'apporter le parapluie.

1. Le mur devant la maison est en ruine. (appeler le maçon[11])
2. Nous n'avons pas de lait. (acheter du lait au supermarché)
3. Nous ne pouvons pas voir le nouveau film de Woody Allen. On passe maintenant un nouveau film au cinéma. (aller au cinéma la semaine dernière)
4. Son père lui téléphone et demande pourquoi Pierre ne lui écrit pas. (appeler son père)
5. Il ne reste pas de chambres à l'hôtel. (écrire à l'hôtel avant de commencer le voyage)

Faites les exercices écrits dans le *Cahier d'exercices.*

---

3 | Les verbes d'état physique ou mental au passé composé

PRÉSENTATION

— Pourquoi arrives-tu si[12] tard?
— Oh! J'étais sur l'autoroute quand **il y a eu** un accident. **J'ai eu** si peur d'une explosion que **j'ai voulu** descendre de la voiture.

EXPLICATIONS

● Même avec des verbes ou des expressions utilisés le plus souvent à l'imparfait (**avoir, être, aimer, penser,** etc.), on emploie le passé composé quand ces verbes représentent *une action à un moment précis* dans l'histoire.

Je n'aimais pas beaucoup la musique, mais un jour j'ai écouté Dizzie Gillespie, alors **j'ai aimé** le jazz.

---

10. *Éviter* = "to avoid, prevent."
11. *Maçon* (m.) = personne qui exécute la construction (des bâtiments, etc.).
12. Dans ce contexte, *si* signifie "so."

REMARQUEZ: Il y a souvent une indication d'un moment précis:

1. une expression adverbiale: **tout à coup, à ce moment-là**
2. un adverbe: **aussitôt, soudain, subitement**
3. un mot-clé: **une explosion, un accident, un choc**

Tout à coup, il y a eu **une explosion.**

● Les verbes de ce groupe qui ont des participes passés irréguliers sont:

c'est	cela a **été**
il y a	il y a **eu**[13]
il fait	il a **fait**
il pleut	il a **plu**
avoir	j'ai **eu**
être	j'ai **été**
pouvoir	j'ai **pu**
savoir	j'ai **su**
vouloir	j'ai **voulu**

J'*étais* toute blanche. Marcel **a été** surpris de me voir.

Il faisait très beau, mais tout à coup il **a fait** du vent, ensuite il **a plu** et enfin il **a neigé.**

Nous ne *pouvions* pas ouvrir la porte. Mais quand Christophe a trouvé la bonne clé, nous **avons pu** l'ouvrir.

EXERCICE ORAL

N. **Actions soudaines.**   Dites au passé. N'oubliez pas qu'une action ou une réflexion à un moment précis est indiquée par le passé composé.

1. Quand nous voyons le gangster, tout à coup nous avons peur.
2. Le terroriste met une bombe dans le bâtiment et soudain il y a une explosion.
3. Quand je vois l'expression de votre visage, je comprends immédiatement le drame.
4. Marc finit son examen et tout de suite après il veut partir.
5. Quand Carole lit votre lettre, elle sait la vérité.
6. Madame Bovary prend de l'arsenic et aussitôt elle est très malade.

Faites les exercices écrits dans le *Cahier d'exercices.*

---

13. Prononcez [y].

4   L'emploi de l'imparfait

PRÉSENTATION . . . .

— Racontez un rêve.[14]
— J'**étais** dans un grand magasin. Je **faisais** des courses. Il **faisait** un peu froid et je **portais** un pull-over. Devant moi, **il y avait** un poisson assis sur le dos d'un cheval. Ils **parlaient** ensemble. Qu'est-ce que tout cela signifie, docteur?

— Comment **était** votre vie quand vous **étiez** enfant?
— Oh, nous **habitions** dans une petite ville. J'**allais** à l'école avec mon frère et ma sœur. Je **faisais** du sport, je **jouais** avec mes amis. Je **passais** généralement l'été dans une colonie de vacances dans le Vermont. Je **n'avais pas** de problèmes.

EXPLICATIONS . . . .

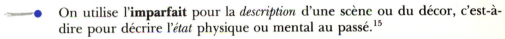

- On utilise l'**imparfait** pour la *description* d'une scène ou du décor, c'est-à-dire pour décrire l'*état* physique ou mental au passé.[15]

> Nous **étions** à la campagne. Il **faisait** très beau. Nous **étions** assis au bord d'une rivière. Nous **regardions** un cheval qui **mangeait**[16] de l'herbe à côté. C'**était** une scène pastorale et nous **étions** parfaitement heureux.

REMARQUEZ: Souvent, l'**imparfait** indique une situation *en développement* ou une scène *qui prépare une action,* c'est-à-dire, une situation qui est interrompue par une action soudaine (exprimée au *passé composé*).

> Il **était** midi. Tout **allait** bien—les voitures **roulaient** lentement, les gens **marchaient** calmement—quand un homme *a crié* «Au secours!».[17]

- On utilise l'**imparfait** pour indiquer une *situation coutumière* ou une *action habituelle* au passé.

> Quand il était petit, Nicolas **mangeait** souvent chez *McDonald's.*
> En 1776, on **écrivait** à la main.

---

14. *Rêve* (m.) = ce qui arrive dans votre tête quand vous dormez.
15. Voir la page 252.
16. À l'imparfait, les verbes réguliers en *-cer* (comme *commencer*) et *-ger* (comme *manger*) changent d'orthographe devant *-a*: c + a ⟶ -**ç**a-, g + a ⟶ -g**e**a-. Par exemple: je commen**ç**ais, tu commen**ç**ais, il/elle/on commen**ç**ait, ils/elles commen**ç**aient (MAIS: nous commencions, vous commenciez); je mang**e**ais, tu mang**e**ais, il/elle/on mang**e**ait, ils/elles mang**e**aient (MAIS: nous mangions, vous mangiez).
17. *Au secours!* = Aidez-moi!

EXERCICES ORAUX . . . .

O. **Une catastrophe aérienne.**   Vous êtes journaliste sur les lieux d'un désastre aérien. Décrivez la catastrophe pour votre journal. Employez l'imparfait.

⌒ On est dans un village.
   On était dans un village.
                    faisait
   1. Il fait noir.
   2. Y a-t-il des survivants?
   3. On entend des cris. *entendait*
   4. L'avion a l'air complètement détruit.[18] *avait*
   5. Les ambulances arrivent l'une après l'autre. *arrivaient*
   6. La police pose des questions aux habitants du village. *posait*
   7. On ne sait pas la cause de l'accident. *savait*
   8. L'avion vient de Londres. Il va à New York.
          venait   *allait*

P. **Plus ça change, plus c'est la même chose.**   Votre grand-mère a la même vie aujourd'hui qu'autrefois.[19] *formerly*

⌒ Grand-mère fait beaucoup de choses chaque jour.
   Autrefois, elle faisait beaucoup de choses chaque jour.
                         préparait
   1. Elle prépare toujours une salade à midi.
travaillait **2.** Elle travaille au Centre du troisième âge[20] l'après-midi.
prendait **3.** Elle prend l'autobus pour aller en ville.
                                allait

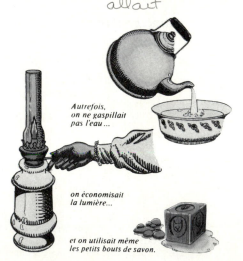

*Autrefois,
on ne gaspillait
pas l'eau...*

*on économisait
la lumière...*

*et on utilisait même
les petits bouts de savon.*

―――――――
18. *Détruit(e)* = ruiné(e).
19. *Autrefois* = dans le passé.
20. Les personnes *du troisième âge* ont plus de 60 ans.

achètait

4. Elle achète ses fruits et ses légumes chez Monsieur Poirot.
5. Elle va à l'église[21] le dimanche matin.

allait
rendait?

6. Elle rend visite à son amie Madame Criquier le dimanche après-
   midi.

battait

7. Elle ne boit pas de café.

savait

8. Elle sait faire une tarte aux pommes formidable.

allait
dormait

9. Elle ne va pas au lit avant onze heures.
10. Elle dort peu.

Faites les exercices écrits dans le *Cahier d'exercices*.

---

5   L'emploi du passé composé

PRÉSENTATION . . . .

— Qu'est-ce que vous **avez fait** hier soir?
— Hier soir, j'étais à la maison; je regardais la télé. Tout à coup, on **a frappé**[22] à la porte si fort que j'**ai eu** peur. C'était un agent de police qui **a dit** qu'il y avait un voleur[23] dans les environs. Plus tard, je ne pouvais pas dormir. Enfin, j'**ai bu** un verre de lait chaud et, après, j'**ai pu** dormir.

EXPLICATIONS . . . .

● Le passé composé exprime une action ou une succession d'actions **finies à un moment déterminé** (*hier, l'année dernière, dimanche dernier, ce matin à sept heures et demie*).

> La serveuse **a suggéré** la spécialité de la maison.
> Cédric **a raconté** ses problèmes au psychiatre.

REMARQUEZ: La durée[24] de chaque action n'est pas importante.

> J'**ai mangé** toute la tarte. (en cinq minutes? en deux heures?)
> Christine **a discuté** de ses problèmes avec Paul. (pendant dix mi-
> nutes? pendant deux heures?)

---

21. *Église* (f.) = édifice où sont célébrés les services religieux. Il y a des *églises* catholiques, des *temples* protestants et des *synagogues* juives.
22. *Frapper* = "to knock, hit."
23. *Voleur/voleuse* (m./f.) = criminel(le) qui prend des choses à une autre personne.
24. *Durée* (f.) = "duration, length of time."

EXERCICE ORAL . . . .

Q. **Maturité.**   Autrefois, faisiez-vous habituellement les choses suivantes? Et maintenant? Faites une phrase complète selon le modèle.

⌒ être petit(e) / prendre mon bain avec un petit canard[25] / hier soir
Quand j'étais petit(e), je prenais mon bain avec un petit canard, mais je n'ai
pas pris mon bain avec un petit canard hier soir.

1. avoir cinq ans / regarder *Bonjour, Sésame!*[26] à la télé / récemment
2. être petit(e) / manger avec les doigts / hier matin
3. avoir cinq ans / écrire des lettres / cette semaine
4. être bébé / pleurer / hier
5. avoir cinq ans / jouer avec des soldats en plastique / récemment
6. avoir un an / faire des courses / jeudi dernier
7. avoir six ans / boire du chocolat chaud / récemment
8. être petit(e) / imiter les cow-boys / cette année
9. avoir sept ans / fumer[27] des cigarettes / le mois dernier
10. avoir deux ans / jouer aux gendarmes et aux voleurs / la semaine
passée

Faites les exercices écrits dans le *Cahier d'exercices.*

---

25. *Canard* (m.) = animal aquatique et migrateur; Donald est un *canard.*
26. *Bonjour, Sésame!* = titre français d'un programme américain pour les enfants.
27. *Fumer:* On *fume* une cigarette, un cigare ou une pipe.

CRÉATION

Exercices de conversation

A. Décrivez quel temps il faisait dans les circonstances suivantes (imaginez si c'est nécessaire). Comparez vos souvenirs avec les souvenirs d'un(e) camarade. Employez l'imparfait.

 à la cérémonie de la remise des diplômes à votre lycée

> VOUS: *À la cérémonie de la remise des diplômes à mon lycée, il faisait très beau. Il n'y avait pas de nuages. Il faisait trop chaud.*
>
> CAMARADE: *Pour moi, ce n'était pas du tout la même chose. À ma cérémonie, on ne pouvait pas voir le soleil. Il pleuvait! Le ciel était couvert.*

à la cérémonie de la remise des diplômes à votre lycée
au «Superbowl» (ou au «World Series») l'année dernière
pendant vos dernières vacances
le premier jour de classe ce semestre (trimestre)
Noël dernier

B. Aimez-vous les feuilletons?[28] Qui est votre personnage préféré? Préparez une description de votre personnage et de sa vie et présentez votre description à la classe. La classe peut vous poser des questions. Vous pouvez considérer si votre personnage ...

a divorcé	a passé du temps en prison
a eu un bébé (légitime ou illégitime)	a perdu sa femme (son mari)
a eu une liaison passionnée	a perdu son enfant
a eu un accident	a tué[29] quelqu'un
a eu une opération	a perdu la mémoire

---

28. *Feuilleton* (m.) = série d'épisodes fictifs présentés en fragments successifs dans un journal ou à la télévision ("serial," "soap opera").
29. *Tuer* = assassiner, commettre un meurtre.

C. Regardez la photo à la page 330. Dans un groupe de trois ou quatre personnes, faites *une* des choses suivantes:

1. Imaginez ensemble les événements qui ont précédé la création de la photo. Employez le passé composé pour raconter l'histoire à la classe.

    Le professeur a demandé à Paul de raconter son week-end au passé composé. Il n'a pas pu conjuguer le verbe prendre!

2. Préparez ensemble une description de la scène au moment de la création de la photo. Employez l'imparfait et présentez la description à la classe.

    Tous les étudiants regardaient Paul. Il avait honte. etc.

Jean de la Fontaine, auteur des célèbres *Fables* du dix-septième siècle.

Lecture

CONSEILS/ACTIVITÉS AVANT LA LECTURE . . . .

Vous allez lire l'adaptation en prose moderne d'une fable de Jean de La Fontaine (1621–1695). La fable est une forme littéraire qui utilise le plus souvent des animaux pour critiquer les actions des êtres humains. Les fables en vers[30] de La Fontaine, inspirées des fables de l'auteur grec Ésope, critiquent la société de son temps. Identifiez dans cette fable typique deux ou trois caractéristiques de cette forme littéraire.

L'HISTOIRE TRAGIQUE D'UNE PETITE GRENOUILLE FRANÇAISE QUI VOULAIT DEVENIR AUSSI GROSSE QU'UN BŒUF

Il était une fois une petite grenouille verte qui habitait avec sa famille au bord d'une rivière. Sa vie n'était pas très passionnante, mais c'était une bonne vie de grenouille de classe moyenne. Bref, une vie de grenouille française bourgeoise. Tous les jours elle prenait plusieurs bains dans la
5 rivière, elle sautait[31] d'une pierre à l'autre, elle mangeait beaucoup de petits insectes. En été, comme il faisait chaud dans la région où elle habitait, elle faisait la sieste après son déjeuner. Le soir, elle discutait beaucoup avec ses amies les autres grenouilles. Sa mère et son père lui disaient toujours d'être modeste et d'être satisfaite de cette bonne vie de grenouille
10 française qui n'était pas, après tout, si mauvaise.

Mais voilà! La petite grenouille aimait beaucoup lire et écouter les histoires des métamorphoses de grenouilles en princes charmants ou en princesses plus belles que Vénus.

Un jour où elle sautait d'une pierre à l'autre, elle a vu un animal, in-
15 connu pour elle, qui mangeait de l'herbe au bord de la rivière. C'était un bœuf. Il lui semblait énorme. Elle regardait l'animal avec surprise et admiration quand, soudain, il a fait quelques pas[32] vers elle. Alors, elle a sauté très vite parce que, malgré son admiration, elle avait peur.

Quand elle a retrouvé ses amies, elle a raconté son aventure, elle a dit
20 qu'elle ne pouvait pas imaginer de créature plus belle, plus forte, plus séduisante que cet animal superbe. En vérité, elle voulait être aussi grande

---

30. *En vers* = en poésie.
31. *Sauter* = "to jump."
32. *Faire des pas* = marcher.

et aussi belle que cet animal et elle pensait que la nature était très injuste de lui avoir donné une taille[33] si petite. Enfin, elle a commencé à avoir des complexes.

25   Ses amies voulaient l'aider et lui ont suggéré de gonfler ses joues[34] si elle voulait devenir plus grosse. Alors, elle a avalé[35] beaucoup d'air et puis a demandé à ses amies si elle grossissait. Les autres ont répondu que non et lui ont recommandé de continuer. Alors, elle leur a obéi. Mais, comme elle respirait très fort, soudain sa poitrine, pleine d'air, a éclaté. On a 30   trouvé la pauvre petite grenouille en morceaux. Elle était morte.

d'après *Jean de La Fontaine*

QUESTIONS SUR LA LECTURE . . . .

1. Où habitaient la petite grenouille et ses parents?
2. Comment était la vie de la petite grenouille?
3. Que faisait le bœuf quand la petite grenouille a vu le bœuf la première fois?
4. Pourquoi la grenouille était-elle envieuse du bœuf?
5. Avait-elle raison d'être envieuse du bœuf? Pourquoi (pas)?
6. Qu'est-ce qu'elle a fait pour imiter le bœuf?
7. Est-ce qu'elle a réussi? Pourquoi (pas)?
8. Que représente la petite grenouille dans la société?
9. Inventez un autre titre qui reflète la moralité ou la leçon de cette triste histoire.

LA GRENOUILLE QUI VEUT SE FAIRE AUSSI GROSSE QUE LE BŒUF

Une Grenouille vit un Bœuf
    Qui lui sembla de belle taille.
Elle, qui n'était pas grosse en tout comme un œuf,
Envieuse, s'étend, et s'enfle, et se travaille
    Pour égaler l'animal en grosseur,
        Disant: «Regardez bien, ma sœur;
Est-ce assez? dites-moi; n'y suis-je point encore?
—Nenni. —M'y voici donc? —Point du tout. —M'y voilà?
—Vous n'en approchez point.» La chétive pécore
        S'enfla si bien qu'elle creva.

---

33. *Taille* = grandeur, grosseur: Une grenouille a une petite *taille*, un géant a une grande taille.
34. *Gonfler ses joues* = "to puff up its cheeks."
35. *Avaler* = prendre, absorber par la bouche.

Le monde est plein de gens qui ne sont pas plus sages:
Tout bourgeois veut bâtir comme les grands seigneurs,
   Tout petit prince a des ambassadeurs,
      Tout marquis veut avoir des pages.

Jean de la Fontaine
Fables, Livre 1, Fable III

Compositions orales/écrites

1. Faites votre autoportrait quand vous étiez enfant. Décrivez votre apparence physique, votre personnalité, vos activités habituelles, vos préférences, etc.

> Quelles choses pouviez-vous faire et quelles choses ne pouviez-vous pas faire?
> Étiez-vous un(e) enfant normal(e), sensible, hypersensible, timide, complexé(e),[36] ... ?
> Obéissiez-vous toujours à vos parents?
> Aviez-vous beaucoup d'amis?
> Où alliez-vous souvent?
> Que faisiez-vous souvent?
> Aimiez-vous vraiment vos parents à cette époque?[37]

2. Vous avez vu un film, une pièce de théâtre[38] ou une émission de télé. Décrivez la scène dans la salle avant le début du programme.

3. Racontez l'histoire d'une fable, d'un conte de fée ou d'un dessin animé que vous connaissez. Attention à l'emploi du passé composé et de l'imparfait.

4. Racontez une expérience traumatisante (un accident, un choc, la première fois que vous avez fait quelque chose, etc.) et dites quels étaient vos sentiments. Employez le passé composé et l'imparfait.

---

36. *Complexé(e)* = avec beaucoup de complexes psychologiques.
37. *Époque* (f.) = période.
38. *Pièce de théâtre* (f.) = drame en dialogue pour le théâtre.

Improvisation

Deux personnes: Le directeur de l'office du tourisme interviewe un(e) candidat(e) au poste de guide pour l'ouest de la France. Il veut savoir si le(la) candidat(e) a l'expérience nécessaire pour cet emploi. Voici quelques sujets possibles pour les questions:

- prendre un vol charter[39]
- faire des réservations pour vingt personnes
- aider les personnes âgées à monter les escaliers[40]
- servir d'interprète
- aller au Mont-Saint-Michel
- boire du Calvados[41]
- étudier la fin de la Seconde Guerre mondiale
- visiter les plages de Normandie

Est-ce que le patron(la patronne) va engager cette personne?

PATRON: *Avez-vous déjà pris un vol charter?*
CANDIDAT(E): *Oui. L'été dernier, j'ai décidé de venir en France. J'ai téléphoné à plusieurs compagnies aériennes et j'ai choisi le meilleur charter.*
etc.

Faites les exercices de laboratoire dans le *Cahier d'exercices.*

---

39. *Vol* (m.) = Voyage en avion.
40. *Escalier* (m.) = "staircase."
41. *Calvados* (m.) = une boisson alcoolique qu'on fait avec des pommes.

Vocabulaire

noms

bœuf *m.*	environs *m.pl.*	passeport *m.*
canard *m.*	époque *f.*	pièce de théâtre *f.*
chimie *f.*	escalier *m.*	pierre *f.*
colonie (de vacances) *f.*	grenouille *f.*	plainte *f.*
dessin (animé) *m.*	guerre *f.*	rêve *m.*
durée *f.*	herbe *f.*	souvenir *m.*
église *f.*	joueur/joueuse *m./f.*	taille *f.*
émission *f.*	littérature *f.*	voisin/voisine *m./f.*
	morceau *m.*	vol (charter) *m.*

carrières

agent (de police) *m.*
astronaute *m./f.*
avocat/avocate *m./f.*
gangster *m.*
ingénieur *m.*
interprète *m./f.*
maçon *m.*
maîtresse (d'école) *f.*
musicien/musicienne *m./f.*
ouvreuse *f.*
pilote *m.*
psychiatre *m./f.*
terroriste *m./f.*
voleur/voleuse *m./f.*

adjectifs

aimable
chargé(e)
inconnu(e)

moyen(ne)
passionné(e)
plein(e)
sensible

verbes

avaler
avoir lieu
crier
critiquer
engager
éviter
faire un pas *take a step*
frapper
fumer
obtenir
respirer
retrouver
sauter
sembler
tuer

adverbes

aussitôt
autrefois
bref
si
soudain
subitement

préposition

malgré

autres expressions

tout à coup
tout de suite

Échanges

— Hier, au Parc des Princes[1] on a vu un match de foot—Reims contre Nantes. Comme c'était disputé!
— Tu as de la chance. Moi, j'ai fait du vélo avec les copains.
— Dupont, il jouait comme un dieu ... et puis leur gardien de but[2] était en super forme. Il a arrêté trois buts coup sur coup dans la première mi-temps.[3] L'équipe de Nantes était lamentable.
— Ils ont perdu combien?
— Sept à zéro, un désastre!

1. *Parc des Princes* = le grand stade de football à Paris.
2. *But* (m.) = limite d'un jeu où on essaie de mettre le ballon, etc.
3. *Mi-temps* (f.): Le match dure 90 minutes, la *mi-temps* dure 45 minutes.

13 TREIZIÈME LEÇON

Êtes-vous montés au dernier étage de la tour Eiffel?

● ●

---

1 Formation du passé composé avec *être*

PRÉSENTATION . . . .

— Où **êtes-vous né**, Paul?
— **Je suis né** à Fresno.
— Et Napoléon?
— **Il est né** à Ajaccio.
— Où **est-il mort?**
— **Il est mort** à Sainte-Hélène, mais sa tombe est aux Invalides à Paris.

— Quand vous étiez à Paris avec vos parents, Katherine, **êtes-vous montés** au dernier étage de la tour Eiffel?
— Moi, **je suis montée** tout en haut,[1] mais mes parents **sont restés** au premier étage. Après, **ils sont descendus** par l'escalier et ont attendu dans un café.

— Aujourd'hui vous arrivez à l'heure, Mesdemoiselles.[2] **Êtes-vous arrivées** à l'heure hier?
— Non, hier **nous ne sommes pas arrivées** à l'heure parce que **nous sommes parties** en retard de la maison.

EXPLICATIONS . . . .

● On forme le passé composé de certains verbes avec l'auxiliaire **être** (au présent) + participe passé.

Jean **est sorti** avec Cécile.
Je **suis arrivé** à l'heure.

---

1. *En haut* = au sommet.
2. *Mesdemoiselles* = pluriel de *mademoiselle*.

● Il y a environ vingt verbes qui forment leur passé composé avec l'auxiliaire **être.** Voici les principaux.

aller ≠ venir	Il est **allé** ≠ Il est **venu**
arriver ≠ partir	Il est **arrivé** ≠ Il est **parti**
entrer³ ≠ sortir	Il est **entré** ≠ Il est **sorti**
monter ≠ descendre	Il est **monté** ≠ Il est **descendu**
naître ≠ mourir	Il est **né** ≠ Il est **mort**
passer	Il est **passé**
rester	Il est **resté**
retourner	Il est **retourné**
tomber	Il est **tombé**

REMARQUEZ: Généralement, les composés de ces verbes prennent aussi l'auxiliaire **être:** par exemple, **rentrer, repartir, revenir, devenir,** etc.

Avec le progrès, les distances **sont devenues** plus petites.
Patrick **est revenu** à New York après les vacances.

REMARQUEZ: Ces verbes sont tous intransitifs, mais tous les verbes intransitifs ne prennent pas **être** comme auxiliaire.

J'ai marché.
Ils **ont maigri.**

● Avec les verbes qui prennent l'auxiliaire **être,** il y a *accord* du participe passé avec le sujet.

masculin singulier	*féminin singulier*
Je suis descendu.	**Je** suis descendue.
Tu es descendu.	**Tu** es descendue.
Vous êtes descendu.	**Vous** êtes descendue.
Il est descendu.	**Elle** est descendue.
On est descendu.	
masculin pluriel	*féminin pluriel*
Nous sommes descendus.	**Nous** sommes descendues.
Vous êtes descendus.	**Vous** êtes descendues.
Ils sont descendus.	**Elles** sont descendues.

---

3. On dit *entrer* **dans** + nom: *Louis est entré **dans** le bâtiment.*

REMARQUEZ: Quand le verbe a un sujet masculin *et* un sujet féminin, le participe passé est au masculin pluriel.

Alice, Claire et *Robert* sont arrivé**s** ensemble.

● Les formes interrogatives et négatives sont comme avec les verbes qui prennent l'auxiliaire **avoir.**

Êtes-vous allés en ville la semaine dernière?
Est-ce que vous êtes allés en ville la semaine dernière?
Non, nous **ne sommes pas allés** en ville la semaine dernière.

● **Monter**, **descendre**, **passer** et **sortir** sont quelquefois transitifs, c'est-à-dire qu'ils peuvent avoir un complément d'objet direct. Dans ce cas, au passé composé, on utilise l'auxiliaire **avoir**.

> Nous sommes montés au quatrième étage.
> *Mais:* Nous **avons monté** *l'escalier.*

> Les Duchesne sont descendus en bateau de Saint Paul à la Nouvelle-Orléans.
> *Mais:* Ils **ont descendu** *le Mississippi.*

> Vous êtes passés chez Marcel hier?
> *Mais:* Non, nous **avons passé** *l'examen* de français.

> Sylvie est sortie avec Guillaume.
> *Mais:* Après le dîner, elle **a sorti** *son portefeuille* de son sac.

EXERCICES ORAUX . . . .

A. **Être ou ne pas être.** Dites si l'auxiliaire est *avoir* ou *être.*

⌒ partir
  être

1. parler - a   *8.* revenir - e   *15.* naître - e
2. monter - e   *9.* boire - a   *16.* tomber - e
3. marcher - a   *10.* sortir - e   *17.* rester - e
4. dormir - a   *11.* mourir - e   *18.* aller - e
5. arriver - e   *12.* entrer - e   *19.* danser - a
6. venir - e   *13.* descendre - e   *20.* retourner - e
7. tenir - a   *14.* quitter - a

VOULOIR - TO WANT

B. **Études à Nice.** Vous êtes à Nice où vous voulez faire des études. Vous allez au secrétariat de l'Institut des langues où on vous pose des questions. Répondez.

1. Quand êtes-vous né(e)?
2. À quelle université êtes-vous allé(e)?
3. À quel âge êtes-vous entré(e) à l'université?
4. Combien de temps êtes-vous resté(e) à l'université?
5. Quand êtes-vous arrivé(e) à Nice?
6. Êtes-vous passé(e) par Paris?

Félicitations, Monsieur(Mademoiselle). Vous êtes maintenant étudiant(e) à l'Institut!

Les Galeries Lafayette, un des grands magasins de Paris.

C. **Christiane fait les courses.**   Christiane est étudiante à l'École des sciences politiques. Hier, elle a décidé d'aller dans les grands magasins pour faire des courses. Aujourd'hui, elle raconte sa sortie à une copine. Jouez le rôle de Christiane. Employez le passé composé avec *avoir* ou *être*.

◠ partir à dix heures   *Je suis partie à dix heures.*

1. descendre la rue Bonaparte   *Je suis descendue la rue B*
2. trouver le bus numéro 95 rue Jacob   *J'ai trouvée*
3. monter dans l'autobus   *Je suis montée dans l'autobus*
4. sortir ma carte orange[4] de mon sac   *Je suis sortie ma carte org.*
5. trouver une place   *J'ai trouvée une place*
6. descendre place de l'Opéra   *Je suis descendue place de l'Opéra*
7. passer deux heures dans les Galeries Lafayette   *Je suis passée deux heures*
8. quitter les Galeries Lafayette et passer au Printemps   *J'ai quittée les*
9. acheter plusieurs articles   *J'ai achetée plusieurs articles*
10. rentrer en métro à trois heures   *Je suis rentrée en métro à trois heures.*

Faites les exercices écrits dans le *Cahier d'exercices*.

───────────

4. La *carte orange* permet aux Parisiens de prendre l'autobus, le métro, etc., à un tarif réduit. On l'achète pour tout un mois.

2 | Comparaison de l'imparfait et du passé composé (suite)

PRÉSENTATION . . . .

— Qu'est-ce que vous **faisiez** quand le réveil[5] **a sonné**[6] ce matin?
— Je **dormais** profondément.
— Qu'est-ce que vous **avez fait** quand le réveil **a sonné?**
— J'**ai regardé** par la fenêtre et j'**ai vu** le soleil.

EXPLICATIONS . . . .

● Étudiez les phrases suivantes.

> Quand nous *sommes arrivés*, ils **sont sortis.**
> Quand nous *sommes arrivés*, ils **sortaient.**

Dans la première phrase, les deux verbes au passé composé indiquent qu'une action (**Nous sommes arrivés**) a motivé ou provoqué une autre action (**Ils sont sortis**): notre arrivée a provoqué leur départ.

Dans la deuxième phrase, le passé composé représente encore *une action* (**Nous sommes arrivés**), mais l'imparfait indique *la situation en progrès* au moment de notre arrivée (**Ils sortaient**): nous sommes arrivés pendant leur départ.

EXERCICES ORAUX . . . .

D. **Conséquences et coïncidences.**   Dites au passé. Employez le passé composé ou l'imparfait selon le sens de la phrase.

⌒ Quand Anne entend la nouvelle,[7] elle est choquée.
  Quand Anne a entendu la nouvelle, elle a été choquée.

⌒ Quand Anne entend la nouvelle, elle est chez son frère.
  Quand Anne a entendu la nouvelle, elle était chez son frère.

1. Quand je vois l'accident, j'ai quinze ans.
2. Quand je vois l'accident, j'ai peur.

---

5. *Réveil* (m.) = "alarm clock."
6. *Sonner* = résonner, faire un bruit comme un téléphone, etc.
7. *Nouvelle* (f.) = information d'un événement récent.

3. Quand nous recevons votre invitation, nous décidons de l'accepter.
4. Quand nous recevons votre invitation, nous n'avons pas la grippe.
5. Quand George Bush devient président, il a 64 ans.
6. Quand George Bush devient président, il encourage une réconciliation entre l'administration et le congrès.

E. **Situation, action, réaction.**   Continuez chaque phrase: (a) avec un verbe à l'imparfait pour indiquer quelle était la situation au moment de l'action, et puis (b) avec un verbe au passé composé pour indiquer une réaction.

◯ Quand vous avez vu Chantal, ...
Quand vous avez vu Chantal, elle parlait avec Olivier.
Quand vous avez vu Chantal, vous êtes parti.

1. Quand nous avons appris la nouvelle, ...
2. Quand j'ai crié son nom, ...
3. Quand tu as appelé, ...
4. Quand vous êtes partis, ...
5. Quand Pascale a commencé à chanter, ...
6. Quand on a frappé à la porte, ...
7. Quand tu es arrivée, ...
8. Quand je suis tombé, ...
9. Quand nous sommes rentrés à la maison, ...
10. Quand vous avez répondu au téléphone, ...

Si vous connaissez l'histoire américaine ou mondiale, vous pouvez peut-être faire le même exercice avec les phrases suivantes.

11. Quand l'Angleterre a décidé de mettre une taxe sur le thé en Amérique, ...
12. Quand le Japon a attaqué Pearl Harbor, ...
13. Quand les États-Unis ont employé la bombe atomique contre le Japon, ...
14. Quand John Kennedy est allé à Dallas, ...
15. Quand Mikhaïl Gorbatchev est devenu chef de l'U.R.S.S., ...

Faites les exercices écrits dans le *Cahier d'exercices.*

3 Place des pronoms objets au passé

PRÉSENTATION . . . .

JUGE: Je **vous** ai expliqué notre système juridique. Vous **m'**avez bien compris?

ACCUSÉ: Oui, je **vous** ai bien écouté. Je suis prêt.

JUGE: Alors, voilà le blouson que nous avons trouvé chez vous. **L'**avez-vous volé?

ACCUSÉ: Non, je ne **l'**ai pas volé. Je **l'**ai trouvé.

JUGE: Et ce pull-over. **L'**avez-vous trouvé aussi?

ACCUSÉ: Non. Je ne **l'**ai pas trouvé. Ma mère **m'**a acheté ce pull-over en Irlande l'année dernière.

JUGE: Nous avons des témoins[8] qui vont jurer que vous avez volé ces articles dans un magasin la semaine passée.

ACCUSÉ: Je ne mens pas! On **m'**a arrêté à tort![9]

JUGE: Mais vous avez dit à l'inspecteur que vous étiez coupable.[10]

ACCUSÉ: Je ne **lui** ai pas dit ça! Je suis innocent!

EXPLICATIONS . . . .

● Au passé—exactement comme au présent—on met le pronom objet (direct ou indirect) directement devant le verbe conjugué.

1. à l'imparfait

	Objet direct	Objet indirect
déclaratif	Tu **le** *regardais*.	Tu **lui** *parlais*.
interrogatif	**Le** *regardais*-tu?	**Lui** *parlais*-tu?
négatif	Tu ne **le** *regardais* pas.	Tu ne **lui** *parlais* pas.
interro-négatif	Ne **le** *regardais*-tu pas?	Ne **lui** *parlais*-tu pas?

2. au passé composé

déclaratif	Tu **l'***as* regardé.	Tu **lui** *as* parlé.
interrogatif	**L'***as*-tu regardé?	**Lui** *as*-tu parlé?
négatif	Tu ne **l'***as* pas regardé.	Tu ne **lui** *as* pas parlé.
interro-négatif	Ne **l'***as*-tu pas regardé?	Ne **lui** *as*-tu pas parlé?

---

8. *Témoin* (m.) = personne qui voit un accident, un crime, etc.
9. *À tort* = par erreur.
10. *Coupable* ≠ innocent.

EXERCICES ORAUX . . . .

F. Distractions. Quand vous étiez au lycée, quelles étaient vos distractions préférées? Répondez avec un pronom objet.

◠ Achetiez-vous les disques à la mode?[11]
Oui, je les achetais.   ou
Non, je ne les achetais pas.

1. Écoutiez-vous la radio fréquemment?
2. Regardiez-vous beaucoup la télé?
3. Passiez-vous votre temps dans les discothèques?
4. Aimiez-vous les films français?
5. Téléphoniez-vous à vos amis?
6. Parliez-vous de vos problèmes à votre mère?

11. *À la mode* = en vogue.

G. Inefficacité.   Votre patron(ne) retourne au bureau après un voyage d'affaires[12] et vous pose des questions pour savoir si vous avez bien travaillé. Vous répondez à ses questions au négatif et avec des pronoms objets. Un(e) de vos camarades peut prendre le rôle de votre patron(ne).

 demander au Maître Ribaud de venir demain

> PATRON(NE): *Avez-vous demandé au Maître Ribaud de venir demain?*
> VOUS: *Non. Je suis désolé(e). Je ne lui ai pas demandé de venir demain.*

1. répondre à Madame Desmarais
2. téléphoner à Monsieur Patry
3. taper mes lettres
4. envoyer[13] les dossiers par avion
5. préparer le nouveau contrat Roubidou
6. payer la note de téléphone

Faites les exercices écrits dans le *Cahier d'exercices.*

---

4 L'accord du participe passé avec l'objet direct

PRÉSENTATION . . . .

— Avez-vous étudié *la liste* de vocabulaire de la Leçon 12?
— Oui, je *l'*ai étudié**e**.
— Est-ce que vous avez oublié *les adjectifs*?
— Mais non, je ne *les* ai pas oublié**s**! Je *les* ai appris.
— Et vous avez compris *toutes les expressions*?
— Oui, je *les* ai compri**ses**.

EXPLICATIONS . . . .

● Avec les verbes qui prennent l'auxiliaire **avoir**, quand le complément d'objet direct précède le verbe, le participe passé adopte le genre et le nombre du complément d'objet direct.

> As-tu dit *la vérité*? Mais oui, je *l'*ai dit**e**!
> *Quels romans* avez-vous lu**s**?
> Voilà *les pommes* que j'ai acheté**es**.

---

12. *Affaires* (f.pl.) = activités économiques: de commerce, d'industrie, de finances.
13. *Envoyer* = expédier.

REMARQUEZ: Avec un pronom complément d'objet *indirect*, on ne fait pas l'accord du participe passé.

> Avez-vous parlé *à Suzanne?* Non, je ne **lui** ai pas parlé.
> Avez-vous écrit *à vos parents?* Oui, je **leur** ai écrit.

EXERCICES ORAUX . . . .

H. **Qu'est-ce qu'on a fait?** Refaites les phrases suivantes. Employez des pronoms. Attention à l'accord du participe passé s'il est nécessaire.

◠ Stéphane a pris sa voiture.   *Il l'a prise.*

1. Nathalie et Christophe ont compris la leçon.
2. Nous avons pris le train.
3. David a mis sa chemise préférée.
4. Tu n'as pas dit la vérité.
5. Vous avez écrit la réponse correcte.
6. Sandrine a écrit à sa grand-mère.
7. J'ai fait les courses.

I. **Une personne consciencieuse.** Répondez que vous avez déjà fait les choses demandées. Utilisez un pronom objet dans chaque réponse.

◠ Est-ce que vous allez écrire votre composition aujourd'hui?
Non, je l'ai déjà écrite.

1. Est-ce que vous allez étudier la Leçon 12?
2. Est-ce que vous allez me répondre?
3. Est-ce que vous allez répondre au professeur?
4. Est-ce que vous allez écrire à tous vos amis?
5. Est-ce que vous allez acheter les livres pour vos cours?
6. Est-ce que vous allez faire vos exercices?
7. Est-ce que vous allez prendre votre petit déjeuner?
8. Est-ce que vous allez boire votre café?
9. Est-ce que vous allez téléphoner à vos parents?
10. Est-ce que vous allez faire votre lit?

Faites les exercices écrits dans le *Cahier d'exercices.*

LESIEUR CHOISIT
LES OLIVES
QUE LE SOLEIL A DÉJÀ CHOISIES.

CRÉATION

Exercices de conversation

A. Discutez ensemble comment chaque situation est arrivée.[14] Employez des verbes au passé composé avec *être* comme auxiliaire.

 Il est minuit. On attend encore l'invité d'honneur à ce dîner.

> VOUS: *L'invité d'honneur n'est pas arrivé.*
> CAMARADE: *Il est peut-être mort en route!*

1. Le bébé est par terre et il pleure.
2. Trois hommes sont au sommet d'une grande montagne.
3. Le médecin dit au jeune couple: «Félicitations, c'est un petit garçon.»
4. J'étais devant ce bâtiment, mais maintenant je suis dans le bâtiment.
5. Votre canari n'est pas chez vous et vous ne le trouvez pas.
6. En 1978, Monsieur Kildare était étudiant en médecine. Aujourd'hui il est médecin.
7. Nous étions au cinquième étage. Nous sommes maintenant au deuxième étage.
8. Vous étiez dans le restaurant, mais maintenant vous êtes devant le restaurant.

---

14. *Comment chaque situation est arrivée* = quelle était la cause de chaque situation.

B. Jeu des «vingt questions». Un(e) étudiant(e) a en tête une personne qui est morte. Les autres posent des questions au passé pour essayer de déterminer qui est cette personne (réponses *oui* ou *non* seulement). Essayez de varier les verbes dans les questions.

    —*C'était un homme?*
    —*Non, ce n'était pas un homme.*
    —*Est-ce qu'elle a vécu*[15] *au vingtième siècle?*[16]
    —*Non.*
    etc.

C. Racontez un rêve que vous avez fait. Vos camarades vont essayer de décrire votre état psychologique au moment où vous avez fait le rêve. Ils vont expliquer leurs conclusions.

    VOUS: *J'étais dans une salle toute rouge. Les étudiants de ma classe de chimie étaient autour d'une table au centre de la salle. Ils parlaient de choses étranges, mais moi, je cherchais quelque chose partout. Le prof m'a dit «Devinez!» et j'ai eu peur. Soudain, un grand chien est entré par la fenêtre et a attaqué le prof. J'ai crié: «Arrêtez!»*
    CAMARADE: *Quand tu as fait ce rêve, tu étais probablement très nerveux. Tu avais peur de passer ton examen de chimie.*
    VOUS: *Mais pourquoi est-ce que j'ai rêvé du chien?*
    etc.

LECTURE CONSEILS / ACTIVITÉS AVANT LA LECTURE · · · ·

Regardez ces mots et expressions qui sont dans la Lecture.

Hamidou	Côte-d'Ivoire
sœur	indépendant
va venir	influence française
ingénieur	langue officielle

Est-ce que ces mots vous permettent d'anticiper deux ou trois thèmes de la Lecture?

---

15. *Est-ce qu'elle a vécu ... ?* = "Did he/she live ... ?"
16. *Siècle* (m.) = période de cent ans. Nous sommes maintenant au vingtième siècle.

LA LANGUE FRANÇAISE EN AFRIQUE

Gilles (un Français), Hamidou (de la Côte-d'Ivoire) et Mark (des États-Unis) sont étudiants en agronomie. Les trois amis sont dans un café à Paris.

MARK: Tu as l'air d'être de bonne humeur, Hamidou. As-tu reçu de bonnes nouvelles de ton pays?

HAMIDOU: Oui! Mon père m'a écrit que ma sœur cadette a eu les meilleures notes de toute sa classe. Elle va venir ici l'année prochaine pour continuer ses études.

5

GILLES: Félicitations, mon vieux! Qu'est-ce qu'elle va étudier, ta sœur?

HAMIDOU: Elle veut être ingénieur. La Côte-d'Ivoire a besoin d'ingénieurs, de professeurs ... et d'agriculteurs modernes.

MARK: Ça ne va pas être dur pour elle d'habiter à Paris?

10

HAMIDOU: Un peu, peut-être, mais Abidjan, où ma famille habite, est une grande ville. Et puis, l'influence française est encore très importante chez nous. C'est normal, parce que c'est seulement en 1960 que nous sommes devenus indépendants.

MARK: Qu'est-ce que tu veux dire par «influence française»?

15

HAMIDOU: Eh bien, par exemple, nous avons gardé le système juridique et le système scolaire français. Et comme dans presque tous les autres pays de l'Afrique francophone, le français est notre langue officielle.[17] Les journaux, la radio et la télé sont tous en français. À l'école et au lycée, mes cours étaient en français.

20

MARK: Mais pourquoi?

HAMIDOU: Parce qu'il y a beaucoup de langues différentes dans mon pays, alors le français est notre langue commune. Mais maintenant, pour préserver notre héritage, on commence aussi à apprendre les langues locales à l'école.

25

MARK: Votre héritage c'est ce que nous appelons aux États-Unis vos «racines».[18]

GILLES: Ou ce que le grand écrivain sénégalais Léopold Sédar Senghor[19] appelle «la négritude».[20]

---

17. Le français est la langue (ou une des langues) officielle(s)—la langue du commerce, de l'instruction et souvent du gouvernement—de ces anciennes colonies ou protectorats français (ou belges): le Bénin, Burkina-Faso, le Burundi (belge), le Cameroun, le Congo, la Côte-d'Ivoire, Djibouti, le Gabon, la Guinée, le Mali, la Mauritanie, le Niger, la République centrafricaine, Ruanda (belge), le Sénégal, les Seychelles, le Tchad, le Togo et le Zaïre (belge). Le français reste une langue très importante dans ces anciennes colonies françaises: l'Algérie, Madagascar, le Maroc, l'île Maurice et la Tunisie.
18. *Racine* (f.) = partie d'une plante qui est sous la terre.
19. Léopold Sédar Senghor, président du Sénégal de 1960 à 1981, est un grand écrivain et poète de langue française.
20. *La négritude* = les valeurs spirituelles et culturelles de la culture noire africaine.

HAMIDOU: Vous avez parfaitement raison tous les deux. Mais Gilles, je ne
30   savais pas que tu connaissais notre littérature.
GILLES: Eh bien, mon frère aîné est allé en Afrique comme coopérant.[21] J'ai
        beaucoup appris de son expérience et maintenant j'ai envie de faire la
        même chose.
HAMIDOU: Bravo! Alors, après les études nous allons peut-être nous retrou-
35   ver à Abidjan!

QUESTIONS SUR LA LECTURE

1. Qu'est-ce que la sœur d'Hamidou a fait pour pouvoir venir en France? Pourquoi a-t-elle décidé de venir?
2. Pourquoi y a-t-il une si grande influence française en Côte-d'Ivoire?
3. Quelles sortes d'institutions n'ont pas été abolies après l'indépendance?
4. A-t-on effectué[22] des changements dans les écoles de la Côte-d'Ivoire indépendante? Pourquoi (pas)?
5. Pourquoi est-ce que le français est la langue officielle de la Côte-d'Ivoire? (deux raisons)
6. Qu'est-ce que le frère de Gilles a fait en Afrique? Pourquoi?

Compositions orales/écrites

1. Décrivez un voyage que vous avez fait. Où êtes-vous allé(e)? Qu'est-ce que vous avez vu? Comment étaient les choses?

2. Racontez votre vie (pas tous les détails, bien sûr) et utilisez des verbes avec l'auxiliaire *être* et d'autres aussi.

3. Imaginez que vous travaillez comme volontaire du Corps de la Paix dans un pays étranger. (Inventez un pays si vous voulez.) Envoyez une lettre à votre famille pour décrire votre premier jour (semaine, mois) de travail ou un incident particulièrement intéressant. Employez les deux temps du passé et les pronoms objets.

---

21. *Coopérant* (m.) = un Français qui va dans un autre pays pour développer l'agriculture, l'éducation, le système médical, etc. Cette activité peut remplacer le service militaire qui est obligatoire en France (un an).
22. *Effectuer* = accomplir, mettre à exécution, faire.

Improvisations

1. *Deux personnes*: Un agent de police arrête un automobiliste pour excès de vitesse. L'automobiliste essaie d'expliquer les événements qui ont provoqué son excès de vitesse.

> L'AGENT DE POLICE: *Pardon Monsieur(Madame). Vous alliez trop vite, vous avez dépassé la limite de vitesse.*
> L'AUTOMOBILISTE: *Oh, mais monsieur l'agent,*[23] ...

2. *Deux à cinq personnes*: Voici la scène d'un meurtre[24] au moment où l'inspecteur est arrivé avec la police. On a arrêté Monsieur Giguère, qui était en train de quitter[25] la scène du crime précipitamment. Au commissariat de police, l'inspecteur pose des questions à Monsieur Giguère sur ses activités avant, pendant et après le meurtre. Monsieur Giguère répond. L'inspecteur interroge aussi les autres témoins: le vieux serviteur, la bonne, la femme, etc.

Faites les exercices de laboratoire dans le *Cahier d'exercices*.

---

23. *Monsieur l'agent* = "Officer."
24. *Meurtre* (m.): Une personne qui tue une autre personne commet un *meurtre*.
25. *Qui était en train de quitter* = qui quittait.

Échanges

Un homme d'affaires téléphone.

— Allô.

— Allô. M. Brichefort à l'appareil.[1] Je voudrais parler à Mme Texel, s'il vous plaît.

— Oui, Monsieur. De la part de qui, s'il vous plaît? Je n'ai pas bien compris ...

— De la part de M. Brichefort: B-R-I-C-H-E-F-O-R-T ... de la Librairie Dumont.

— Très bien, Monsieur. Ne quittez pas, s'il vous plaît. (*pause*) Monsieur? Je suis désolée, mais Mme Texel n'est pas là.[2] Puis-je prendre un message?

— Dites-lui que je vais la rappeler plus tard, s'il vous plaît.

— Très bien, Monsieur. Au revoir, Monsieur.

— Au revoir, Madame.

1. *M. Brichefort à l'appareil.* = Ici M. Brichefort.
2. *Là* dans ce contexte signifie *ici*.

Vocabulaire

noms

affaires *f.pl.*
agriculteur *m.*
bonne *f.*
changement *m.*
chef *m.*
contrat *m.*
corps de la paix *m.*
dossier *m.*
écrivain *m.*
excès *m.*
héritage *m.*
honneur *m.*
langue *f.*
nouvelle *f.*
progrès *m.*
racine *f.*
réveil *m.*

serviteur *m.*
siècle *m.*
sommet *m.*
système *m.*
taxe *f.*
thème *m.*
tombe *f.*
vitesse *f.*
volontaire *m./f.*

adjectifs

commun(e)
francophone

verbes

arriver
dépasser

effectuer
envoyer
faire un rêve
garder
mourir
naître
provoquer
retourner
rêver
sonner
tomber

autres expressions

à la mode
de bonne humeur
en haut

en train de
en ville

le crime

accusé/accusée *m./f.*
arrêter
commissariat de police *m.*
coupable
innocent(e)
inspecteur/inspectrice *m./f.*
jurer
meurtre *m.*
témoin *m.*
voler

QUATORZIÈME LEÇON

Vous allez passer l'examen: N'ayez pas peur, ne soyez pas nerveux et écrivez correctement vos réponses!

· ·

1 | L'impératif

PRÉSENTATION ·

— L'examen est demain. Voici mes recommandations: **N'ayez pas peur! Ne soyez pas** nerveux! **Sachez** que vous êtes capables de bien faire! **Faites** du sport aujourd'hui! **Étudiez** bien! **Dormez** bien ce soir! **Écrivez** correctement vos réponses! **Dites** à tout le monde la même chose! Voilà mes conseils!

— J'accepte vos conseils. **Soyons** courageux! **Étudions** bien! **Dormons** bien! **Faisons** bien! Oh! ... et **n'oublions pas: ayons** confiance en nous!

EXPLICATIONS ·

● On emploie l'impératif pour donner des ordres.

> **Demandez** à un(e) camarade ...
> **Faites** les exercices écrits dans le *Cahier d'exercices*.
> **Répondez** aux questions.

● L'impératif est formé comme le présent de l'indicatif, mais sans sujet. Il y a trois formes de l'impératif:

la forme **tu** (familier)	**Dis**	**Ne dis pas**
la forme **nous** (collectif)	**Disons**	**Ne disons pas**
la forme **vous** (poli ou pluriel)	**Dites**	**Ne dites pas**

● Voici l'impératif des verbes réguliers en **-er, -ir** et **-re.**

Écoute	N'écoute pas
Écoutons	N'écoutons pas
Écoutez	N'écoutez pas

Finis	Ne finis pas
Finissons	Ne finissons pas
Finissez	Ne finissez pas

Attends	N'attends pas
Attendons	N'attendons pas
Attendez	N'attendez pas

REMARQUEZ: L'impératif familier de tous les verbes en **-er** est sans **-s.**

Tu manges ⟶ **Mange**
Tu vas ⟶ **Va**

L'impératif des verbes **avoir, être** et **savoir** est irrégulier.

avoir	être	savoir
Aie	Sois	Sache
Ayons	Soyons	Sachons
Ayez	Soyez	Sachez

N'ayez pas peur. **Soyez** fort. **Sachez** être patient.

EXERCICES ORAUX . . . .

A. **Donnez des ordres.** Donnez les trois formes de l'impératif de chaque verbe.

⌒ répondre
Réponds. Répondons. Répondez.

1. écrire
2. dire
3. être
4. parler
5. avoir

6. finir
7. savoir
8. mettre
9. venir
10. manger

B. **Ordres négatifs.** Voilà des ordres que les parents ne donnent pas (ou pas souvent) à leurs enfants adolescents. Dites au négatif pour corriger les ordres.

⌒ Sois impoli.
   Ne sois pas impoli.

1. Bois trop ce soir.
2. Conduis si tu es ivre.[1]
3. Rentre tard.
4. Fais du bruit quand tu entres dans la maison.
5. Réveille[2] toute la maison.

Ne fais pas de bruit ...

C. **Projets d'été.** Vous proposez diverses activités à vos copains (copines) pour un week-end d'été. Employez la forme *nous* de l'impératif.

⌒ essayer de trouver un endroit agréable
   Essayons de trouver un endroit agréable.

1. aller à la plage
2. faire un pique-nique
3. rester à la maison et jouer au bridge
4. prendre nos vélos
5. partir en promenade
6. emporter des sandwichs

Faites les exercices écrits dans le *Cahier d'exercices*.

---

2   La place des pronoms objets avec l'impératif

PRÉSENTATION . . . .

— Vous avez vos livres? Bon. Fermez-**les**. Ne **les** ouvrez[3] pas. David, parlez à Kirsten. Dites-**lui** de fermer son livre.
— Kirsten, ferme-**le**. Ne **l'**ouvre pas.
— Maintenant, écoutez-**moi** bien mais ne **me** regardez pas. Regardez le tableau.

---

1. *Ivre*: On est *ivre* quand on boit trop d'alcool.
2. *Réveiller* = "to wake up."
3. *Ouvrir* ≠ fermer.

EXPLICATIONS . . . .

● À l'impératif *affirmatif*, les pronoms objets sont placés *après* le verbe et sont attachés au verbe par un trait d'union (–).

> Tu *l'*écoutes.   *Mais*: Écoute-**le**.
> Vous *lui* répondez.   *Mais*: Répondez-**lui**.

ATTENTION: Le pronom objet **me** devient **-moi** à l'impératif affirmatif.

> Vous *me* regardez.   *Mais*: Regardez-**moi**.

● À l'impératif *négatif*, les pronoms objets sont *devant* le verbe, comme dans une phrase déclarative.

> Tu ne *l'*écoutes pas.   Ne **l'**écoute pas.
> Nous ne *lui* répondons pas.   Ne **lui** répondons pas.

ATTENTION: Le pronom objet *me* ne change pas à l'impératif négatif.

> Vous ne *me* regardez pas.   Ne **me** regardez pas.

EXERCICES ORAUX . . . .

D. **La vieille voiture.**   Paul a une vieille voiture qui ne marche pas très bien. Donnez-lui des conseils à la forme *tu*. Remplacez les noms en italique par des pronoms compléments d'objet direct ou indirect.

⌒ vendre *la voiture*   Vends-la!

1. réparer *la voiture*
2. donner la voiture *à ton frère*
3. parler *à tes parents*
4. persuader *tes parents* de te donner de l'argent
5. acheter *ta nouvelle voiture* chez Renault

E. Que faire? Monsieur Dupont suggère différentes activités à son ami américain Monsieur Smith qui visite Paris. Sa fille Chantal encourage aussi Monsieur Smith à les faire. Jouez le rôle de Chantal.

La soupe à l'oignon qu'on peut manger *Au Pied de Cochon*[4] est superbe. (commander[5])
Oui! Oui! Commandez-la!

1. La façade de Notre-Dame est magnifique. (admirer)
2. Le nouveau musée d'Orsay est sur la rive gauche. (visiter)
3. La pyramide du Louvre est ouverte. (visiter)
4. Mon frère et sa femme habitent dans le Marais[6]. (téléphoner)
5. Les babas au rhum sont délicieux. (goûter[7])
6. Beaucoup de Français aiment le kir.[8] (essayer)

---

4. *Au Pied de Cochon* = restaurant parisien, célèbre pour sa soupe à l'oignon gratinée.
5. *Commander* = "to order."
6. *Marais* (m.) = très ancien quartier de Paris au 3e et au 4e arrondissements.
7. *Goûter* = manger une petite quantité de quelque chose pour l'essayer.
8. *Kir* (m.) = cocktail français (vin blanc et crème de cassis).

F. **Ne faites pas ça.**   Un(e) ami(e) veut venir vous voir, mais vous êtes obligé(e) d'étudier pour un examen. Vous lui dites le contraire des ordres suivants. Employez l'impératif et les pronoms objets.

◯ Téléphone-moi cet après-midi.
Ne me téléphone pas cet après-midi.

1. Rends-moi visite ce soir.
2. Dis à ton amie de venir aussi.
3. Apporte-nous des disques.
4. Invite tes amis à une boum[9] chez moi ce soir.
5. Dis à tes amis d'apporter du vin.

Faites les exercices écrits dans le *Cahier d'exercices*.

| 3 | **L'expression *il faut*** it is nec. |

PRÉSENTATION ·

— A-t-on besoin d'argent quand on est étudiant?
— Oui, **il faut de l'**argent pour acheter des choses importantes.
— Quelles choses?
— Oh, **il faut** acheter des livres, des cahiers, des stylos, une calculatrice...
— Est-ce qu'il y a des choses qu'**il ne faut pas** acheter?
— Certainement. **Il ne faut pas** acheter les réponses aux examens!

— Qu'est-ce qu'**il vous faut** pour faire un voyage?
— **Il me faut** de l'argent, des vêtements et une valise. L'année dernière, je suis allée à l'étranger[10] et **il me fallait** un passeport.
— Allez-vous faire un voyage l'année prochaine?
— Oui, je vais aller au Mexique en décembre, alors **il va falloir** étudier l'espagnol.

EXPLICATIONS ·

● **Il faut** + infinitif = *il est nécessaire de.*

Il faut réfléchir avant de parler.
Il faut rester quatre ans à l'université.

---

9. *Boum* (f.) (familier) = partie (soirée) pour les jeunes.
10. *À l'étranger* = à l'extérieur de son propre pays.

REMARQUEZ: Le négatif **il ne faut pas** + infinitif = *il n'est pas permis de.*

> **Il ne faut pas** parler pendant l'examen.
> **Il ne faut pas** fumer dans un hôpital.

● **Il faut** + nom = *on a besoin de.*

> **Il faut** des œufs pour faire une omelette.

REMARQUEZ: Généralement on emploie un article partitif (*du, de la, de l', des*) après **il faut.**

> Pour apprendre à parler français, **il faut** *de la* patience.

REMARQUEZ: Au négatif, le sens ne change pas. **Il ne faut pas** + nom = *on n'a pas besoin de.*

> **Il ne faut pas** de chocolat quand on fait des spaghetti.

● Quelquefois, **il faut** est employé pour un besoin ou une obligation personnels. Pour indiquer la personne pour qui c'est une nécessité, on utilise la construction **il faut** + nom avec un pronom objet indirect: **Il me faut** = *j'ai besoin de.*

> **Il me faut** une calculatrice pour compléter ce travail.
> Mes parents ont des problèmes avec mon frère. **Il leur faut** de la patience.

● Le futur immédiat de *il faut* est **il va falloir.**

> **Il va falloir** beaucoup de courage pendant cette aventure.
> Nous voulons arriver à notre rendez-vous à deux heures, alors **il va falloir** manger à midi.

● Au passé

1. On emploie souvent l'imparfait avec **il faut,** surtout pour indiquer des besoins généraux.

> Pendant la guerre, **il nous fallait** du courage.
> La radio ne marchait pas bien et **il fallait** écouter avec attention.

2. Pour indiquer un moment précis, on utilise le passé composé.

> Quand le réveil a sonné, **il a fallu** l'arrêter.
> Mireille a perdu sa carte de crédit, et **il a fallu** téléphoner à la banque tout de suite.

EXERCICES ORAUX . . . .

G. Pendant les crises. Qu'est-ce qu'il faut faire dans les circonstances suivantes? Donnez trois instructions pour chaque situation. Utilisez un infinitif dans chaque instruction.

⌒ Vous pensez qu'il y a un incendie[11] chez les voisins.
Il faut appeler les voisins.
Il faut téléphoner aux pompiers. [12]
Il ne faut pas rester immobile.

1. Vous avez un accident de voiture.
2. Un homme énorme avec un révolver est devant votre maison.
3. Vous êtes perdu(e) dans une nouvelle ville.
4. Vous dînez avec un ami. Tout à coup il ne peut pas respirer.
5. Pendant une tempête,[13] l'électricité ne fonctionne pas.
6. Votre amie est dans la piscine et soudain elle a une crampe.

H. Besoins. Chaque personne a quelque chose à accomplir. Nommez trois choses qui sont nécessaires pour atteindre cet objectif.

⌒ Gérard et Raphaël écrivent un livre.
Il leur faut un endroit tranquille. Il leur faut du temps et de la patience. Il leur faut un ordinateur ... ou une secrétaire.

1. Nous passons un examen.
2. Cendrillon va au bal.
3. Michel et Céleste décorent leur salon.
4. Votre grand-père est en convalescence.
5. Vous préparez un gâteau au chocolat.

I. La politique. Vous voulez devenir président des États-Unis. Dites quelles choses il faut faire, quelles choses il ne faut pas faire ou quelles choses il n'est pas nécessaire de faire.

⌒ venir d'une famille célèbre
Il n'est pas nécessaire de venir d'une famille célèbre.

1. avoir 45 ans
2. gagner toutes les élections primaires
3. passer du temps en prison
4. avoir de l'expérience comme gouverneur
5. adorer embrasser les bébés
6. mentir au peuple américain
7. être né(e) aux États-Unis
8. avoir une fortune personnelle
9. donner des interviews choquantes à la presse

---

11. *Incendie* (m.) = flammes qui causent de la destruction.
12. *Pompier* (m.) = personne qui combat les incendies.
13. *Tempête* (f.) = violente tourmente atmosphérique.

J. **Les nécessités de la vie.**   Est-ce que ces choses étaient nécessaires

formerly

autrefois? Est-ce qu'elles sont nécessaires aujourd'hui? Est-ce qu'elles vont être obligatoires à l'avenir? Suivez le modèle.

◠ avoir un cheval

Autrefois, il fallait avoir un cheval—surtout à la campagne! Il n'est pas nécessaire d'avoir un cheval aujourd'hui. Probablement il ne va pas falloir avoir un cheval à l'avenir.

1. savoir lire et écrire
2. prendre le bateau pour aller en Europe
3. avoir un four à micro-ondes
4. savoir parler une langue étrangère
5. avoir des amis
6. chercher longtemps pour trouver un restaurant végétarien

Faites les exercices écrits dans le *Cahier d'exercices.*

| **4** | **Les verbes *courir, rire, conduire, ouvrir*** |

PRÉSENTATION ·

— Quand vous êtes pressée,[14] Élisabeth, **courez**-vous?
— Oui, quelquefois je **cours** après l'autobus. J'aime **courir.** Ce matin j'**ai couru** pour arriver en classe à l'heure.

— **Riez**-vous quand vous écoutez Bill Cosby?
— Quelquefois je **ris,** mais généralement je **souris** simplement. La semaine passée j'ai beaucoup **ri** quand j'ai vu Jay Leno au Paladium.

— **Conduisez**-vous vite?
— Non, je **ne conduis pas** vite parce que l'année dernière je **conduisais** trop vite et la police m'a arrêté(e).

— **Ouvrez**-vous votre livre en classe?
— Généralement, je **n'ouvre pas** mon livre en classe, mais pour étudier il faut **ouvrir** le livre à la maison ou à la bibliothèque. Et hier, je l'**ai ouvert** en classe pour faire un exercice.

---

14. *Pressé(e)* = "in a hurry."

EXPLICATIONS ·

● Trois verbes irréguliers (**courir, rire, conduire**) ont les mêmes terminaisons au présent: **-s, -s, -t, -ons, -ez, -ent.** Leur participe passé est
irrégulier.

1. **courir** (participe passé: **couru**)

je	cour**s**	nous	cour**ons**
tu	cour**s**	vous	cour**ez**
il/elle/on	cour**t**	ils/elles	cour**ent**

Ne courez pas près de la piscine!

2. **rire** (participe passé: **ri**)

je	ri**s**	nous	ri**ons**
tu	ri**s**	vous	ri**ez**
il/elle/on	ri**t**	ils/elles	ri**ent**

En Amérique le père Noël **rit** comme ça: Ho, ho, ho!
Quand j'ai montré[15] mes mauvaises notes à mon père, il **n'a pas ri.**

REMARQUEZ: Le verbe **sourire** est conjugué comme **rire.**

La Joconde[16] **sourit** mystérieusement.

3. **conduire** (participe passé: **conduit**)

je	condui**s**	nous	conduis**ons**
tu	condui**s**	vous	conduis**ez**
il/elle/on	condui**s**	ils/elles	conduis**ent**

Hier j'**ai conduit** la voiture de mon professeur!

---

15. *Montrer* = indiquer, exposer pour voir.
16. *La Joconde* = Mona Lisa, tableau célèbre.

REMARQUEZ: Au présent, il y a un **-s** à la fin du radical *pluriel*: **conduis-**.

> Vous **conduisez** une voiture, mais les conducteurs de train **conduisent** des trains.

REMARQUEZ: Les verbes **construire**, **détruire** et **traduire** sont conjugués comme *conduire*.

> Les Français **ont construit** une pyramide moderne au centre de la cour du Louvre.
> La pollution et le temps **détruisent** lentement les pyramides d'Égypte.
> On **traduit** la Bible dans toutes les langues.

● Le verbe **ouvrir** est aussi irrégulier. Son système de conjugaison au présent est exactement comme les verbes en **-er**. Son participe passé est irrégulier.

ouvrir (participe passé: **ouvert**)			
j'	ouvr**e**	nous	ouvr**ons**
tu	ouvr**es**	vous	ouvr**ez**
il/elle/on	ouvr**e**	ils/elles	ouvr**ent**

> Nous **avons ouvert** une bouteille de champagne.

REMARQUEZ: L'impératif est aussi exactement comme les verbes en **-er**.

> **Ouvre** la boîte! **Ouvrons** la bouteille! **Ouvrez** les oreilles!

REMARQUEZ: Les verbes **couvrir, découvrir, offrir** et **souffrir** sont conjugués comme **ouvrir**. Les participes passés sont **couvert, découvert, offert** et **souffert**.

> Sylvie **recouvre** toujours ses livres avec du papier marron.
> Qui **a découvert** l'Amérique—Christophe Colomb ou les Vikings?
> Les Dupont **ont offert** de jolis cadeaux aux nouveaux mariés.
> Jean-Jacques **souffre** parce qu'il a trop bu hier.

EXERCICES ORAUX ·

K. **Réactions diverses.**   Dites quelle est votre réaction aux situations suivantes. Employez les verbes *conduire, construire, courir, couvrir, détruire, offrir, ouvrir, rire, souffrir, sourire, traduire.*

⌒ Vous faites une promenade et vous voyez un chien méchant[17] de
  l'autre côté de la rue. Il va traverser la rue!
  Je cours.

1. Il y a une boîte mystérieuse sur la table. Vous entendez des bruits curieux[18] dans la boîte.
2. Vous voyez une femme dans la rue qui a faim. Vous avez deux sandwichs.
3. Vous voulez aller voir votre tante qui habite un tout petit village. Il n'y a pas d'autobus qui va à ce village et il n'y a pas de train.
4. Vous avez une casserole[19] chaude, mais le contenu va devenir froid.
5. Vous allez voir un film de Bill Murray, Chevy Chase, Eddie Murphy et beaucoup d'autres comédiens célèbres.
6. Vous êtes à Haïti avec un ami haïtien et une amie américaine qui ne parle pas français. Votre ami haïtien vous explique l'histoire de son pays.
7. Vous travaillez pour la CIA. Vous lisez une communication secrète de votre chef, mais il ne faut pas la conserver.
8. Vous voulez habiter à la montagne, mais il n'y a pas encore de maison.
9. C'est un long week-end. Le dentiste est en vacances. Vous avez mal aux dents et vous pleurez.
10. Quelqu'un vous fait un compliment sincère.

L. **Questions personnelles.**   Répondez aux questions suivantes.

1. Traduisez-vous vos compositions d'anglais en français?
2. Quand souffrez-vous?
3. Ouvrez-vous les lettres de votre camarade de chambre?
4. Courez-vous quand vous avez peur?
5. Riez-vous beaucoup?
6. Souriez-vous quand vous êtes triste?
7. Conduisez-vous une voiture japonaise?
8. Couvrez-vous tous vos livres avec du papier?
9. Détruisez-vous les lettres que vous recevez de votre ami(e)?

---

17. *Méchant(e)* ≠ gentil.
18. *Curieux(curieuse)* = étrange.
19. *Casserole* (f.) = ustensile de cuisine en métal qu'on emploie pour préparer des sauces, des légumes, etc.

M. Règles de la classe de français. On est très strict dans la classe de français. Expliquez les règles[20] à un nouvel étudiant.

⌒ ouvrir la porte silencieusement
Ouvre la porte silencieusement.

1. ne pas rire en classe
2. sourire quand le professeur essaie d'être amusant
3. offrir une pomme au professeur le jour de l'examen
4. ne pas construire des avions en papier
5. ne pas traduire (Il faut penser en français.)
6. ne pas souffrir (Le français est amusant.)
7. ne pas courir à la porte à la fin de la classe
8. ne pas offrir des excuses quand tu oublies tes devoirs

N. Au cinéma. Guillaume a invité sa copine Marie-Ève à aller voir un film danois, *Le Festin de Babette*. Mettez sa description de leur soirée au passé. Employez le passé composé et l'imparfait.

1. J'arrive chez Marie-Ève à 6 h 45.
2. Elle ouvre la porte et sourit.
3. Elle m'offre une bière.
4. Je refuse parce que je souffre d'une migraine.
5. Marie-Ève nous conduit.
6. Le film va commencer; alors, nous courons du parking au cinéma.
7. Quand nous entrons dans la salle, tout le monde regarde le film et rit.
8. Nous découvrons qu'on ne joue plus[21] *Le Festin de Babette*, mais qu'on joue un vieux film comique, *American Graffiti*.
9. Le monsieur assis à côté nous offre du pop-corn.

Faites les exercices écrits dans le *Cahier d'exercices*.

---

20. *Règle* (f.) = une condition obligatoire; une loi.
21. *Ne joue plus* = ne continue pas à jouer.

5   L'expression *ne ... que* only

PRÉSENTATION · · · · · · · · · · · · · · · · · · ·

— Avez-vous beaucoup de frères et de sœurs?
— Mais non. J'ai **seulement** une sœur et je **n'**ai **qu'**un frère aussi. Mais j'ai beaucoup de cousins.
— Leur avez-vous écrit récemment?
— Oui, je leur ai écrit samedi. Je **n'**ai écrit **qu'**une lettre, mais j'ai fait des photocopies.

EXPLICATION ·

● **Ne ... que** = *seulement*. On emploie **ne** devant le verbe et **que** devant le mot modifié.

> Je **ne** prends **qu'**une tasse de café le matin.
> (Je prends *seulement* une tasse de café le matin.)

> Éric **ne** lit **que** les «Cliff notes».
> Nous **ne** sommes allés **que** dans le Midi.
> Garfield **ne** fait **que** manger et dormir.

EXERCICE ORAL ·

O. **Pauvre Jeannot!**   Jeannot était très pauvre. Sa vie était très limitée. Décrivez-la. Employez l'imparfait et l'expression **ne ... que.**

 avoir un pantalon
Il n'avait qu'un pantalon.

1. manger une fois par jour
2. avoir une seule chambre dans son appartement
3. avoir un vieux chat comme ami
4. aller à l'école trois fois par semaine
5. parler de ses problèmes
6. vouloir une chose: jouer de la flûte toute la journée

Faites les exercices écrits dans le *Cahier d'exercices.*

CRÉATION

Exercices de conversation

A. Un(e) étudiant(e) est devant la classe et donne des ordres. Les autres étudiants n'exécutent que les ordres qui commencent par «*Jacques a dit ...* ». Si un(e) étudiant(e) fait une erreur, il(elle) est éliminé(e) du jeu.

B. Organisez une thérapie de groupe de quatre à six étudiants. Vous expliquez un problème de votre vie à l'université. Chaque étudiant(e) vous donne au moins un conseil. Puis, chaque étudiant(e) présente un problème. Inventez un problème ou choisissez un des problèmes suivants:

Vous ne pouvez pas trouver d'appartement.
Vous grossissez à cause de la cuisine de la cafétéria.
Vous ne pouvez pas dormir parce qu'il y a trop de bruit dans
  votre résidence.
Vous avez besoin d'une voiture pour quitter le campus.
Vous êtes toujours en retard pour vos classes.
etc.

VOUS: *Je ne réussis pas à mon cours de chimie parce que je déteste la chimie.*
CAMARADE 1: *Sache que la chimie est très utile pour ton programme d'études.*
  Aie une meilleure attitude.
CAMARADE 2: *Non, non, non! N'essaie pas de réussir dans un discipline que*
  tu détestes. Change de cours. Fais de la philosophie, par exemple.
etc.

Lecture

CONSEILS/ACTIVITÉS AVANT LA LECTURE . . . .

Comment faites-vous pour aller d'un endroit à l'autre dans une grande ville? Avez-vous déjà voyagé en métro? (à New York? à Boston? à Washington? à Montréal? à Mexico? à Londres?) Le métro est-il rapide? confortable? Comment sont les stations de métro?

ÉVITONS LA CIRCULATION: PRENONS LE MÉTRO

Les gens qui connaissent Paris savent bien que la circulation automobile est très intense. Ils disent souvent que les Parisiens conduisent «comme des fous», mais ce n'est pas vrai. Les Parisiens conduisent vite, mais ils obéissent généralement aux signaux lumineux «feu vert» ou «feu rouge»
5 qui leur ordonnent: «Passez» ou «Stop». Il y a aussi les passages cloutés (pour les piétons quand ils ont la priorité) que les automobilistes respectent. Dans les grands carrefours il y a souvent des agents de police qui dirigent la circulation des automobiles et des piétons. Ils ont leur fameux bâton à la main et quelquefois un sifflet à la bouche. Quand ils agitent leur
10 bâton, ça veut dire: «Circulez! Circulez! Allez! Allez! Vite! Vite! Vite!» Quand tout d'un coup ils traversent la chaussée et placent leur bâton verticalement, cela signifie: «Arrêtez!» pour les voitures, et «Passez!» pour les piétons.

   Il est toujours très difficile et très long de traverser Paris en voiture.
15 Le moyen de transport le plus efficace, si vous êtes pressé, c'est le métro. Il est très rapide et très confortable. Les stations importantes sont décorées dans le style des quartiers où elles sont. Par exemple, la station du Louvre a de magnifiques reproductions de sculptures antiques ou médiévales. Remarquez aussi et admirez l'architecture extérieure des vieilles stations.
20 C'est le célèbre style «art nouveau» qui était à la mode en 1900, l'année où on a inauguré le métro.

   Si vous prenez le métro, voilà quelques conseils: il y a toujours un plan des stations et des lignes de métro à l'extérieur et à l'intérieur de chaque station. Il faut le consulter. Il vous indique généralement la station où
25 vous êtes. Choisissez la station la plus proche de l'endroit où vous voulez aller. Vous pouvez maintenant savoir s'il y a une ligne directe entre les deux stations. Si oui, notez bien la direction, achetez votre ticket et entrez dans le couloir[22] qui indique la direction que vous désirez. Si vous ne réussissez pas à trouver une ligne directe, ne désespérez pas! Soyez pa-

---

22. *Couloir* (m.) = corridor.

30 tient; vous allez trouver une station où il y a une correspondance[23] entre les deux lignes que vous voulez. Choisissez toujours la combinaison la plus simple et la plus courte. Dans certaines stations on trouve des plans électrifiés. Vous n'avez qu'à[24] appuyer sur le bouton qui identifie la station où vous voulez aller et votre circuit va apparaître illuminé sur le plan avec
35 l'indication de la direction. Vous allez remarquer que tout le monde court dans les couloirs et les escaliers mécaniques. Les voyageurs ont l'air sérieux et très pressés.

Faites attention: Ne jetez pas votre ticket. Gardez-le. Il y a quelquefois des contrôles. Vous pouvez aussi décider de le garder comme souvenir de
40 Paris. Bonne chance et bon voyage ... en métro!

QUESTIONS SUR LA LECTURE . . . .

1. Comment conduisent les Parisiens? Et les gens de votre ville?
2. Que signifie un feu vert? un feu rouge?
3. Quelle est la fonction des passages cloutés? Faut-il traverser dans des passages cloutés dans votre ville?
4. Qu'est-ce que les agents de police font dans les carrefours?
5. Quel est le moyen de transport le plus efficace à Paris?
6. Comment est l'architecture extérieure des stations de métro?
7. Où y a-t-il un plan des stations et des lignes de métro?
8. Quand avez-vous besoin de trouver une station où il y a une correspondance entre deux lignes?

---

23. *Correspondance* (f.) = communication entre deux véhicules publics.
24. *Vous n'avez qu'à* = il faut seulement.

9. Si vous appuyez sur un bouton du plan électrifié, quel est le résultat?

10. Quels sont les transports en commun[25] dans votre ville? Comment circulez-vous dans votre ville?

Compositions orales/écrites

1. Expliquez comment aller chez vous ou chez vos parents.

    Pour aller chez moi, c'est très simple. Descendez l'avenue Franklin Roosevelt. Tournez à gauche dans la rue Edison et restez à droite. etc.

2. Y a-t-il un métro dans votre ville? Sinon, quel est le meilleur transport en commun? Expliquez comment employer le système de transport en commun. Employez des impératifs, l'expression *il faut* et les verbes de la leçon.

3. Quels endroits dans votre ville recommandez-vous à un(e) touriste? Pourquoi? Écrivez une brochure touristique qui explique ce qu'il faut visiter, etc., dans votre ville et comment aller à ces endroits. Employez *il faut*, l'impératif et les verbes de la leçon.

Improvisations

1. *Deux personnes*: Vous êtes avec un(e) ami(e) dans un chalet à la montagne. Il commence à neiger et vous ne pouvez pas partir. Soudain, votre ami(e) tombe dans l'escalier et souffre beaucoup à la jambe. Vous téléphonez à votre oncle, qui est médecin, et, à l'impératif, il vous dit ce qu'il faut faire.

2. *Trois à dix personnes*: Vous êtes pilote et votre avion a eu un accident. Vous et vos passagers êtes perdus dans les Alpes. Vous donnez des ordres collectifs à la forme *nous*.

3. *Trois à cinq personnes*: Vous dînez dans votre famille. Vous annoncez que vous allez organiser une expédition au centre de l'Afrique en été. Votre famille commence à vous donner des conseils sur ce qu'il faut faire pour préparer le voyage.

Faites les exercices de laboratoire dans le *Cahier d'exercices*.

---

25. *Transport* (m.) *en commun* = transport public.

Échanges

— Tu as un ticket?

— Non, moi, j'ai une carte orange. C'est plus économique pour une semaine ou un mois.

— Est-ce que tu me conseilles[1] de faire comme toi?

— Non, pour quatre jours, achète seulement un carnet de dix tickets. Je vais consulter le plan pendant que tu fais la queue[2] au guichet.[3] Surtout, prépare ta monnaie.

1. *Conseiller* = offrir un conseil.
2. *Faire la queue* = attendre son tour.
3. *Guichet* = endroit où on achète des tickets.

Vocabulaire

noms

boum *f.*
bouton *m.*
calculatrice *f.*
carrefour *m.*
casserole *f.*
chalet *m.*
circulation *f.*
combinaison *f.*
contenu *m.*
correspondance *f.*
couloir *m.*
incendie *m.*
interview *f.*
ligne *f.*
nouveaux mariés *m.pl.*
oignon *m.*
papier *m.*
parking *m.*
piéton/piétonne *m./f.*
pique-nique *m.*
pompier *m.*

règle *f.*
renseignement *m.*
salon *m.*
sifflet *m.*
tempête *f.*
valise *f.*

adjectifs

curieux(curieuse)
ivre
mécanique
méchant(e)
pressé(e)
proche

verbes

accomplir
agiter
apparaître
appuyer
avoir confiance en

circuler
commander
conduire
conserver
construire
courir
couvrir
découvrir
désespérer
détruire
diriger
fermer
goûter
jeter
jouer un film
offrir
ordonner
ouvrir
persuader
placer
recouvrir
remarquer

réparer
réveiller
rire
souffrir
sourire
tourner
traduire

autres expressions

à l'étranger
bonne chance
il faut
ne ... que
sinon
tout d'un coup

— Préférez-vous aller à la campagne?
— Oui, j'aime y aller. La campagne est très tranquille.

---

1   Le pronom complément *y* ~there~

PRÉSENTATION

— Sommes-nous sur le campus de l'université?
— Oui, nous **y** sommes. Nous **y** sommes presque tous les jours.
— Allez-vous souvent en ville, Danielle?
— Non, je n'**y** vais pas souvent.
— Pourquoi pas? Préférez-vous aller à la campagne?
— Oui, j'aime **y** aller. La campagne est très tranquille.
— **Y** êtes-vous allée le week-end dernier?
— Non, je n'**y** suis pas allée. Je suis restée ici pour écrire des lettres à mes amis.
— Avez-vous répondu à leurs lettres?
— Oui, j'**y** ai répondu.

EXPLICATIONS

● Le pronom **y** remplace **à** + nom de *chose* (objet, ville, etc.).

Obéissez-vous *aux lois*?[1]	Oui, j'**y** obéis.
Réponds-tu *à cette lettre*?	Oui, j'**y** réponds.
Vas-tu *à Chicago*?	Oui, j'**y** vais.

RAPPEL: On remplace **à** + nom de *personne* par un pronom objet indirect (**lui, leur**,[2] etc.).

Obéissez-vous *à vos parents*?	Oui, je **leur** obéis.
Réponds-tu *au professeur*?	Oui, je **lui** réponds.

---

1. *Loi* (f.) = réglementation légale. L'étude des lois = le droit.
2. Voir la Onzième Leçon, page 232.

● Le pronom **y** remplace aussi un nom introduit par une préposition de lieu: **à, dans, en, sur, sous, chez, devant, derrière**.

Habitez-vous *aux États-Unis*?	Oui, nous **y** habitons.
Le journal est-il *sur la table*?	Oui, il **y** est.
Avez-vous dîné *dans ce café*?	Non, je n'**y** ai pas dîné.
Es-tu allé *en Europe*?	Non, je n'**y** suis pas allé.
Vas-tu aller *chez Guy* ce soir?	Non, je ne vais pas **y** aller.

● Comme les autres pronoms objets (directs et indirects), on met généralement le pronom **y** directement *devant* le verbe conjugué.

Nous **y** pensons.
Béatrice **y** a répondu.
Y habite-t-il?

REMARQUEZ: Avec la construction *verbe conjugué + infinitif*, on met **y** devant le verbe qui a un rapport logique avec le pronom.

— Aimez-vous aller *en ville*?
— Non, je n'aime pas **y** aller.

ATTENTION: À l'impératif négatif, la règle générale convient, mais avec l'impératif *affirmatif*, **y** est placé *après* le verbe.

	N'**y** va pas	N'**y** allons pas	N'**y** allez pas
Mais:	Vas-**y**[3]	Allons-**y**	Allez-**y**

REMARQUEZ: Faites la liaison à l'impératif affirmatif entre le verbe et le pronom objet.

Vas-**y**!	Allon**s**-y!	Alle**z**-y!
[z]	[z]	[z]

EXERCICES ORAUX . . . .

A. **En France.** Vous êtes étudiant(e) en France et vous téléphonez à vos amis américains. Répondez à leurs questions et remplacez le complément du verbe par le pronom *y*.

⌒ Es-tu maintenant dans ta chambre? (non)
Non, je n'y suis pas.

1. Est-ce que tu habites dans la banlieue? (non)
2. Vas-tu en classe chaque jour? (oui)

---

3. Avec le pronom complément **y**, on est obligé d'ajouter un **-s** à l'impératif affirmatif familier pour des raisons euphoniques: *Vas-y.* Remarquez qu'au négatif, le **-s** disparaît: *N'y va pas.*

3. Vas-tu souvent au cinéma? (oui)

4. Manges-tu au restaurant universitaire? (non)

5. Es-tu déjà allé(e) dans le Midi? (non)

6. Est-ce que tu as skié dans les Alpes? (non)

7. Es-tu monté(e) en haut de la tour Eiffel? (oui)

8. Veux-tu rentrer aux États-Unis pour Noël? (non)

9. Vas-tu rester neuf mois en France? (oui)

10. Est-ce que tu nous invites chez toi pour Noël? (oui)

B. **Fais-le!** Employez l'impératif et le pronom qui convient pour ordonner (affirmativement et puis négativement) à un(e) camarade ...

◠ de parler à Jacques.

VOUS: *Parle-lui!*

CAMARADE: *Non, je ne veux pas!* ou
Non, je refuse!

VOUS: *Alors, ne lui parle pas! Ça m'est égal.* [4]

1. de regarder le tableau.

2. de répondre au professeur.

3. de répondre à la question.

4. d'aller à ses cours.

5. de vous aider.

6. de nous écrire.

7. d'écrire les exercices pour demain.

8. de réfléchir à ses examens.

9. d'obéir à ses parents.

10. d'obéir aux règlements de l'université.

C. **Localisation.** Demandez à un(e) camarade (qui va employer le pronom qui convient dans sa réponse) ...

◠ s'il (si elle) est devant le tableau.

VOUS: *Es-tu devant le tableau?*

CAMARADE: *Oui, j'y suis.* ou
Non, je n'y suis pas.

1. s'il(si elle) est à côté du mur.

2. s'il(si elle) habite sur le campus.

3. s'il(si elle) aime aller à la montagne.

4. s'il(si elle) étudie au café de l'Union des étudiants.

5. s'il(si elle) souffre dans la classe de français.

Faites les exercices écrits dans le *Cahier d'exercices.*

---

4. *Ça m'est égal* = "I don't care."

2 │ Le pronom complément *en* of/from it

PRÉSENTATION . . . .

— Leslie a-t-elle de l'imagination?
— Oui, elle **en** a beaucoup. J'**en** ai aussi!
— Les étudiants ont-ils besoin d'imagination?
— Bien sûr, ils **en** ont besoin!

pouvoir

— Peut-on avoir trop d'amis?   *peut, peux, peut, pouvons, pouvez*
                                        peuvent
— Non, on ne peut pas **en** avoir trop.
— Est-il difficile d'avoir des amis quand on est sympathique?
— Non, il n'est pas difficile d'**en** avoir. Mais si on est antipathique, on n'**en** a pas beaucoup.
— Combien **en** avez-vous?
— J'**en** ai deux très intimes, mais j'**en** ai aussi beaucoup d'autres.

— Avez-vous fait du tennis hier?
— Oui, mes amis et moi, nous **en** avons fait.

EXPLICATIONS . . . .

● Le pronom **en** remplace **de** + nom de *chose* (objet, ville, etc.).

prendre

— Avez-vous pris *de la crème* dans votre café?
— Oui, j'**en** ai pris.

— Parlez-vous *de l'examen*?
— Oui, nous **en** parlons.

— Revient-elle *de Limoges*?
— Oui, elle **en** revient.

● Avec certaines expressions verbales, **en** remplace **de** + *nom objet* ou même tout le complément verbal (**de** + *infinitif* + *objet*).

avoir besoin de	avoir honte de	avoir l'occasion de
avoir envie de	avoir l'intention de	avoir la possibilité de
avoir peur de		

J'ai besoin *de vos notes.*
J'ai besoin *d'étudier.*   } J'**en** ai besoin.
J'ai besoin *d'étudier vos notes.*

Sylvie a l'occasion *de voyager au Québec.*   Elle **en** a l'occasion.
Mes enfants ont peur *de la nuit.*   Ils **en** ont peur.

● Avec les expressions de quantité, **en** remplace **de** + *nom*. **En** ne remplace pas le reste de l'expression de quantité.

beaucoup de	**combien de**	**un litre de**
trop de	**autant de**	**une livre de**
assez de	**une douzaine de**	**un kilo de**
(un) peu de		

— Veux-tu *un litre de vin* ou seulement un verre?
— J'**en** veux *un litre*.

— Est-ce que Claudine fait *trop de pain*?
— Non, elle n'**en** fait pas *trop*, elle **en** fait *assez*.

● Dans l'absence du nom, **en** est obligatoire avec un nombre, parce que les nombres sont aussi des expressions de quantité. N'oubliez pas que **un(e)** est un nombre.

Combien de *cousines* as-tu?	Je n'**en** ai qu'*une*.
Connaissez-vous un *architecte*?	Oui, j'**en** connais *un* excellent.
Pierre a-t-il mangé des *crêpes*?	Il **en** a mangé *dix-huit*!
Je veux quelques *verres de vin*.	Combien **en** voulez-vous?
	En voulez-vous *deux* ou *trois*?

● Comme les autres pronoms objets (directs, indirects et **y**), on met généralement le pronom **en** directement *devant* le verbe.

J'**en** ai deux.
En avez-vous assez?
N'**en** prends pas trop!
Elle **en** a mangé.

REMARQUEZ: Avec la construction *verbe conjugué + infinitif*, on met **en** devant le verbe qui a un rapport logique avec le pronom.

— Aimes-tu avoir *des fleurs* à la maison?
— Oui, j'aime **en** avoir.

ATTENTION: Comme avec les autres pronoms, à l'impératif négatif la règle générale convient, mais avec l'impératif *affirmatif*, **en** est placé *après* le verbe.

	N'**en** mange pas	N'**en** mangeons pas	N'**en** mangez pas
Mais:	Manges-**en**![5]	Mangeons-**en**!	Mangez-**en**!

	N'**en** prends pas	N'**en** prenons pas	N'**en** prenez pas
Mais:	Prends-**en**!	Prenons-**en**!	Prenez-**en**!

ATTENTION: Remarquez l'ordre des éléments quand on emploie **en** avec **il y a.**

— Est-ce qu'il y a assez de places?
— Oui, **il y en a** assez.
— **Y en a-t-il** vraiment assez?
— Oui, **il y en a** douze!

REMARQUEZ: Faites la liaison à l'impératif affirmatif entre le verbe et le pronom objet.

Prend**s**-en!	Prenon**s**-en!	Prene**z**-en!
[z]	[z]	[z]

EXERCICES ORAUX . . . .

D. Comptons!   Répondez aux questions suivantes. Employez *en* dans votre réponse.

⌒ Combien de mains avez-vous?
  J'en ai deux.

  1. Combien d'oreilles avez-vous?
  2. Combien de doigts avez-vous?
  3. Combien de nez avez-vous?
  4. Combien de sœurs avez-vous?
  5. Combien de frères avez-vous?
  6. Combien de personnes y a-t-il dans votre famille?
  7. Combien de tasses de café avez-vous bues hier?
  8. Combien de pays avez-vous visités?
  9. Combien de lettres avez-vous reçues cette semaine?
  10. Combien de pages y a-t-il dans *Découverte et Création*?

---

5. Avec le pronom complément **en**, on est obligé d'ajouter un **-s** à l'impératif affirmatif familier pour des raisons euphoniques: *Manges-en.* Remarquez qu'au négatif, le **-s** disparaît: *N'en mange pas.*

E. Les courses.   Votre camarade de chambre vous demande de faire les courses. Répondez à ses questions. Employez le pronom *en* dans votre réponse.

⌒ Tu as acheté du sel et du poivre?[6]
Oui, j'en ai acheté.

1. Faut-il une bouteille de vin pour ce soir?
2. Tu vas chercher du camembert, n'est-ce pas?
3. Si tu veux, peux-tu acheter un peu de pâté?
4. Tu vas acheter un rôti de bœuf[7] pour le week-end, d'accord?
5. Est-ce qu'il y a assez de sucre dans le placard?
6. As-tu envie d'un gâteau comme dessert?
7. Tu as besoin d'argent?
8. À quelle heure vas-tu revenir du marché?[8]

F. Communications.   Demandez à un(e) camarade ...
Employez le pronom qui convient dans la réponse. (ATTENTION: Il y a toutes sortes de pronoms possibles!)

⌒ s'il(si elle) parle d'un des films de Truffaut.

VOUS: *Parles-tu d'un des films de Truffaut? En parles-tu?*
CAMARADE: *Oui, j'en parle.*   ou
Non, je n'en parle pas.

⌒ s'il(si elle) va voir ses parents.

VOUS: *Vas-tu voir tes parents? Vas-tu les voir?*
CAMARADE: *Oui, je vais les voir.*   ou
Non, je ne vais pas les voir.

1. s'il(si elle) parle de son livre de français.
2. s'il(si elle) parle aux autres étudiants.
3. s'il(si elle) a envie de téléphoner à un ami.
4. s'il(si elle) aime recevoir des lettres.
5. s'il(si elle) écrit des lettres.
6. s'il(si elle) écrit beaucoup de lettres.
7. s'il(si elle) écrit au père Noël.[9]
8. s'il(si elle) écrit dans l'autobus.
9. s'il(si elle) a trop de correspondance.
10. s'il(si elle) a l'intention de devenir écrivain.

---

6. *Du sel* (m.) *et du poivre* (m.) = deux condiments très communs qu'on emploie pour assaisonner la nourriture.
7. *Rôti* (m.) *de bœuf* = "beef roast.".
8. *Marché* (m.) = endroit où plusieurs marchands vendent leurs marchandises en plein air.
9. *Père Noël* (m.) = Vieil homme imaginaire qui apporte des cadeaux aux enfants à Noël.

G. Au palais de l'Élysée.   Imaginez la question qui correspond aux réponses suivantes. N'employez pas *y* ou *en* dans la question.

⌒ Oui, il y habite.
Le Président habite-t-il au palais de l'Élysée?

1. Oui, il en a deux.
2. Oui, il y est.
3. Non, on n'y joue pas au tennis.
4. Non, je n'en ai pas peur.
5. Non, je n'y suis pas allé.
6. Oui, on y sert des repas magnifiques.
7. Non, on n'y pense pas quand on est content.
8. Non, il n'en a pas parlé récemment.
9. Il y en a vingt ou peut-être trente.
10. On y reçoit les diplomates du monde entier.

Faites les exercices écrits dans le *Cahier d'exercices*.

---

3   Les pronoms disjoints

PRÉSENTATION ·

— Viens-tu au cinéma avec **nous** ou y vas-tu avec Georges et Anne?
— Je préfère y aller avec **vous** parce que vous êtes plus amusants qu'**eux.**

— Aimez-vous les escargots?
— **Moi**, je ne les aime pas, mais mon père, **lui**, les adore. Les Américains ne mangent pas souvent d'escargots, mais les Français, **eux**, en mangent beaucoup.

EXPLICATIONS ·

● Les pronoms disjoints sont des pronoms d'accentuation ou des pronoms employés après les prépositions.

je	→ **moi**	nous	→ **nous**
tu	→ **toi**	vous	→ **vous**
il	→ **lui**	ils	→ **eux**
elle	→ **elle**	elles	→ **elles**

● On emploie les pronoms disjoints dans les cas suivants.

1. Après une préposition

> Tu as besoin de **moi**?
> J'ai parlé de **toi** quand j'ai vu ta mère.
> Tu veux sortir avec **lui**?
> Jacques a fait ce voyage sans **elle**.
> Venez chez **nous**!
> Nous sommes derrière **eux**.
> Ils l'ont fait pour **elles**.

REMARQUEZ: **Être à** + nom ou pronom disjoint exprime la possession.

> — Ce stylo **est à moi.**
> — **À qui est** ce livre?
> — Il **est à Sandrine.**
> — Et ces cassettes?
> — Elles **sont au professeur.**

2. Après **que** dans une phrase *comparative*

> Gilberte est moins gentille que **vous**.
> Paul joue du piano, mais Thérèse joue mieux que **lui**.
> Elles sont aussi riches qu'**eux**.

3. Après **c'est** ou **ce sont** (ou leurs formes négatives)

> — Qui est là? — C'est **moi**!
> Ce n'est pas **moi** qui apporte le vin, c'est **toi**!
> Ce sont **eux** qui ont fait ce travail, ce n'est pas **nous**.

REMARQUEZ: Le verbe après **qui** est à la personne qui correspond au pronom disjoint.

> C'est *vous* qui **avez** tort. C'est *moi* qui **ai** raison.

4. Pour insister sur la personne qui est le sujet ou l'objet (direct ou indirect) d'une action et pour faire un contraste entre deux personnes

> Louise, **elle,** est partie, mais Éric, **lui,** est resté ici.
> Vous avez de la chance, **vous. Moi,** je n'en ai pas.
> **Nous,** nous préférons marcher, mais les Richard, **eux,** adorent rouler en voiture.
> Oui, j'ai invité beaucoup d'autres amis, mais je ne les ai pas invités, **eux.**

5. Avec le suffixe **-même(s)**, pour insister sur la seule responsabilité de la personne ou des personnes indiquées.

> Je l'ai fait **moi-même**.
> Sophie et Karine l'ont bâti **elles-mêmes**.

● Ne confondez pas **lui** (pronom disjoint masculin) avec **lui** (pronom objet indirect masculin et féminin).

> — Voilà Michèle. Je **lui** ai parlé hier. (*pronom objet indirect*)
> — Tu as parlé avec **elle**? (*pronom disjoint*)
> — Oui, et avec son frère aussi. J'ai parlé avec **lui**. (*pronom disjoint*)

EXERCICES ORAUX . . . .

H. **Trouvailles.**[10] À la fin de l'année scolaire, vos camarades de chambre et vous nettoyez[11] votre appartement. Vous trouvez beaucoup de choses que vous offrez à vos camarades. Suivez le modèle.

⌒ une échelle[12] / je

VOUS: *À qui est cette échelle?*
CAMARADE: *C'est mon échelle, elle est à moi.*

⌒ des chaises / Christine et Claire

VOUS: *À qui sont ces chaises?*
CAMARADE: *Ce sont leurs chaises, elles sont à elles.*

1. un parapluie / Éric   *6.* des lunettes de soleil / Chantal
2. un pyjama / Laurent   *7.* une bouteille / Marc
3. des casseroles / nous   *8.* un pot / nos parents
4. un vase / Catherine et Cécile   *9.* des verres / ses tantes
5. une calculatrice / Marie   *10.* des fourchettes / mon père

I. **Le frigo vide.** Votre amie regarde dans le frigo, mais elle ne peut pas trouver ce qu'elle veut. Elle vous pose des questions. Suivez le modèle.

⌒ Qui a coupé[13] le gâteau? (moi)   *C'est moi qui ai coupé le gâteau.*

1. Qui a pris le dernier coca? (moi)
2. Qui a fini le lait? (toi)
3. Qui a mangé tout le fromage? (Pierre et Marc)
4. Qui a bu le vin rouge? (toi et papa)
5. Qui a mangé la tarte? (Chantal)

---

10. *Trouvaille* (f.) = chose trouvée.
11. *Nettoyer* = mettre en ordre (un appartement, une maison, etc.).
12. *Échelle* (f.) = "ladder."
13. *Couper* = mettre en morceaux avec un couteau.

J. Mon ami.   Pensez à votre meilleur(e) ami(e). Décrivez-le(la) par rap-port[14] aux personnes suivantes. Employez les pronoms disjoints. Suivez le modèle.

⌓ Larry Bird (grand)
   Mon ami(e) est moins grand(e) que lui.

   1. vous (grand)
   2. Ronald et Nancy Reagan (âgé)
   3. vous et votre frère (intelligent)
   4. George Bush (important)
   5. Cybill Shepard (blond)
   6. Jane Fonda et Goldie Hawn (célèbre)

K. Enfant adopté.   Vous pensez que vous êtes adopté(c) parce que vous êtes différent(e) de votre famille! Exprimez vos observations à votre mère. Insistez sur les différences. Employez des pronoms disjoints.

⌓ Je suis intelligent(e), mais ma sœur est bête.[15]
   Moi, *je suis intelligent(e), mais ma sœur,* ***elle***, *est bête.*
   Je suis intelligent(e), ***moi***, *mais* ***elle***, *elle est bête.*

   1. Je suis blond(e), mais mes frères sont bruns.
   2. Je suis grand(e), mais toi et papa êtes petits.
   3. J'ai une vie organisée, mais papa est toujours désorganisé.
   4. Je comprends le monde moderne, mais tu ne le comprends pas.
   5. Je suis original(e), mais mes sœurs sont ordinaires.
   6. Je suis sensible, mais vous ne l'êtes pas.

L. Politique.   Employez un pronom disjoint ou un pronom objet indi-rect pour répondre à ces questions.

   1. Avez-vous dîné avec le Président?
   2. Avez-vous téléphoné au Président?
   3. Allez-vous répondre au Président s'il vous téléphone?
   4. Avez-vous une photo de la femme du Président?
   5. Voulez-vous parler à la femme du Président?
   6. Avez-vous voté pour vos sénateurs?
   7. Écrivez-vous souvent à vos sénateurs?
   8. Qui est plus important que vos sénateurs?

Faites les exercices écrits dans le *Cahier d'exercices*.

---

14. *Par rapport à* = en comparaison avec, relativement à.
15. *Bête* = stupide.

4 | *Penser à* et *penser de*

PRÉSENTATION . . . .

— **Pensez**-vous **à** vos amis quand ils ne sont pas ici?
— Oui, je **pense** souvent **à eux**.
— **Pensez**-vous quelquefois **à** vos problèmes?
— Oui, j'**y pense** ... mais pas souvent.

— Que **pensez**-vous **de** ce tableau moderne? Qu'**en pensez**-vous?
— Je **pense qu'**il est extraordinaire.
— Alors, qu'est-ce que vous **pensez de** l'artiste?
— Je **pense qu'**elle est géniale.[16]

EXPLICATIONS . . . .

● **Penser à** + objet de la réflexion mentale

> À quoi pensez-vous?   Je **pense à mes problèmes**.
> À qui pensez-vous?   Je **pense à ma copine**.

REMARQUEZ: Avec le verbe **penser**:

1. à + chose → **y**.

> Pense-t-elle *à ses dettes*?   Elle **y** pense.

2. à + personne → **à** + pronom disjoint.

> Anne pense-t-elle *à Michel*?   Elle pense **à lui**.
> Pensez-vous *à vos parents*?   Je pense **à eux**.

RAPPEL: Généralement (avec d'autres verbes), on remplace **à** + personne par un pronom objet indirect.[17]

> Obéissez-vous *à vos parents*?   Oui, je **leur** obéis.

● **Penser de** + objet de l'opinion. On emploie **penser de** surtout dans les questions qui demandent une opinion.

> Que pensez-vous **de** mes problèmes?
> Que pense-t-elle **de** tes parents?

---

16. *Génial(e)* = qui a du génie (= un talent, une intelligence énorme).
17. Voir la Onzième Leçon, page 232.

REMARQUEZ: Avec le verbe **penser**:

1. *de* + chose → **en**.

Que penses-tu *de mon poème*?   Qu'**en** penses-tu?

2. *de* + personne → **de** + pronom disjoint.

Que penses-tu *de Dan Quayle*?   Que penses-tu **de lui**?

REMARQUEZ: On emploie **penser que** dans les réponses aux questions avec **penser de**.

— Qu'est-ce que tu *penses de* Jean-Luc?
— Je **pense qu'**il est beau.
— Que *penses*-tu *de* son idée?
— Je **pense qu'**elle est ridicule.

EXERCICES ORAUX . . . .

M. **Opinions.**   Répondez aux questions suivantes.

1. Que pensez-vous du système électoral aux États-Unis?
2. À quoi pensez-vous quand vous choisissez un(e) candidat(e) pour la présidence?
3. Pensez-vous souvent aux problèmes du Président?
4. Que pensez-vous de la dette nationale?
5. À qui pensez-vous quand on parle des hommes (femmes) politiques malhonnêtes?[18]

N. **Critiques de culture populaire.**   Demandez à un(e) camarade son opinion à propos des choses ou des personnes suivantes. Employez un pronom approprié.

⌒ les fours à micro-ondes

VOUS: *Qu'en penses-tu?*
CAMARADE: *Je pense qu'ils sont dangereux.*

⌒ Elizabeth Taylor

VOUS: *Que penses-tu d'elle?*
CAMARADE: *Je pense qu'elle a des yeux magnifiques.*

1. les voitures coréennes[19]
2. Fergie, la duchesse d'York (femme du prince Andrew)
3. les discs compact
4. Arnold Schwarzenegger
5. Oprah Winfrey et Phil Donahue
6. les émissions de télé de Geraldo Rivera

18. *Malhonnête* ≠ honnête.
19. *Coréen(ne)* = de la Corée, pays à côté du Japon.

O. **Pensées.**[20]   Demandez à un(e) camarade à qui ou à quoi il(elle) pense dans les circonstances indiquées.

⌒ C'est la fête des mères.

VOUS: *À qui penses-tu quand c'est la fête des mères?*
CAMARADE: *Je pense à ma mère, naturellement, et à ma grand-mère aussi.*   ou
VOUS: *À quoi penses-tu quand c'est la fête des mères?*
CAMARADE: *Je pense au cadeau que je vais offrir à ma mère.*

1. Il(elle) est au restaurant.
2. Il(elle) est au laboratoire.
3. C'est la Saint-Valentin.
4. Il(elle) voit un film comique.
5. Il(elle) reçoit une carte d'anniversaire.
6. C'est le premier janvier.
7. C'est Noël.
8. Il(elle) a mal à l'estomac.

Faites les exercices écrits dans le *Cahier d'exercices.*

| 5 | Les verbes *croire, vivre* et *suivre* |

PRÉSENTATION . . . .

— **Croyez**-vous l'histoire de la petite grenouille française?
— Non, je **ne** la **crois pas**! Est-ce que vous l'**avez crue**?

— Les Français **vivent-ils** au vingtième siècle?
— Oui, tout le monde moderne **vit** au vingtième siècle.
— Et le marquis de Lafayette, **a**-t-il **vécu** au dix-septième siècle?
— Non, **il a vécu** au dix-huitième siècle.

— **Suivez**-vous des cours intéressants ce semestre?
— Oui, je **suis** quelques cours intéressants. Mais le semestre dernier j'**ai suivi** un cours de philosophie qui était formidable.
— Est-ce que vous **avez suivi** les explications du professeur?
— Je crois que je les **ai** bien **suivies**.

---

20. *Pensée* (f.) = réflexion, idée.

EXPLICATIONS . . . .

croire *(participe passé:* **cru***)*

je **crois**	nous **croyons**
tu **crois**	vous **croyez**
il/elle/on **croit**	ils/elles **croient**

Croyez-vous cette histoire incroyable?

REMARQUEZ:

1. Au passé, on emploie souvent l'imparfait avec le verbe **croire**, parce qu'il décrit généralement un état mental.

Je **croyais** toujours que Marc m'aimait.

2. Pour indiquer un moment précis dans une narration, on emploie le passé composé.

Quand j'ai vu Marc avec Léa, j'**ai cru** qu'il ne m'aimait pas.

REMARQUEZ:

1. **Croire** a souvent le même sens que **penser**.

Je **pense** qu'il a raison.   Je **crois** qu'il a raison.

2. Dans d'autres cas, **croire** et **penser** ne sont pas synonymes.

Il **croit** les histoires que j'ai racontées. (Il pense que mes histoires sont vraies.)
Il **pense** aux histoires que j'ai racontées. (Il y réfléchit.)

vivre *(participe passé:* **vécu***)*

je **vis**	nous **vivons**
tu **vis**	vous **vivez**
il/elle/on **vit**	ils/elles **vivent**

suivre *(participe passé:* **suivi***)*

je **suis**[21]	nous **suivons**
tu **suis**	vous **suivez**
il/elle/on **suit**	ils/elles **suivent**

Marie-Antoinette **a vécu** au dix-huitième siècle.
Suivez-moi. Je veux vous montrer[22] quelque chose.

---

21. REMARQUEZ: **je suis** *(suivre)* est identique à **je suis** *(être)*.
22. *Montrer* = indiquer.

REMARQUEZ: **Vivre** n'est pas toujours synonyme d'**habiter**.

1. Les deux verbes peuvent signifier *résider, avoir une résidence.*

> J'**habite** 44, rue du bois de Boulogne.
> Ils **vivent** ensemble dans un petit appartement à Paris.

2. **Vivre** peut aussi signifier *exister, être vivant(e).*

> Elvis n'est pas mort; il **vit**!

REMARQUEZ: On **suit** un cours.

> **Je suis** quatre cours ce semestre.
> **Je n'ai suivi que** trois cours le semestre dernier.

EXERCICES ORAUX . . . .

P. **Existence et croyance.** Faites une phrase au temps et à la personne indiqués.

⌒ vivre en Amérique (*présent:* je)
Je vis en Amérique.

1. vivre bien (*présent:* nous/on/les gens riches)
2. vivre pour l'amour (*imparfait:* Dom Juan/les jeunes mariés/nous)
3. vivre en Europe (*passé composé:* je/Hemingway/vous)
4. suivre un cours de chimie (*présent:* je/vous/Patricia)
5. suivre les directives de la boîte (*imparfait:* tu/nous/Pierre)
6. suivre mon histoire (*passé composé:* tu/nous/mes amis)
7. croire cet homme (*présent:* nous/vous/ces garçons/je)
8. croire qu'on trouvait les bébés dans les choux.[23] (*imparfait:* je/vous/mes parents)

Q. **Instruction.**   Demandez à un(e) camarade ...

1. s'il(si elle) vit à l'université ou en ville.
2. combien de temps il(elle) a vécu dans le même endroit.
3. où vivent ses amis.
4. quels cours il(elle) suit ce semestre.
5. quels cours il(elle) a suivis le semestre passé.
6. s'il(si elle) croit que le professeur parle anglais.
7. s'il(si elle) croyait que l'école était amusante quand il(elle) était enfant.

Faites les exercices écrits dans le *Cahier d'exercices.*

---

23. *Chou* (m.) = "cabbage."

CRÉATION

Exercices de conversation

A. Vous êtes psychologue. Montrez chaque image à un(e) camarade. Posez une question: *À qui penses-tu? À quoi penses-tu? Qu'en penses-tu?* ou *Que penses-tu de (+ pronom disjoint)?* Votre camarade va répondre.

⌒ VOUS: *Quand tu vois cette image, à quoi penses-tu?*
CAMARADE: *Je pense à l'harmonie universelle.*

B. Interviewez un ami et demandez-lui son opinion du dernier film qu'il a vu. Il va répondre avec *y, en*, des pronoms disjoints, etc., quand c'est possible. Demandez-lui ...

> le nom du dernier film qu'il a vu
> s'il a suivi l'histoire facilement
> combien de bons acteurs il y a dans ce film
> ce qu'il pense des costumes (*Qu'est-ce que tu ...*)
> ce qu'il pense du décor
> ce qu'il pense du film
> si ses commentaires vont paraître[24] dans le journal de l'université

⌒ As-tu vu un film de Steven Spielberg?
Oui, j'en ai vu un. C'était E.T. Moi, je l'ai adoré, mais mes amis, eux, ne sont pas d'accord.

Selon les réponses de votre camarade, voulez-vous aller voir ce film? Si vous l'avez déjà vu, êtes-vous d'accord avec lui (avec elle)?

Lecture

CONSEILS/ACTIVITÉS AVANT LA LECTURE · · · · · · · · · · ·

A. Il y a beaucoup de mots et d'expressions qui servent de transition entre les idées d'un texte:

alors	**en fait**	**par contre**
au contraire	**enfin**	**par exemple**
car[25]	**ensuite**	**parce que**
comme	**finalement**	**puis**
d'abord	**mais**	

Discutez les questions suivantes:

1. Quels mots introduisent une succession d'actions?
2. Quels mots ou expressions introduisent une idée opposée à une autre idée?
3. Quelles expressions introduisent une clarification ou un exemple?
4. Quels mots expriment une explication?

---

24. *Paraître* signifie ici *être publié.*
25. *Car* = parce que.

B. Quelles sont les différences entre vos habitudes quand vous faites les courses et les habitudes de vos parents? Faites-vous attention au *temps passé* à faire les achats? ou à la *qualité* de vos achats?

DEUX GÉNÉRATIONS, DEUX SYSTÈMES

Madame Pasquier habite dans le quinzième arrondissement à Paris. Elle vit seule et, comme elle mange peu, elle ne fait ses courses que trois fois par semaine. Elle a peur des voleurs, alors quand elle sort, elle ferme toujours sa porte à clé. Elle met sa liste dans son sac, prend un filet et part à
5 pied.

D'abord, elle va au marché rue Cambronne. Elle pense que les légumes et les fruits y sont bien plus frais que dans les supermarchés. Au marché, les marchands sont très pittoresques. On les entend parler des mérites de leur marchandise: «Les voilà, les carottes de Bretagne, les pom-
10 mes de Normandie! Regardez-les! Goûtez-les! Achetez-en! Allez-y![26] Allez-y! Vous pouvez y aller. Ce sont les meilleures du marché. Voilà ma petite dame! Ça fait deux francs cinquante.»

Ensuite, Madame Pasquier va à l'épicerie. Elle y achète du thé et de l'huile. Et puis elle entre à la crémerie où elle choisit quelques fromages;
15 elle les met dans son filet. Elle va aussi à la boucherie pour prendre de la viande. Elle n'en achète pas beaucoup, mais elle aime bien discuter avec la bouchère et suit toujours ses conseils culinaires. Quelquefois elle va à la charcuterie. On y vend du pâté, du jambon, du saucisson et des plats préparés. Le vendredi, traditionnellement, elle prend du poisson à la pois-
20 sonnerie. Chaque jour elle va à la boulangerie acheter une baguette de pain frais. D'ailleurs, elle y achète souvent une ficelle (qui est plus petite qu'une baguette) ou un bâtard (qui est plus gros qu'une baguette).

Madame Pasquier comprend mal le rythme de la vie moderne. Elle suit toujours la même routine parce que cette routine lui permet de
25 bavarder avec les commerçants et d'avoir des rapports plus humains avec eux.

Par contre, son fils et sa belle-fille, Jean-Luc et Chantal, vivent autrement. Ils travaillent tous les deux. Ils pensent moins à la qualité des produits qu'à la vitesse du service. Alors ils font les courses une fois par se-
30 maine dans un supermarché. Pour eux, le système traditionnel prend trop de temps. Comme ils habitent aussi le quinzième, ils vont en voiture à Inno Montparnasse, qui est le plus grand supermarché du quartier.

En fait, on l'appelle un hypermarché parce qu'on y vend des meubles, des vêtements, etc., aussi bien que de la nourriture. Quelquefois ils
35 emmènent leur petit garçon, Arnaud, avec eux.

---

26. *Allez-y* = "Go ahead."

Quand ils arrivent, ils prennent un chariot. Ils y mettent du lait, du beurre, des œufs, des boîtes de conserves, de la viande, du vin et des fromages. Ils achètent plusieurs fromages, car, comme tous les Français, ils en mangent beaucoup. Quand ils ont fini leur marché, ils vont à la caisse.
40 La caissière est pressée et n'a pas le temps de dire bonjour. Comme elle ne met pas les provisions dans les sacs en plastique, Jean-Luc et Chantal le font eux-mêmes. Ce système mécanique et impersonnel leur permet de faire les courses de la semaine en une heure et demie. Ce n'est pas idéal, mais, pour eux, c'est le meilleur système. Qu'en pensez-vous?

QUESTIONS SUR LA LECTURE . . . .

1. Le titre de la Lecture est *Deux générations, deux systèmes.* Quel est le système de Madame Pasquier? (Combien de fois par semaine fait-elle ses courses? Où va-t-elle?) Et son fils Jean-Luc? Et vous?

2. Où Madame Pasquier achète-t-elle des légumes et des fruits? Pourquoi? Et vous?

3. À votre avis, quelle est la réaction de Madame Pasquier devant le cri des marchands de la rue Cambronne?

4. Qu'est-ce qu'on peut acheter dans une épicerie? dans une crémerie? dans une boulangerie? Y a-t-il des magasins semblables[27] aux États-Unis? Expliquez.

---

27. *Semblable* = analogue, similaire.

5. Où est-ce qu'on peut acheter de la viande? du jambon et du saucisson? du poisson? Y a-t-il des magasins semblables aux États-Unis? Expliquez.

6. Que pensez-vous d'aller à une boucherie pour la viande (de bœuf) et à une charcuterie pour le porc?

7. À votre avis, pourquoi Madame Pasquier achète-t-elle traditionnellement du poisson le vendredi?

8. Dans quelles circonstances un client peut-il avoir envie de bavarder avec les marchands?

9. Pourquoi est-ce qu'on appelle l'Inno Montparnasse un hypermarché? Y a-t-il des magasins semblables aux États-Unis? Expliquez.

10. Comment peut faire un client à la caisse quand il faut simultanément sortir son portefeuille, payer, chercher son argent ou écrire un chèque, trouver une pièce d'identité et mettre une vingtaine ou une trentaine[28] d'achats dans des sacs?

11. Quels sont les avantages du système de Madame Pasquier? Quels sont les avantages du système de Jean-Luc? Quel(s) attribut(s) les deux systèmes ont-ils en commun? Quel système préférez-vous? Pourquoi?

---

28. *Vingtaine* (f.), *trentaine* (f.) = approximativement vingt ou trente.

Compositions orales/écrites

1. La Lecture décrit deux façons différentes de faire le marché. Quelle manière vous paraît la plus pratique? La plus économique? La plus pittoresque? Dans quel magasin la qualité des produits est-elle meilleure? Pourquoi? Y a-t-il une différence entre votre façon de faire le marché et la routine suivie par vos parents? Expliquez.

2. Qui fait les courses chez vous? Où va-t-il (elle)? Combien de fois par semaine? Où achète-t-il (elle) des légumes? De la viande? Du pain?

3. Aimez-vous faire les courses ou détestez-vous les faire? Expliquez en détail.

Improvisation

Deux personnes: Deux amis, qui ont des goûts très différents, essaient de préparer une liste de courses à faire ensemble: par exemple, un(e) végétarien(ne) et quelqu'un qui adore la viande. Ils en discutent.

Faites les exercices de laboratoire dans le *Cahier d'exercices*.

Vocabulaire

noms

achat *m.*
chèque *m.*
directive *f.*
échelle *f.*
loi *f.*
pyjama *m.*
produit *m.*
vase *m.*

magasins de provisions

boucherie *f.*
boulangerie *f.*
charcuterie *f.*

crémerie *f.*
épicerie *f.*
marché *m.*
poissonnerie *f.*

au magasin

baguette *f.*
boîte de conserve *f.*
boucher/bouchère *m./f.*
caisse *f.*
caissière *f.*
chariot *m.*
chou *m.*
commerçant *m.*

filet *m.*
huile *f.*
marchandise *f.*
poivre *m.*
provisions *f.pl.*
rôti (de bœuf) *m.*
sel *m.*

pronoms

en
y

pronoms disjoints

moi
toi

lui
elle
nous
vous
eux
elles

adjectifs

bête
coréen(ne)
génial(e)
intime
malhonnête
semblable

verbes

avoir l'occasion de
bavarder
compléter
couper
croire
emmener
introduire
montrer
nettoyer
paraître
rouler
suivre
vivre

adverbes

autrement
d'ailleurs

conjonctions

car

autres expressions

au contraire
aussi bien que
Ça fait ...
Ça m'est égal
d'un certain âge
par contre
par rapport à
tiens!

Échanges

— Et pour vous, Monsieur?
— Deux baguettes, s'il vous plaît. ... plutôt[1]
bien cuites[2] ... ces deux-là, par exemple.
— Et avec ça?
— Un éclair au chocolat, un éclair au café, et
... voyons ...
— Une religieuse[3] peut-être? Elles sont
délicieuses.
— Oui, c'est ça. Une religieuse au chocolat
aussi. Et puis un baba au rhum.[4]
— Avec de la crème chantilly[5] ou sans?
— Sans.
— Voilà. Ça fait 38 francs 50.[6]

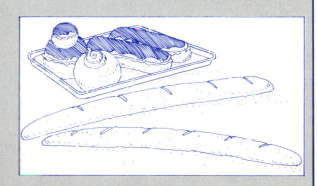

1. *Plutôt* = de préférence.
2. *Bien cuit(e)* = "well done."
3. *Religieuse* (f.) = nom de pâtisserie.
4. *Baba au rhum* (m.) = nom de pâtisserie.
5. *Crème* (f.) *chantilly* = "whipped cream."
6. *38 francs 50* = trente-huit francs, cinquante centimes.

SEIZIÈME
LEÇON

Non, Madame. Je n'ai pas ma composition à cause de mon chien.

• •

1   *Parce que* et *à cause de*

PRÉSENTATION . . . .

— Philippe, expliquez-moi votre absence d'hier.
— Oh, j'étais absent **à cause d'**une maladie.
— Comment?[1]
— Je ne suis pas venu au cours **parce que** j'étais malade. J'avais la grippe.
— Et alors, est-ce que vous allez me rendre votre composition aujourd'hui?
— Non, Madame, je n'ai pas ma composition **à cause de** mon chien.
— Comment?
— Je n'ai pas ma composition **parce que** mon chien l'a mangée.

EXPLICATIONS . . . .

● On emploie **parce que** devant une *proposition* (sujet + verbe). On emploie **à cause de** devant un *nom*.

> Nous ne dansons pas **parce que** *la musique est horrible.*
> Nous ne dansons pas **à cause de** *la musique horrible.*

---

1. *Comment?* = Qu'est-ce que vous avez dit?

EXERCICES ORAUX . . . .

A. **Pique-nique interrompu.**   Vous rentrez tôt d'un pique-nique avec
quelques amis et on vous pose des questions. Répondez avec *parce
que* ou *à cause de* selon le cas.

⬭ Pourquoi êtes-vous rentrés tôt? (la pluie / il a commencé à pleuvoir)

Nous sommes rentrés tôt à cause de la pluie.
Nous sommes rentrés tôt parce qu'il a commencé à pleuvoir.

1. Pourquoi êtes-vous mécontents?[2] (il faisait mauvais / le mauvais
   temps)
2. Pourquoi est-ce que vous n'êtes pas restés? (des fourmis[3] / il y
   avait des fourmis)
3. Pourquoi est-ce que Pierre a l'air fatigué? (le vin qu'il a bu / il a
   bu trop de vin)
4. Et toi? Pourquoi as-tu l'air fatigué? (toutes tes questions / tu
   poses trop de questions)

---

2. *Mécontent(e)* ≠ content.
3. *Fourmi* (f.) = insecte qui semble presque toujours invité aux pique-niques.

B. Les problèmes de la vie. Vous avez beaucoup de problèmes en ce moment et vous avez l'air déprimé(e).[4] Un(e) amie vous pose des questions. Répondez à chaque question avec *parce que* et puis avec *à cause de*.

◠ Pourquoi es-tu triste?

> VOUS: *Je suis triste parce que mes plantes sont mortes.*
> AMI(E): *Comment?*
> VOUS: *Je suis triste à cause de la mort de mes plantes.*

1. Pourquoi ne manges-tu pas?
2. Pourquoi es-tu si malheureux(malheureuse)?
3. Pourquoi est-ce que tu ne téléphones pas à tes amis?
4. Pourquoi est-ce que tu ne sors pas de ta chambre?
5. Pourquoi est-ce que tu refuses d'aller en classe?

Faites les exercices écrits dans le *Cahier d'exercices*.

---

2   Les négations autres que *ne ... pas*

PRÉSENTATION . . . .

— Dites-vous *toujours* «au revoir» quand vous entrez dans la salle de classe?
— Mais non! Je **ne** dis **jamais** «au revoir»! Je dis «bonjour» ou «salut».

— Avez-vous *encore* douze ans?
— Non, je **n'**ai **plus** douze ans; je **ne** suis **plus** un enfant.
— Alors, avez-vous *déjà* trente-cinq ans?
— Non, je **n'**ai **pas encore** trente-cinq ans non plus. Je n'ai que vingt ans.

— Le soir du 5 septembre, êtes-vous allé *quelque part*?
— Non, je **ne** suis allé **nulle part**. Je suis resté chez moi.
— Alors, avez-vous entendu *quelque chose* chez votre voisin vers 9 heures?
— Non, je **n'**ai **rien** entendu. Je **n'**ai entendu **aucun** bruit.
— Avez-vous vu *quelqu'un*?
— Non, je **n'**ai vu **personne**. Je regardais la télé. **Ni** moi **ni** ma femme **n'**avons **rien** vu.

---

4. *Déprimé(e)* (< *dépression*) = démoralisé, découragé.

EXPLICATIONS ·

- Étudiez les phrases suivantes et les contraires.

Jean parle **toujours**.
Jean parle **souvent**.
Jean parle **quelquefois**.

≠ Didier **ne** parle **jamais**.

Vos parents sont **encore** jeunes.

≠ Mes parents **ne** sont **plus** jeunes.

Denis a **déjà** dix ans.

≠ Denise **n'**a **pas encore** dix ans.⁵

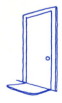

Il y a **quelqu'un** à la porte.
Quelqu'un est à la porte.

≠ Il **n'**y a **personne** à la porte.
≠ **Personne n'**est à la porte.

---

5. ATTENTION: **Ne ... pas encore** est la négation de l'adverbe *déjà*. La négation de l'adverbe *encore* est **ne ... plus**.

Nous voyons **quelque chose**.
Quelque chose apparaît à l'horizon.

≠ Nous **ne** voyons **rien**.
≠ **Rien n'**est visible.

Ils ont **quelques** amis.
Tous leurs amis sont venus chez eux.

≠ Ils **n'**ont **aucun** ami.
≠ **Aucun** ami n'est venu chez eux.

Josette va **partout**.
Josette va **quelque part**.}

≠ Lise **ne** va **nulle part**.

Jules est content **et** alerte.
Le vin **ou** la bière sont-ils bons
   pour la santé?

≠ Jules **n'**est **ni** content **ni** alerte.
≠ **Ni** le vin **ni** la bière **ne** sont
   bons pour la santé.

● Les négations autres que **ne ... pas**.

ne ... jamais	ne ... personne	ne ... aucun(e)
ne ... plus	ne ... rien	ne ... nulle part
ne ... pas encore		ne ... ni ... ni

REMARQUEZ: Avec toutes ces négations,
pas est *éliminé.*

> Didier **ne** lit **jamais.**
> Caroline **n'**étudie **plus.**
> Frédéric **ne** dit **rien.**
> Je **ne** dors **pas encore.**
> Tu **ne** parles à **personne.**
> Je **ne** vois **aucun** ami.
> Nous **n'**allons **nulle part.**
> Je **n'**aime **ni** le lait **ni** l'eau.

REMARQUEZ: La place des pronoms objets
est toujours entre **ne** et le verbe.[6]

> Didier **ne** *le* lit jamais.
> Caroline **ne** *l'*étudie plus.
> Frédéric **ne** *lui* dit rien.

● Les négations au *présent*

1. Les négations avec **jamais, plus** et **pas encore** sont formées exactement comme avec *ne ... pas*: **ne** devant le verbe et **jamais, plus** ou
pas encore après le verbe.

> Je **ne** lis **jamais** de livres.
> Tu **ne** parles **plus** à Claude?
> Vous **n'**avez **pas encore** cent ans.

2. On peut mettre **personne** et **rien** à la place du sujet ou du complément d'objet de la phrase, mais **ne** est toujours devant le verbe.

> Je **ne** vois **personne.**   **Personne ne** voit la vérité.
> Je **n'**entends **rien.**   **Rien ne** me semble impossible.

3. **Aucun(e)** est un adjectif et précède toujours le nom (sujet ou complément d'objet). **Ne** est toujours devant le verbe. **Aucun(e)** est singulier.

> Je **n'**ai **aucune** idée.
> **Aucun** étudiant **n'**est en classe le dimanche.

4. Les négations avec **nulle part** sont formées exactement comme avec
ne ... pas: **ne** devant le verbe et **nulle part** après le verbe.

> Olivier **ne** va **nulle part** sans Pascale.

---

6. Voir la Onzième Leçon, page 228.

5. **Ni ... ni ...** est employé pour la négation de deux (ou plusieurs) éléments. **Ne** est devant le verbe et **ni** précède chaque élément.

> **Ni** le jogging **ni** l'aérobique **ne** m'amusent.
> Chantal **ne** veut **ni** aller à l'école **ni** étudier.
> Michel **n'**est **ni** grand **ni** gros.

● Les négations à *d'autres temps*

1. À l'*imparfait*, les négations sont formées comme au présent.

> Je **ne** lisais **jamais** quand j'étais petit.
> **Personne ne** voyait la vérité.
> Je **n'**avais **aucune** idée.

2. Au *passé composé* avec **jamais, plus, pas encore** et **rien,** on met **ne** devant l'auxiliaire et l'autre partie de la négation après l'auxiliaire et devant le participe passé.

> Ils **n'**ont **jamais** répondu à l'invitation.
> Vous **n'**avez **plus** parlé.
> Nous **n'**avons **pas encore** établi notre itinéraire.
> Cécile **n'**a **rien** entendu.

ATTENTION: Quand **personne** et **nulle part** sont des compléments, on les place *après le participe passé*.

> Richard **n'**a accusé **personne**.
> Sylvie et sa mère **n'**ont parlé à **personne**.
> Pierre et Jacques **ne** sont allés **nulle part**.

3. À l'*impératif*

> **Ne** me donnez **plus** de devoirs, s'il vous plaît.
> **Ne** parle à **personne**.

● On peut utiliser deux ou trois termes négatifs dans la même phrase.

> Les Gendraux **ne** parlent **plus jamais** à **personne**.
> Et ils **ne** vont **plus jamais nulle part**!

● Les articles après les négations des verbes transitifs (RAPPEL)[7]

1. Après la négation d'un verbe transitif, l'article indéfini (*un, une, des*) et l'article partitif (*du, de la, des*) deviennent **de**.

> Je lis *des* livres d'anthropologie.
> Je ne lis plus **de** livres d'anthropologie.

---

7. Voir la Huitième Leçon, page 173, et la Neuvième Leçon, page 185.

ATTENTION: Avec **ni ... ni ...** , l'article indéfini et l'article partitif sont complètement éliminés.

> Hélène   porte   *un* pantalon   *et une* cravate.
> Hélène ne porte **ni**   pantalon **ni**   cravate.
>
> Je   veux   *du* vin   *et de la* bière.
> Je ne veux **ni**   vin **ni**   bière.

2. L'article défini, l'adjectif possessif, l'adjectif démonstratif, etc., ne changent pas.

> Je n'aime ni **le** vin ni **la** bière.
> Madame Casel ne met jamais **son** sac sur la table.
> Ne répète plus **ces** bêtises![8]

EXERCICES ORAUX . . . .

C. **Avez-vous changé?**   Faites-vous encore les choses suivantes?

⌒ jouer à cache-cache[9]
 Oui, je joue encore à cache-cache.   ou
 Non, je ne joue plus à cache-cache.

1. dormir avec vos animaux
 en peluche[10]
2. habiter chez vos parents
3. avoir peur des monstres
4. regarder «Bonjour, Sésame»
 à la télé

5. aller au lycée
6. inventer des amis imaginaires
7. croire au père Noël
8. jouer aux gendarmes et aux
 voleurs

D. **Pas encore.**   Avez-vous déjà fait les choses suivantes? Répondez affirmativement ou négativement.

⌒ visiter l'Europe
 Oui, j'ai déjà visité l'Europe.   ou
 Non, je n'ai pas encore visité l'Europe.

1. finir ce cours
2. manger des escargots
3. recevoir votre diplôme universitaire
4. gagner un million de dollars
5. devenir célèbre
6. sauter en parachute
7. monter au sommet du mont Everest
8. mourir

---

8. *Bêtise* (f.) = idée bête.
9. *Cache-cache* (m.) = jeu d'enfant où un enfant essaie de trouver les autres.
10. *animal en peluche* = "stuffed animal."

E. Mon mari.   Marguerite va voir son amie d'enfance, Marie-Catherine. Elle lui décrit son mari. Marie-Catherine répond que Laurent, son mari, est tout à fait différent.

◠ Éric rentre *toujours* à la maison avant six heures.
   Oh, Laurent ne rentre jamais à la maison avant six heures!

1. Éric emmène les enfants avec lui *partout*.
2. Il est *déjà* vice-président de sa compagnie.
3. Il est grand *et* brun.
4. Il a *encore* l'air d'un jeune homme.
5. Il apporte *toujours quelque chose* à ma mère le week-end.
6. *Très souvent*, il invite *quelqu'un* de son bureau à dîner.

F. Une pessimiste.   Un optimiste dit quelque chose et son amie, une pessimiste, dit le contraire. Suivez le modèle.

◠ Il fait *toujours* beau!
   Il ne fait jamais beau.

1. Je suis *généralement* content.
2. *Tout le monde* m'aime et j'aime *tout le monde*.
3. Je veux danser *et* chanter!
4. J'ai *toujours* voulu vivre un jour comme aujourd'hui.
5. J'ai *quelques* amis.

G. Bonnes résolutions.   C'est le Jour de l'An.[11] Vous voulez une nouvelle année complètement différente de la précédente. Vous prenez des résolutions. Remplacez le mot en italique pour décrire l'année dernière.

◠ Je vais *toujours* payer mes dettes.
   L'année dernière je ne les ai jamais payées.

1. Je vais inviter *quelqu'un* chez moi le week-end.
2. Je vais apporter *quelque chose* à ma grand-mère pour son anniversaire.
3. Je vais être enthousiaste *et* bien préparé(e) pour mes cours.
4. Je vais lire *quelques* livres.
5. Je vais aller *partout* le week-end.

---

11. *Jour* (m.) *de l'An* = le premier janvier.

H. **Un anxieux.**   Un de vos amis imagine toujours des catastrophes. Vous le rassurez. Suivez le modèle.

◠ Quelque chose a bougé[12] dans la salle de bains.
   Mais non, voyons! Rien n'a bougé dans la salle de bains.

1. Quelqu'un a frappé à la fenêtre!
2. J'ai vu quelqu'un derrière la porte!
3. Il y a quelque chose sous mon lit!
4. Quelqu'un marche dans l'escalier!
5. Tout est étrange ce soir!

I. **Alimentation.**   Christelle et Stéphane vont chez l'épicier le 31 juillet. Il n'y a pas beaucoup de choix aujourd'hui. L'épicier répond négativement à leurs questions.

◠ Avez-vous du sel *et* du poivre?   *Non, je n'ai ni sel ni poivre.*

1. Vous avez *quelques* tomates?
2. Avez-vous *encore* de la salade?
3. Avez-vous du café *et* du thé?
4. Avez-vous *quelque chose* pour mon chat?
5. Êtes-vous *déjà* prêt à partir en vacances?

Faites les exercices écrits dans le *Cahier d'exercices.*

| 3 | Les pronoms indéfinis *quelque chose, rien, quelqu'un* et *personne* |

PRÉSENTATION . . . .

— Simone, tu vas faire quelque chose après le cours aujourd'hui?
— Non, je **ne** vais **rien** faire **de spécial**. Je vais rencontrer un ami et nous allons passer l'après-midi ensemble.
— Est-ce **quelqu'un de fascinant**?
— Non, mais c'est **quelqu'un de sensible**. Je l'aime beaucoup.
— Et toi, Bernard, as-tu **quelque chose à faire** après le cours?
— Non, je **n'**ai **rien à faire**. Je **n'**ai **rien d'urgent à faire**.
— As-tu **quelqu'un à voir**?
— Je **n'**ai **personne à voir** ... non, je **n'**ai **personne d'important à voir**.

---
12. *Bouger* = faire un mouvement.

EXPLICATIONS . . . .

● **Quelque chose**, **rien**, **quelqu'un** et **personne** sont des pronoms *indéfinis*.

> — Il n'y a **personne** ici et je ne vois **rien.**
> — Si, il y a **quelqu'un** ici, et moi, je vois **quelque chose.**
> — Qui est-ce? Qu'est-ce que c'est?

●
$$\left.\begin{array}{l}\textbf{quelque chose}\\ \textbf{quelqu'un}\end{array}\right\} + \textbf{de} + \text{adjectif} \qquad \left.\begin{array}{l}\textbf{ne ... rien}\\ \textbf{ne ... personne}\end{array}\right\} + \textbf{de} + \text{adjectif}$$

ATTENTION: L'adjectif est toujours masculin singulier.

> Je fais *une chose importante.*
> *Mais:* Je fais **quelque chose d'important.**
> Je **ne** fais **rien d'important.**

> J'ai vu *une personne intéressante.*
> *Mais:* J'ai vu **quelqu'un d'intéressant.**
> Je **n'**ai vu **personne d'intéressant.**

●
$$\left.\begin{array}{l}\textbf{quelque chose}\\ \textbf{quelqu'un}\end{array}\right\} + \textbf{à} + \text{infinitif} \qquad \left.\begin{array}{l}\textbf{ne ... rien}\\ \textbf{ne ... personne}\end{array}\right\} + \textbf{à} + \text{inflnitif}$$

> J'ai **quelque chose à faire**.
> Je **n'**ai **rien à faire**.
> Nous avons **quelqu'un à voir**.
> Nous **n'**avons **personne à voir**.

● On peut utiliser un adjectif *et* un infinitif avec ces pronoms dans une seule phrase.

$$\left.\begin{array}{l}\textbf{quelque chose}\\ \textbf{quelqu'un}\\ \textbf{ne ... rien}\\ \textbf{ne ... personne}\end{array}\right\} + \textbf{de} + \text{adjectif} + \textbf{à} + \text{infinitif}$$

> C'est **quelque chose d'amusant à faire**.
> Annie va inviter **quelqu'un de fascinant à écouter**.
> Je **n'**ai **rien** vu **de beau à acheter**.
> À cette réunion, il n'y avait **personne d'intéressant à connaître**.

EXERCICES ORAUX . . . .

J. **Minimiser.**   Donnez des réponses évasives à votre ami curieux.

◠ Qu'est-ce que tu fais? (important)
Rien d'important.

◠ Qui vas-tu rencontrer cet après-midi? (fascinant)
Personne de fascinant.

1. Qu'est-ce que tu vas acheter? (extravagant)
2. Qu'est-ce que tu lis? (intéressant)
3. Qui vas-tu écouter au concert ce soir? (connu)
4. Qui vas-tu emmener? (remarquable)
5. Comment était ta soirée? (spécial) (*Ce n'était ...*)

K. **Précisions.**   Placez l'adjectif à la forme qui convient. Utilisez *de* si c'est nécessaire.

◠ C'est quelqu'un / amusant
C'est quelqu'un d'amusant.

◠ C'est une femme / amusant
C'est une femme amusante.

1. C'est une voiture / coréen
2. C'est quelque chose / coréen
3. Je connais un homme / malhonnête
4. Je connais quelqu'un / malhonnête
5. Montrez-moi quelque chose / beau
6. Montrez-moi une fleur / beau
7. Il aime une femme / sensible
8. Il aime quelqu'un / sensible
9. Veux-tu de la moutarde / français
10. Veux-tu quelque chose / français

L. **Un mime célèbre.**   Faites une seule phrase. Employez *à* ou *de*.

◠ Dites le nom de quelqu'un / célèbre
Dites le nom de quelqu'un de célèbre.

◠ Dites aussi le nom de quelqu'un / admirer
Dites aussi le nom de quelqu'un à admirer.

1. Marcel Marceau est quelqu'un / original
2. Il n'a jamais rien / dire
3. Mais il a toujours quelque chose / faire
4. Voilà quelqu'un / admirer
5. C'est aussi quelqu'un / très connu

Veux-tu quelque chose de beau?

Le marché aux puces, porte de Clignacourt, Paris

M. **Étiquette.** Qui est-ce que vous invitez ou qu'est-ce que vous apportez dans les circonstances suivantes?

◠ Vous allez assister à[13] un match de tennis.
J'invite quelqu'un de sportif. ou *J'apporte quelque chose à boire.*

1. Vous rendez visite à une famille française.
2. Vous allez à une soirée chez un ami.
3. Vous êtes invité(e) à dîner chez votre tante.
4. Vous allez à un pique-nique.
5. Vous êtes invité(e) à la Maison-Blanche.

N. **Opinions.** Donnez votre opinion sur les personnes et les choses suivantes. Suivez le modèle.

◠ Jeanne d'Arc
Jeanne d'Arc est quelqu'un à admirer. ou
Jeanne d'Arc est quelqu'un d'admirable.

1. Mikhaïl Gorbatchev
2. les Jeux Olympiques
3. Salvador Dali
4. Dan Quayle
5. le sushi
6. la cocaïne
7. Grace Jones
8. le français

Faites les exercices écrits dans le *Cahier d'exercices.*

---

13. *Assister à* = être présent à.

4 | *Avant* et *après*

PRÉSENTATION . . . .

— Qu'est-ce que vous faites généralement **avant de dîner**?
— **Avant de dîner**, je mets le couvert.
— Qu'est-ce que vous faites **après avoir dîné**?
— **Après avoir dîné**, je prends un café et je fais la vaisselle.
— Qu'est-ce que vous avez fait hier soir **après être arrivé** à table?
— J'ai commencé à manger. À la fin du repas, j'ai dit «excusez-moi»
   avant de quitter la table.

EXPLICATIONS . . . .

●   **avant** }
           + nom
   après }

Jacques fait ses devoirs **avant son cours**.
Marianne et Brigitte rentrent à la maison **après le cinéma**.

●   **avant** + **de** + infinitif

Il fait ses devoirs **avant d'aller** en classe.

●   **après** + infinitif passé (l'infinitif de l'auxiliaire + participe passé)

Elles rentrent à la maison **après avoir passé** la soirée au cinéma.

ATTENTION:

1. Pour les verbes qui prennent l'auxiliaire **avoir**, l'accord est avec le *complément d'objet direct* s'il *précède* l'infinitif.[14]

   Elles ont critiqué les acteurs après *les* avoir vu**s** dans le film.

2. Pour les verbes qui prennent l'auxiliaire **être**, l'accord est avec le *sujet*.[15]

   Elles rentrent à la maison après être all**ées** au cinéma.

---

14. Voir la Treizième Leçon, page 278.
15. Voir la Treizième Leçon, page 270.

● Ces constructions *ne varient pas* quand le temps de la phrase change.

> Il fait ses devoirs **avant d'aller** en classe.
> Il faisait ses devoirs **avant d'aller** en classe.
> Il a fait ses devoirs **avant d'aller** en classe.
> Il va faire ses devoirs **avant d'aller** en classe.
>
> Elles rentrent à la maison **après être allées** au cinéma.
> Elles rentraient à la maison **après être allées** au cinéma.
> Elles sont rentrées à la maison **après être allées** au cinéma.
> Elles vont rentrer à la maison **après être allées** au cinéma.

EXERCICES ORAUX . . . .

O. Routine (1). Que faites-vous quand vous allez au supermarché? Refaites les phrases en employant *avant de* + infinitif.

◠ Je regarde dans le frigo et je fais une liste.
Je regarde dans le frigo avant de faire une liste.

1. Je fais une liste et je sors.
2. Je vais à la banque et je vais au supermarché.
3. Je choisis mes légumes et je regarde la viande.
4. Je vérifie ma liste et je vais à la caisse.
5. J'achète un billet de loterie et je paie mes achats.

P. Routine (2). Refaites chaque phrase de l'exercice O, mais utilisez *après* + infinitif passé.

◠ Je regarde dans le frigo et je fais une liste.
Après avoir regardé dans le frigo, je fais une liste.

Q. Habitudes nocturnes. Complétez les phrases suivantes avec (1) un nom et (2) un infinitif.

◠ Généralement, je vais au lit après ...
Généralement, je vais au lit après minuit.
Généralement, je vais au lit après avoir regardé le journal télévisé.

1. Quand j'étais petit(e), j'allais au lit après ...
2. Hier, je suis allé(e) au lit avant ...
3. Généralement, je vais au lit avant ...
4. Demain, je vais aller au lit après ...

Faites les exercices écrits dans le *Cahier d'exercices*.

CRÉATION

Exercices de conversation

A. Vous êtes journaliste à la télé et vous interviewez des écrivains célèbres. On pense que leurs noms sont sur la liste du jury[16] du prix Nobel de littérature. Vous posez des questions pour qu'ils[17] expliquent leurs carrières, leurs ambitions, etc. Ils vont répondre avec *parce que, à cause de* et d'autres structures de la leçon. Demandez, par exemple,

- pourquoi il(elle) à voulu être écrivain
- pourquoi, à son avis, il(elle) est probablement considéré(e) par le jury
- pourquoi (ou pourquoi pas) il(elle) espère être lauréat(e) du prix Nobel
- pourquoi sa carrière a été facile ou difficile

— *Bonsoir, Roger Legaillard. Si vous voulez bien, expliquez un peu à nos téléspectateurs pourquoi vous êtes devenu écrivain.*
— *Eh bien, c'est surtout à cause de la bibliothèque de mes parents. J'ai commencé à lire très jeune parce que nous avions beaucoup de livres. Quand j'ai commencé à apprendre à écrire, c'était quelque chose de très important pour moi.*

B. Discutez avec quelques camarades les réactions que vous avez quand vous êtes déprimé(e). Employez, si possible, beaucoup de négations et de constructions avec des pronoms indéfinis.

— *Quand je suis déprimé, je ne veux aller nulle part, je ne veux voir personne et je veux simplement regarder la télé.*
— *Oh, pour moi c'est différent. Je veux absolument aller quelque part. Je ne veux regarder aucun programme de télé, lire aucun journal. J'essaie de trouver un endroit tranquille pour réfléchir.*

16. Dans ce cas, le *jury* est l'Académie royale de Suède.
17. *Pour que* = "so that, in such a way that."

Discutez les sujets suivants pour trouver les réactions typiques.

- où ils veulent aller
- ce qu'ils veulent faire
- qui ils veulent voir
- s'ils mangent beaucoup (si oui, où ils mangent)
- s'ils boivent (si oui, où ils boivent)
- s'ils font quelque chose de spécial pour oublier leurs problèmes
- s'ils pleurent (si oui, s'ils sont plus heureux après avoir pleuré)
- s'ils sont souvent déprimés

Avez-vous les mêmes réactions que vos amis quand vous êtes déprimé(e)? Précisez.

C. Voici une liste d'inventions modernes. Qu'est-ce qu'on employait ou comment est-ce qu'on faisait son travail avant leur invention? Discutez avec un(e) camarade.

la calculatrice	le frigo	le lave-vaisselle
la cassette	l'ordinateur	la machine à laver
les collants	la voiture	la machine à photocopier

— *Avant d'avoir des calculatrices, on avait des règles à calcul et des machines à calculer.*
— *Oui, mais avant l'invention de ces machines, on employait des abaques ou on calculait mentalement.*
   etc.

Lecture

CONSEILS/ACTIVITÉS AVANT LA LECTURE · · · · · · · · · · ·

Toutes les cultures ont leurs propres symboles de chance et de malchance. Le vendredi 13, par exemple, est considéré comme un jour de malchance par beaucoup d'Américains. D'autres choses ou d'autres actions sont considérées comme des symboles de chance ou de bonheur.[18] Faites une liste des actions qui, dans la tradition américaine, portent chance et une deuxième liste des actions qui portent malchance. Est-ce que vous pensez que les Français ont les mêmes superstitions?

---

18. *Bonheur* (m.) = "good luck; happiness."

EN FRANCE, N'OFFREZ JAMAIS DE CHRYSANTHÈMES!

Jerry et Christian sont assis sur le canapé dans l'appartement d'Isabelle. Jerry est arrivé le premier et a offert à Isabelle un très joli bouquet de chrysanthèmes jaunes. Après avoir arrangé les fleurs dans un vase, Isabelle les a mises sur la table.

CHRISTIAN: Tiens, Jerry, comme c'est drôle. En France on n'offre jamais de chrysanthèmes. On les considère comme quelque chose de morbide.

JERRY: Ah! Vraiment? Personne ne m'a dit ça. Je ne comprends rien à[19] vos traditions. Pour moi ce sont des fleurs comme les autres. C'est sim
5 plement quelque chose de joli à regarder. Et pourquoi pas de chrysanthèmes?

CHRISTIAN: Parce que ce sont des fleurs réservées aux morts;[20] et les Français n'associent jamais les morts aux vivants.

JERRY: C'est différent en Amérique et nous avons même une fête où les vi
10 vants imitent les morts. C'est Halloween, le soir avant la Toussaint.

CHRISTIAN: Comme c'est bizarre; nous n'avons rien comme ça en France.

ISABELLE: Moi, je n'ai rien contre les chrysanthèmes. Je les trouve très jolis.

CHRISTIAN: On m'a dit que le vendredi 13 était un jour de malchance en Amérique et qu'il ne fallait rien entreprendre un vendredi 13. En
15 France, par contre, beaucoup de gens considèrent le chiffre treize comme un porte-bonheur.[21]

ISABELLE: En effet[22] les gens superstitieux achètent leur billet de loterie le treize. C'est un jour de chance. Mais nous avons beaucoup d'autres su

---

19. *À* = à propos de.
20. On apporte des chrysanthèmes au cimetière le 1er novembre (= la Toussaint, fête religieuse en l'honneur de tous les saints).
21. *Porte-bonheur* (m.) = "lucky charm."
22. *En effet* = à vrai dire.

20 perstitions. Par exemple, après avoir cassé[23] un verre, on dit que cela porte chance. Pourtant[24] beaucoup de superstitions sont pareilles[25] en France et en Amérique. Le trèfle à quatre feuilles,[26] en effet, porte bonheur ... mais casser un miroir, voir un chat noir ou passer sous une échelle portent malheur.

JERRY: Est-ce qu'on touche du bois pour éviter la malchance?

25 ISABELLE: Oui, mais on ne croise jamais les doigts.

CHRISTIAN: Tiens! Ne parlons plus de ces bêtises. Nous avons un examen demain matin et je n'ai rien étudié à cause de cette discussion. Je n'ai pas encore ouvert mon livre!

JERRY: Ne fais rien, Christian. Crois en la Providence et croise les doigts!

QUESTIONS SUR LA LECTURE . . . .

1. Pourquoi est-ce qu'on n'offre pas de chrysanthèmes en France? Est-ce qu'Isabelle est choquée par le bouquet de Jerry? Pourquoi ou pourquoi pas?

2. Fête-t-on Halloween en France? Pourquoi ou pourquoi pas?

3. Quelle est la différence entre l'attitude américaine et l'attitude française à propos du chiffre 13? du vendredi 13?

4. Quelles superstitions sont différentes pour les Français et pour les Américains? Qu'est-ce qui porte bonheur? malchance?

5. Identifiez quelques superstitions semblables en France et en Amérique. Qu'est-ce qui porte bonheur? malheur?

6. Le conseil de Jerry à Christian à la fin du dialogue est-il un peu comique? Pourquoi ou pourquoi pas?

7. Êtes-vous superstitieux(superstitieuse)? Pourquoi ou pourquoi pas?

Compositions orales/écrites

1. Les superstitions sont-elles fondées sur un certain sens commun ou sont-elles simplement ridicules? Expliquez votre opinion et considérez quelques superstitions que vous connaissez. Racontez leur origine si vous la savez.

---

23. *Casser* = mettre en morceaux.
24. *Pourtant* = "nevertheless."
25. *Pareil(le)* = similaire.
26. *Feuille* (f.) = la partie d'un arbre qui tombe en automne. *Trèfle* (m.) *à quatre feuilles* = "four-leaf clover."

2. Imaginez la vie d'une personne excessivement superstitieuse. Racontez sa routine. Employez *parce que, à cause de*, les expressions négatives et les pronoms indéfinis avec des noms et des infinitifs.

3. Racontez votre vie. Parlez de votre domicile, de vos écoles (lycées, universités), de vos études, de vos activités préférées à divers âges, etc. Dites ce que vous avez fait avant et après d'autres choses, dites pourquoi vous avez fait certaines choses, etc. Employez les structures de la leçon.

> ◠ *Avant d'habiter ici, j'habitais en Pennsylvanie. Après avoir fini mes études au lycée, j'ai choisis cette université parce que ... , etc.*

4. Caractérisez la classe de français. Y a-t-il quelqu'un d'unique? de sportif? de poétique? de romantique? d'élégant? Si oui, qui? et pourquoi? Avez-vous fait quelque chose de dangereux dans ce cours? quelque chose d'amusant? de difficile? de nécessaire? d'original? Si oui, précisez.

Improvisations

1. *Deux, trois ou quatre personnes:* Un(e) journaliste fait l'interview d'une victime ou d'un groupe de victimes immédiatement après un désastre. Employez beaucoup d'expressions négatives dans les réponses et employez *avant, après, parce que* et *à cause de*.

2. *Deux personnes:* Vous parlez à un(e) de vos ami(e)s qui est particulièrement exubérant(e) et qui semble avoir des raisons extraordinaires pour être heureux(heureuse). Jouez la scène en employant *parce que, à cause de, avant, après, quelqu'un, quelque chose*, etc.

Faites les exercices de laboratoire dans le *Cahier d'exercices*.

Vocabulaire

noms

bêtise *f.*
bois *m.*
bonheur *m.*
carrière *f.*

chiffre *m.*
chrysanthème *m.*
cocaïne *f.*
diplôme *m.*
enfance *f.*

épicier/épicière *m./f.*
feuille *f.*
fourmi *f.*
Jour de l'An *m.*
journal télévisé *m.*

loterie *f.*
machine (à calculer, à laver, à photocopier) *f.*
malchance *f.*
malheur *m.*

porte-bonheur *m.*
prix *m.*
trèfle *m.*
victime *f.*

adjectifs

connu(e)
déprimé(e)
divers(e)
drôle
évasif(évasive)
exubérant(e)
mécontent(e)
morbide
pareil(le)

réservé(e)
superstitieux(supersti-
tieuse)

verbes

assister à
associer
bouger
casser
considérer
croiser
entreprendre
fêter
jouer à cache-cache

porter bonheur (chance,
malchance, malheur)
prendre une résolution
rassurer
toucher
vérifier

conjonctions

pourtant

négations

ne ... aucun(e) ...
ne ... jamais

ne ... ni ... ni ...
ne ... nulle part
ne ... pas encore
ne ... personne
ne ... plus
ne ... rien

autres expressions

Comment?
en effet
tout à fait

Échanges

— Bonjour, Mademoiselle. Vous cherchez
quelque chose?
— Oui. Quelque chose dans le genre[1] du
blouson en vitrine[2] ... mais ... plus ample.
— Quelle est votre taille?[3]
— Quarante.[4] Est-ce que vous l'avez en noir?
— Hélas, je ne l'ai plus dans ce modèle. Mais,
justement, un modèle plus ample? ...
Voilà! ...
— Je vais l'essayer ... vous permettez?
— Bien sûr.

— C'est un 42. ... Pourtant il me va parfaitement. C'est combien?
— 375 francs.
— Très bien. Je le prends.

1. *Genre* (m.) = sorte.
2. *Vitrine* (f.) = grande fenêtre d'un magasin.
3. *Taille* (f.) = dimension du corps humain.
4. *Quarante* (taille) = «dix» en taille américaine.

17

DIX-SEPTIÈME LEÇON

Je me réveille à six heures, alors je n'ai jamais besoin de me dépêcher.

DÉCOUVERTE

---

1 **Les verbes pronominaux: principe et conjugaison**

PRÉSENTATION

— Que faites-vous tous les matins, Christophe?
— D'abord **je me réveille** et **je me lève**. Ensuite **je me lave** et **je me rase**. Et puis **je m'habille**.
— **Vous réveillez-vous** de bonne heure?[1]
— Oui, **je me réveille** toujours à six heures, alors je n'ai jamais besoin de **me dépêcher** pour quitter la maison.
— Que faites-vous le soir?
— Je dîne, j'étudie et puis **je me lave, je me déshabille** et **je me couche**. Et si tout va bien, **je m'endors** et je fais de beaux rêves.

EXPLICATIONS

● Les verbes pronominaux expriment une action *réfléchie, réciproque, passive* ou simplement *idiomatique*. On utilise beaucoup de verbes pronominaux en français pour exprimer des actions qui ne sont pas nécessairement réfléchies dans d'autres langues.

sens réfléchi:	**Nous nous réveillons.** ("We wake up.")
sens réciproque:	**Vous vous aimez** bien. ("You like each other.")
sens passif:	**Le français se parle** ici. ("French is spoken here.")
sens idiomatique:	**Tu te moques de** Paul. ("You are making fun of Paul.")

---

1. *De bonne heure* = tôt.

353

● Le *sujet* et l'*objet* d'un verbe pronominal sont *identiques,* c'est-à-dire qu'ils représentent les mêmes personnes ou les mêmes choses.

> Romain regarde dans un miroir et **il se voit.**
> Je parle à Pierre et Pierre me parle. **Nous nous parlons.**

● Voici les pronoms objets réfléchis:[2]

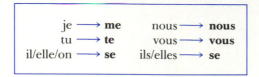

je	→ **me**	nous →	**nous**
tu	→ **te**	vous →	**vous**
il/elle/on	→ **se**	ils/elles →	**se**

● Grammaticalement, presque tous les verbes peuvent exister à la forme pronominale.

Forme simple   *Forme pronominale*

Je lave la voiture.   Je **me lave**.

Vous habillez votre fils.   Vous **vous habillez**.

---

2. Les pronoms objets réfléchis sont toujours employés avec un verbe pronominal.

● Pour conjuguer un verbe pronominal, on met le pronom objet réfléchi directement *devant* le verbe, comme avec les autres pronoms objets.

1. À l'affirmatif

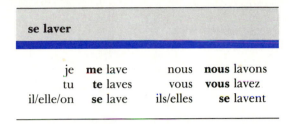

se laver			
je	**me** lave	nous	**nous** lavons
tu	**te** laves	vous	**vous** lavez
il/elle/on	**se** lave	ils/elles	**se** lavent

s'habiller			
je	**m'** habille	nous	**nous** habillons
tu	**t'** habilles	vous	**vous** habillez
il/elle/on	**s'** habille	ils/elles	**s'** habillent

2. À l'interrogatif

se lever ... ?[3]	
Est-ce que je **me** lève ... ?[4]	**nous** levons-nous ... ?
te lèves-tu ... ?	**vous** levez-vous ... ?
se lève-t-il(elle/on) ... ?	**se** lèvent-ils(elles) ... ?

3. Au négatif

ne pas se regarder			
je *ne* **me** regarde *pas*	nous *ne* **nous** regardons *pas*
tu *ne* **te** regardes *pas*	vous *ne* **vous** regardez *pas*
il/elle/on *ne* **se** regarde *pas*	ils/elles *ne* **se** regardent *pas*

---

3. **Lever** et **se lever** sont conjugués comme **espérer** (voir l'Appendice): je **me lève,** tu **te lèves,** etc.
4. On peut aussi employer l'interrogatif avec **est-ce que** à toutes les personnes du verbe, mais il est obligatoire à la forme **je.**

EXERCICES ORAUX . . . .

A. **La forme pronominale.**   Voici des phrases à la forme simple. Dites la forme pronominale qui correspond au verbe employé dans chaque phrase.

⌒ Je regarde la télé.
   Je me regarde.

   1. Nous lavons la voiture.
   2. Robin Williams amuse les gens.
   3. Je réveille ma sœur.
   4. Tu regardes le journal télévisé.

   5. Vous regardez une photo.
   6. Ils déshabillent le malade.
   7. Elle couche le bébé.
   8. Tu habilles ta fille.

B. **Habitudes quotidiennes.**[5]   Les affirmations suivantes sont incorrectes. Corrigez-les avec une négation et complétez la phrase avec une affirmation qui convient.

⌒ Gérard se lève tôt.
   Gérard ne se lève pas tôt, il se lève tard.

   1. Il se réveille à cinq heures.
   2. Je me regarde souvent dans le miroir.
   3. Vous vous lavez trop.
   4. Céline s'habille toujours en cinq minutes.
   5. Tu te déshabilles vite.
   6. Céline et Claudette se couchent tôt.
   7. Je me couche à minuit.
   8. Nous nous endormons facilement.

C. **Jamais!**   Posez une question avec inversion à votre camarade. Il(elle) va répondre en employant *ne ... jamais*.

⌒ se réveiller à midi

   VOUS: *Te réveilles-tu à midi?*
   CAMARADE: *Non, je ne me réveille jamais à midi.*

   1. se coucher dans la rue
   2. se laver avec du lait
   3. se déshabiller en public
   4. s'endormir en classe
   5. se raser avec un couteau
   6. se regarder dans un miroir à la plage

Faites les exercices écrits dans le *Cahier d'exercices.*

_____

5. *Quotidien(ne)* = de tous les jours.

2 La forme pronominale à sens réfléchi

PRÉSENTATION . . . .

— **Vous maquillez-vous** le matin, Georges?
— Mais non, **je ne me maquille jamais!**
— **Vous rasez-vous**?
— Oui, **je me rase** tous les jours.
— Est-ce que **vous vous brossez les** dents aussi?
— Oui, **je me lave les** dents le matin et après chaque repas.

EXPLICATIONS . . . .

FOR THE MOST PART

● La plupart des verbes pronominaux ont un sens *réfléchi,* c'est-à-dire, la personne qui exécute l'action (le *sujet*) est aussi la personne qui est l'*objet* de l'action.

> **Elle se** regarde.

● Quand on parle d'une partie du corps, l'adjectif possessif n'est pas nécessaire. On emploie l'article défini, et la possession est exprimée par le pronom réfléchi.

> Elle *se* lave **les** mains.
> Nous *nous* rasons **la** barbe.[6]
> Vous *vous* brossez **les** cheveux.

EXERCICE ORAL . . . .

D. Toilette.   Demandez à un(e) camarade combien de fois par jour il(elle) fait les choses suivantes. Utilisez la forme *tu* avec inversion.

◠ se laver les mains

> VOUS: *Combien de fois par jour te laves-tu les mains?*
> CAMARADE: *Je me lave les mains au moins cinq fois par jour.*

1. se laver les pieds   *5.* se brosser les cheveux
2. se brosser les dents   *6.* se laver la figure
3. se peigner les cheveux   *7.* se laver les cheveux
4. se raser les jambes (la barbe) *8.* se maquiller les yeux

Faites les exercices écrits dans le *Cahier d'exercices.*

———————————
6. *Barbe* (f.): Un homme qui ne se rase pas porte *une barbe* et une moustache.

3 # La forme pronominale à sens réciproque

PRÉSENTATION . . . .

— Richard aime Sophie et Sophie aime Richard, n'est-ce pas?
— Oui, **ils s'aiment. Ils se téléphonent** tous les jours—Richard téléphone à Sophie ou bien elle lui téléphone.
— Mais **Lee et Michelle ne se téléphonent jamais**?
— C'est vrai. **Ils ne s'aiment pas** beaucoup. En fait, **ils se détestent.**

EXPLICATION . . . .

● Pour exprimer une action *réciproque* entre deux ou plusieurs personnes, on utilise la forme pronominale.

Elles **se regardent.** (*réciproque*)   *Mais*: Elles **se regardent.** (*réfléchi*)

EXERCICES ORAUX . . . .

E. **Amitié.**   Demandez à un(e) camarade s'il(si elle) fait les choses suivantes avec son(sa) meilleur(e) ami(e).

◠ se raconter leurs rêves

VOUS: *Vous racontez-vous vos rêves?*   ou
    Est-ce que vous vous racontez vos rêves?
CAMARADE: *Oui, nous nous racontons nos rêves.*   ou
    Non, nous ne nous racontons pas nos rêves.

1. s'attendre après les cours   *4.* s'écrire chaque semaine
2. se téléphoner chaque soir   *5.* se dire des secrets
3. se voir tous les week-ends

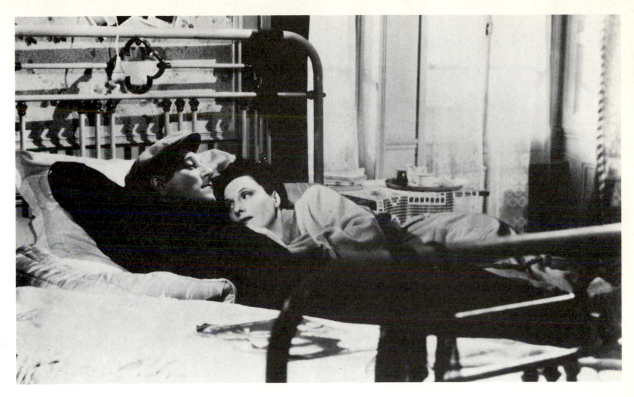

Est-ce que vous vous racontez vos rêves?

Le Jour se lève (film de Marcel Carné, 1939). Sur la photo: Jean Gabin et Arletty.

F. **Communication.**   Employez un verbe pronominal réciproque.

⌒ Pierre aime Solange et Solange l'aime aussi.
  Ils s'aiment.

1. Christophe parle à Pierre chaque jour et Pierre lui parle aussi.
2. Isabelle téléphone à Solange chaque semaine et Solange lui téléphone aussi.
3. Jérôme écrit souvent à Patrick et Patrick lui écrit aussi.
4. Christelle aide Sébastien à faire ses devoirs et Sébastien l'aide aussi.
5. Vous rencontrez Éric tous les jeudis et Éric vous rencontre aussi.
6. Florence vous déteste et vous la détestez aussi.
7. Je connais Annick et Annick me connaît.
8. Stéphane m'attend souvent avant la classe et je l'attends souvent aussi.

Faites les exercices écrits dans le *Cahier d'exercices*.

4 La forme pronominale à sens idiomatique

PRÉSENTATION . . . .

— Comment **vous appelez-vous**?
— **Je m'appelle** Joseph.
— Joseph, **vous amusez-vous** à une conférence[7] de statistique?
— Non, **je ne m'amuse** pas beaucoup parce que je n'y comprends rien.[8]
  Je m'ennuie quand **je** ne **m'intéresse** pas **au** sujet d'une conférence.

— Éric, qu'est-ce qui **se passe** le matin chez vous? Est-ce que vous
  passez beaucoup de temps avec votre famille?
— Oh, **je** ne **m'entends** pas très bien avec ma famille. En fait, **je m'en
  vais** le matin aussi vite que possible.
— Est-ce que votre mère vous prépare le petit déjeuner?
— Non, **je m'occupe de** mon petit déjeuner moi-même. **Je me sers du**
  four à micro-ondes pour préparer mon petit déjeuner le plus vite
  possible, et après **je me mets en route**.

EXPLICATIONS . . . .

● Certains verbes n'ont pas tout à fait le même sens à la forme pronominale.

> Elle *passe* l'après-midi avec un ami.
> *Mais*: Qu'est-ce qui **se passe**? (= Qu'est-ce qui arrive?)
>
> J'*entends* un bruit.
> *Mais*: Je **m'entends** bien avec Michel. (= J'ai un bon rapport avec
>   Michel.)
>
> Vous *allez* chez des amis.
> *Mais*: Vous **vous en allez**. (= Vous partez.)

● Quelques verbes existent presque uniquement à la forme pronominale.

> Je **me souviens**[9] **des** derniers Jeux olympiques.
> Pourquoi est-ce que vous **vous moquez de** Bertrand?

---

7. *Conférence* (f.) = discours fait devant un public à propos d'un sujet scientifique, littéraire,
   etc.
8. *Je n'y comprends rien* = ne rien comprendre à propos de ce sujet.
9. *Se souvenir de* ≠ oublier.

●   Voici une liste de quelques verbes pronominaux idiomatiques:

s'amuser	On **s'amuse** si on fait les choses qu'on aime.
s'appeler	Comment **vous appelez**-vous?
s'asseoir[10]	Je **m'assieds** sur une chaise.
se débrouiller	Il ne sait pas bien faire la cuisine, mais il **se débrouille.**
se dépêcher	Quand je suis en retard, je **me dépêche.**
se disputer (avec)	Les Hatfield et les McCoy **se disputent** constamment.
s'en aller	Je **m'en vais** maintenant. Au revoir!
s'ennuyer	On **s'ennuie** quand on ne s'amuse pas.
s'entendre (avec)	Je **m'entends** bien **avec** mon meilleur ami.
s'excuser	Oh pardon! Je **m'excuse!**
se fâcher (avec)	Pierre **se fâche** quand on l'accuse de mentir.
se fatiguer	Quand on **se fatigue,** il faut se reposer.
s'intéresser à	Un astrologue **s'intéresse à** l'astrologie.
se marier (avec)	Jean **se marie avec** Karine. Ils **se marient.**
se mettre à	Anne **se met à** son travail de bonne heure pour finir avant midi.
se mettre en route	Nous montons dans la voiture et nous **nous mettons en route** pour New York.
se moquer de	Don Rickles **se moque de** tout le monde.
s'occuper de	Un professeur **s'occupe de** ses étudiants.
se passer	Qu'est-ce qui **se passe** ici? Qui va expliquer ces événements?
se rappeler	Je **me rappelle** tout. Je n'oublie rien.
se rendre compte (de)	Souvent, on **se rend compte** trop tard **de** ses erreurs.
se reposer	Quand on est fatigué, on **se repose.**
se sentir	**Vous sentez**-vous heureuse aujourd'hui?
se servir de	Pour écrire, on **se sert d'**un stylo.
se souvenir de	Quand on a une bonne mémoire, on **se souvient** de tout.
se taire[11]	Quand le professeur parle, nous ne parlons pas; nous **nous taisons.**
se tromper (de)	Si vous dites «2 + 2 = 6», vous **vous trompez.**
se trouver	Le palais du Vatican **se trouve** à Rome.

TO GET ALONG

---

10. **S'asseoir** est très irrégulier: je **m'assieds,** tu **t'assieds,** il/elle/on **s'assied,** nous **nous asseyons,** vous **vous asseyez,** ils/elles **s'asseyent.** Participe passé = **assis.**
11. La conjugaison du verbe **se taire:** Je me tais, tu te tais, il/elle/on **se tait,** nous **nous taisons,** vous **vous taisez,** ils/elles **se taisent.** Le participe passé est **tu.**

EXERCICES ORAUX . . . .

G. Identifications et informations.   Répondez aux questions suivantes par une phrase correcte.

⌒ Comment vous appelez-vous?
Je m'appelle Suzanne.

1. Qui s'en va le premier(la première) après la classe, vous ou moi?
2. Quand vous amusez-vous?
3. Qui se fatigue le plus vite dans un match de polo, les joueurs ou les chevaux?
4. Avec qui un homme se marie-t-il?
5. De quoi vous servez-vous pour écrire?
6. Avec qui vous disputez-vous le plus souvent?
7. Où se repose-t-on le mieux, à Tahiti ou à New York?
8. Qui se fâche plus facilement, vous ou votre meilleur(e) ami(e)?
9. Qui se souvient de tout, les éléphants ou les gens amnésiques?
10. Vous ennuyez-vous le plus dans un concert de musique classique, à un match de football ou dans une conférence de géologie?

H. Situations et décisions.   Choisissez le verbe qui convient et répondez.

1. Vous voulez découper[12] un rôti de bœuf. Quel ustensile utilisez-vous? (s'en aller, se servir de)
2. Quelqu'un vous demande votre nom. Que répondez-vous? (s'appeler, se tromper)
3. Vous arrivez à huit heures chez votre ami. À onze heures, que faites-vous? (se taire, s'en aller)
4. Votre ami répète une histoire ennuyeuse pour la quinzième fois. Que faites-vous? (s'ennuyer, s'entendre)
5. Pierre a trouvé quelqu'un qu'il adore et qui l'adore. Que font-ils? (se souvenir, se marier)

I. Actions et réactions.   Complétez avec la forme correcte d'un des verbes indiqués.

1. Maman ... du poulet ce soir. (servir / se servir)
2. Je ... d'un ordinateur pour écrire mes compositions. (servir / se servir)
3. René ... son livre sur la table. (mettre / se mettre)
4. Il ... à étudier ce livre. (mettre / se mettre)
5. Paul ... avec Hélène. (marier / se marier)

---

12. *Découper* = diviser (une pièce de viande).

6. Le rabbin[13] ... Paul et Hélène. (marier / se marier)
7. Votre chien ... ma tante! (ennuyer / s'ennuyer)
8. Je ... quand on parle de la politique. (ennuyer / s'ennuyer)

Faites les exercices écrits dans le *Cahier d'exercices*.

---

5 La forme pronominale à sens passif

PRÉSENTATION . . . .

— Est-ce qu'on parle français en Amérique du Nord?
— Oui, le français **se parle** au Canada et en Louisiane. Il **se parle** aussi en Nouvelle-Angleterre, surtout dans le Maine, je crois.

EXPLICATION . . . .

● En général, pour exprimer un sens passif, le français préfère une structure active avec **on** ou avec la forme pronominale.

On parle français ici.	Le français **se parle** ici.
On vend des journaux ici.	Les journaux **se vendent** ici.
On ne **dit** pas ça!	Ça ne **se dit** pas!

EXERCICE ORAL . . . .

J. **Règles générales.** Donnez une règle générale en employant un verbe pronominal.

◠ On parle français en Belgique.
  Le français se parle en Belgique.

1. On porte des shorts à Paris.
2. On voit cela facilement.
3. On trouve le meilleur champagne en France.
4. On comprend cette situation très vite.
5. On forme le passé composé avec le verbe auxiliäire et le participe passé.

Faites les exercices écrits dans le *Cahier d'exercices*.

---

13. *Rabbin* (m.) = chef religieux d'une communauté juive.

6 | L'impératif des verbes pronominaux

PRÉSENTATION . . . .

— Dites-moi de m'asseoir.
— **Asseyez-vous!**
— Dites-moi de ne pas me lever.
— **Ne vous levez pas!**
— Maintenant, dites-moi de m'en aller.
— **Allez-vous-en!**
— Maintenant, dites à Susie de faire les mêmes choses.
— **Assieds-toi,** Susie. **Ne te lève pas. Va-t'en!**
— Mais je ne peux pas m'en aller si je ne me lève pas. Ce sont des ordres contradictoires!

EXPLICATION . . . .

● Pour former l'impératif *affirmatif* d'un verbe pronominal, on met les pronoms **toi, nous** et **vous** *après* le verbe.[14] À l'impératif *négatif,* on utilise **ne** + pronom objet réfléchi dans l'ordre normal.

Affirmatif	*Négatif*
Lève-**toi.**	Ne **te** lève pas.
Dépêchons-**nous.**	Ne **nous** dépêchons pas.
Allez-**vous**-en.	Ne **vous** en allez pas.

REMARQUEZ: *Toi* devant une voyelle devient **t'**: Va-**t'**en.

ATTENTION: Ne confondez pas l'impératif des verbes pronominaux avec la forme interrogative de **vous** et **nous.**

question: Regardez-vous la télévision?   *ordre*: **Regardez-vous** dans le miroir.

---

14. On attache ce pronom au verbe avec un trait d'union (–).

EXERCICES ORAUX . . . .

K. **Indécision.**   Vous ne pouvez pas décider ce que vous voulez. Donnez des ordres et puis changez d'avis.

⌒ se lever / nous
Levons-nous. Non, ne nous levons pas.

⌒ ne pas se raser / tu
Ne te rase pas. Si, rase-toi.

1. se réveiller / vous
2. se laver / tu
3. se préparer à aller à la plage / nous
4. ne pas se dépêcher / vous
5. ne pas s'en aller / tu

6. se reposer / nous
7. ne pas s'occuper de ça / nous
8. ne pas se fâcher / tu
9. se taire / vous
10. s'endormir tôt / nous

L. **Instructions.**   Quelques étudiants ne réussissent pas bien dans leurs cours. Vous êtes leur conseiller(conseillère) d'études. Donnez-leur vos conseils. ATTENTION: Ce ne sont pas *tous* des verbes pronominaux!

⌒ se lever tôt   *Levez-vous tôt le matin!*

1. s'habiller correctement
2. ne pas faire de bêtises
3. suivre une routine raisonnable
4. se coucher tôt le soir
5. s'entendre bien avec leurs professeurs
6. se souvenir de leurs responsabilités
7. ne pas se disputer avec leurs professeurs
8. poser des questions intéressantes en classe

Faites les exercices écrits dans le *Cahier d'exercices.*

7 Le passé des verbes pronominaux

PRÉSENTATION . . . .

— Qu'est-ce que vous avez fait ce matin, Anne?
— **Je me suis réveillée, je me suis lavée, je me suis brossé les dents, je me suis habillée** et j'ai pris mon petit déjeuner.
— **Vous êtes-vous lavé les cheveux?**
— Non, **je ne me suis pas lavé les cheveux.**
— Avez-vous parlé à votre camarade de chambre?
— Oui, elle m'a parlé et je lui ai parlé. **Nous nous sommes parlé.**
— Que faisiez-vous le matin, quand vous étiez au lycée?
— Je **me rappelle** bien ma routine: **je me réveillais, je me lavais**, je me **brossais les dents,** etc.

EXPLICATIONS . . . .

● L'imparfait des verbes pronominaux est régulier.

se rappeler		
je me rappel**ais**	nous nous rappel**ions**
tu te rappel**ais**	vous vous rappel**iez**
il/elle/on se rappel**ait**	ils/elles se rappel**aient**

Je ne **m'intéressais** pas à l'argent quand j'avais deux ans.
Vous disputiez-vous quand Georges est entré?
Chantal ne **s'entendait** pas bien avec sa sœur quand elle avait seize ans.

Femme travaillant chez
L'Oréal, fabriquant de produits
esthétiques

Un garagiste au travail

La Bourse à Paris

Une fleuriste dans un marché
parisien

Tournoi de tennis dans un stade parisien

Volley-ball et bains de mer sur
une plage de la Côte d'Azur

Une sortie dans le jardin
du Luxembourg

Promenade en bateau près de Chartres

● Le passé composé de tous les verbes pronominaux se forme avec l'auxiliaire **être**.

laver			se laver		
j'	ai	lavé	je	**me suis**	**lavé(e)**
tu	as	lavé	tu	**t' es**	**lavé(e)**
il/on	a	lavé	il/on	**s' est**	**lavé**
elle	a	lavé	elle	**s' est**	**lavée**
nous	avons	lavé	nous	**nous sommes**	**lavé(e)s**
vous	avez	lavé	vous	**vous êtes**	**lavé(e)(s)**
ils	ont	lavé	ils	**se sont**	**lavés**
elles	ont	lavé	elles	**se sont**	**lavées**

REMARQUEZ: Le négatif et l'interrogatif se forment comme les autres verbes.[15]

> Je **ne** me suis **pas** lavé(e).
> **S'est-il** lavé?

● L'accord du participe passé des verbes pronominaux suit la règle des verbes avec l'auxiliaire **avoir**.[16] La place du pronom réfléchi au passé composé est comme avec les autres pronoms objets: *devant* le verbe. Alors, si le pronom réfléchi représente l'objet direct, le participe passé s'accorde en genre et en nombre. S'il représente l'objet indirect, le participe passé reste invariable.

> *objet direct*   Mon fils et moi, nous *nous* sommes lav**és**.
> Les filles *se* sont-elles prépar**ées** pour la réunion?

> *Mais: objet indirect*   Elles *se* sont téléphoné. (On téléphone **à** quelqu'un.)
> Nous *nous* sommes parlé. (On parle **à** quelqu'un.)

REMARQUEZ: Quelquefois, il y a deux compléments d'objet: le pronom objet réfléchi (qui correspond au sujet) et un autre objet. Dans ce cas, on considère l'objet *non réfléchi* comme le seul complément d'objet *direct* et l'objet *réfléchi* comme le complément d'objet *indirect*.

> Elle *s'*est lav**é**e. (Accord, parce que l'objet direct—*se*—est devant le verbe.)
> *Mais*: Elle s'est lavé *les mains*. (Pas d'accord, parce que l'objet direct—*les mains*—est après le verbe.)

---

15. Voir la Douzième Leçon, page 248.
16. Voir la Treizième Leçon, page 278.

EXERCICES ORAUX . . . .

M. **Coïncidences.** Que faisaient ces étudiants quand la fausse alerte d'incendie a sonné? Répondez à la question en employant le verbe indiqué.

⌒ Que faisait Peggy? (se coucher)
Elle se couchait.

1. Que faisait Anne? (se réveiller)
2. Que faisait Alan? (se laver)
3. Que faisait Bert? (se regarder dans le miroir)
4. Que faisaient Guy et Louise? (se disputer)
5. Que faisait Katherine? (s'habiller)

N. **À la résidence.** Dites ce que chaque personne a fait hier matin à la résidence. Faites une phrase en employant les mots donnés et un verbe pronominal qui convient.

⌒ Marguerite / cheveux
Marguerite s'est brossé les cheveux.

1. Linda / dents   4. Marc / ne pas / jambes
2. Tu / mains   5. Je / cheveux
3. Nous / visage   6. Vous / figure

O. **Thérèse n'a pas de chance.** Vendredi a été une très mauvaise journée pour Thérèse. Racontez ce qui s'est passé au passé composé. Attention à l'accord du participe s'il est nécessaire.

⌒ Elle se réveille en retard.
Elle s'est réveillée en retard.

1. Elle s'achète[17] des chrysanthèmes.
2. Elle se promène[18] et elle passe sous une échelle.
3. Elle casse un miroir et puis elle se casse le pied.
4. Son cousin se moque d'elle et elle se fâche avec lui.
5. Elle s'achète un billet de loterie.

P. **Précisions.** Christine vous raconte les événements de la journée. Vous demandez des précisions selon le modèle. Attention à l'accord du participe s'il est nécessaire.

⌒ Ce matin je me suis levée tôt. (à quelle heure?)
À quelle heure t'es-tu levée?

---

17. *S'acheter* = acheter pour lui-même(elle-même).
18. *Se promener* = faire une promenade.

1. Je me suis demandé que faire aujourd'hui. (pourquoi?)
2. Je me suis assise à mon bureau. (pourquoi?)
3. Marc et moi, nous nous sommes téléphoné. (quand?)
4. Marc et son cousin Jacques se sont perdus quand ils sont venus chez moi. (comment?)
5. Ils se sont servis d'un vieux plan de la ville. (pourquoi?)
6. Mais ils se sont rendu compte de leur erreur. (quand?)
7. Ils se sont débrouillés. (comment?)
8. Jacques s'est fâché avec nous et il s'est excusé. (pourquoi?)
9. Marc et moi, nous nous sommes bien amusés. (comment?)
10. Nous nous sommes servi de ma nouvelle vidéo. (de quelle vidéo?)

Faites les exercices écrits dans le *Cahier d'exercices*.

8 L'infinitif du verbe pronominal

PRÉSENTATION

— Qu'est-ce que vous faites avant de **vous coucher**?
— Avant de **me coucher**, je me déshabille.
— Allez-vous **vous déshabiller** ce soir?
— Oui, nous allons **nous déshabiller**; nous n'allons pas **nous coucher** sans **nous déshabiller**!

EXPLICATIONS

● Dans une construction qui prend l'infinitif d'un verbe pronominal, on met *le pronom réfléchi qui correspond au sujet* devant l'infinitif.

se lever   Nous détestons **nous** lever.

se taire   J'ai une chose à dire avant de **me** taire.

● On emploie l'infinitif d'un verbe pronominal dans les mêmes circonstances que d'autres verbes.

1. Verbe + infinitif

Tu vas **te dépêcher** pour arriver à l'heure.
Nous n'acceptons pas de **nous ennuyer** en classe.

2. **Avant de** + infinitif

Avant de **nous habiller,** nous regardons dans le placard.

3. **Après** + infinitif passé
Après **s'être réveillés,** ils ont repris leur travail.

REMARQUEZ: Il ne faut pas oublier l'accord du participe passé dans l'infinitif passé.

Après s'être assis**e**, Hélène a commencé à lire son livre.
Après nous être habillé**s**, nous sommes sortis.

EXERCICES ORAUX . . . .

Q. **Réunion.**   Vous allez à Chicago pour revoir un(e) ancien(ne) ami(e). Imaginez ce qui va arriver. Employez le futur immédiat.

⌒ Je / se sentir nerveux.
Je vais me sentir nerveux(nerveuse).

1. Il(elle) / bien s'habiller pour venir me chercher à l'aéroport.
2. Nous / se reconnaître immédiatement.
3. Nous / se mettre en route tout de suite.
4. Je / ne pas s'endormir dans la voiture.
5. Nous / se souvenir de nos jours ensemble.
6. Il(elle) / s'intéresser à ma vie.
7. Nous / ne jamais plus se séparer.

R. **Goûts et habitudes personnels.**   Répondez à ces questions, puis posez-les (avec la forme *tu*) à un(e) camarade.

⌒ Que faites-vous avant de vous coucher le soir?
VOUS: *Avant de me coucher, je regarde la télé. Et toi? Que fais-tu avant de te coucher le soir?*
CAMARADE: *Avant de me coucher, je me brosse les dents.*

1. Pour vous amuser le week-end, que faites-vous?
2. Quand avez-vous besoin de vous dépêcher?
3. Aimez-vous vous reposer?
4. Est-ce que vous pouvez vous endormir pendant un examen?
5. Généralement, est-ce que vous préférez vous amuser ou vous ennuyer?
6. Voulez-vous vous marier un jour?

Faites les exercices écrits dans le *Cahier d'exercices.*

Exercices de conversation

A. Regardez le dessin et discutez ce qu'on fait avec les choses indiquées. Dites aussi si vous aimez faire ces choses.

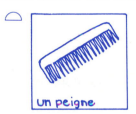

un peigne

On se peigne les cheveux avec un peigne. Moi, je n'aime pas me peigner. Je préfère me brosser les cheveux. Et vous?

1.

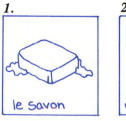

le savon

2.

un réveil

3.

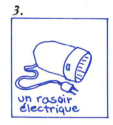

un rasoir électrique

4.

une brosse à cheveux

5.

un lit

6.

le dentifrice

7.

une brosse à dents

B. Choisissez un des proverbes suivants. Discutez en groupe ce que le proverbe veut dire et puis préparez une histoire qui l'illustre.

Les jours se suivent et ne se ressemblent pas.
Les loups[19] ne se mangent pas entre eux.
Comme on fait son lit, on se couche.
Qui se ressemble s'assemble.
Qui paie ses dettes s'enrichit.
Quiconque[20] se sert de l'épée[21] périt par l'épée.

C. Est-ce le grand amour? Voici un petit test pour vous aider à savoir si vous êtes vraiment amoureux(amoureuse) de votre ami(e). Choisissez la meilleure réponse et formez une phrase complète.

1. Quand vous vous voyez, est-ce que ... (a) votre cœur palpite? (b) vous souriez et rougissez? (c) vous dites «bonjour»?
2. Quand vous vous disputez, est-ce que ... (a) vous perdez l'appétit et voulez entrer dans un couvent(un monastère)? (b) vous vous fâchez mais restez calme? (c) vous voulez sortir avec d'autres personnes?
3. Quand vous vous réconciliez après une dispute, est-ce que ... (a) vous voulez chanter et crier? (b) vous avez peur d'avoir une autre dispute? (c) vous vous souvenez toujours de la dispute et en parlez souvent?
4. Quand vous parlez, votre conversation est-elle ... (a) fascinante? (b) agréable? (c) ennuyeuse?
5. Quand vous êtes ensemble et que vous ne vous parlez pas, est-ce que ... (a) vous vous comprenez parce que les mots ne sont pas nécessaires? (b) vous êtes à l'aise? (c) vous croyez que c'est le moment de vous dire «bonsoir»?
6. Quand vous vous embrassez, est-ce que ... (a) le reste du monde n'existe pas? (b) vous voulez ne jamais vous arrêter? (c) vous vous demandez si vous vous êtes lavé les dents?

Vous avez **5** points pour chaque réponse «a», **3** points pour chaque réponse «b» et **1** point pour chaque réponse «c».

*Total de **23–30:*** C'est le grand amour, peut-être pas très réaliste, mais vous êtes passionnément amoureux(amoureuse).

*Total de **10–22:*** C'est une attraction agréable, mais ce n'est pas l'amour fou.

*Total de **0–9:*** Vous vous amusez peut-être, mais c'est tout.

---

19. *Loup* (m.) = animal sauvage qui ressemble à un chien.
20. *Quiconque* = une personne qui.
21. *Épée* (f.) = arme de duel ou de guerre.

D. Un groupe d'astronautes vient sur le campus pour donner une conférence sur leur travail. Tout le monde leur pose des questions à propos de leur vie quand ils étaient dans l'espace. Trois ou quatre étudiant(e)s peuvent jouer les rôles des astronautes. Demandez-leur, par exemple ...

s'ils se souviennent de leurs premières réactions après avoir quitté la Terre
à quelle heure ils se réveillaient
s'ils se lavaient les dents et avec quoi
s'ils pouvaient se coucher facilement
de quoi ils se servaient pour boire
s'ils se disputaient avec les autres astronautes (et à propos de quoi)
s'ils s'amusaient ou s'ennuyaient
s'ils se fatiguaient plus vite ou moins vite que sur la Terre
s'ils souffraient du mal de l'air
si l'absence de gravité rendait la vie plus facile ou moins facile.

Lecture

CONSEILS/ACTIVITÉS AVANT LA LECTURE ....

Vous connaissez certainement les histoires d'amour les plus célèbres: Roméo et Juliette, Antoine et Cléopâtre, Orphée et Euridice. C'étaient des liaisons amoureuses très célèbres et très intenses. Pourtant, les circonstances romanesques de l'histoire de Tristan et Iseut surpassent toutes les autres. Il faut se souvenir que ce roman se situe au milieu du douzième siècle. C'est l'époque de la littérature courtoise. Souvenez-vous du roi Arthur et des chevaliers de la Table ronde! Souvenez-vous de Lancelot, de Perceval, de la reine Guenièvre et de l'enchanteur Merlin! Ce sont des légendes françaises.

Pendant les croisades, les chevaliers de France se battaient contre les «infidèles» à Jérusalem ou à Constantinople. Leurs femmes s'ennuyaient beaucoup dans les châteaux pendant leur absence. Quelquefois, des troupes de troubadours passaient par là et s'installaient dans les châteaux pendant quelques jours. C'étaient de très beaux jeunes gens et jeunes filles, acrobates, magiciens, musiciens ou poètes qui jouaient du luth, de la cornemuse et d'autres instruments qui ne se font plus aujourd'hui. Pendant les soirées d'hiver, on s'asseyait dans la grande salle du château où les troubadours racontaient de longues histoires romanesques et s'accompagnaient en musique.

Les thèmes de ces histoires se retrouvent dans le texte que vous allez lire: par exemple, l'honneur, l'amour fatal, le surnaturel, les personnages qui se ressemblent. Dans votre lecture, essayez de bien remarquer ces éléments et encore d'autres aspects caractéristiques des légendes du Moyen Âge.

LA BELLE HISTOIRE DE TRISTAN ET ISEUT

Marc était le roi de Cornouailles;[22] son neveu, un jeune chevalier très courageux, s'appelait Tristan. L'oncle et le neveu s'aimaient beaucoup. Mais les circonstances allaient rendre leurs rapports difficiles.

5 Tout a commencé quand deux hirondelles[23] ont apporté à Marc un beau cheveu blond. C'était un présage magique que le roi Marc allait épouser la jeune fille à qui appartenait[24] ce beau cheveu. Tristan, qui connaissait déjà la jeune fille, a proposé immédiatement d'aller la chercher en Irlande où elle habitait et de la ramener à son oncle. Quand il est arrivé en Irlande, tout le pays avait peur d'un dragon qui dévorait les jeunes filles.

10 Après avoir tué le dragon, Tristan a gagné, par ses prouesses et par son courage, la main d'Iseut pour son oncle. Iseut trouvait Tristan très séduisant, mais, à cette époque, les jeunes filles obéissaient à leurs parents pour les questions de mariage.

Les deux jeunes gens se préparaient à partir pour Cornouailles quand 15 la mère d'Iseut a mis dans leur bateau un flacon plein de potion magique. Les deux jeunes gens se sont mis en route. Pendant le voyage, Tristan et Iseut ont eu soif. Ils se sont trompés de flacon et ils ont bu, par erreur, la potion magique. Alors, Tristan est tombé amoureux d'Iseut, et Iseut s'est sentie transportée d'un amour sans limite pour Tristan. Ils s'aimaient 20 désormais[25] pour toujours, dans la vie et dans la mort.

Après leur arrivée en Cornouailles, ils ont essayé de se séparers, et Iseut et Marc se sont mariés. Iseut est devenue reine. Mais la passion des deux jeunes gens était plus forte que tout et ils ont continué à se voir en secret. Quand le roi s'est rendu compte de leur liaison, il les a condamnés 25 à mort.

Mais Tristan et Iseut se sont sauvés et se sont réfugiés dans la forêt. Là, ils avaient une existence très dure: ils n'avaient pas de maison, ils mangeaient les animaux que Tristan chassait et quelques racines, mais ils s'aimaient et c'était l'essentiel.

30 Un jour, le roi Marc, qui chassait par là, les a surpris endormis l'un à côté de l'autre, et alors il s'est rendu compte de leur amour et de leur souffrance. Il s'est demandé s'il fallait les tuer, mais il a décidé de leur donner

---

22. *Cornouailles* = pays au sud-ouest de la Grande-Bretagne.
23. *Hirondelle* (f.) = un oiseau ("swallow").
24. *Appartenir à* = être à (expression de possession).

Ils ont continué à se voir en secret.

deux signes de son passage et de son pardon. Il a enlevé la bague[26] du doigt maigre de la pauvre Iseut et l'a remplacée par sa bague de mariage.
35   Il a pris l'épée de Tristan et a mis son épée royale à côté de Tristan. Quand Tristan et Iseut se sont réveillés, ils ont tout de suite compris, et Tristan, plein de remords, a rendu Iseut à son oncle. Pour l'oublier, Tristan s'en est allé en exil en Bretagne et s'est marié avec une autre Iseut, Iseut la Brune.
40   Un jour, Tristan est blessé par une arme empoisonnée et il ne veut pas mourir sans revoir Iseut la Blonde.[27] Il envoie son beau-frère chercher la reine en bateau. Iseut la Blonde accepte sans hésitation. Tristan attend; il va mourir. En mer, une tempête empêche[28] le bateau d'aborder. Tristan, qui va mourir, demande à sa femme, Iseut la Brune, si la reine arrive.

25. *Désormais* (adverbe) = à partir de ce moment.
26. *Bague* (f.) = petit cercle d'or, d'argent, etc., qu'on met au doigt quand on se marie.
27. Remarquez l'usage du «présent historique» pour donner une force particulière à la narration du passé.
28. *Empêcher* = faire obstacle à, ne pas permettre.

45 En effet, elle arrive, mais jalouse, Iseut la Brune lui répond que non, et
Tristan meurt sans revoir Iseut la Blonde.

Quand Iseut la Blonde arrive devant le corps de son bien-aimé, elle se
rend compte qu'elle ne peut plus vivre sans lui, car la potion les a réunis
pour la vie et pour la mort. Alors, elle s'allonge à côté de Tristan et elle
50 meurt.

On les enterre, l'un à côté de l'autre, et alors, ô merveille! un rosier
sauvage sort du tombeau de Tristan et va fleurir sur le tombeau d'Iseut.

Belle amie, ainsi est de nous,
Ni vous sans moi, ni moi sans vous.

QUESTIONS SUR LA LECTURE ·

1. En quoi cette histoire ressemble-t-elle à la légende du roi Arthur
et Guenièvre et Lancelot? Quelles ressemblances a-t-elle avec
l'histoire de Roméo et Juliette?
2. Quel est le rôle de la magie dans cette histoire?
3. Quels sont les rapports entre les différents personnages? Qui
s'aime? Qui se marie avec qui? Pourquoi? Est-ce qu'il y a des personnages vraiment heureux?
4. Quelle est l'importance de la jalousie dans cette histoire? Expliquez.
5. Est-ce que le roi Marc est un homme tendre? honorable? Expliquez. Et Tristan, est-il honorable? Et Iseut?
6. Pourquoi Iseut est-elle morte?
7. Quelle est la signification du rosier?
8. Inventez un sous-titre à cette histoire.

Compositions orales/écrites

1. Décrivez une histoire d'amour personnelle ou fictive. Où et comment
les personnages se sont-ils rencontrés? Pourquoi se sont-ils aimés? Se
sont-ils mariés? etc.

◠ *C'était le coup de foudre.*[29] *Nous nous sommes vus, nous nous sommes aimés*
tout de suite. ... etc.

29. *Coup de foudre* (m.) = "love at first sight."

2. Comment est votre vie quotidienne? Décrivez vos activités typiques et votre routine de tous les jours. Employez des verbes pronominaux au présent et à l'infinitif.

    ◠ *Je me réveille quand mon réveil sonne à sept heures. Je me lève. ... J'aime souvent me promener avant le petit déjeuner ... etc.*

Improvisations

1. *Quatre ou cinq personnes:* Préparez un documentaire: «La vie quotidienne de ... ». Choisissez un personnage réel ou fictif, célèbre ou inconnu. Puis jouez la scène où un journaliste fait l'interview du personnage principal et de plusieurs autres personnes dans la vie du personnage principal.

2. *Deux personnes:* Vous cherchez un(e) nouveau(nouvelle) camarade de chambre. Posez des questions à une personne intéressée pour voir si vos habitudes sont compatibles. Vous voulez savoir ...

    - comment il(elle) s'appelle
    - à quelle heure il(elle) se réveille et s'il(si elle) fait du bruit quand il(elle) se lève
    - ce qu'il(elle) fait pour s'amuser et quand il(elle) s'ennuie
    - s'il(si elle) s'est déjà disputé(e) avec un(e) camarade de chambre et, si oui, pourquoi
    - s'il(si elle) va se servir de votre chaîne-stéréo ou de vos disques
    - si vous pouvez vous servir de sa télé
    - ce qu'il(elle) fait avant de se coucher
    - à quelle heure il(elle) se couche et s'il(si elle) a besoin de silence pour s'endormir

    Avez-vous des habitudes similaires? Précisez. Acceptez-vous cette personne comme camarade de chambre?

3. *Deux personnes*: Vous faites du baby-sitting pendant quelques jours; vous gardez un enfant paresseux.[30] Vous lui donnez des ordres, mais il ne veut pas les suivre. Employez, par exemple, les verbes suivants: *se réveiller, se lever, se laver la figure, se brosser les dents, se brosser les cheveux, s'habiller, manger, se déshabiller, prendre son bain, se coucher, s'endormir.*

Faites les exercices de laboratoire dans le *Cahier d'exercices.*

---

30. *Paresseux(paresseuse)* ≠ énergique, travailleur.

Échanges

Une jeune femme achète des timbres

— Je voudrais dix timbres à 2 francs 40, s'il
  vous plaît.
— Vous voulez un carnet,[1] alors?
— Non, Madame, simplement dix timbres à 2
  francs 40.
— Il faut aller au guichet 7.
— Mais votre guichet est bien indiqué
  «Timbres au détail»!
— Ça ne change rien. Je n'ai plus de timbres
  au détail.
— Alors je prends un carnet.
— J'ai plus[2] de carnet non plus ... allez au
  guichet numéro 7!

Un jeune homme envoie un colis[3]

— C'est pour où?
— Les États-Unis. L'adresse est bien indiquée.
— Vous avez bien rempli la déclaration de
  douane?
— Oui, oui.
— Vous le mettez dans le tambour.
— Je voudrais l'envoyer en recommandé[4]
  aussi, s'il vous plaît.
— Quelle valeur?
— 250 francs.
— Ça fait 43 francs 20.
— Vous n'avez pas la monnaie?
— Si. Voilà.

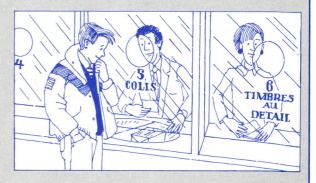

1. *Carnet* (m.) = un petit paquet de dix timbres-poste non
   détachés.
2. *J'ai plus* (familier) = je n'ai plus.
3. *Colis* (m.) = paquet.
4. *Recommandé* = "registered/insured."

Vocabulaire

noms

bague *f.*
barbe *f.*
bateau *m.*
brosse (à cheveux,
   à dents) *f.*
conférence *f.*
conseiller/conseillère *m./f.*
coup de foudre *m.*
épée *f.*
espace *m.*
forêt *f.*
loup *m.*
mal (de l'air) *m.*
miroir *m.*
rabbin *m.*
rasoir *m.*
reine *f.*
remords *m.*
roi *m.*
savon *m.*
souffrance *f.*
vidéo *f.*

adjectifs

amoureux(amoureuse)
blessé(e)
contradictoire
fatal(e)

faux(fausse)
fictif(fictive)
jaloux(jalouse)
paresseux(paresseuse)
quotidien(ne)
réaliste
réel(le)
rond(e)

verbes

aller chercher
appartenir à
chasser
empêcher
enlever
enterrer
épouser
faire des bêtises
fleurir
laver
ramener
réunir
surprendre
tomber amoureux(amoureuse)
   de

verbes pronominaux

s'amuser
s'appeler

s'assembler
s'asseoir
se battre
se brosser
se coucher
se débrouiller
se dépêcher
se déshabiller
se disputer (avec)
s'en aller
s'endormir
s'ennuyer
s'entendre (avec)
s'excuser
se fâcher (avec)
se fatiguer
s'habiller
s'intéresser à
se laver
se lever
se maquiller
se marier (avec)
se mettre à
se mettre en route
se moquer de
s'occuper de
se passer
se peigner
se promener

se rappeler
se raser
se rendre compte (de)
se reposer
se sauver
se sentir
se servir de
se situer
se souvenir de
se taire
se tromper (de)
se trouver

pronoms réfléchis

me
te
se
nous
vous
se

autres expressions

de bonne heure
ou bien
par erreur

18 DIX-HUITIÈME LEÇON

Quand j'aurai quarante ans, je serai traducteur et je traduirai des documents d'espionnage.

• •

| 1 | Le futur |

PRÉSENTATION

— Quand **vous aurez** quarante ans, que **ferez-vous**?
— **Je travaillerai** pour le gouvernement comme traducteur ou interprète.
— **Traduirez-vous** des documents d'espionnage?
— Peut-être. **Je traduirai** aussi les conversations entre le président et les dignitaires d'autres pays.
— **Aimerez-vous** ce travail?
— Oui, puisque[1] **ce sera** mon choix.
— Est-ce qu'**on** vous **paiera** beaucoup?
— Certainement. Alors, **je deviendrai** riche et ... célèbre.

EXPLICATIONS

● On peut presque toujours utiliser le futur immédiat (*aller* + infinitif) pour exprimer une idée ou une action future. Mais dans les cas où l'idée ou l'action a un caractère plus défini, plus distant ou plus littéraire, il faut employer le **futur**.

> Je **déjeunerai** avec elle.   *ou*   Je *vais déjeuner* avec elle.
> *Mais*: Hongkong ne **sera** plus une colonie anglaise en 1999.

---

1. *Puisque* = parce que.

● Pour former le **futur** d'un verbe régulier, on ajoute les terminaisons **-ai, -as, -a, -ons, -ez, -ont** à l'infinitif. Si l'infinitif est en **-re,** on supprime[2] le **e.**

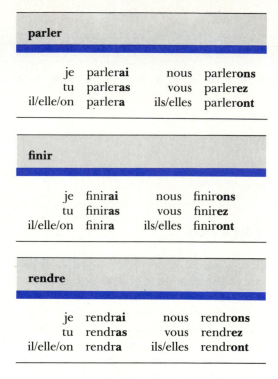

parler

je	parler**ai**	nous	parler**ons**
tu	parler**as**	vous	parler**ez**
il/elle/on	parler**a**	ils/elles	parler**ont**

finir

je	finir**ai**	nous	finir**ons**
tu	finir**as**	vous	finir**ez**
il/elle/on	finir**a**	ils/elles	finir**ont**

rendre

je	rendr**ai**	nous	rendr**ons**
tu	rendr**as**	vous	rendr**ez**
il/elle/on	rendr**a**	ils/elles	rendr**ont**

● Certains verbes ont un radical irrégulier au futur, mais les terminaisons sont toujours régulières.

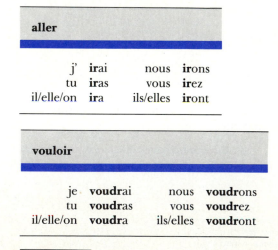

aller

j'	**ir**ai	nous	**ir**ons
tu	**ir**as	vous	**ir**ez
il/elle/on	**ir**a	ils/elles	**ir**ont

vouloir

je	**voudr**ai	nous	**voudr**ons
tu	**voudr**as	vous	**voudr**ez
il/elle/on	**voudr**a	ils/elles	**voudr**ont

---

2. *Supprimer* = éliminer.

se souvenir	
je me **souviendr**ai	nous nous **souviendr**ons
tu te **souviendr**as	vous vous **souviendr**ez
il/elle/on se **souviendr**a	ils/elles se **souviendr**ont

être: je **ser**ai, etc. **faire:** je **fer**ai, etc.	**venir:** je **viendr**ai, etc. **devenir:** je **deviendr**ai, etc. **revenir:** je **reviendr**ai, etc. **tenir:** je **tiendr**ai, etc. **obtenir:** j'**obtiendr**ai, etc.
avoir: j'**aur**ai, etc. **savoir:** je **saur**ai, etc.	**recevoir:** je **recevr**ai, etc.
voir: je **verr**ai, etc. **envoyer:** j'**enverr**ai, etc.	**s'asseoir:** je m'**assiér**ai, etc.
pouvoir: je **pourr**ai, etc. **mourir:** je **mourr**ai, etc. **courir:** je **courr**ai, etc.	**s'ennuyer:** je m'**ennuier**ai, etc.

REMARQUEZ: Pour le futur de certaines expressions impersonnelles:

c'est ⟶ **ce sera**
il y a ⟶ **il y aura**
il faut ⟶ **il faudra**
il fait (beau, etc.) ⟶ **il fera** (beau, etc.)
il pleut ⟶ **il pleuvra**
il neige ⟶ **il neigera**

Tranches Grosjean.
Bien tendres, elles vous feront fondre.

Il y aura une cérémonie
civile à la mairie avant
la cérémonie religieuse
à l'église.

EXERCICES ORAUX . . . .

A. **Mariage.** Jean-François et Chantal vont se marier. Ils discutent du grand événement. Mettez les phrases suivantes au futur.

1. Nous invitons toute la famille.
2. Nos amis nous donnent des cadeaux.
3. Je porte la robe de ma grand-mère.
4. Ton père et toi, vous arrivez à l'église en limousine.
5. La cérémonie dure presque une heure.
6. Ta maman pleure beaucoup.
7. Les invités viennent à la réception.
8. Tout le monde s'amuse bien.
9. Je choisis un nouveau costume pour partir.
10. Nous partons en voyage de noces[3] après la réception.

B. **Voyage anticipé.** Diane parle toujours de ce qu'elle fera quand elle ira en Suisse. Mettez les phrases au futur.

1. Je prends l'avion.
2. J'arrive à Zurich.
3. Je vais en train à Lausanne.
4. Laurence vient avec moi.
5. Nous choisissons un petit hôtel pittoresque.

———————
3. *Noces* (f.pl.) = célébration d'un mariage.

6. Je décide peut-être de rester assez longtemps à Lausanne.
7. J'achète des cadeaux pour toute la famille.
8. Nous prenons beaucoup de photos.

C. **L'année prochaine.**   Ferez-vous les choses suivantes l'année prochaine?

⌓ être encore à cette université
   Non, l'année prochaine je ne serai plus à cette université.   ou
   Oui, l'année prochaine je serai encore à cette université.

1. habiter en Europe
2. étudier encore le français
3. avoir un bon travail
4. vous amuser
5. vous souvenir de ce moment
6. lire *Découverte et Création*
7. comprendre mieux la vie
8. vous réveiller tous les jours à six heures du matin

D. **Questions personnelles.**   Demandez à un(e) camarade ...

1. où il(elle) ira après la classe.
2. ce qu'il(elle) fera ce week-end. (*Qu'est-ce que tu ...*)
3. où il(elle) sera en 1999.
4. quand il(elle) finira ses études.
5. où il(elle) dormira ce soir.
6. quand il(elle) vous enverra une carte postale.
7. s'il(si elle) viendra en classe samedi.
8. quel temps il fera demain.

Faites les exercices écrits dans le *Cahier d'exercices*.

---

2   Précisions sur l'emploi du futur

PRÉSENTATION

— Que ferez-vous cet été, Bill?
— J'irai en Europe. J'y resterai deux mois.
— **Quand partirez-vous?**
— Je partirai **aussitôt que** les cours **seront** finis.
— Verrez-vous vos amis **lorsque** vous **serez** en France?
— Oui, **si** je **peux,** j'irai les voir.
— **Quand** les **verrez-**vous?
— Je ne sais pas. Mais je leur téléphonerai **dès que** j'**arriverai.**

EXPLICATIONS . . . .

● Pour une action future, il faut utiliser le futur après **quand, lorsque, aussitôt que** ou **dès que.**[4] L'autre proposition est aussi au futur.

> **Quand** Pierre **viendra,** nous **irons** au parc.
> **Lorsque** j'**irai** à Rome, je **verrai** le Vatican.
> **Dès que** nous **serons** à Paris, nous leur **rendrons** visite.
> **Aussitôt que** Thomas **arrivera,** il **faudra** téléphoner à Jérôme.

REMARQUEZ: On peut changer l'ordre des propositions.

> Je verrai le Vatican **lorsque j'irai à Rome.**
> Il faudra téléphoner à Jérôme **aussitôt que Thomas arrivera.**

● On n'emploie pas le futur après **si** (même pour une action future), mais on emploie le futur dans l'autre proposition.

> S'il *fait* beau, nous **irons** au parc.
> Je lui **parlerai si** je le *rencontre.*

EXERCICES ORAUX . . . .

E. **Projets de dîner.** Vous avez invité deux amis à dîner pour faire des projets de voyage ensemble. Qu'est-ce que vous pensez faire ce soir? Dites les phrases suivantes au futur.

⌒ Quand les cours sont finis, je fais les courses.
   Quand les cours seront finis, je ferai les courses.

1. Aussitôt que je fais les courses, je peux préparer le dîner.
2. Quand Christelle et Daniel arrivent, nous dînons.
3. Lorsque nous sommes tous à table, nous discutons de nos vacances.
4. Quand nous buvons le café, nous regardons mon livre sur la France.
5. Dès que nous finissons de manger, nous étudions la carte d'Europe.

---

4. *Lorsque = quand; aussitôt que* ("as soon as") = *dès que.*

F. **Projets de voyage.** Dans le salon, vos amis et vous discutez de vos projets. Mettez les phrases suivantes au futur.

⌒ Si nous allons à Paris, je monte dans la tour Eiffel.
Si nous allons à Paris, je monterai dans la tour Eiffel.

1. Si nous sommes à Paris le 14 juillet, nous dansons dans les rues.
2. Si j'ai assez d'argent, je vais dans un restaurant trois étoiles.[5]
3. Si tu décides d'aller au Louvre, tu y passes beaucoup de temps.
4. Je visite Versailles aussi, si c'est possible.
5. Si nous écoutons Daniel, nous passons tout notre temps dans les musées.
6. Si nous faisons un tour des châteaux de la Loire, Daniel veut visiter Chambord.
7. Christelle rend visite à sa tante Christine, si elle va à Strasbourg.
8. Nous descendons dans le Midi, si nous avons le temps.

G. **Avenir.** Stéphanie et Jean-Marie parlent de leur avenir. Il y a des événements qui vont certainement arriver et d'autres qui ne sont que des possibilités. Suivez le modèle.

⌒ Quand l'école se termine, nous partons.
Quand l'école se terminera, nous partirons.

⌒ Oui, et si je peux, je trouve un appartement avec un ami.
Oui, et si je peux, je trouverai un appartement avec un ami.

1. Aussitôt que j'ai mon diplôme, je cherche un travail.
2. Moi, si je fais des économies,[6] j'attends et je me repose d'abord.
3. Si je trouve un bon travail, je suis très contente de travailler tout de suite.
4. Quand tu es riche, est-ce que tu m'invites au restaurant?
5. Dès que je gagne[7] un million, j'offre un voyage à Paris à tous mes amis.

Faites les exercices écrits dans le *Cahier d'exercices*.

---

5. *Étoile* (f.) = astre: La nuit, quand il fait beau, on voit des *étoiles* dans le ciel.
6. *Faire des économies* = économiser.
7. *Gagner* signifie ici obtenir le bénéfice de son travail.

| 3 | Prépositions, conjonctions et expressions de temps |

— **Depuis** quand êtes-vous à l'université?

— J'y suis **depuis que** l'année scolaire a commencé, c'est-à-dire que j'y suis **depuis** septembre; je suis étudiant de première année.

— Combien de temps **y a-t-il que** vous y êtes?

— Voyons. Nous sommes en mars maintenant, alors **il y a** sept mois **que** je suis ici.

— Et vous, Jim?

— Je suis arrivé **il y a** trois ans.

— **Pendant** combien de temps allez-vous rester encore à l'université?

— Je vais y rester **pendant** un an.

— Qu'est-ce que vous faites **pendant que** j'explique la leçon?

— **Pendant que** vous l'expliquez, nous écoutons et nous faisons attention à vos explications.

— **Jusqu'à** quelle heure serons-nous ici en classe?

— Nous serons ici **jusqu'à** onze heures.

EXPLICATIONS

● **Depuis** + *nom* et **depuis que** + *proposition* indiquent le commencement ou la durée d'une situation. Pour exprimer une situation qui continue encore au présent, le verbe principal est au *présent*.

commencement	Je *suis* là **depuis le début de l'année.**
durée	Je *suis* là **depuis sept mois.**
commencement	Mike ne *parle* plus anglais **depuis qu'il a quitté les États-Unis.**
durée	Mike ne *parle* plus anglais **depuis qu'il est à Paris.**

● **Il y a**

1. **Il y a** + *quantité de temps* + **que** indique l'intervalle entre le commencement d'une situation et le moment présent. Le verbe est au *présent*.

Il y a quinze minutes que j'*attends* mon ami.
Il y a deux ans que nous *sommes* ici.

2. Il y a + *expression de temps* indique l'intervalle entre le présent et une situation ou une action passées.[8] Le verbe est au *passé composé*.

> Vous *êtes arrivé* ici **il y a trois semaines.**
> J'*ai terminé* mes études **il y a longtemps.**

● **Jusque** + *préposition* indique la fin ou la limite d'une situation ou d'une distance. Il s'emploie avec *tous les temps* du verbe.

> Tu *resteras* ici **jusqu'en** juin.
> Ils *sont partis* de Paris et sont allés **jusqu'à** Rome.
> Nous *allons* vous *accompagner* **jusque chez** vous.

● **Pendant**

1. Pendant + *nom* indique la durée d'une action ou d'une situation. Il s'emploie avec *tous les temps* du verbe.

> La guillotine *a* beaucoup *fonctionné* **pendant la Révolution.**
> Je *resterai* chez vous **pendant quinze jours.**[9]

2. Pendant que + *proposition* indique la simultanéité de deux actions. Il s'emploie avec *tous les temps* du verbe principal.

> Jules *rêve* **pendant qu'il dort.**
> **Pendant que Marcel réparait l'auto,** ses amis *buvaient* de la bière.

EXERCICES ORAUX . . . .

H. **Phobies.** Vous allez chez le psychiatre parce que vous avez toutes sortes de phobies et d'autres problèmes. Utilisez *depuis* ou *depuis que* pour décrire vos symptômes au docteur.

1. J'ai de terribles migraines / l'âge de 9 ans
2. Je me sens malade quand je conduis une voiture / 1989
3. J'ai peur de monter dans un ascenseur / je suis monté(e) dans la tour Eiffel
4. J'ai mal au cœur[10] / je mange de la cuisine mexicaine
5. J'ai horreur des serpents / l'été 1974
6. J'ai des palpitations de cœur / mon chien est mort

---

8. *Il y a trois ans* = "three years ago."
9. *Quinze jours* = deux semaines. *Huit jours* = une semaine.
10. *Mal au cœur* = la nausée.

I. Priorités. Parlez des choses les plus importantes de votre vie. Employez *depuis* ou *depuis que* pour compléter la phrase comme vous voulez.

1. J'étudie le français ...
2. J'adore la musique rock (reggae, classique, etc.) ...
3. Je connais mon(ma) meilleur(e) ami(e) ...
4. J'ai ce(cette) camarade de chambre ...
5. Je sais ce que je veux faire ...

J. Faits historiques. Dites depuis combien de temps une certaine condition existe. Employez *depuis*, *depuis que*, ou *il y a ... que*.

⌒ les États-Unis sont indépendants
Les États-Unis sont indépendants depuis 1776. ou
Les États-Unis sont indépendants depuis 215 ans. ou
Les États-Unis sont indépendants depuis que les Américains ont gagné la guerre de l'Indépendance. ou
Il y a 215 ans que les États-Unis sont indépendants.

1. les Européens habitent en Amérique du Nord
2. l'Allemagne est divisée en deux parties
3. on parle espagnol en Amérique du Sud
4. les femmes peuvent voter aux États-Unis
5. les femmes peuvent voter en France

K. Aujourd'hui. Quand est-ce que vous avez fait les choses suivantes aujourd'hui? Utilisez le passé composé + *il y a* dans votre réponse.

⌒ se réveiller
Je me suis réveillé(e) il y a trois heures.

1. quitter votre chambre
2. prendre votre petit déjeuner
3. arriver en classe
4. commencer cet exercice
5. faire vos devoirs

L. Itinéraire. Vous expliquez à votre ami l'itinéraire de votre voyage en Europe. Faites une nouvelle phrase avec *jusque*.

⌒ Nous serons à Londres. Nous partirons de Londres le premier juin.
Nous serons à Londres jusqu'au premier juin.

1. Après, nous continuerons le voyage. Nous irons en Écosse.
2. Nous resterons à Edimbourg. Nous partirons d'Edimbourg le 11 juin.
3. Nous aurons l'occasion d'aller au pays de Galles. Nous irons chez Dylan à Cardiff.

4. Nous parlerons avec Dylan. Nous finirons de parler à 4 heures du matin.

5. Nous serons en vacances dans les Îles Britanniques. Les vacances seront terminées en septembre.

M. Les fêtes et la politique.   Faites une seule phrase. Employez *pendant* ou *pendant que*.

⌒ Les Français se préparaient à célébrer leur bicentenaire. / Nous célébrions notre bicentenaire.

Les Français se préparaient à célébrer leur bicentenaire pendant que nous célébrions notre bicentenaire.

1. Nous avons suivi la campagne électorale du président / deux ans.
2. Les Français ont suivi leur campagne électorale / six semaines.
3. Nous fêtions l'anniversaire de la statue de la Liberté. / Les Français se préparaient à fêter l'anniversaire de la tour Eiffel.
4. Le président américain exerce[11] ses fonctions / quatre ans.
5. Le président français exerce ses fonctions / sept ans.

N. Questions personnelles.   Demandez à un(e) camarade ...

1. depuis quelle heure il(elle) est à l'université aujourd'hui.
2. jusqu'à quelle heure il(elle) étudie le soir.
3. ce qu'il(elle) fait généralement le week-end. (*Qu'est-ce que* ...)
4. depuis quand il(elle) fait ses études universitaires.
5. combien de temps il y a que son professeur de français le(la) connaît.
6. où il(elle) était il y a trois heures.
7. combien de temps il y a qu'il(elle) parle anglais.
8. s'il(si elle) peut aller de sa chambre jusqu'à la classe en deux minutes.

O. La vie d'étudiant(e).   Complétez les phrases suivantes.

1. Je suis à l'université depuis ...
2. J'ai étudié à mon lycée pendant ...
3. J'ai fini mes études au lycée il y a ...
4. Je suis allé(e) voir mes parents il y a ...
5. La dernière fois, j'étais au laboratoire de langues pendant ...
6. J'étudie le français depuis ...
7. Je sais conduire depuis ...
8. J'ai pris un avion pour la première fois il y a ...

Faites les exercices écrits dans le *Cahier d'exercices*.

---

11. *Exercer* = pratiquer.

CRÉATION

Exercices de conversation

A. Vos camarades et vous êtes météorologistes. Employez les structures de la leçon pour discuter ensemble les questions suivantes:

Quel temps fera-t-il demain?
Où neigera-t-il? Quand?
Où pleuvra-t-il? Dans quelles circonstances?
Quels seront les endroits où il fera beau? mauvais? du vent? du soleil? Jusqu'à quel jour?
Quel temps fera-t-il pendant les cinq jours à venir?

Parlez aussi un peu de la météo de votre région.

Quel temps fait-il maintenant à l'endroit où vous êtes?
Et demain?

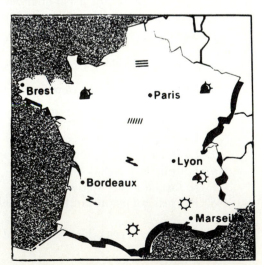

LEGENDE

☼ ENSOLEILLE

⛅ ECLAIRCIES PEU NUAGEUX

⛅ NUAGEUX COURTES ECLAIRCIES

● TRES NUAGEUX OU COUVERT

///// PLUIE OU BRUME

✳ NEIGE

⋔ AVERSES

⌇ ORAGES

≡ BRUMES ET BROUILLARDS

Source: Journal Français d'Amérique

B. Préparez avec un(e) camarade une description de la situation dans les dessins. Employez les expressions données.

1. Il est sept heures. Utilisez: *pendant, pendant que, jusque*.

2. Il est huit heures. Utilisez: *depuis, depuis que, il y a … que*.

3. Il est neuf heures. Utilisez: *pendant, jusque, pendant que, depuis*.

C. Chaque étudiant(e) emploie le futur et une des conjonctions *si, quand, lorsque, aussitôt que, dès que* pour prédire deux événements. Chacun[12] les écrit sur de petits morceaux de papier. On met toutes les prédictions dans une boîte et on les mélange.[13] Chaque étudiant(e) choisit un morceau de papier et le lit à la classe. Il(elle) discute avec la classe les implications que cette prédiction aura sur sa vie.

◠ Dès que cette classe sera finie, vous perdrez quelque chose d'important. À cause de ça, vous aurez des difficultés.
J'espère que ce ne sera pas mes notes pour mon cours d'histoire. J'ai un examen demain et si je perds mes notes, je ne réussirai pas!

▮ Lecture

CONSEILS/ACTIVITÉS AVANT LA LECTURE . . . .

Comment faites-vous la connaissance de nouveaux amis? Parlez-vous souvent à des gens que vous ne connaissez pas? Pourquoi ou pourquoi pas? Si un(e) étranger(étrangère) vous parle dans un endroit public, est-ce que vous lui répondez? Dans quelles circonstances? Est-ce que la situation suivante vous paraît vraisemblable?[14] La conversation est-elle typique des jeunes gens?

DANS UN CAFÉ

Kelly, une étudiante américaine, est installée à la terrasse d'un café situé au coin[15] du boulevard Saint-Michel et du quai Saint-Michel, au bord de la Seine. La vue de Notre-Dame est magnifique. Il fait très beau. À côté d'elle, un jeune homme la regarde de temps en temps. Kelly écrit des cartes à ses amis. Le jeune homme lui
5 *sourit amicalement et la conversation commence.*

LUI: Vous n'êtes pas d'ici, je suppose.
ELLE: Comment le savez-vous?
LUI: Oh! Je ne sais pas ... votre allure, vos vêtements ... vos mains ... un «je ne sais quoi» ...

---

12. *Chacun/chacune* = pronom dérivé de «chaque + un(e)».
13. *Mélanger* = mettre ensemble.
14. *Vraisemblable* = qui a l'apparence de la vérité, de la probabilité.
15. *Coin* (m.) = angle, intersection.

10 ELLE: Oui, en effet, je suis américaine.

LUI: Ah! Vraiment? D'où venez-vous? Depuis quand êtes-vous à Paris?

ELLE: Je viens du Colorado et je suis ici depuis lundi dernier. Il y a déjà une semaine que je suis parisienne. J'adore Paris. Et vous? Êtes-vous d'ici?

15 LUI: Non, j'habite en Bourgogne. Je suis ici pour faire un stage[16] d'informatique. Le stage dure pendant trois mois. Je n'aime pas Paris. C'est trop bruyant,[17] trop intense ... les gens sont névrosés[18] ... on court toujours partout ... Combien de temps resterez-vous à Paris?

ELLE: Oh! J'y suis venue pour l'année. Je ne repartirai pas avant l'année 20 prochaine. J'ai le temps. J'irai probablement en province aussi. En fait j'irai en Bourgogne pendant les vacances de Pâques. Je sais qu'on y mange et qu'on y boit très bien!

LUI: Ah! La gastronomie! C'est la grande spécialité de ma région. Quand vous serez en Bourgogne, vous pourrez me téléphoner et je vous 25 emmènerai dans les endroits intéressants.

ELLE: Je vous remercie. Est-ce qu'il y a longtemps que vous êtes à Paris?

LUI: Voyons ... je suis arrivé le 15 septembre ... nous sommes le 27 ... demain il y aura treize jours que je suis ici.

---

16. *Stage* (m.) = période d'études pratiques dans une entreprise.
17. *Bruyant(e)* = avec trop de bruit.
18. *Névrosé(e)* = "neurotic."

ELLE: Connaissiez-vous Paris avant?

30 LUI: Oui, naturellement, j'y suis venu plusieurs fois. J'y suis même resté pendant un an pendant que je faisais mes études, mais il y a bien longtemps de cela! ... Mais vous parlez un français excellent. Êtes-vous d'origine française?

ELLE: Pas du tout. Je l'ai étudié au lycée pendant deux ans et demi et puis
35 j'ai continué mes études à l'université. Mon université organise un séjour d'un an en France pour les étudiants. Je vais donc[19] rester à Paris pendant un an. Je suis ravie. Hier j'ai passé toute la journée dans les agences de location. Je cherche un petit appartement.

LUI: Ah, c'est très difficile ici! En province on en trouve plus facilement.
40 Dans quel quartier voulez-vous habiter?

ELLE: Oh, ça m'est égal, mais je ne veux pas être trop loin du Quartier latin.[20]

LUI: Écoutez, j'ai un copain qui travaille dans une agence immobilière. Si vous voulez, je pourrai vous présenter à lui. Que faites-vous demain?

45 ELLE: Le matin je vais à la Fac,[21] mais l'après-midi je suis libre.

LUI: Formidable, alors si vous voulez, je vous retrouverai ici à 13 h 30. Nous irons le voir à son agence. Il y a assez longtemps qu'il y travaille et je suis certain qu'il vous trouvera quelque chose.

ELLE: Vous êtes très aimable. J'essaierai d'être à l'heure. Sinon, le premier
50 venu attend l'autre.

LUI: D'accord. Oh! J'oubliais ... Comment vous appelez-vous?

ELLE: Kelly, et vous?

LUI: Laurent. Alors, à demain!

QUESTIONS SUR LA LECTURE . . . .

1. Est-ce que cette conversation vous paraît vraisemblable? Est-elle typique des jeunes gens? Justifiez votre réponse.

2. Pourquoi Kelly est-elle à Paris? Depuis quand est-elle là? Pendant combien de temps y restera-t-elle? Voulez-vous passer un an en France? Pourquoi?

3. À votre avis, pourquoi Kelly adore-t-elle Paris? Et Laurent, pourquoi, à votre avis, dit-il qu'il n'aime pas le bruit, les gens, l'intensité de la capitale?

4. Kelly a-t-elle de la chance de rencontrer Laurent? Justifiez votre réponse.

5. Est-ce que Kelly et Laurent deviendront de bons amis? Est-ce qu'ils se verront plusieurs fois? Imaginez.

---

19. *Donc* = conjonction qui introduit la conséquence d'une idée précédente.
20. *Quartier latin* = quartier de Paris, situé sur la rive gauche de la Seine, où s'élevait l'ancienne université dont l'enseignement était donné en latin et où se trouvent encore les facultés.
21. *La Fac* = faculté = l'université.

Compositions orales/écrites

1. Qu'est-ce que Kelly et Laurent feront demain? Écrivez au futur et employez des expressions comme *si, quand, lorsque, dès que* et *aussitôt que*.

2. Décrivez votre vie depuis que vous êtes à l'université. Employez beaucoup d'expressions de temps. Pendant combien de temps étudiez-vous chaque jour?, etc.

3. Qu'est-ce que vous ferez quand vous finirez vos études? Où irez-vous si vous décidez de voyager? Que ferez-vous si vous décidez de travailler? Employez des expressions comme *si, quand, lorsque, aussitôt que* et *dès que*.

4. Employez les structures de la leçon pour décrire votre vie à l'âge de quarante ans:

    où vous serez
    si vous serez marié(e)
    combien d'enfants vous aurez
    où vous travaillerez
    ce que vous ferez comme travail
    si vous aimerez votre travail
    si vous serez riche
    si vous serez content
    où vous passerez vos vacances
    si vous habiterez dans une maison ou dans un appartement
    comment sera la maison ou l'appartement

Improvisations

1. *Deux personnes*: Vous allez voir une diseuse de bonne aventure.[22] Cette personne regardera dans une boule de cristal, tirera les cartes, ou étudiera les lignes de votre main. Elle vous prédira l'avenir. Posez-lui des questions sur ses prédictions.

2. *Deux personnes*: Deux jeunes touristes se rencontrent pour la première fois dans un café. De quoi parlent-ils? Employez les structures de la leçon.

22. *Diseuse* (f.) *de bonne aventure* = quelqu'un qui sait prédire l'avenir.

3. *Deux ou trois personnes*: Un(e) étudiant(e) qui habite chez ses parents
discute ses responsabilités avec ses parents. Les parents lui demandent
s'il(si elle) a déjà fait différentes choses. Il(elle) répond que non, mais
qu'il(elle) les fera bientôt (demain, ce soir, la semaine prochaine, etc.).
Jouez les rôles selon le modèle.

⌒ — *Tu as fait tes devoirs, Robert?*
— *Je les ferai ce soir.*
— *Tu as écrit à ta tante Cécile?*
— *Je lui écrirai demain.*
etc.

Faites les exercices de laboratoire dans le *Cahier d'exercices*.

Échanges

— Bonjour, Madame. C'est bien ici pour
l'appartement à louer?[1]
— En effet, Mademoiselle. Vous avez lu
l'annonce dans *le Figaro*?
— Oui, et je suis venue aussitôt parce que le
quartier me plaît beaucoup.
— Il n'est pas très grand, vous allez voir, mais
il est très propre[2] et bien équipé.
— C'est tout à fait ce qu'il me faut. Le loyer[3]
est bien 6.000 francs par mois?
— C'est ça. Vous devez[4] aussi payer un mois
de caution et signer un bail[5] d'un an.
— C'est parfait, Madame.

1. *Louer* = "to rent."
2. *Propre* ≠ sale.
3. *Loyer* (m.) = prix qu'on paie pour louer un appartement, etc.
4. *Vous devez* = vous avez besoin de.
5. *Bail* (m.) = contrat qu'on signe pour louer un appartement, etc.

Vocabulaire

noms

agence (de location, immobilière) *f.*
allure *f.*
château *m.*
coin *m.*
étoile *f.*
étranger/étrangère *m./f.*
événement *m.*
gouvernement *m.*
ligne *f.*
noces *f.pl.*
Pâques *f.pl.*
politique *f.*
quai *m.*
serpent *m.*
stage *m.*
terrasse *f.*
tour *m.*
traducteur/traductrice *m./f.*
vue *f.*

adjectifs

bruyant(e)
divisé(e)
installé(e)
névrosé(e)

pittoresque
situé(e)
vraisemblable

verbes

accompagner
avoir horreur de
avoir mal au cœur
exercer
faire des économies
louer
mélanger
prédire
remercier
repartir
supposer
voter

adverbes

amicalement
bientôt

prépositions

depuis ...
jusque ...
il y a ...

conjonctions

aussitôt que
depuis que
dès que
donc
il y a ... que
lorsque
pendant que
puisque

autres expressions

c'est-à-dire
de temps en temps
quinze jours
un je ne sais quoi
pas du tout

DIX-NEUVIÈME LEÇON

Est-ce que je vous ai rendu votre devoir? Oui, vous me l'ai rendu ce matin.

| 1 | **Deux pronoms compléments et leurs places respectives** |

PRÉSENTATION

— Thomas, est-ce que vous m'avez donné votre devoir?
— Oui, je **vous l'**ai donné hier.
— Est-ce que je **vous l'**ai rendu aujourd'hui?
— Oui, Monsieur, vous **me l'**avez rendu ce matin. Je vous remercie.
— Et Dan, est-ce que je lui ai rendu son devoir?
— Oui, vous **le lui** avez rendu.
— Est-ce que je vais vous expliquer vos fautes?
— Oui, vous **nous les** expliquerez ... mais après la classe, j'espère.

— Parlez-vous de vos problèmes à votre camarade de chambre?
— Oui, je **lui en** parle de temps en temps. Quand je n'ai pas assez d'argent, par exemple.
— Alors est-ce que votre camarade vous prête[1] de l'argent?
— Oui. S'il en a, il **m'en** donne.

— Vous brossez-vous les dents le matin, Carole?
— Oui, je **me les** brosse après le petit déjeuner.
— Est-ce qu'Alana se lave la figure le matin?
— Oui, elle **se la** lave, j'en suis certaine.

— Montrez-moi votre cahier. Vite! Montrez-**le-moi**!
— D'accord. Voilà! Je **vous le** montre.

---

1. *Prêter* = donner quelque chose avec la stipulation qu'il faut le rendre.

EXPLICATIONS ·

● Quand il y a deux pronoms objets (un objet direct et un objet indirect) ils se placent, comme toujours, *devant* le verbe. L'ordre précis est le suivant:

me				
te	le			
nous	la	lui	y	en
vous	les	leur		
se				

The order of **y** and **en** sounds like the noise a donkey makes: [i ã]!

M'offrez-vous du café?
Oui, je **vous en** offre.

Avez-vous placé les sandwichs sur la table?
Oui, je **les y** ai placés.

Avez-vous écrit des lettres à votre ami cette semaine?
Non, je ne **lui en** ai pas écrit.

Y aura-t-il des étoiles ce soir?
Non, il n'**y en** aura pas à cause des nuages.

REMARQUEZ: Le pronom objet indirect *précède* le pronom objet direct. Quand les deux pronoms sont à la troisième personne le pronom objet direct précède le pronom objet indirect.

Est-ce que je vous ai loué cette maison?
Oui, vous **me l'**avez louée.

Paul s'est-il lavé la figure?
Oui, il **se l'**est lavée.

Est-ce que vous donnerez vos exercices au professeur?
Oui, je **les lui** donnerai.

Michel présente-t-il Sara à Olivier et à Simone?
Non, il ne **la leur** présente pas.

● Dans la construction *verbe + infinitif,* les pronoms objets précèdent le verbe qui a un rapport direct avec les pronoms.[2]

Faut-il s'intéresser à la politique? Oui, il faut **s'y** intéresser.
Je **vous** ai vu **y** entrer.
Elle **leur** a dit de ne pas **en** parler.
Elle préfère **leur en** parler.

_____

2. Voir la Onzième Leçon, pages 228 et 233.

● À l'impératif

1. À l'impératif *affirmatif*, les pronoms compléments viennent *après* le verbe et l'ordre des pronoms est le suivant:

objet direct	objet indirect	**y**	**en**

> Donne-**le-moi**![3]
> Présentez-**la-nous**!
> Rends-**la-lui**!

2. À l'impératif *négatif*, les pronoms compléments sont placés *devant* le verbe et dans l'ordre normal.[4]

> Ne **me le** donne pas!
> Ne **nous la** présentez pas!
> Ne **la lui** rends pas!

REMARQUEZ: Devant *en*, les pronoms *me* (*moi*) et *te* (*toi*) deviennent **m'** et **t'**.

> Ne **m'***en* parlez pas.   Parlez-**m'***en*.
> Ne **t'***en* va pas.   Va-**t'***en*.

EXERCICES ORAUX . . . .

A. **Problèmes.**   Vous avez des difficultés dans vos cours, alors vous parlez à un conseiller à votre université. Il vous pose des questions. Répondez en remplaçant les noms par des pronoms.

> ◠ Vous ennuyez-vous en classe?   *Oui, je m'y ennuie.*

1. Est-ce que vous vous intéressez à vos cours?
2. Faites-vous vos devoirs à la bibliothèque régulièrement?
3. Avez-vous une télé dans votre chambre?
4. Posez-vous des questions à vos professeurs?
5. Parlez-vous à vos parents de vos difficultés?
6. Est-ce que vos amis vous aident à écrire vos compositions?
7. Organisez-vous des parties dans votre chambre chaque soir?
8. Vous souvenez-vous de vos lectures?
9. Vous dépêchez-vous de faire vos exercices chaque soir?
10. Prenez-vous des notes régulièrement pendant vos cours?

---

3. RAPPEL: À l'impératif affirmatif, les pronoms objets *me* et *te* deviennent **moi** et **toi**. Voir la Quatorzième Leçon, page 290, et la Dix-septième Leçon, page 364.
4. Voir la Quatorzième Leçon, page 290, et cette leçon, page 403.

B. L'ange et le diable.   Michel a un ange gardien et un diable personnel. Quand Michel a un choix à faire, l'ange lui donne toujours un
bon conseil et le diable, évidemment, un mauvais conseil. Jouez les
rôles. Employez des pronoms objets avec l'impératif.

◠ Est-ce qu'il faut donner de l'argent aux pauvres?

L'ANGE: *Donne-leur-en!*
LE DIABLE: *Ne leur en donne pas!*

1. Est-ce qu'il faut me souvenir de l'anniversaire de ma copine?
2. Est-ce qu'il faut faire des cadeaux à mes parents?
3. Est-ce qu'il faut envoyer cette lettre à grand-mère?
4. Est-ce qu'il faut m'intéresser à mes cours?
5. Est-ce qu'il faut dire la vérité à mon professeur?
6. Est-ce qu'il faut montrer mes notes à mes parents?
7. Est-ce qu'il faut m'occuper de mes responsabilités?

C. Interrogatoire.   Employez deux pronoms et demandez à un(e) camarade ...

◠ s'il(si elle) a parlé de ses aventures à ses amis.

VOUS: *Leur en as-tu parlé?*
CAMARADE: *Oui, je leur en ai parlé.*   ou
            Non, je ne leur en ai pas parlé.

1. s'il(si elle) a mangé de la pizza à la cafétéria hier.
2. s'il(si elle) a expliqué son retard au professeur.
3. s'il(si elle) va parler de ses difficultés au professeur.
4. s'il(si elle) a écrit beaucoup de lettres à ses parents cette semaine.
5. si ses parents lisent ses lettres à leurs voisins.
6. s'il(si elle) a donné des fleurs au professeur.
7. s'il(si elle) veut offrir un cadeau aux autres étudiants de la classe.
8. si vous lui avez posé une question indiscrète.

Faites les exercices écrits dans le *Cahier d'exercices*.

2 · L'infinitif complément

PRÉSENTATION

— Avez-vous eu **l'occasion de voir** le film *Au revoir les enfants*?
— Oui, j'ai eu **l'occasion de** le **voir**. C'est un film très **intéressant à voir**. Je l'ai même vu deux fois.
— Serez-vous **content de** le **voir** encore une fois ... avec moi?
— Non, merci. Je ne suis pas **prêt à** le **voir** une troisième fois. Deux fois, ça suffit.[5]

EXPLICATIONS

● L'infinitif est presque toujours la forme du verbe qu'on utilise après une préposition.

> Elles n'ont pas l'air **de croire** à leur bonheur.
> Nous sommes prêts **à partir**.
> Vous ne pouvez pas entrer **sans payer**.
> **Avant de partir** en Chine, je consulterai mon astrologue.
> **Après avoir terminé** ce livre, je vais le rendre à la bibliothèque.

REMARQUEZ: **Pour** devant un infinitif exprime le but d'une chose ou d'une action.

> Regardez les illustrations **pour comprendre** le texte.
> Il travaille **pour acheter** une auto.

● On ne peut pas attacher un infinitif directement à un nom ou à un adjectif; il faut l'intermédiaire d'une préposition.

> Je suis **heureux *de* faire** votre connaissance.
> Marc a **l'occasion *d'*aller** en Russie.

● Cette préposition est généralement **de.**

$$\left.\begin{array}{l} \text{nom} \\ \text{adjectif} \end{array}\right\} + \textbf{de} + \text{infinitif}$$

> Claire a **peur *de* voyager**.
> Ces enfants sont **contents *de* jouer** dans le jardin.
> J'ai **l'honneur *de*** vous **présenter** notre nouvelle présidente.

---

5. *Ça suffit* = c'est assez.

● Quand l'objet direct de l'infinitif *précède* la préposition, on emploie **à**.

$$\left.\begin{array}{l} \text{nom} \\ \text{adjectif} \end{array}\right\} + \textbf{à} + \text{infinitif}$$

Voilà *un homme* **à** écouter.
Jocelyne a *des choses* **à** faire.
C'est *un film* extraordinaire **à** voir.
Nous avons découvert *une étoile* qui est difficile **à** observer.

ATTENTION: **Prêt**, **seul**, **premier** et **dernier** prennent toujours **à** + infinitif.

Agnès est **prête à** prendre son dîner.
Êtes-vous **le seul à** faire ce travail?
David est toujours **le dernier à** comprendre les leçons.
Donna est toujours **la première à** finir ses devoirs.

EXERCICES ORAUX . . . .

D. **Une lettre.**   Nancy arrive à Nice pour étudier au Centre international d'études françaises. Elle écrit ses premières impressions à un ami. Combinez les deux propositions en une seule phrase.

1. Je suis heureuse / j'arrive enfin à Nice
2. Ma famille française est contente / elle me connaît
3. Je suis surprise / je m'adapte si vite
4. Mais j'ai honte / je parle mal français
5. Pourtant, je n'ai pas peur / je suis seule dans cette ville étrangère
6. Je suis sûre / j'adorerai Nice

E. **On bosse.**[6]   Deux étudiants lisent ensemble à la bibliothèque. Ils commentent et comparent leurs deux livres. Formez une seule phrase avec les éléments donnés. Employez *à* ou *de* selon le cas.

1. Il est difficile / lire mon auteur
2. Mon livre aussi est difficile / lire
3. Il est intéressant / comprendre ses idées
4. Ces idées aussi sont intéressantes / comprendre
5. Il est impossible / ne pas admirer mon écrivain
6. Mon écrivain aussi est un homme / admirer
7. Je serai bientôt prêt / faire mon exposé[7]
8. Tu vas être le premier / finir ton travail

---

6. *Bosser* (expression familière) = travailler dur.
7. *Exposé* (m.) = présentation orale.

F. **Passe-temps.**   Finissez les phrases suivantes avec un infinitif approprié de votre choix.

○ Comment peut-on vivre sans ...
Comment peut-on vivre sans s'amuser
de temps en temps?

1. J'aime écouter de la musique pour ...
2. Nous avons des amis à ...
3. J'ai lu le journal pour ...
4. Tu as écrit ta lettre sans ...
5. On se sert de lunettes pour ...
6. C'est un film à ...
7. Vous travaillez pour ...
8. Nous entrons dans la salle sans ...

Faites les exercices écrits dans le *Cahier d'exercices.*

3 | Le plus-que-parfait

PRÉSENTATION ·

— Discutons les événements d'hier matin. Est-ce que vous **aviez** déjà **mangé** quand vous êtes arrivé en classe?
— Oui, j'**avais** déjà **mangé** quand j'ai quitté la maison.
— Est-ce que vous **étiez** déjà **arrivé** quand je suis entrée dans la classe?
— Oui, lorsque vous êtes entrée dans la classe, j'**étais** déjà **arrivé.**

EXPLICATIONS ·

● Le **plus-que-parfait** est un temps du passé qui précède un autre temps du passé. On emploie donc le plus-que-parfait par rapport à une autre action du passé.

> Nous **avions** déjà **écrit** nos devoirs avant le début de la classe.
> Ils sont arrivés en retard, mais leurs amis **étaient arrivés** à l'heure.

● Pour former le **plus-que-parfait**, on met l'auxiliaire (*avoir* ou *être*) à l'imparfait et on ajoute le participe passé du verbe.

parler				
j'	**avais**	parlé	nous	**avions**	parlé
tu	**avais**	parlé	vous	**aviez**	parlé
il/on	**avait**	parlé	ils	**avaient**	parlé
elle	**avait**	parlé	elles	**avaient**	parlé

arriver				
j'	**étais**	arrivé(e)	nous	**étions**	arrivé(e)s
tu	**étais**	arrivé(e)	vous	**étiez**	arrivé(e)(s)
il/on	**était**	arrivé	ils	**étaient**	arrivés
elle	**était**	arrivée	elles	**étaient**	arrivées

se réveiller				
je	**m' étais**	réveillé(e)	nous	**nous étions**	réveillé(e)s
tu	**t' étais**	réveillé(e)	vous	**vous étiez**	réveillé(e)(s)
il/on	**s' était**	réveillé	ils	**s' étaient**	réveillés
elle	**s' était**	réveillée	elles	**s' étaient**	réveillées

REMARQUEZ: L'accord du participe passé au plus-que-parfait est le même que pour le passé composé.

Quand nous sommes entré**s**, Marie-Laure était déjà reparti**e**.

EXERCICES ORAUX ....

G. **L'examen final.** C'était le jour de l'examen final et vous êtes arrivé(e) dans la salle d'examen à neuf heures. Avant d'arriver, qu'est-ce que vous aviez déjà fait?

◠ finir toutes vos compositions du semestre
J'avais fini toutes mes compositions du semestre.

1. étudier à la bibliothèque
2. lire toutes vos notes

   3. discuter l'examen avec vos camarades de classe
   4. se coucher tard
   5. ne pas bien dormir
   6. se lever tôt
   7. se laver
   8. s'habiller
   9. ne pas se raser (ne pas se maquiller)
   10. prendre un bon petit déjeuner

H. **Avant la classe.**   Demandez à un(e) camarade s'il(si elle) avait déjà
   fait les choses suivantes quand il(elle) est arrivé(e) en classe aujourd'hui.

   se réveiller

   VOUS: *T'étais-tu déjà réveillé(e) quand tu es arrivé(e) en classe aujourd'hui?*
   CAMARADE: *Oui, je m'étais déjà réveillé(e) quand je suis arrivé(e), bien sûr!*

1. s'habiller	*6.* prendre le petit déjeuner
2. faire son lit	*7.* finir ses devoirs
3. faire du jogging	*8.* lire le journal
4. se promener à vélo	*9.* étudier à la bibliothèque
5. tomber dans la rue	*10.* aller au laboratoire

T'étais-tu déjà
promené à vélo quand
tu as vu Marie-Laure?

I. **Vrai ou faux?**   Dans les contes de fées[8] suivants, dites si l'affirmation est vraie ou fausse. Si elle est fausse, racontez l'histoire comme vous la connaissez.

⌒ Cendrillon: Cendrillon avait déjà quitté le bal à minuit.
   Mais non! C'est faux! À minuit Cendrillon n'avait pas encore quitté le bal.
   C'est à minuit qu'elle s'est rappelée qu'il fallait partir.

1. Blanche Neige:
   a. Les sept nains étaient partis quand la méchante belle-mère est arrivée.
   b. Le Prince Charmant l'avait déjà vue quand elle a mangé la pomme.
2. Cendrillon:
   a. Quand elle est arrivée au bal, elle avait déjà dansé avec le prince.
   b. À minuit le prince était déjà tombé amoureux d'elle.
3. Les Trois Ours:[9]
   a. Les ours étaient déjà rentrés quand Boucles d'or a goûté leur petit déjeuner.
   b. Boucles d'or s'était déjà endormie quand ils l'ont trouvée.
4. La Belle au Bois dormant:
   a. Le prince l'avait déjà embrassée quand elle s'est endormie.
   b. Cent ans avaient passé quand elle s'est réveillée.
5. Le Petit Chaperon rouge:
   a. Le loup l'avait déjà vue quand il est allé chez la grand-mère.
   b. Le Petit Chaperon rouge avait déjà reconnu le loup quand elle lui a dit que ses yeux étaient énormes.

Faites les exercices écrits dans le *Cahier d'exercices*.

LE MORT S'ÉTAIT TROMPÉ D'ADRESSE

Par José BENJAMIN

---

8. *Conte* (m.) *de fées:* «Blanche Neige» de Grimm est un *conte de fées*.
9. *Ours* (m.): Winnie le Poo est un *ours*.

CRÉATION

- -

Exercices de conversation

A. Choisissez un film ou une autre histoire bien connue. Racontez cette histoire à l'envers;[10] commencez à la fin et dites ce qui est arrivé avant chaque événement. Chaque étudiant(e) donne l'événement qui a précédé.

○ *Indiana Jones a trouvé le Graal dans la dernière croisade.*
Avant ça, il avait sauvé son père.
Avant ça, il avait rencontré Hitler.
etc.

B. Racontez une aventure qui vous est arrivée. Les autres étudiant(e)s vous demanderont pourquoi vous (ou d'autres personnes concernées) étiez heureux(heureuse), content(e), surpris(e), terrifié(e), étonné(e), etc. Les autres vous demanderont aussi d'indiquer les éléments importants dans votre histoire: un homme à voir, un objet à remarquer, etc. Répondez à leurs questions.

○ — *Un jour, j'ai décidé d'aller à la plage. J'étais content d'y aller.*
— *Pourquoi étais-tu content?*
— *Parce que j'étais fatigué d'étudier. Sur la plage, j'ai rencontré un vieux couple apparemment surpris de me trouver là. Leur expression était quelque chose à voir. Ils m'ont demandé si je n'avais pas peur de me promener sur cette plage ...*

---

10. *À l'envers* = "backwards."

Lecture

CONSEILS/ACTIVITÉS AVANT LA LECTURE . . . .

Avant de lire, regardez la liste d'événements suivante pour connaître un peu l'histoire du Québec et du français au Canada.

- Jacques Cartier découvre le territoire qui deviendra la «Nouvelle-France»
- la «Nouvelle France» devient une colonie anglaise
- l'Acte de Québec sauvegarde la langue, la religion et les lois des Français au Québec
- des sociétés américaines commencent l'exploitation des matières premières[11] du Québec (le Québec n'est plus un pays agricole)
- le «Parti québécois», parti indépendantiste, gagne l'élection provinciale au Québec
- le français devient la langue officielle du Québec
- les Québécois votent contre l'indépendance

NOS VOISINS BILINGUES

Vous savez certainement que Paris est la plus grande ville d'expression française du monde; mais savez-vous quelle est la deuxième? Lyon? Marseille? Pas du tout. Après Paris, c'est Montréal, dans la province de Québec au Canada.

5 L'histoire de la communauté française au Canada a commencé en 1534 quand l'explorateur français Jacques Cartier a découvert ce qui allait devenir la Nouvelle-France. Pendant les siècles suivants, Québec et Montréal sont devenus des villes importantes. Mais après la guerre de Sept Ans (1756–1763), qui a opposé la France à l'Angleterre, la Nouvelle-France est devenue une colonie anglaise—une culture francophone entourée de
10 voisins anglophones et gouvernée par les Anglais. En effet, les habitants de la Nouvelle-France ont gagné, par l'Acte de Québec en 1774, le droit[12] de sauvegarder leur langue, leur religion et leurs lois. Ainsi,[13] ce contexte particulier a permis au Québec d'évoluer indépendamment de la France et aussi de ses voisins anglophones, et à la langue canadienne française de
15 développer son accent et son vocabulaire particuliers.

---

11. *Matières* (f.pl.) *premières* = ressources naturelles.
12. *Droit* (m.) = autorisation par la loi.
13. *Ainsi* = de cette façon.

Jacques Cartier a découvert ce qui allait devenir la Nouvelle-France en 1534.

Le Québec est resté longtemps isolé—un pays agricole, profondément religieux. Mais avant la Seconde Guerre mondiale, le gouvernement canadien a permis à des sociétés américaines d'exploiter les matières premières
20 de la province, qui a désormais connu un développement accéléré.

Pourtant, les Québécois ont continué à défendre leur culture et leur langue. En 1969 le Canada est devenu officiellement bilingue, et en 1977 on a établi le français comme la langue officielle du Québec.

Le Parti québécois, devenu majoritaire, a même essayé dans les années
25 70 de faire de la province un pays indépendant. Mais en 1980, les Québécois ont finalement voté contre l'indépendance.[14] Le Québec, néanmoins,[15] garde toute la spécificité de sa culture canadienne française. Les Canadiens français sont fiers[16] de maintenir leur héritage linguistique et culturel et ils sont plus actifs en même temps dans la vie économique et
30 politique de l'ensemble du pays.

L'ambiance française dans la vie quotidienne québécoise est aujourd'hui une réalité vraiment tangible, plus marquée que dans la première moitié[17] du vingtième siècle. Alors, si vous voulez vivre en français sans traverser l'Atlantique, allez vers le nord!

---

14. Il faut retenir également l'existence d'autres communautés francophones au Canada hors du Québec. En effet, dans les neuf autres provinces il y a des régions où des gens parlent français—la population francophone du Nouveau-Brunswick est d'ailleurs assez importante.
15. *Néanmoins* = pourtant, mais.
16. *Fier(fière)* = "proud."
17. *Moitié* (f.) = 1/2.

QUESTIONS SUR LA LECTURE . . . .

1. Quelle est la plus grande ville francophone après Paris?
2. Est-ce que vous pensez que certaines dates sont très importantes dans l'histoire québécoise? Quelles dates? Pourquoi?
3. Quelles sont les langues officielles du Canada? du Québec? des États-Unis? Est-ce qu'il y a des états américains qui ont plus d'une langue officielle?
4. Est-ce que les habitants d'expression française du Canada sont arrivés au Canada avant ou après les Anglais? Et les immigrants aux États-Unis qui ont d'autres langues maternelles—sont-ils arrivés avant ou après les Anglais? Comment cette différence se manifeste-t-elle aujourd'hui dans les attitudes des deux pays à propos de leur(s) langue(s) officielle(s)?

MON PAYS

Mon pays ce n'est pas un pays c'est l'hiver
Mon jardin ce n'est pas un jardin c'est la plaine
Mon chemin[18] ce n'est pas un chemin c'est la neige
Mon pays ce n'est pas un pays c'est l'hiver

Dans la blanche cérémonie
Où la neige au vent se marie
Dans ce pays de poudrerie[19]
Mon père a fait bâtir sa maison
Et je m'en vais être fidèle
À sa manière à son modèle
La chambre d'amis sera telle[20]
Qu'on viendra les autres saisons
Pour se bâtir à côté d'elle

Mon pays ce n'est pas un pays c'est l'hiver
Mon refrain ce n'est pas un refrain c'est rafale[21]
Ma maison ce n'est pas ma maison c'est froidure
Mon pays ce n'est pas un pays c'est l'hiver

---

18. *Chemin* (m.) = route, rue.
19. *Poudrerie* (f.) = "drifting snow."
20. *Tel(le) que* = comme.
21. *Rafale* (f.) = coup de vent soudain et brutal.

De mon grand pays solitaire
Je crie avant que de me taire
À tous les hommes de la terre
Ma maison c'est votre maison
Entre mes murs de glace
Je mets mon temps et mon espace
À préparer le feu[22] la place
Pour les humains de l'horizon
Et les humains sont de ma race

Mon pays ce n'est pas un pays c'est l'hiver
Mon jardin ce n'est pas un jardin c'est la plaine
Mon chemin ce n'est pas un chemin c'est la neige
Mon pays ce n'est pas un pays c'est l'hiver

Mon pays ce n'est pas un pays c'est l'envers
D'un pays qui n'était ni pays ni patrie[23]
Ma chanson ce n'est pas ma chanson c'est ma vie
C'est pour toi que je veux posséder mes hivers.

Gilles Vigneault
Avec les vieux mots, © Nouvelles Éditions de l'Arc

Compositions orales/écrites

1. Racontez une visite que vous avez faite au Canada ou dans un autre
endroit francophone. Décrivez vos expériences, ce que vous avez fait,
etc. Employez des pronoms compléments, l'infinitif complément et le
plus-que-parfait.

2. Connaissez-vous une région, un état ou un pays bilingue? Décrivez-le.
Quels sont les avantages et les désavantages d'une société bilingue?

Gouvernement du Québec
**Ministère des
Relations internationales**

---

22. *Feu* (m.) = flammes.
23. *Patrie* (f.) = partie de la terre où on sent un attachement spirituel à la terre et à la
communauté qui y habite.

Improvisation

Trois, quatre, cinq ou six personnes: Présentez une scène d'activité révolutionnaire: les opprimés[24] font une réunion pour protester contre leurs conditions de vie et pour décider s'il faut faire une révolution. Plusieurs groupes opprimés sont possibles, par exemple les Noirs sous la domination des Blancs, les Canadiens francophones sous la domination des Canadiens anglophones, les animaux sous la domination des hommes, etc.

Faites les exercices de laboratoire dans le *Cahiers d'exercices.*

---

24. *Opprimés* (m.pl.) = groupe de victimes de l'oppression.

Échanges

Marc, chez le coiffeur

— Bonjour, Monsieur. C'est pour une coupe de cheveux, s'il vous plaît. Est-ce que vous pouvez me prendre tout de suite?
— Attendez ... Oui, Pierre va s'occuper de vous.

   (Pierre vient.)

— On vous fait un shampooing?
— Oui, bien sûr.
— Alors, suivez-moi. Shampooing normal ou pour cheveux secs?
— Normal ... et comme coupe, pas trop courte, s'il vous plaît.
— La raie[1] à gauche, n'est-ce pas?
— Oui, c'est ça.

1. *Raie* (f.) = ligne de séparation entre les cheveux; "part."

Vocabulaire

noms

ambiance *f.*
attitude *f.*
avantage *m.*
aventure *f.*
bal *m.*
chanson *f.*
chemin *m.*
communauté *f.*
désavantage *m.*
développement *m.*
droit *m.*
envers *m.*
feu *m.*
froidure *f.*
glace *f.*
matières premières *f.pl.*
moitié *f.*
ours *m.*
parti (politique) *m.*
passe-temps *m.*
patrie *f.*
retard *m.*
texte *m.*

adjectifs

agricole
fidèle
fier(fière)
gardien(ne)
isolé(e)
marqué(e)
officiel(le)
religieux(religieuse)
solitaire
surpris(e)
tangible

verbes

s'adapter à
défendre
développer
évoluer
maintenir
se manifester
mettre son temps à
opposer
prêter
posséder

adverbes

ainsi
profondément

conjonction

néanmoins

autres expressions

à l'envers
ça suffit
en même temps
entouré(e) de
tel(le) que

20

VINGTIÈME
LEÇON

Imaginez que vous avez
gagné le gros lot à la
loterie. Que feriez-vous?

• •

1 Le conditionnel présent

PRÉSENTATION

— Émilie, imaginez que vous avez gagné le gros lot à la loterie. Que **feriez**-vous?

— Eh bien, d'abord, j'**achèterais** une voiture. Je ne **prendrais** jamais plus l'autobus. Ensuite, je **pourrais** quitter mon travail. Je ne **serais** plus obligée de travailler et d'étudier à la fois.

— Et Adam, que **feriez**-vous si vous gagniez à la loterie?

— Monsieur, si je gagnais à la loterie, je **saurais** quoi faire. Je **donnerais** une partie de l'argent à mon père, qui a des problèmes dans ses affaires. Je **paierais** mes dettes et je **ferais** un voyage en Europe. S'il me restait encore de l'argent, j'en **donnerais** une grande partie à mon église pour aider les sans-logis.

— Et Sophie, **pourriez**-vous me dire ce que vous **feriez** avec le gros lot?

— Si je **recevais** le gros lot, il me **faudrait** réfléchir! Probablement je le **mettrais** à la banque.   FALLOIR - TO BE NEC.

EXPLICATIONS

● On emploie le **conditionnel** le plus souvent pour exprimer le résultat probable d'une situation hypothétique.

> Si j'avais mille dollars, je **voyagerais** en Europe.
> J'imagine un monde parfait: tout le monde **vivrait** en paix, il n'y **aurait** plus de guerres et la faim n'**existerait** plus.

419

● Pour former le **conditionnel présent**, on prend le radical du futur[1] et on remplace les terminaisons du futur par les terminaisons de l'imparfait: **-ais, -ais, -ait, -ions, -iez, -aient.**

parler		
je parler**ais**	nous	parler**ions**
tu parler**ais**	vous	parler**iez**
il/elle/on parler**ait**	ils/elles	parler**aient**

finir		
je finir**ais**	nous	finir**ions**
tu finir**ais**	vous	finir**iez**
il/elle/on finir**ait**	ils/elles	finir**aient**

rendre		
je rendr**ais**	nous	rendr**ions**
tu rendr**ais**	vous	rendr**iez**
il/elle/on rendr**ait**	ils/elles	rendr**aient**

s'amuser		
je m' amuser**ais**	nous nous	amuser**ions**
tu t' amuser**ais**	vous vous	amuser**iez**
il/elle/on s' amuser**ait**	ils/elles s'	amuser**aient**

---

1. Voir la Dix-huitième Leçon, page 382.

REMARQUEZ: Naturellement, les verbes qui ont un radical irrégulier au futur ont la *même* irrégularité au conditionnel présent. Les terminaisons sont toujours régulières.

Infinitif	*Conditionnel*	*Infinitif*	*Conditionnel*
avoir	j'**aur**ais, etc.	**savoir**	je **saur**ais, etc.
être	je **ser**ais, etc.	**voir**	je **verr**ais, etc.
faire	je **fer**ais, etc.	**envoyer**	j'**enverr**ais, etc.
aller	j'**ir**ais, etc.	**recevoir**	je **recevr**ais, etc.
venir	je **viendr**ais, etc.	**s'asseoir**	je m'**assiér**ais, etc.
vouloir	je **voudr**ais, etc.	**s'ennuyer**	je m'**ennuier**ais, etc.
pouvoir	je **pourr**ais, etc.	etc.	

Si tu étais à l'hôpital, je **viendrais** te voir chaque jour. Je t'**enverrais** des fleurs et je ne m'**ennuierais** jamais avec toi.

REMARQUEZ: Voici le conditionnel présent de certaines expressions impersonnelles.

c'est → **ce serait**
il y a → **il y aurait**
il faut → **il faudrait**
il fait (beau, etc.) → **il ferait** (beau, etc.)
il pleut → **il pleuvrait**
il neige → **il neigerait**

● L'emploi du conditionnel présent

1. On utilise souvent le conditionnel présent pour être plus poli.

> Je **voudrais** un coca, s'il vous plaît.
> **Pourriez**-vous venir me voir?
> **Auriez**-vous l'heure?

Ce serait vraiment trop bête de grossir parce que l'on aime la langouste.

Mayoline

2. On utilise le conditionnel présent pour un verbe qui indique le résultat probable d'une condition hypothétique; cette condition est exprimée par **si** + *imparfait*.

> Je **m'ennuierais** *si je n'avais pas* d'amis.
> *Si vous veniez* avec nous, nous **serions** très contents.
> *Si tu voulais* vraiment étudier, tu **apprendrais** facilement.

EXERCICES ORAUX . . . .

A. **Si j'étais roi(reine)** ...   Si vous étiez le roi(la reine) du monde, que feriez-vous? Mettez au conditionnel présent, selon le modèle.

◠ Je sais trouver une solution aux problèmes du monde.
Si j'étais roi(reine), je saurais trouver une solution aux problèmes du monde.

1. Nous donnons à manger aux pauvres.
2. Nous choisissons une politique plus humaine.
3. Je rends l'environnement plus pur.
4. On ne voit plus de misère.
5. Chaque enfant peut aller à l'école.
6. Les pauvres reçoivent facilement une aide médicale.
7. Nous n'avons plus de risque de guerre nucléaire.
8. En fait, il n'y a plus de guerres.
9. Il ne nous faut plus d'armées.
10. Personne n'est jamais mécontent.

B. **De la politesse avant tout.**   Employez le conditionnel présent pour rendre les phrases suivantes plus polies.

◠ Savez-vous l'heure?
Sauriez-vous l'heure?

1. Avez-vous cinq dollars?
2. Nous voulons votre opinion.
3. Est-ce que je peux vous aider?
4. Est-il possible de partir maintenant?
5. Il faut du vin.
6. Y a-t-il de la place pour moi?
7. Voulez-vous danser avec moi?
8. Pouvez-vous m'accompagner?

C. **Interview.**   On fait l'interview d'une personne qui veut travailler comme steward(hôtesse de l'air). L'interviewer lui demande ce qu'il(elle) ferait dans les circonstances suivantes. Jouez les rôles selon le modèle.

◠ si quelqu'un refusait d'attacher sa ceinture[2] de sécurité

INTERVIEWER: *Que feriez-vous si quelqu'un refusait d'attacher sa ceinture de sécurité?*

CANDIDATE: *Si quelqu'un refusait d'attacher sa ceinture de sécurité, je lui dirais que c'est obligatoire.*

---

2. *Ceinture* (f.) = "belt." Les *ceintures de sécurité* sont obligatoires dans les avions et dans les voitures.

1. si un passager devenait gravement malade
2. s'il(si elle) se sentait mal pendant un moment de turbulence
3. si un garçon de seize ans voulait prendre un cocktail
4. si une femme commençait à accoucher[3] dans l'avion
5. si un homme avec une bombe demandait d'aller directement en Sibérie
6. si un passager(une passagère) lui demandait son numéro de téléphone
7. si le pilote annonçait qu'il n'y avait plus de combustible

D. **Rêves.** Complétez les phrases suivantes.

1. S'il n'y avait pas de classe aujourd'hui, ...
2. Si je n'étudiais pas le français, ...
3. Si j'étais président de l'université, ...
4. Si je voulais travailler cet été, ...
5. Si c'était le 4 juillet, ...
6. Si je faisais un voyage en Europe, ...
7. Si j'avais un avion, ...
8. Si j'avais cent mille dollars, ...
9. Si j'étais français, ...
10. Si je pouvais changer mon apparence physique, ...

Faites les exercices écrits dans le *Cahier d'exercices*.

---

2 Le conditionnel passé

PRÉSENTATION ....

— Jennifer, si vous aviez pu choisir votre famille, quelle sorte de famille **auriez**-vous **choisie**?
— Oh, je ne sais pas, mais je pense que j'**aurais voulu** avoir les mêmes parents.
— Si vous n'aviez pas pu avoir les mêmes parents, **seriez**-vous **devenue** quelqu'un de différent?
— Pas exactement. En fait je ne **serais** jamais **née**!

---

3. *Accoucher* = avoir un bébé.

EXPLICATIONS . . . .

● On emploie le **conditionnel passé** pour exprimer le résultat possible d'une situation *qui n'a pas vraiment existé* dans le passé. Le conditionnel passé représente, donc, un passé *non réalisé*.

> **J'aurais reçu** un «A» à l'examen si j'avais étudié le vocabulaire.
> Je **serais allé** étudier à Lausanne si mes parents avaient eu assez d'argent.

● Pour former le **conditionnel passé**, on met le verbe auxiliaire au conditionnel présent et on ajoute le participe passé.

parler				
j'	**aurais** parlé	nous	**aurions**	parlé
tu	**aurais** parlé	vous	**auriez**	parlé
il/on	**aurait** parlé	ils	**auraient**	parlé
elle	**aurait** parlé	elles	**auraient**	parlé

arriver				
je	**serais** arrivé(e)	nous	**serions**	arrivé(e)s
tu	**serais** arrivé(e)	vous	**seriez**	arrivé(e)(s)
il/on	**serait** arrivé	ils	**seraient**	arrivés
elle	**serait** arrivée	elles	**seraient**	arrivées

> **finir**: j'**aurais** fini, tu **aurais** fini, etc.
> **rendre**: j'**aurais** rendu, tu **aurais** rendu, etc.
> **partir**: je **serais** parti(e), tu **serais** parti(e), etc.
> **s'amuser**: je **me serais** amusé(e), tu **te serais** amusé(e), etc.

● On utilise le **conditionnel passé** pour un verbe qui indique le résultat *non réalisé* d'une condition hypothétique (qui n'a pas existé) au passé; cette condition hypothétique est exprimée par **si** + *plus-que-parfait*.

> Je **me serais ennuyé** *si je n'avais pas eu* d'amis.
> *Si vous étiez venus* avec nous, nous **aurions été** très contents.
> *Si tu avais* vraiment *voulu* étudier, tu **aurais appris** facilement.

EXERCICES ORAUX . . . .

E. **S'il avait fallu.**   Mettez les verbes suivants au conditionnel passé et ajoutez *s'il avait fallu*.

⌒ Cécile danse.   *Cécile aurait dansé s'il avait fallu.*

1. Tu écoutes la conférence.
2. Je me couche à huit heures.
3. Nous nous dépêchons.
4. Ils finissent leur travail avant cinq heures.
5. Vous revenez mercredi.

F. **Ce que j'aurais fait.**   Imaginez les circonstances suivantes. Dites quelle aurait été votre réaction.

⌒ Vous avez reçu une contravention.[4] (la payer)
Je l'aurais payée.

1. Vous attendiez votre ami devant un restaurant depuis trente minutes. (lui téléphoner)
2. Votre oncle favori est mort. (être triste)
3. Vous avez vu un meurtre. (aller à la police)
4. Vos examens d'entrée à l'université allaient commencer à 9 h. (arriver à l'heure)
5. Votre petit(e) ami(e) ne vous a pas téléphoné depuis quinze jours. (lui demander une explication)
6. Vous avez reçu un «F» à l'examen. (parler au professeur)
7. Une grosse tempête menaçait d'arriver. (rester à la maison)
8. Votre frère a téléphoné de Tahiti. (vouloir lui parler)

G. **À ta place** ...   Un ami vous décrit quelques événements de sa vie. Vous voulez l'aider par de bons conseils, et vous lui dites ce que vous auriez fait à sa place.

⌒ J'avais un trou[5] dans ma poche et j'ai perdu mes clés.
À ta place, j'aurais réparé le trou dans la poche.

1. Mon chat s'est arrêté de manger lundi. Mercredi il est mort!
2. J'ai étudié jusqu'à 8 h et puis je suis allé à une boum. Ce matin j'ai raté mon examen de biologie.
3. Je n'ai pas fermé la porte à clé et on a volé mon ordinateur.
4. Hier, c'était l'anniversaire de ma grand-mère et je l'ai oublié.
5. Quelqu'un a volé cent francs dans mon bureau.
6. J'ai vu un pull magnifique dans une petite boutique, mais je ne l'ai pas acheté.

---

4. *Contravention* (f.): Si vous conduisez trop vite, si vous mettez la voiture où il est interdit, la police va vous donner *une contravention*.
5. *Trou* (m.) = "hole."

H. **Qu'est-ce que vous auriez fait?**   Répondez.

1. Si vous aviez commencé à lire *Guerre et Paix* hier soir, l'auriez-vous déjà terminé?
2. Si vous vous étiez couché(e) à 3 h du matin, auriez-vous pu venir en classe aujourd'hui?
3. S'il y avait eu un tremblement de terre hier soir, auriez-vous bien dormi?
4. Si vous aviez vécu à l'époque de Tristan et Iseut, auriez-vous eu peur des dragons?
5. Si on n'avait pas découvert l'électricité, la vie aurait-elle été différente?

Faites les exercices écrits dans le *Cahier d'exercices.*

---

3 | La concordance des temps[6] avec *si* hypothétique *(reprise)*

PRÉSENTATION . . . .

— Éric, savez-vous ce que vous ferez après la classe cet après-midi?
— Oui, Madame. Je suis certain de ce que je veux faire. **S'il fait** toujours beau, **j'irai** à la plage.
— Et Véronique, que ferez-vous?
— **S'il neige**, **s'il pleut**, **s'il fait** beau, **s'il fait** mauvais, **j'irai** à la bibliothèque, parce que j'ai un examen demain!

— Marianne, si **votre camarade de chambre** n'**était** pas gentille, que **feriez-vous**?
— Madame, ma camarade de chambre est très gentille! Mais **si nous** ne **nous entendions** pas bien, **je demanderais** une nouvelle camarade de chambre.

— Gilbert, vous avez choisi de venir à notre université. Mais **si vous** n'**aviez** pas **décidé** de venir ici, où **seriez-vous allé**?
— **Si je** n'**avais** pas **décidé** de venir à cette université, **je serais** probablement **entré** dans l'armée.

---

6. *Concordance des temps* = "tense sequence."

EXPLICATIONS . . . .

● On emploie **si** + *présent,* accompagné du *futur,* pour décrire une possibilité qui aboutira[7] à une conclusion certaine.[8]

> **Nous pourrons** les présenter à Michèle, **si elles viennent** la semaine prochaine.

● On emploie **si** + *imparfait,* accompagné du *conditionnel présent,* pour décrire les conséquences d'une situation hypothétique.[9]

> **Nous perdrions** nos emplois, **si on vendait** la compagnie.

● On emploie **si** + *plus-que-parfait,* accompagné du *conditionnel passé,* pour décrire les conséquences hypothétiques d'une situation qui n'a pas vraiment existé dans le passé.[10]

> **Christophe Colomb n'aurait pas découvert** l'Amérique, **s'il n'était pas parti** pour découvrir l'Asie.

RÉSUMÉ:

Proposition subordonnée	*Proposition principale*
si + présent	+ futur
si + imparfait	+ conditionnel présent
si + plus-que-parfait	+ conditionnel passé

> **Si l'oncle Guillaume m'invite** à passer les vacances chez lui, **j'accepterai**!
> **Si vous étiez** malade, **vous iriez** à l'hôpital.
> **La Première Guerre mondiale n'aurait jamais commencé si on n'avait pas assassiné** l'archiduc François-Ferdinand.

ATTENTION: Ces règles s'appliquent seulement quand **si** a le sens hypothétique de «if». Mais **si** peut signifier aussi «when» et «whether».

1. Dans le cas du sens «when», l'emploi du présent pour le verbe principal est possible.

> *Si j'ai faim,* **je mange**. (Chaque fois que j'ai faim, je mange.)

---

7. *Aboutir* = "to lead to, to end in."
8. Voir la Dix-huitième Leçon, page 386.
9. Voir cette leçon, page 421.
10. Voir cette leçon, page 424.

2. Dans le cas du sens «whether», on peut employer le futur ou le conditionnel après **si**, particulièrement avec les verbes qui posent une question indirecte (**savoir, demander, se demander,** etc.).

> Il me demande **si je viendrai** demain.
> Je me suis demandé **si vous reconnaîtriez** notre maison.
> Je ne sais pas **s'il aurait dit** la vérité.

EXERCICES ORAUX . . . .

I. **Les occasions manquées.**[11]   Margot et son fiancé, Étienne, parlent de leurs projets d'avenir avec la tante Mathilde. Tante Mathilde n'a pas fait beaucoup de choses dans sa vie et elle le regrette. Suivez le modèle.

⌒ Si nous avons assez d'argent, nous ferons un voyage en Europe.
Si j'avais eu assez d'argent, j'aurais aussi fait un voyage en Europe.

1. Si nous avons des enfants, ils seront beaux.
2. Si nous en avons l'occasion, nous voyagerons beaucoup.
3. Si nous ne restons pas ici, nous irons à New York.
4. Si les parents nous aident, nous achèterons une maison.
5. Si on m'offre un poste dans une société internationale, j'accepterai.
6. Si nous nous marions lorsque nous sommes jeunes, nous serons heureux.

J. **Hypothèses**.   Complétez ces phrases.

⌒ S'il y avait des habitants sur Mars, ...
S'il y avait des habitants sur Mars, nous voudrions les connaître.

1. S'il pleut aujourd'hui, ...
2. Si j'avais de l'argent, ...
3. Je me serais endormi(e) si ...
4. Je rougirais si ...
5. Si je pouvais recommencer ma vie, ...
6. Nous aurions réussi à l'examen si ...
7. Cet enfant serait gentil si ...
8. Si j'avais été dans le jardin d'Éden, ...

---

11. *Manqué(e)* = "missed."

K. **Questions indiscrètes.**   Demandez à un(e) camarade ...

    1. ce qu'il(elle) aurait fait si ç'avait été[12] son anniversaire hier.
       (*Qu'est-ce que tu ...*)

    2. quelle sorte de voiture il(elle) achèterait s'il(si elle) avait beaucoup
       d'argent.

    3. où il(elle) ira s'il(si elle) a mal aux dents la semaine prochaine.

    4. où il(elle) irait s'il(si elle) avait un yacht.

    5. quelle serait sa réaction si vous lui offriez un bouquet de roses.

    6. qui aurait ouvert la porte de sa chambre si vous aviez frappé hier
       soir.

Faites les exercices écrits dans le *Cahier d'exercices.*

---

4   Le verbe *devoir*

PRÉSENTATION . . . .

— Vous me **devez** de l'argent, n'est-ce pas?

— Oui, je vous **dois** un dollar. Mais est-ce que je peux emprunter encore dix dollars? Je **dois** acheter un cadeau à ma mère. Demain c'est
son anniversaire.

— Bon, voici l'argent. Mais vous **devez** me payer la semaine prochaine.

— Thierry et Alice sont absents. Ils **doivent** être malades.

— Non, ils **doivent** avoir peur de l'examen!

— Où est Monsieur Perroud? Il **doit** arriver à son bureau à 9 h 15 et il
est déjà 9 h 30!

EXPLICATIONS . . . .

● Le verbe **devoir** se conjugue au présent comme *recevoir*.

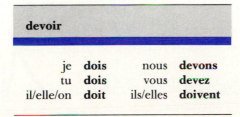

devoir		
je **dois**	nous **devons**	
tu **dois**	vous **devez**	
il/elle/on **doit**	ils/elles **doivent**	

---

12. *Ç'avait été* = ce + avait été.

● Le verbe **devoir** a plusieurs sens.

1. **Devoir** + *nom* indique une dette matérielle ou morale.

> Je **dois** de l'argent à un créditeur.
> On **doit** le respect à ses parents.
> Est-ce que nous **devons** une invitation aux Lapointe?

2. **Devoir** + *infinitif* indique ...
  a. une obligation. Dans ce cas, **je dois** signifie *J'ai besoin de, il m'est nécessaire de, je suis obligé(e) de*, etc.

> Je **dois** étudier avant de passer l'examen.
> Nous **devons** rendre nos livres à la bibliothèque.

  b. «probablement». Dans ce cas, **je dois** signifie *Probablement, je ...*

> Sa mère est morte récemment; elle **doit** être triste.
> Après son accident, elle **doit** avoir peur de conduire.

  c. une éventualité. Dans ce cas, **je dois** signifie *J'ai l'intention de ..., En principe, je ...*

> Katherine et Timothée **doivent** se marier le 9 septembre.
> Le sénateur **doit** nous parler demain soir.

EXERCICES ORAUX . . . .

L. **Les dettes.**   Indiquez à qui on doit les choses indiquées.

◠ vous / de l'argent
  Je ne dois d'argent à personne.   ou
  Je dois de l'argent à la banque.

1. vous / le respect
2. le monde / la théorie de l'évolution
3. les étudiants / leur formation[13]
4. un patron / de la considération
5. le gouvernement / de l'argent

UN PARFUM DOIT ETRE UNE ŒUVRE D'ART

Nina

NINA RICCI

---

13. *Formation* (f.) = instruction.

On doit être sympathique pour avoir beaucoup d'amis.

Le Bonhomme Carnaval, symbole du Carnaval de Québec.

M. **Obligations.** Redites les phrases suivantes avec le verbe *devoir* pour exprimer une action obligatoire.

◠ Je suis obligé d'étudier maintenant.
   Je dois étudier maintenant.

1. Tu as besoin de manger.
2. On est obligé d'être sympathique pour avoir beaucoup d'amis.
3. J'ai besoin de faire attention en classe.
4. Elles ont besoin de voir le directeur.
5. Nous sommes obligés de parler français.
6. Vous êtes obligé de vous souvenir de vos rendez-vous.

N. **La visite de Marie.** Redites les phrases suivantes en employant le verbe *devoir*.

1. Marie est obligée de venir à Boston aujourd'hui avec sa patronne.
2. En ce moment, elles sont probablement en route pour l'aéroport.
3. En principe, elles partent de San Francisco à 8 h 30.
4. Elles sont obligées de passer par Chicago.
5. Il est probable qu'elles changent d'avion.
6. L'avion arrive à Boston à 7 h du soir.
7. C'est notre intention d'aller chercher Marie à l'aéroport.
8. Vous êtes obligés de venir faire sa connaissance lundi!

Faites les exercices écrits dans le *Cahier d'exercices*.

5   Le verbe *devoir* (suite)

PRÉSENTATION ·

— Pauvre Robert! Hier, il **devait** écouter des cassettes pour sa classe de français dans la voiture.

— Je ne savais pas qu'il avait une audiocassette dans la voiture. Il **a dû** l'acheter récemment.

— Oui, il l'a achetée la semaine dernière.

— Mais pourquoi **devait**-il écouter les cassettes dans la voiture?

— Parce qu'il **devait** aller à Sacramento hier!

— C'est loin! Après ça, il **devait** être fatigué!

— Oui, il m'a dit qu'il était crevé.[14] Il **aurait dû** rester à la maison.

EXPLICATIONS ·

● Voici les autres temps du verbe **devoir**.

> | | |
> |---:|:---|
> | *futur:* | je **devrai**, tu **devras**, il/elle/on **devra**, etc. |
> | *conditionnel:* | je **devrais**, tu **devrais**, il/elle/on **devrait**, etc. |
> | *imparfait:* | je **devais**, tu **devais**, il/elle/on **devait**, etc. |
> | *passé composé:* | j'**ai dû**, tu **as dû**, il/elle/on **a dû**, etc. |
> | *plus-que-parfait:* | j'**avais dû**, tu **avais dû**, il/elle/on **avait dû**, etc. |
> | *conditionnel passé:* | j'**aurais dû**, tu **aurais dû**, il/elle/on **aurait dû**, etc. |

● Les emplois spéciaux des temps du verbe **devoir**

1. Pour exprimer une obligation future, on emploie le verbe **devoir** au *futur*.

> Ils **devront** se lever tôt pour ne pas être en retard demain.
> Tu **devras** étudier pour l'examen demain soir!

2. Pour exprimer le sens «probablement» au passé, on emploie le *passé composé* + infinitif.

> Il n'y a personne chez les Durand; ils **ont dû** sortir.
> Bernard ne nous a pas téléphoné; il **a dû** oublier.

3. Pour exprimer l'éventualité au passé, on emploie l'*imparfait*.

> Henri **devait** téléphoner à Cécile hier. Je me demande s'il l'a fait.

---

14. *Crevé(e)* (familier) = très, très fatigué.

4. Pour donner un avis, un conseil, une recommandation ou une suggestion, on emploie le *conditionnel présent* + infinitif.

> Vous **devriez** vous brosser les dents après chaque repas.
> On ne **devrait** pas fumer.

5. Pour exprimer un avis, une recommandation rétrospective, un conseil ou une suggestion tardifs au passé, on emploie le *conditionnel passé* + infinitif.

> Elle était seule à Noël! Nous **aurions dû** lui téléphoner.
> **J'aurais dû** vous dire que j'avais un rendez-vous avec Charles.

EXERCICES ORAUX

O. **Obligations.** Redites les phrases suivantes avec le verbe *devoir* pour exprimer une action obligatoire.

  1. Nous aurons besoin de partir.
  2. Vous serez obligé de répondre à cette lettre.
  3. Ils auront besoin d'aller en ville ce soir.
  4. Je serai obligée de finir avant une heure.

P. **Probablement.** Redites les phrases suivantes avec le verbe *devoir* pour exprimer une action probable.

  1. Elle est probablement venue ce matin.
  2. Il a probablement oublié notre réunion.
  3. Ils sont probablement partis.
  4. Vous lui avez probablement parlé.
  5. Tu as probablement vu la tour Eiffel.

Q. **Quand on perd une élection.** Monsieur LeBeau, candidat au Sénat, a récemment perdu une élection. Qu'est-ce qu'il aurait dû faire ou qu'est-ce qu'il n'aurait pas dû faire?

  ⌒ Il n'a pas embrassé de bébés.   ⌒ Il a critiqué sa mère.
    Il aurait dû en embrasser.   *Il n'aurait pas dû la critiquer.*

  1. Il a menti.
  2. Il n'a pas parlé avec les gens.
  3. Il a dit des choses grossières à propos de son adversaire.
  4. Il a mal répondu aux questions des journalistes.
  5. Il a refusé des interviews à la télévision.
  6. Il n'est pas allé à l'église.
  7. Il s'est mal habillé.
  8. Il n'a pas voté!

Si ma femme n'aimait pas danser, je danserais avec mon chien!

Devant le Centre Georges-Pompidou

R. **Recommandations.** On sait toujours mieux que les autres ce qu'ils devraient faire. Pensez à un conseil pour les personnes suivantes.

⌒ Pierre a un chat. Sa nouvelle copine est allergique.
Il devrait trouver une nouvelle copine. ou
Il devrait donner son chat à un ami.

1. J'adore danser, mais mon mari déteste danser. (*Tu ...*)
2. Nous n'aimons pas les sciences, mais nous pensons devenir médecins. (*Vous ...*)
3. Éric a vu le fiancé de sa cousine avec une autre femme. (*Il ...*)
4. Mes amis boivent trop. (*Ils ...*)
5. J'adore les enfants, mais j'adore mon travail aussi. (*Tu ...*)

Faites les exercices écrits dans le *Cahier d'exercices.*

CRÉATION

· ·

Exercices de conversation

A. Un(e) étudiant(e) imagine un événement historique qui aurait changé le monde. Il(elle) donne son hypothèse. Les autres étudiants essaient d'imaginer les conséquences. Suivez le modèle.

⌒ *Si les Américains n'avaient pas gagné la guerre de l'Indépendance, les États-Unis ne seraient pas devenus un pays indépendant.*

B. Un(e) étudiant(e) choisit secrètement quelqu'un de la classe. Les autres lui posent des questions sur des situations hypothétiques pour essayer de déterminer qui est la personne qu'il(elle) a choisie. L'étudiant(e) doit répondre aux questions par des *phrases complètes*. Quelques questions possibles:

Où serait-il s'il n'était pas en classe maintenant?
Qu'est-ce qu'il dirait si on l'insultait?
S'il était acteur, dans quel film jouerait-il? Quel serait son rôle?
S'il sort ce soir, où ira-t-il?
S'il était un animal, quelle sorte d'animal serait-il?
S'il devenait très riche, qu'est-ce qu'il ferait de tout son argent?
S'il était chef, dans quel restaurant travaillerait-il?
S'il avait écrit un livre, quel aurait été le sujet? le titre?
Qu'est-ce qu'il aurait fait si tu lui avais téléphoné hier soir à minuit?

Inventez aussi d'autres questions.
Avez-vous deviné qui c'est?

C. Qu'en pensez-vous? Pour être heureux ensemble, est-ce qu'un homme et une femme devraient faire les choses suivantes? Formez des phrases complètes, puis expliquez vos opinions.

◠ aimer manger les mêmes choses

Oui, un homme et une femme devraient aimer manger les mêmes choses. S'ils veulent manger ensemble, ils devraient aimer les mêmes choses.

	Oui	Non	Peut-être
1. avoir les mêmes opinions politiques	——	——	——
2. s'entendre toujours parfaitement	——	——	——
3. sortir avec d'autres personnes de temps en temps	——	——	——
4. passer tout leur temps ensemble	——	——	——
5. avoir la même religion	——	——	——
6. partager les travaux ménagers[15]	——	——	——
7. être de la même classe sociale	——	——	——
8. beaucoup discuter ensemble	——	——	——
9. vouloir les mêmes choses dans la vie	——	——	——
10. être également beaux/intelligents/ artistiques	——	——	——

D. Répondez aux questions suivantes. Utilisez le verbe *devoir* dans vos réponses.

1. Hier soir Claude et Yvette sont allés à une grande soirée où ils ont trop mangé et trop bu. Aujourd'hui ils en souffrent. Qu'est-ce qu'ils devraient faire pour se sentir mieux?

2. Il y a un instant, Louise a répondu au téléphone. La voix[16] qu'elle entend n'est pas la voix d'un ami. C'est la voix d'une personne qui a kidnappé son chien, Roméo, que Louise aime beaucoup. La voix lui demande une somme d'argent astronomique pour lui rendre Roméo; sinon, la voix menace de tuer le chien! Qu'est-ce que Louise devrait faire?

---

15. *Travaux ménagers* = le travail de la vie domestique.
16. *Voix* (f.) = "voice."

Lecture

CONSEILS/ACTIVITÉS AVANT LA LECTURE ....

Qu'est-ce que vous savez du Mardi gras à la Nouvelle-Orléans? Vous connaissez peut-être le Carnaval de Rio de Janeiro? Ou même le Carnaval de Nice? Avez-vous jamais participé à un de ces carnavals? Sinon, quelles sont vos impressions de ce qu'on y voit et de ce qu'on y fait? Est-ce qu'il y a toujours des costumes? des défilés?[17] de la musique? de la danse? des activités sportives? En quelle saison ou en quel mois est-ce qu'on fête ces traditions? Pensez-y pendant votre lecture sur le Carnaval de Québec.

LE CARNAVAL DE QUÉBEC

Êtes-vous souvent déprimé(e) en plein hiver? Aimeriez-vous faire un petit voyage? Si vous voulez vous amuser dans une ambiance française sans quitter l'Amérique du Nord, vous n'aurez pas d'océans à traverser et vous n'aurez pas besoin de votre passeport. Un permis de conduire vous
5 suffira[18] pour passer la frontière accueillante du Canada. Il s'agit[19] en effet du Carnaval de Québec, qu'on appelle «le Carnaval d'hiver» ou «le Carnaval de glace». Le Carnaval commence généralement au début de février, juste avant le Carême,[20] et dure une dizaine de jours.

Le Carnaval s'ouvre officiellement chaque année par l'arrivée triom-
10 phale dans la ville du «Bonhomme Carnaval»[21] dans son costume de neige avec sa tuque[22] rouge et sa «ceinture fléchée» multicolore. C'est lui qui préside l'inauguration des fêtes du Carnaval. On lui donne les clés de la ville, et pendant toute cette période il devient le Roi incontesté et incontestable de Québec. Le Bonhomme Carnaval et sa Reine, choisie parmi
15 plusieurs jeunes beautés qui représentent les sept régions voisines de Québec, vont partout. Ils doivent assister à tous les événements et ils président toutes les activités.

Il y a une grande variété d'activités et d'événements au Carnaval. Par exemple, si vous étiez sculpteur, vous pourriez représenter votre pays ou
20 votre région au concours[23] international de sculptures sur neige qui se

---

17. *Défilé* (m.) = parade.
18. *Suffire* = être assez.
19. *Il s'agit de* = il est question de = le sujet est ...
20. *Carême* (m.) = Dans le calendrier chrétien, période d'abstinence avant Pâques.
21. Le Bonhomme Carnaval est un *bonhomme de neige,* c'est-à-dire un homme fait de neige.
22. *Tuque* (f.) = bonnet en laine.
23. *Concours* (m.) = compétition.

trouve sur la place du Palais et rue Sainte-Thérèse. Ou, au moins, vous pourriez les admirer. Beaucoup de rues sont décorées de sculptures en glace et il y a chaque année un grand château de neige qui sert de «résidence» officielle au Bonhomme Carnaval.

25   Aimez-vous les sports? Si vous vouliez voir une compétition dangereuse, alors vous devriez peut-être assister à la course de canots. Mais si vous n'avez jamais fait d'aviron,[24] n'essayez pas vous-même! C'est une course très dure sur le Saint-Laurent, encore encombré par les glaces.

    Si vous saviez jouer au hockey sur glace, vous aimeriez peut-être assis-
30 ter au tournoi international de hockey pee-wee. Il y a aussi des compétitions de ski.

    Aimeriez-vous vous déguiser? Si c'était le cas, vous pourriez devenir un clown, un cheval, un animal fantastique, un monstre allégorique ou mythologique, un personnage fabuleux. Si l'humour était votre spécialité,
35 vous amuseriez tout le monde dans un costume extravagant mais imaginatif. Il y a plusieurs défilés de chars[25] splendides et de personnages en costumes, accompagnés de fanfares et de majorettes. La nuit, des feux d'artifice illuminent le ciel québécois.

    Si vous aimez aussi les activités de société comme danser et boire avec
40 vos amis, vous devriez aller au «Bal chez Boulé», qui vous rappellera le bon vieux temps, et au «Carnaval de Rio» où vous danserez au rythme endiablé[26] de la musique sud-américaine. Et vous, Monsieur, vous devez avoir envie de connaître des Canadiennes. Si, par hasard, vous étiez timide et n'osiez pas[27] engager une conversation avec une jolie Québécoise, vous
45 seriez à votre aise à la «Soirée des courtisanes». Là, ce sont les dames qui font la cour aux messieurs! Et vous, Mademoiselle, si vous vouliez rencontrer de beaux garçons québécois, vous pourriez les inviter à danser ou à boire quelque chose sans être embarrassée. Qu'en pensez-vous?

    Tout le monde trouve sa place au Carnaval de Québec. Québec est «la
50 porte à côté». Si vous y alliez pour le Carnaval, vous en reviendriez avec beaucoup de souvenirs agréables.

QUESTIONS SUR LA LECTURE . . . .

    1. Quelles sont les similarités entre le Carnaval de Québec et le Mardi gras de la Nouvelle-Orléans ou le Carnaval de Rio? Quelles sont les différences?

    2. Pourquoi le Carnaval de Québec a-t-il lieu en février?

---

26. *Endiablé* = possédé du Satan.
27. *Oser* = avoir le courage de.
24. *Faire de l'aviron* = pratiquer le sport du canotage, une course rapide où plusieurs personnes manœuvrent un canot (un petit bateau).
25. *Char* (m.) = "float."

Une sculpture sur neige
au Carnaval

3. Quel est l'événement qui marque l'ouverture officielle du Carnaval?
4. Décrivez le Bonhomme Carnaval. Qu'est-ce qu'il doit faire?
5. Qu'est-ce que vous pourriez faire au Carnaval si vous étiez sculpteur?
6. Voudriez-vous participer à la course de canots? Pourquoi est-ce que ce serait difficile?
7. Quelle sorte de costume porteriez-vous si vous vous déguisiez?
8. Qu'est-ce qui se passe à la «Soirée des courtisanes»?
9. À quelles activités participeriez-vous au Carnaval?
10. Quelles déductions pourriez-vous faire sur la culture et sur la personnalité des Québécois si vous examiniez les traditions du Carnaval de Québec?

Compositions orales/écrites

1. Y a-t-il un festival d'hiver, d'automne, d'été ou de printemps, une foire[28] ou un défilé dans votre région? Qu'est-ce qu'on pourrait voir si on y allait? Qu'est-ce qu'on devrait y faire? Employez beaucoup de verbes au conditionnel et le verbe *devoir*.

---

28. *Foire* (f.) = grand marché et exposition régionale de produits divers; fête, carnaval.

2. Si vous étiez allé(e) au Carnaval d'hiver l'année dernière à Québec, qu'est-ce que vous auriez fait? Auriez-vous participé aux événements sportifs? Auriez-vous regardé les défilés? Vous seriez-vous déguisé(e)? Seriez-vous allé(e) aux bals? Pourquoi? Qu'est-ce que vous auriez aimé le plus?

3. Si vous pouviez recommencer votre vie, feriez-vous les mêmes choses? Les mêmes erreurs? Auriez-vous les mêmes amours? Préféreriez-vous être dans un autre pays? vivre à une autre époque? à une époque passée? future? Pourquoi?

Improvisations

1. *Trois, quatre, cinq ou six personnes:* Une séance de psychothérapie de groupe. Une personne joue le rôle du psychologue ou du psychiatre. Les autres parlent du problème d'un des membres du groupe, ou d'un problème que tout le monde a. Utilisez le conditionnel et le verbe *devoir* à différentes formes.

2. *Deux personnes:* On a engagé un(e) de vos ami(e)s dans votre firme (dans votre banque, dans votre bureau, dans votre restaurant, etc.). Faites-lui faire un tour de l'établissement tout en lui recommandant ce qu'il(elle) devrait ou ne devrait pas faire. Utilisez des conditionnels, des phrases hypothétiques avec *si* et le verbe *devoir* à différentes formes.

Faites les exercices de laboratoire dans le *Cahier d'exercices.*

Vocabulaire

noms

armée *f.*
bonhomme (de neige) *m.*
carnaval *m.*
cas *m.*
ceinture (de sécurité) *f.*
clown *m.*
concours *m.*
contravention *f.*

course *f.*
défilé *m.*
directeur/directrice *m./f.*
environnement *m.*
feux d'artifice *m.pl.*
fiancé/fiancée *m./f.*
formation *f.*
frontière *f.*
hôtesse de l'air *f.*

humour *m.*
misère *f.*
ouverture *f.*
période *f.*
politesse *f.*
poste *m.*
science *f.*
séance *f.*
somme *f.*

steward *m.*
titre *m.*
tournoi *m.*
tremblement de terre *m.*
trou *m.*
voix *f.*

adjectifs

accueillant(e)

grossier(grossière)
humain(e)
incontesté(e)
médical(e)
ménager(ménagère)
multicolore
nucléaire
pur(e)

verbes

accoucher
se déguiser
devoir
faire la cour (à)
faire un tour (de)
illuminer

insulter
marquer
menacer
oser

adverbes

également
parmi

autres expressions

à la fois
au moins
en principe
il s'agit de
le gros lot
le bon vieux temps
par hasard

Échanges

Dans l'avion

— Pardon, Mademoiselle. Pourriez-vous me prêter votre stylo pour remplir ma fiche[1] de police et la déclaration de douane?[2]
— Volontiers,[3] Monsieur. Le voici.
— Merci ... (*Il regarde le formulaire et commence à écrire.*)

Après quelques minutes

— Oh, je ne sais pas si je devrais déclarer les cadeaux que j'apporte à mes amis. Est-ce que la douane française est très sévère?
— Non. Si vous n'avez rien a déclarer, vous n'aurez pas besoin de passer la douane. Mais, le contrôle de police est obligatoire ... Si vous venez d'un des pays membres de la Communauté européenne[4], vous passez par un guichet. Sinon, vous passez par l'autre.
— Ah! Mais c'est beaucoup plus facile que je pensais.

1. *Remplir une fiche* = compléter un questionnaire, un formulaire.
2. *Douane* (f.) = "customs."
3. *Volontiers* = certainement, avec plaisir.
4. *Communauté économique européenne* = "European Economic Community (the Common Market)."

21

VINGT ET UNIÈME LEÇON

Il faut que nous soyons en bonne forme. Et pour cela, il faut que nous fassions de l'exercice.

DÉCOUVERTE

---

1 Le subjonctif

PRÉSENTATION . . . .

— Noùs avons besoin d'être en bonne forme physique. Nous sommes obligés d'être en bonne forme physique. Nous devons être en bonne forme physique. Il faut être en bonne forme physique. En effet, *il faut que* **nous soyons** en bonne forme physique.
— Oui. Et pour cela, nous avons besoin de faire de l'exercice. Nous sommes obligés de faire de l'exercice. Nous devons faire de l'exercice. Il faut faire de l'exercice. En effet, pour être en bonne forme physique, *il faut que* **nous fassions** de l'exercice.

— Faut-il que **vous ayez** de la patience avec votre professeur?
— Oui, il faut que **nous** en **ayons** beaucoup.
— Faut-il que le professeur **ait** aussi de la patience avec vous?
— Oui, il faut qu'**il** en **ait** aussi.
— Qu'est-ce qu'il faut que **vous fassiez** pour avoir une bonne note?
— Il faut que **nous finissions** nos devoirs. Il faut que **nous fassions** nos exercices. Il faut que **nous écrivions** de bonnes compositions. Il faut que **nous préparions** nos leçons et que **nous parlions** bien français.
— Faut-il que **vous sachiez** des dialogues?
— Non, il n'est pas nécessaire que **nous** les **sachions**, mais il faut que **nous répondions** aux questions du professeur et des autres étudiants, et pour cela il faut que **nous sachions** répondre en français.
— Jenny, est-ce que c'est vrai pour vous aussi?
— Bien sûr! Il faut que **je finisse** mes devoirs. Il faut que **je fasse** tous les exercices, que **j'écrive** de bonnes compositions, etc. Il n'est pas nécessaire que **je sache** des dialogues, mais il faut que **je réponde** aux questions du professeur, et pour cela il faut que **je sache** répondre en français.

443

EXPLICATIONS ·

● Le **subjonctif** est employé dans certaines propositions subordonnées. Par exemple, quand la proposition principale exprime une idée d'*obligation*, le verbe de la proposition subordonnée est au subjonctif.[1] Alors, on emploie le subjonctif après un verbe ou une expression de nécessité comme **Il est nécessaire que, Il est essentiel que, Il est indispensable que, Il faut que.**

proposition principale	*proposition subordonnée*
Il faut	**que** + sujet + verbe au subjonctif

> **Il faut que** Monique *soit* à l'heure aujourd'hui et **il a fallu qu'**elle *soit* à l'heure hier. Et **il ne faudra pas qu'**elle *soit* en retard demain. *FUT it is nec.*

> — **Faudrait-il que** je *sache* lire le latin si je voulais un doctorat? *Cond.*
> — Non, mais **il aurait fallu que** tu *saches* lire et écrire le latin et le grec pour avoir un doctorat au dix-neuvième siècle.
> — Alors, s'**il avait fallu que** je les *sache*, je les aurais étudiés.

● Le radical du subjonctif de la majorité des verbes est la forme *ils/elles* du verbe au présent sans la terminaison *-ent* (e.g., **parl-, finiss-, rend-,** etc.). Pour former le subjonctif, on ajoute au radical les terminaisons du subjonctif.

je ...**-e**		nous ...**-ions**	
tu ...**-es**		vous ...**-iez**	
il/elle/on ...**-e**		ils/elles ...**-ent**	

parler	**parl**ent

il faut que je	parl**e**	il faut que nous	parl**ions**
il faut que tu	parl**es**	il faut que vous	parl**iez**
il faut qu'il(elle/on)	parl**e**	il faut qu'ils(elles)	parl**ent**

---

1. D'autres emplois du subjonctif sont présentés dans la Vingt-deuxième Leçon.

finir	finissent		
il faut que je	finisse	il faut que nous	finissions
il faut que tu	finisses	il faut que vous	finissiez
il faut qu'il(elle/on)	finisse	il faut qu'ils(elles)	finissent

rendre	rendent		
il faut que je	rende	il faut que nous	rendions
il faut que tu	rendes	il faut que vous	rendiez
il faut qu'il(elle/on)	rende	il faut qu'ils(elles)	rendent

> **connaître** (**connaiss**ent): il faut que je **connaisse**, etc.
> **dire** (**dis**ent): il faut que je **dise**, etc.
> **dormir** (**dorm**ent): il faut que je **dorme**, etc.
> **mettre** (**mett**ent): il faut que je **mette**, etc.
> **rire** (**ri**ent): il faut que je **rie,** etc.
> **suivre** (**suiv**ent): il faut que je **suive**, etc.
> etc.

REMARQUEZ: Les verbes avec un radical qui se termine en **i-** retiennent le **i-** devant les terminaisons **-ions** et **-iez**.

Il faut que nous sour**ii**ons lorsqu'il fait la photo.
Il faut que vous étud**ii**ez la Leçon 21.

● Les verbes avec deux radicaux au présent (**voi**ent–**voy**ons; **prenn**ent–**pren**ons; etc.) ont les deux mêmes radicaux au subjonctif. Ces radicaux sont dérivés des formes (1) *ils/elles* et (2) *nous* du présent. Les terminaisons sont régulières.

voir	voient	voyons
il faut que je	**voie**	
il faut que tu	**voies**	
il faut qu'il(elle/on)	**voie**	
il faut qu'ils(elles)	**voient**	
il faut que nous	**voyions**	
il faut que vous	**voyiez**	

| **prendre** | **prenn**ent | **pren**ons |

il faut que je	**prenne**	il faut que nous	**prenions**
il faut que tu	**prennes**	il faut que vous	**preniez**
il faut qu'il(elle/on)	**prenne**		
il faut qu'ils(elles)	**prennent**		

| **recevoir** | **reçoiv**ent | **recev**ons |

il faut que je	**reçoive**	il faut que nous	**recevions**
il faut que tu	**reçoives**	il faut que vous	**receviez**
il faut qu'il(elle/on)	**reçoive**		
il faut qu'ils(elles)	**reçoivent**		

| **venir** | **vienn**ent | **ven**ons |

il faut que je	**vienne**	il faut que nous	**venions**
il faut que tu	**viennes**	il faut que vous	**veniez**
il faut qu'il(elle/on)	**vienne**		
il faut qu'ils(elles)	**viennent**		

| **boire** | **boiv**ent | **buv**ons |

il faut que je	**boive**	il faut que nous	**buvions**
il faut que tu	**boives**	il faut que vous	**buviez**
il faut qu'il(elle/on)	**boive**		
il faut qu'ils(elles)	**boivent**		

● Les verbes *aller* et *vouloir* au subjonctif ont un radical entièrement nouveau (**aill-**, **veuill-**) et un autre radical qui dérive de la forme *nous* du présent (**all**ons, **voul**ons). Les terminaisons sont régulières.

aller	aill-		allons

il faut que j'	**aille**	il faut que nous	**allions**
il faut que tu	**ailles**	il faut que vous	**alliez**
il faut qu'il(elle/on)	**aille**		
il faut qu'ils(elles)	**aillent**		

vouloir	veuill-		voulons

il faut que je	**veuille**	il faut que nous	**voulions**
il faut que tu	**veuilles**	il faut que vous	**vouliez**
il faut qu'il(elle/on)	**veuille**		
il faut qu'ils(elles)	**veuillent**		

● Les verbes *faire, savoir* et *pouvoir* au subjonctif ont un seul radical entièrement nouveau. Les terminaisons sont régulières.

faire	fass-		

il faut que je	**fasse**	il faut que nous	**fassions**
il faut que tu	**fasses**	il faut que vous	**fassiez**
il faut qu'il(elle/on)	**fasse**	il faut qu'ils(elles)	**fassent**

savoir	sach-		

il faut que je	**sache**	il faut que nous	**sachions**
il faut que tu	**saches**	il faut que vous	**sachiez**
il faut qu'il(elle/on)	**sache**	il faut qu'ils(elles)	**sachent**

pouvoir	puiss-		

il faut que je	**puisse**	il faut que nous	**puissions**
il faut que tu	**puisses**	il faut que vous	**puissiez**
il faut qu'il(elle/on)	**puisse**	il faut qu'ils(elles)	**puissent**

● Seuls les verbes *être* et *avoir* ont des radicaux *et* des terminaisons irréguliers.

être	soi-		soy-
il faut que je **sois**		il faut que nous	**soyons**
il faut que tu **sois**		il faut que vous	**soyez**
il faut qu'il(elle/on) **soit**			
il faut qu'ils(elles) **soient**			

avoir	ai-		ay-
il faut que j' **aie**		il faut que nous	**ayons**
il faut que tu **aies**		il faut que vous	**ayez**
il faut qu'il(elle/on) **ait**			
il faut qu'ils(elles) **aient**			

EXERCICES ORAUX

A. **Pour apprendre une langue.**   S'ils veulent apprendre le français, les étudiants doivent faire certaines choses. Remplacez le sujet de la proposition subordonnée par le nouveau sujet donné. Faites les autres changements nécessaires.

◠ Il faut que les étudiants parlent en français. (nous)
   Il faut que nous parlions en français.

1. Il faut que les étudiants suivent un cours de français. (nous / je / Joanne)
2. Il faut que les étudiants choisissent un bon dictionnaire français. (vous / l'étudiante / tu)
3. Il faut que les étudiants aillent au laboratoire de langues. (je / nous / Mary)
4. Il ne faut pas que les étudiants arrivent en classe en retard. (vous / Ahmed / nous)
5. Il ne faut pas que les étudiants s'endorment en classe. (tu / vous / je)
6. Il ne faut pas que les étudiants regardent l'examen de leur voisin. (tu / je / vous)

B. Conseils. Voici quelques conseils généraux pour réussir dans la classe de français. Faites une nouvelle phrase pour donner des conseils à certains étudiants particuliers. Commencez chaque phrase avec l'expression *il faut que*.

◯ Il faut être à l'heure. (je)   *Il faut que je sois à l'heure.*

1. Il faut être toujours à l'heure. (Annie / Peter et Mark / nous)
2. Il faut avoir de l'imagination. (vous / nous / ils / tu)
3. Il faut parler français avec les autres étudiants. (nous / vous / Peter et Caroline / je)
4. Il faut aller au laboratoire. (tu / je / vous / elles)
5. Il faut écouter le professeur. (je / nous / Caroline / vous)
6. Il faut comprendre chaque leçon. (tu / je / vous / elles)
7. Il faut faire attention au travail. (je / vous / Thomas / nous)
8. Il faut vouloir réussir. (tu / vous / Robert / nous)

C. Activités du week-end. Tout le monde a des choses à faire ce week-end. Dites ce que les personnes suivantes doivent faire en employant *il faut que* + subjonctif.

◯ Michel et Jeannette doivent aller au supermarché.
Il faut que Michel et Jeannette aillent au supermarché.

1. Nous devons partir en montagne.
2. Anne doit finir ses devoirs avant lundi.
3. Paul doit rendre des livres à la bibliothèque.
4. Je dois faire mes courses.
5. Tu dois prendre un café avec ton amie.
6. Vous devez venir me voir.

D. Deux semaines de vacances.   Marguerite et Catherine passent quinze jours au bord de la mer dans la maison d'une cousine. Quelles sont leurs responsabilités? Employez *il faut que* (au temps approprié) + subjonctif.

Avant de partir, qu'est-ce qu'il a fallu qu'elles fassent?

⌒ acheter des provisions (elles)
   Il a fallu qu'elles achètent des provisions.

1. dire à sa famille où elle allait (Marguerite)
2. finir son travail (Catherine)
3. savoir où est la maison (elles)

Il a fallu qu'elle dise
Il a fallu que finisse
Il a fallu que sachent

Pendant leur séjour, que faut-il qu'elles fassent chaque jour?

   4. se réveiller tard (elles)
   5. aller à la plage (elles)
   6. prendre un bain de soleil (Catherine)
   7. téléphoner à ses parents (Marguerite)
   8. voir son oncle (Catherine)
   9. pouvoir se détendre[2] (elles)

Le jour de leur départ, que faudra-t-il qu'elles fassent?

   10. nettoyer la cuisine (elles)
   11. prendre toutes leurs affaires (elles)
   12. rendre la clé à la voisine (Marguerite)
   13. écrire une lettre de remerciement à leur cousine (Catherine)
   14. conduire prudemment (elles)

E. Mal à la gorge.   Vous découvrez que vous avez mal à la gorge. Imaginez ce qu'il faut faire pour ne pas tomber malade.

   1. Normalement, que faut-il que vous fassiez quand vous avez mal à la gorge?
   2. Est-ce qu'il faut que vous vous couchiez?
   3. Et avant de vous coucher, que faut-il que vous fassiez?
   4. Quand vous étiez petit(e), que fallait-il que vous fassiez quand vous aviez mal à la gorge?
   5. Le jour de l'examen final, que faudra-t-il que vous fassiez si vous avez mal à la gorge?
   6. Si votre mère était ici, que faudrait-il que vous fassiez?
   7. Et que faudrait-il que votre mère fasse?

Faites les exercices écrits dans le *Cahier d'exercices*.

---

2. *Se détendre* = "to relax."

2 Le participe présent

PRÉSENTATION . . . .

— Pierre écoute-t-il de la musique quand il étudie?
— Oui, il écoute de la musique **en étudiant**. Il étudie **en écoutant** de la musique.

— Comment êtes-vous devenue championne de gymnastique?
— **En travaillant** et **en faisant** beaucoup d'exercices.

EXPLICATIONS . . . .

● Le **participe présent** est une forme verbale souvent employée pour indiquer la simultanéité ou la manière. Le suffixe **-ant** est le signe du participe présent. En général, la préposition **en** le précède.[3] Le participe présent indique:

1. une action faite en même temps que (ou immédiatement avant ou après) l'action du verbe principal.

> **En écoutant** cette conférence sur la thermométaphysique, les étudiants se sont endormis.
> Marie-Claire nous dit «bonjour» **en souriant**.

2. comment est accomplie l'action du verbe principal. Il répond donc à la question *Comment?*.

> — *Comment* vous êtes-vous blessé?[4]
> — Je me suis blessé **en marchant** sur un morceau de verre.

REMARQUEZ: Le même sujet détermine toujours l'action du verbe principal et l'action du participe présent. Par exemple, dans les exemples ci-dessus:[5]

> **Les étudiants** ont écouté la conférence et **les étudiants** se sont endormis.
> **Marie-Claire** sourit quand **Marie-Claire** nous dit «bonjour».
> **J'**ai marché sur un morceau de verre, alors **je** me suis blessé.

---

3. **En** est la seule préposition employée avec le participe présent. Toutes les autres prépositions sont suivies de l'*infinitif: pour* **comprendre,** *sans* **étudier,** etc. Voir la Dix-neuvième Leçon, page 405.
4. *Se blesser* = "to injure oneself."
5. *Ci-dessus* **=** "above."

● Pour former le **participe présent** on utilise la forme *nous* du présent, on élimine *-ons* et on ajoute la terminaison **-ant**.

> parler   nous **parl**ons   ⟶ **parlant**
> choisir   nous **choisiss**ons   ⟶ **choisissant**
> rendre   nous **rend**ons   ⟶ **rendant**
> prendre   nous **pren**ons   ⟶ **prenant**
> vouloir   nous **voul**ons   ⟶ **voulant**
> manger   nous **mange**ons   ⟶ **mangeant**
> commencer   nous **commenç**ons   ⟶ **commençant**

REMARQUEZ: Il y a seulement trois participes présents irréguliers.

> être   ⟶ **étant**
> avoir   ⟶ **ayant**
> savoir ⟶ **sachant**

● Le négatif du participe présent est le même que pour un verbe conjugué: **ne** *devant* le verbe et **pas** (ou un autre mot de négation) *après*.

> **Ne** connaissant **pas** son adresse, je n'ai pas pu lui envoyer de carte postale.

● Le pronom objet d'un participe présent précède le participe.

> En **la** voyant si pâle, j'ai compris qu'elle était malade.

ATTENTION: Le pronom réfléchi du participe présent d'un verbe pronominal correspond, naturellement, au sujet de la phrase.

> J'ai regardé l'heure en **me** réveillant.
> En **te** levant, *tu* as cherché tes sandales.
> *Maurice* s'est coupé en **se** rasant.
> En **vous** habillant, *vous* avez mis votre chemise à l'envers.

EXERCICES ORAUX . . . .

F. **La semaine des examens.**   Pendant la semaine des examens, les étudiants sont toujours pressés et font plusieurs choses à la fois. Dites ce qu'ils font en même temps.

 Marc chante pendant qu'il va à l'université.
  Marc va à l'université en chantant. ou
  Marc chante en allant à l'université.

Pendant la semaine des examens, les étudiants sont toujours pressés.

1. Delphine regarde ses notes pendant qu'elle prend son petit déjeuner.
2. Luc mange un croissant pendant qu'il étudie son livre.
3. Laurence finit sa composition pendant qu'elle boit une tasse de café.
4. Henri téléphone à son amie pendant qu'il fait un exercice.
5. Vanessa écrit son examen de français pendant qu'elle rêve.

G. **Succès divers.** Tous les étudiants veulent réussir dans la vie. Dites comment ils vont réussir.

◠ Frédéric invente un tire-bouchon[6] électrique.
   Frédéric va réussir en inventant un tire-bouchon électrique.

1. Sébastien travaille beaucoup.
2. Patrick est toujours agréable avec son patron.
3. Philippe connaît beaucoup de gens.
4. Raphaël sait trois langues.
5. Hélène programme des ordinateurs.
6. Stéphane gagne à la loterie nationale.

---

6. *Tire-bouchon* (m.) = "corkscrew."

H. **Actions simultanées.** Les gens dans le dessin font beaucoup de choses en même temps. Employez le participe présent pour décrire chaque personne. (Quelques verbes possibles: *boire, manger, danser, fumer, s'ennuyer, sourire, parler, écouter, se disputer,* etc.)

⌒ *Jules s'ennuie en regardant les autres danser.*

Faites les exercices écrits dans le *Cahier d'exercices*.

---

3   Le passé immédiat

PRÉSENTATION . . . .

— Avez-vous écrit à vos parents?
— Oui, je **viens de** leur **écrire**.

— Est-ce que Debbie n'est pas arrivée il y a quelques minutes?
— Si, elle **vient d'arriver**.
— Et Paul?
— Il y a une demi-heure ... tout de suite après moi. Je **venais d'arriver** quand Paul est entré.

EXPLICATIONS . . . .

● Pour exprimer une action terminée très récemment, on emploie le **passé immédiat** (**venir de** + *infinitif*).

1. Quand on parle d'une action qui s'est déroulée[7] très récemment par rapport au temps présent, on emploie le *présent* de **venir de** + infinitif.

> Mais oui, je **viens de voir** ce film. Je l'ai vu hier soir!
> Marc est entré il y a deux minutes. Il **vient d'entrer**.

2. Dans un contexte passé, quand on parle d'une action qui se déroule juste avant une autre action passée, on emploie l'*imparfait* de **venir de** + infinitif.

> Je **venais de voir** le film quand Odile m'a invité au cinéma.
> Marc **venait d'entrer** quand le concert a commencé.

REMARQUEZ: Cette construction est utilisée *uniquement* pour un passé *très récent* (quelques secondes, quelques heures, quelques jours, etc.).

EXERCICES ORAUX ●

I. **De bonnes intentions.** Marc Thibault est toujours en retard. Voici les messages qu'il trouve un jour sur son répondeur. Redites les phrases entre parenthèses en employant *venir de* pour exprimer ses réactions.

⌒ Marc? Ici Marie-Laure. La réception chez les Landry, c'est demain soir. Il faut que tu portes un smoking![8] (Oui, j'ai loué un smoking cet après-midi.)
Oui, je viens de louer un smoking.

1. Marc? Ici papa. Comme tu sais, aujourd'hui c'est l'anniversaire de ta mère. (Je lui ai envoyé une carte ce matin.)
2. Monsieur Thibault? Ici la compagnie du gaz. Puisque vous ne nous avez pas payés depuis trois mois, il faut que nous terminions votre service. (Mais, j'ai envoyé un chèque hier!)
3. Monsieur Thibault? Ici la bibliothèque. Vous avez trois livres qui sont en retard. (Je les ai rendus ce matin.)
4. Marc? Ici tante Georgette. Ta grand-mère est triste parce que tu ne l'appelles jamais. (Je lui ai téléphoné mardi.)
5. Monsieur Thibault? Ici le professeur Gilbert. Si je ne reçois pas votre composition cet après-midi, il faudra que je vous donne un «F» pour le semestre. (Je l'ai donnée à la secrétaire du département à midi.)

---

7. *Se dérouler* = se passer, arriver.
8. *Smoking* (m.) = "tuxedo."

J. Journée chargée.   Beaucoup d'événements se sont succédés hier. Dites ce qu'on venait de faire quand l'événement suivant est arrivé.

 Vous vous êtes réveillé(e) et le téléphone a sonné. (*Je ...*)
Je venais de me réveiller quand le téléphone a sonné.

1. Vous avez répondu au téléphone et votre ami est arrivé pour aller en classe. (*Je ...*)
2. Vous et votre ami êtes arrivés en classe et le professeur a commencé à parler. (*Nous ...*)
3. Vous avez quitté la classe et votre ami vous a invité(e) à déjeuner avec lui. (*Je ...*)
4. Votre ami a bu un café et la serveuse vous a apporté vos plats. (*Mon ami ...*)
5. Vous et votre ami avez déjeuné et vous êtes allés à la prochaine classe. (*Nous ...*)
6. Vous êtes sortis de l'université et l'autobus est arrivé. (*Je ...*)
7. Votre ami vous a dit au revoir et vous êtes monté(e) dans le bus. (*Mon ami ...*)
8. Vous êtes rentré(e) chez vous et le téléphone a sonné. (*Je ...*)

Faites les exercices écrits dans le *Cahier d'exercices*.

---

4 | Les verbes *craindre, se plaindre,* etc.

PRÉSENTATION . . . .

— **Craignez**-vous les tremblements de terre?
— Oh oui, Je les **crains**! Je **crains** la destruction et le chaos ... et je **crains de** mourir.

— De quoi **se plaignent** les étudiants?
— Ils **se plaignent de** leur travail, ils **se plaignent d'**avoir trop d'examens.

— Dans votre résidence, à quelle heure devez-vous **éteindre** votre stéréo le soir?
— Il n'y a pas d'heure précise. Il faut seulement ne pas déranger ses voisins. Moi, j'allume[9] ma stéréo quand je me réveille et je l'**éteins** quand je me couche.

---

9. *Allumer* = ouvrir l'électricité.

EXPLICATIONS . . . .

- Le verbe **craindre** est le modèle d'un groupe de verbes irréguliers assez nombreux qui ont le même système de conjugaison. Ils se terminent en voyelle nasale (**-ain, -ein**) + **-dre**: *craindre, éteindre, peindre, plaindre, se plaindre de*, etc.

craindre (participe passé: **craint**)			
je	**crains**	nous	**craignons**
tu	**crains**	vous	**craignez**
il/elle/on	**craint**	ils/elles	**craignent**

éteindre (participe passé: **éteint**)			
j'	**éteins**	nous	**éteignons**
tu	**éteins**	vous	**éteignez**
il/elle/on	**éteint**	ils/elles	**éteignent**

- **Craindre** = *avoir peur*. **Craindre** peut prendre un objet direct ou la construction **de** + infinitif.

> Je **crains** les grands chiens.
> Je **crains** d'être attaqué.

- **Plaindre** = *avoir pitié de*. **Plaindre** est toujours suivi d'un objet direct.

> Les professeurs **plaignent** leurs étudiants.
> Pour la première fois il **a plaint** ses parents.

REMARQUEZ: **Se plaindre de** = *exprimer son mécontentement*. On peut employer un nom ou un infinitif après **se plaindre de**.

> Il **se plaignait** toujours **de** ses parents.
> Nous **nous plaignons d'**habiter en ville.

- **Éteindre** est le contraire du verbe *allumer*. **Éteindre** s'emploie avec ou sans objet direct.

> Il a quitté la salle et il **a éteint**.
> Avant de vous coucher, **éteignez** la télé.
> Ils **ont éteint** l'incendie avec difficulté.

● **Peindre** = *faire de la peinture*. **Peindre** s'emploie avec ou sans objet direct.

> Que fait Auguste à Paris? Il **peint**.
> Renoir **a peint** des femmes roses aux cheveux roux.

EXERCICES ORAUX . . . .

K. Halloween. Qu'est-ce qu'on fait pour Halloween? Remplacez le sujet de la phrase par le nouveau sujet donné.

◠ Vous craignez les fantômes. (je)
Je crains les fantômes.

1. Nous craignons les monstres. (je / vous / les enfants)
2. J'éteins les lumières. (tu / nous / vous)
3. On se peint la figure. (nous / je / quelques amis)
4. Tu te plains des jeunes qui ne portent pas de costume. (vous / on / nous)
5. Je ne crains pas de sortir. (on / tu / nous)
6. Nous plaignons les enfants qui ont peur. (tu / on / les parents)

L. Êtes-vous content(e) d'être américain(e)? Répondez.

1. Vous plaignez-vous souvent du gouvernement?
2. Craignez-vous de parler contre les décisions du gouvernement?
3. Craignez-vous la police?
4. Éteignez-vous la télé quand vous entendez l'hymne national?
5. Peignez-vous une image positive des États-Unis quand vous parlez aux étrangers?
6. Plaignez-vous les étrangers?

M. Questionnaire. Demandez à un(e) camarade ...

1. s'il(si elle) craint de faire une faute dans cet exercice.
2. s'il(si elle) sait peindre.
3. de quoi il(elle) se plaint de temps en temps?
4. s'il(si elle) éteint souvent la lumière pour conserver l'électricité.
5. s'il(si elle) craignait les monstres quand il(elle) était petit(e).
6. s'il(si elle) craint quelque chose maintenant.

Faites les exercices écrits dans le *Cahier d'exercices.*

CRÉATION

Exercices de conversation

A. Discutez des dilemmes suivants avec un(e) camarade. Qu'est-ce qu'il faut que la personne fasse dans chaque situation? Employez les expressions *il faut que* et *il ne faut pas que* et le subjonctif.

> CAMARADE: *Je n'ai pas de parapluie, et il pleut.*
> VOUS: *Il faut que vous vous en achetiez un très vite!* ou
> *Il ne faut pas que vous sortiez!*

Je ne sais pas la réponse à une question importante de mon examen final.

On vous apporte l'addition[10] au restaurant et vous n'avez pas assez d'argent.

Je pense que j'ai une crise d'appendicite; j'essaie de téléphoner à mon médecin, mais personne ne répond au téléphone.

Je ne peux pas dormir parce qu'il fait trop chaud.

Vous rentrez chez vous à pied la nuit; vous remarquez qu'un homme, qui a l'air dangereux, vous suit.

---

10. *Addition* (f.) = "bill, check."

B. Finissez la phrase pour expliquer votre opinion à un(e) camarade. Votre camarade indiquera s'il(si elle) est d'accord (ou non) et pourquoi.

⌒ Il faudrait que le président ...

VOUS: *Il faudrait que le président propose plus d'impôts.* [11]
CAMARADE: *Non, il ne faudrait pas qu'il fasse cela, parce que ...* ou
Oui, je suis d'accord avec toi parce que ...

Dans cette classe il faudrait que nous ...
Il faudrait que notre université ...
Il faudrait que les parents ...
Il faudrait que les écoles publiques ...
Il faudrait que tout le monde ...
Il aurait fallu que Blanche-Neige ...
Il aurait fallu que le Général Custer ...
Il aurait fallu qu'Adam et Ève ...
Il aurait fallu que je ...

C. Vous imaginez ce que chaque personne vient de faire et un(e) camarade répond en suggérant une autre explication.

⌒ Pierre s'habille.

VOUS: *Il vient de se lever.*
CAMARADE: *Pas du tout. Il vient de se baigner.* [12]

1. Annick choisit un dessert.
2. Serge va chercher un emploi.
3. Stéphane fait la vaisselle.
4. Nous discutons du film.
5. Vous fermez la porte.
6. Calvin pleure.
7. Monique et Gilles vous disent «bonjour».
8. Je suis dans une chambre sans lumière.

D. Vous avez quelques amis qui vont en France pour la première fois. Discutez en classe des conseils que vous pouvez leur donner. Suivez le modèle et dites-leur ce qu'il faut qu'ils fassent dans les circonstances suivantes:

quand ils arrivent
s'ils visitent le Louvre
s'il montent en haut de la tour Eiffel
s'ils se promènent au bord de la Seine
s'ils font une excursion à Versailles
s'ils écrivent à leurs familles

11. *Impôt* (m.) = taxe.
12. *Se baigner* = aller dans l'eau dans une piscine, dans un lac, dans la mer.

⌒ quand ils arrivent

> — *En arrivant, il faut que vous alliez tout de suite voir la tour Eiffel.*
> — *Non! En arrivant, il faut que vous trouviez d'abord un bon hôtel. Après ça, vous pourrez aller voir la tour Eiffel.*

E. Utilisez l'expression *il faut que* (au temps approprié) + le subjonctif pour répondre à la question qui accompagne la photo.

Chaque fois que Mathilde et Bernard (au piano) vont voir leur cousin Maurice (le monsieur qui n'a pas l'air content), ils restent très longtemps et ils insistent pour passer des heures au piano à chanter et à jouer pour le pauvre Maurice. Maurice déteste ces visites et il déteste leur musique (ils ne sont pas très forts en musique). Mais Maurice est trop poli pour leur dire de ne pas venir ou de ne pas chanter et jouer. Qu'est-ce qu'il aurait fallu que Maurice fasse pour éviter cette visite particulièrement désagréable?

Ce Cher Victor, film de Robin Davis, 1975. Sur la photo: Jacques Dufilho, Bernard Blier et Alida Valli.

Lecture

CONSEILS/ACTIVITÉS AVANT LA LECTURE ....

Les discussions suivantes se passent pendant une discussion à la télé française. Lisez-les et puis dites si les spécialistes répondent affirmativement ou négativement aux questions (en italique) des spectateurs.

1. PREMIER SPECTATEUR: Je viens de lire qu'à New York il est interdit[13] de fumer dans les lieux publics, y compris[14] les restaurants. *Faudra-t-il bientôt que nous nous arrêtions complètement de fumer en public aussi?*
MME CHARPENTIER: La France n'ira sûrement pas aussi loin que les États-Unis, Monsieur. Mais il faudra que les fumeurs français apprennent à changer leurs habitudes aussi. Nous savons maintenant que la pollution des cigarettes peut avoir des conséquences graves, particulièrement pour les enfants.

Est-ce que Madame Charpentier répond affirmativement ou négativement à la question du spectateur? Expliquez votre réponse.

2. TROISIÈME SPECTATEUR: Vous dites que les Américains ne fabriquent[15] plus que des voitures qui consomment de l'essence sans plomb.[16] *Est-ce que vous voulez dire qu'il faut que nous fassions comme les Américains?*
M. BEAUJOUR: Je pense, en effet, qu'il est indispensable que nous limitions la pollution de nos voitures, d'une façon ou d'une autre. Il faut que nous nous rendions compte que la cause de la pollution, c'est nous tous.

Est-ce que Monsieur Beaujour répond affirmativement ou négativement à la question du spectateur? Justifiez votre réponse.

L'ÉCOLOGIE ET NOUS

PRÉSENTATEUR: Chers spectateurs, bonsoir! Ce soir, nous avons avec nous trois personnes qui vont nous parler de la pollution: Monsieur Julien Beaujour, spécialiste du problème des pluies acides; Mademoiselle Jacqueline Dutour, qui vient d'écrire un livre qui s'intitule *La Pollution*

---

13. *Interdit(e)* ≠ permis.
14. *Y compris* = "including."
15. *Fabriquer* = construire.
16. *Essence* (f.) *sans plomb* = "unleaded gasoline."

5   *industrielle* et Madame Solange Charpentier, spécialiste des problèmes de la pollution due au tabac.[17] Chers spectateurs, à vous la parole.

PREMIER SPECTATEUR: Ma question s'adresse à Mme Charpentier. Je viens de lire qu'à New York il est interdit de fumer dans les lieux publics, y
10   compris les restaurants. Faudra-t-il bientôt que nous nous arrêtions complètement de fumer en public aussi?

MME CHARPENTIER: La France n'ira sûrement pas aussi loin que les États-Unis, Monsieur. Mais il faudra que les fumeurs français apprennent à changer leurs habitudes aussi. Nous savons maintenant que la pollution des cigarettes peut avoir des conséquences graves, parti-
15   culièrement pour les enfants.

_____

17. *Tabac* (m.) = plante qu'on utilise pour faire des cigarettes.

DEUXIÈME SPECTATEUR: Ma question est pour M. Beaujour. Je sais que beaucoup d'écologistes craignent les effets des pluies acides sur les forêts.
Pourriez-vous m'expliquer ce que sont que ces pluies acides?

M. BEAUJOUR: Bien sûr. Les pluies acides, c'est toutes les formes de précipi-
20 tation qui contiennent des polluants. Elles déposent[18] ces polluants sur
les arbres, sur la terre et dans l'eau. Il faut que tous les pays luttent[19]
ensemble contre cette forme de pollution parce que le vent et la pluie
ne respectent pas les frontières.

MLLE DUTOUR: Dans mon livre, je parle justement des pluies acides. Nous
25 savons que l'industrie en est largement responsable.

M. BEAUJOUR: Là, je dois vous corriger, Mademoiselle. Il est indispensable
que les spectateurs comprennent que les pluies acides ont des causes
multiples. Les voitures, par exemple. Aux États-Unis, on ne fabrique
plus que des voitures qui consomment de l'essence sans plomb. En
30 France, on n'a pas insisté sur cette sorte de responsabilité, et le plomb
continue à contribuer énormément aux pluies acides.

TROISIÈME SPECTATEUR: Est-ce que, vous aussi, vous voulez dire qu'il faut que
nous fassions comme les Américains?

M. BEAUJOUR: Je pense, en effet, qu'il est indispensable que nous limitions la
35 pollution de nos voitures, d'une façon ou d'une autre. Il faut que nous
nous rendions compte que la cause de la pollution, c'est nous tous.

PRÉSENTATEUR: À propos de l'essence, est-ce que l'industrie pétrolière essaie
de réduire[20] sa pollution, Mademoiselle Dutour?

MLLE DUTOUR: Oui, mais le problème, c'est que les intérêts financiers sont
40 souvent en contradiction avec les besoins écologiques. Nous devons
tous nous opposer à la pollution industrielle.

PRÉSENTATEUR: Merci. Mesdames et Monsieur, nos téléspectateurs vous re-
mercient également pour les éclaircissements que vous avez pu apporter à ce problème extrêmement préoccupant. Bonsoir, Mesdames
45 et Messieurs, et à la semaine prochaine.

QUESTIONS SUR LA LECTURE . . . .

1. Est-ce qu'il est interdit de fumer dans les lieux publics en
France? Va-t-on probablement changer la loi? Comment le savez-
vous? Est-ce qu'il est interdit de fumer dans les lieux publics aux
États-Unis? dans certains états? dans certaines villes?

2. Est-ce que l'explication que Monsieur Beaujour donne sur les
pluies acides vous semble correcte? Est-ce un problème international? À votre avis, qu'est-ce qu'il faut faire?

---

18. *Déposer* = mettre.
19. *Lutter* = se battre.
20. *Réduire* = rendre plus petit.

3. Quelle est la cause principale des pluies acides selon Mademoiselle Dutour? Monsieur Beaujour est-il d'accord? Que pense-t-il? Que pensez-vous?

4. Quand Monsieur Beaujour dit «Il faut que nous nous rendions compte que la pollution, c'est nous tous», qu'est-ce qu'il veut dire?

5. Que pense Mademoiselle Dutour à propos de la réduction de la pollution industrielle? À votre avis, a-t-elle raison? Expliquez.

6. Les invités semblent-ils être des autorités sur le sujet de la pollution? Est-ce que cette discussion est très sérieuse? Justifiez votre réponse.

7. Quel est le problème écologique qui vous intéresse le plus? À votre avis, qu'est-ce qu'il faut que nous fassions pour résoudre[21] ce problème?

8. Quelle question poseriez-vous à Mademoiselle Dutour? à Monsieur Beaujour? à Madame Charpentier?

Compositions orales/écrites

1. Quel est le problème écologique qui vous inquiète le plus dans votre région? Expliquez en détail ce problème et indiquez ce qu'il faudrait faire pour le résoudre. Comment peut-on l'éliminer? Que faut-il que le gouvernement fasse? Que faudrait-il que l'industrie fasse? Employez les structures de la leçon.

2. Écrivez une lettre à une journaliste comme Ann Landers ou Abigail Van Buren («Chère Abby»). Expliquez-lui un problème réel ou imaginaire et imaginez sa réponse. (Employez beaucoup de subjonctifs!)

3. Qu'est-ce qu'il faut faire pour réussir à l'université? Est-ce qu'il faut que vous vous intéressiez seulement à vos études, ou est-ce qu'il y a d'autres choses qui sont également importantes? Qu'est-ce qu'il faut que vous fassiez, par exemple, pour réussir votre vie sociale à l'université? (Employez beaucoup de subjonctifs!)

---

21. *Résoudre* = découvrir la solution de.

Improvisations

1. *Deux ou quatre personnes:* Un débat. Une ou deux personnes prennent le parti *pour,* une ou deux personnes prennent le parti *contre* dans un débat sur une question controversée. Employez *il faut que, il est nécessaire que, il est essentiel que,* etc., à l'affirmatif et au négatif et à tous les temps (présent, imparfait, conditionnel, conditionnel passé, etc.). Sujets possibles:

- Faut-il qu'il y ait des centrales nucléaires?
- Faut-il que l'université élimine les fraternités?
- Faut-il qu'il y ait des notes à l'université?
- Faut-il qu'on arrête complètement de fumer en public?

2. *Deux personnes:* Vous parlez à un médecin. Il(elle) vous demande si vous venez de tomber malade, comment vous avez traité la maladie jusqu'ici, etc. Vous lui demandez ce qu'il faut que vous fassiez maintenant. Employez, si possible, un participe présent, le passé immédiat et des verbes au subjonctif.

Faites les exercices de laboratoire dans le *Cahier d'exercices.*

Vocabulaire

noms

addition *f.*
centrale (nucléaire) *f.*
crise (d'appendicite) *f.*
éclaircissement *m.*
effet *m.*
essence *f.*
fumeur *m.*
gaz *m.*
image *f.*
impôt *m.*
lettre (de remerciement) *f.*
parole *f.*
plomb *m.*
pluies acides *f.pl.*
polluant *m.*
présentateur / présentatrice *m./f.*
secrétaire *m./f.*
smoking *m.*

(télé)spectateur /
    (télé)spectatrice *m./f.*
tabac *m.*
tire-bouchon *m.*

adjectifs

controversé(e)
financier(financière)
grave
interdit(e)
pétrolier(pétrolière)
précis(e)
simultané(e)

verbes

s'adresser à
allumer
se baigner

se blesser
consommer
contenir
contribuer
craindre
déposer
déranger
se détendre
éteindre
fabriquer
inquiéter
insister (pour)
lutter (contre)
peindre
plaindre
se plaindre de
programmer
réduire
résoudre

tomber malade
traiter

adverbes

extrêmement
justement
largement
prudemment

autres expressions

dû(due) à
il est essentiel que
il est indispensable que
il est nécessaire que
il faut que
y compris

Échanges

Inscription à la Fac

— Je voudrais m'inscrire[1] au cours d'été.

— Est-ce que vous avez une copie de votre diplôme universitaire?

— Je n'ai pas encore mon diplôme. Je suis étudiante de troisième année.

— Alors, il faut avoir une attestation[2] de votre université. Vous devez aussi présenter votre visa d'étudiant, apporter deux photos d'identité et remplir ce formulaire en quatre exemplaires.[3]

— Je reviendrai demain, alors.

— Attention! Demain le secrétariat est ouvert de 9 h à 11 h seulement.

— Très bien. Et quels sont les frais[4] d'inscription pour un cours de langue et un cours de civilisation?

— Ce sera 500 francs si vous n'avez pas besoin d'assurance médicale.

— Merci beaucoup, Madame. Au revoir ... à demain.

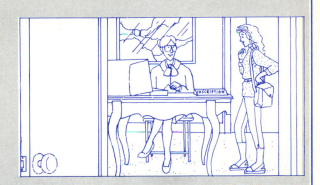

1. *S'inscrire* = écrire son nom sur un registre, effectuer son immatriculation.
2. *Attestation* (f.) = déclaration officielle.
3. *Exemplaire* (m.) = copie.
4. *Frais* (m.pl.) = prix, coûts, dépenses,

Voudriez-vous que je fasse ce voyage avec vous?

---

1   Autres emplois du subjonctif

— Voudriez-vous faire un voyage?
— Oui, nous voudrions faire un voyage.
— *Voudriez-vous que* **je fasse** ce voyage avec vous?
— Oh, oui! *Nous voudrions que* **vous** le **fassiez** avec nous.

— Êtes-vous contents d'être dans cette classe?
— Oui, nous sommes contents d'y être.
— Êtes-vous contents que je sois votre professeur?
— Oui, *nous sommes très contents que* **vous soyez** notre professeur.
— *Étiez-vous tristes que* **je sois** malade hier?
— Oui, *nous étions tristes que* **vous soyez** malade et *nous sommes contents que* **vous alliez** mieux aujourd'hui.

— *Pensez-vous que* **je sois** intelligent?
— Oui, *nous pensons que* **vous êtes** intelligent.
— *Pensez-vous qu'***Alfred E. Newman soit** intelligent?
— Non, *nous ne pensons pas qu'***il soit** intelligent!

EXPLICATIONS   . . . .

● Le subjonctif s'emploie dans des propositions subordonnées.

Proposition principale	*Proposition subordonnée*
Il faut	que tu **viennes** demain soir.

ATTENTION: Il ne faut pas supposer que le subjonctif s'emploie dans *toutes* les propositions subordonnées. Vous avez déjà appris à employer *l'indicatif*[1] après les verbes qui expriment un fait objectif, une réalité, etc.

Proposition principale	*Proposition subordonnée*
Je sais	qu'ils **sont** arrivés.
Je vois	que vous **avez** l'air content.
Je remarque	que le vent **vient** souvent de l'ouest.[2]

REMARQUEZ: Il faut toujours une raison précise, exprimée dans la proposition principale, pour employer le subjonctif.

● On emploie le subjonctif après les expressions d'*obligation*.

il faut que
il est essentiel (indispensable, nécessaire, obligatoire, etc.) que

> *Il est obligatoire que* vous **participiez** aux discussions en classe.
> *Il ne sera pas nécessaire que* nous **restions** chez ma tante.
> *Était-il* vraiment *indispensable que* je **sois** là?

● On emploie le subjonctif après les expressions qui expriment une *opinion*.

c'est dommage que
il est bon (important, juste, préférable, etc.) que
il vaut mieux[3] que

> *C'est dommage que* Didier **doive** nous quitter.
> Mais *il est bon que* tu **puisses** continuer le voyage.
> *Il vaut mieux que* nous **voyagions** ensemble.

● On emploie le subjonctif après les verbes qui expriment la *volonté* ou la *préférence*.

aimer (mieux[4]) que	**préférer que**	**souhaiter[5] que**
désirer que	**recommander que**	**suggérer que**
exiger[6] que	**refuser que**	**vouloir que**

> Ma mère *voudrait que* je **fasse** mon lit tous les matins.
> Dagobert *recommande que* vous **arriviez** tôt.
> On *exige que* nous **sachions** toutes les dates de la guerre de Sécession.

---

1. Vous avez étudié plusieurs temps de l'indicatif: le présent, l'imparfait, le passé composé, le futur, le plus-que-parfait.
2. Les quatre points cardinaux sont *le nord, l'est, le sud* et *l'ouest.*
3. *Il vaut mieux* = Il est préférable.
4. *Aimer mieux* = préférer.
5. *Souhaiter* = espérer.
6. *Exiger* = insister pour.

REMARQUEZ: Après le verbe **espérer**, on utilise l'indicatif.

> J'*espère* que vous me **comprenez**.
> Nous *espérons* qu'**il n'y aura pas** de problèmes.

● On emploie le subjonctif après les verbes et les expressions qui expriment une *émotion*.

craindre que	**avoir peur que**
s'étonner que	**être surpris (étonné, etc.) que**
se fâcher que	**être fâché (furieux, etc.) que**
regretter que	**être désolé (triste, etc.) que**
	être content (heureux, ravi, etc.) que

[handwritten: fear / astonished / anger]

[handwritten: conduire – to drive]

> Je *m'étonne que* vous **ayez** déjà envie de partir.
> Sa mère *avait peur qu'*elle **conduise** trop vite.
> Je *serais heureuse que* vous **soyez** avec moi.

● On emploie le subjonctif après certaines expressions qui expriment une *possibilité*, une *impossibilité* ou un *doute*.

> **douter que**
> **il est douteux (impossible, possible) que**
> **il se peut[7] que**

> *Est-ce qu'il est possible que* Martine **vienne** avec moi?
> Non, malheureusement, mais *il se peut que* Bernard **veuille** venir à sa place.

● On emploie le subjonctif après certaines expressions *quand elles sont à la forme négative ou interrogative*.

croire que	**être certain (sûr) que**
penser que	

[handwritten: believe]

1. Après une construction *affirmative* de ces verbes, on emploie l'indicatif (parce qu'ils expriment une *certitude*).

> Je *pense que* Pierre **peut** faire ce travail.
> Monsieur Duclos *est sûr que* Pierre **sait** le faire.
> *Je crois qu'*il **est** prêt à le faire.

2. Après une construction *négative* ou *interrogative* de ces verbes, on emploie le subjonctif (parce qu'ils expriment un *doute*).

> Je *ne pense pas que* Pierre **puisse** faire ce travail.
> Monsieur Duclos *n'est pas sûr que* Pierre **sache** le faire.
> *Croyez-vous qu'*il **soit** prêt à le faire?

---

7. *Il se peut* = il est possible.

● Dans tous ces cas, on emploie le subjonctif si le sujet de la proposition principale est différent du sujet de la proposition subordonnée. *Mais*, si le sujet est le même, on emploie l'infinitif après le verbe principal.

deux sujets différents	*un seul sujet*
verbe + proposition subordonnée au subjonctif	verbe + infinitif

Je veux que *vous* **soyez** juste.
Mais: Je veux **être** juste. (*Je* veux + *je* suis juste)

Vous avez peur que *nous* **sachions** la vérité.
Mais: Vous avez peur de **savoir** la vérité. (*Vous* avez peur + *vous* savez la vérité)

Elles ne pensent pas que *je* **reçoive** la lettre jeudi.
Mais: Elles ne pensent pas **recevoir** la lettre jeudi. (*Elles* ne pensent pas + *elles* reçoivent la lettre jeudi)

EXERCICES ORAUX ·

A. **Les instructions.**   Vous allez passer une semaine à Dijon. Votre amie Valérie a des idées précises sur ce que vous devez faire là-bas.[8] Vous exprimez vos intentions et Valérie répond. Qu'est-ce qu'elle dit? Remplacez l'infinitif par le subjonctif.

◠ Je pense passer une matinée au musée. (Il faut)
Oh! Oui, il faut que tu passes une matinée au musée.

1. J'ai l'intention d'aller à Beaune. (il est essentiel)
2. Je voudrais manger des escargots. (il est obligatoire)
3. Je voudrais connaître mieux l'histoire de la Bourgogne. (il est indispensable)
4. J'ai l'intention de prendre beaucoup de photos. (Je recommande)
5. Je vais t'écrire une carte postale. (J'exige)

LA BOURGOGNE
l'Art et le Plaisir de vivre

---

8. *Là-bas* = là.

B. La réunion de lycée. Vous allez à la réunion de votre classe au lycée avec votre meilleur(e) ami(e). En buvant du café, vous discutez de vos réactions.

◠ Marie a déjà deux enfants. (Je m'étonne)
Je m'étonne que Marie ait déjà deux enfants!

1. Dominique et Cécile ne peuvent pas venir. / Je regrette ...
2. Notre professeur de maths est mort. / Je suis désolé(e) ...
3. La réunion est au lycée. / Il est bon ...
4. Madame Lorée se souvient de moi. / Je suis content(e) ...
5. Laurent et Alice ne sont pas très heureux ensemble. / J'ai peur ...
6. Nous partons maintenant. / J'aimerais ...
7. La prochaine réunion sera dans un hôtel. / Je souhaite ...
8. Nous serons là. / J'espère ...

C. Angoisse[9] avant l'examen final. Votre camarade s'inquiète[10] et vous pose des questions. Répondez en employant le subjonctif ou l'indicatif où il faut.

◠ Crois-tu que l'examen soit difficile? (oui)
Oui, je crois que l'examen sera difficile.

◠ Crois-tu que nous sachions toutes les réponses? (non)
Non, je ne crois pas que nous sachions toutes les réponses.

1. Penses-tu que Madame Bertolet soit trop stricte? (non)
2. Es-tu sûr(e) qu'il n'y ait pas de questions sur le subjonctif? (non)
3. Crois-tu qu'on doive écrire une composition? (oui)
4. Est-ce que tu penses que nous n'ayons pas de temps? (oui)
5. Est-ce qu'il est possible que je ne réussisse pas à l'examen? (non)

D. Les chats. Philippe écrit une courte composition à ce sujet: «Le chat: pour ou contre?». Combinez les deux phrases en employant le subjonctif ou l'indicatif.

1. Il est certain / le chat est un animal célèbre dans l'histoire.
2. Les Égyptiens ne doutaient pas / le chat est un dieu.[11]
3. Croyez-vous / le chat a les qualités d'un dieu?
4. Moi, je crois / le chat se voit comme un dieu.
5. Je pense / le chat se croit supérieur aux êtres humains.
6. Je ne pense pas / le chat est très utile à l'homme.
7. Je crois / le chat veut uniquement s'amuser en chassant!
8. Croyez-vous / un chat obéit à une personne? Jamais.

---

9. *Angoisse* (f.) = inquiétudes, préoccupations.
10. *S'inquiéter* = devenir nerveux, inquiet.
11. *Dieu* (m.) = un être divin.

E. Actions et réactions.   Demandez à un(e) camarade ...

◠ s'il(si elle) a peur qu'une guerre nucléaire ait lieu.

> VOUS: *As-tu peur qu'une guerre nucléaire ait lieu?*
> CAMARADE: *Oui, j'ai peur qu'une guerre nucléaire ait lieu.*   ou
>   *Non, je n'ai pas peur qu'une guerre nucléaire ait lieu.*

1. s'il(si elle) regrette que nous ne parlions pas anglais.
2. s'il(si elle) s'étonne que le hamburger américain réussisse en Europe.
3. s'il est préférable qu'il(elle) fasse attention aux explications.
4. s'il(si elle) préfère que les gens soient à l'heure.
5. s'il(si elle) est heureux(heureuse) que le professeur puisse le(la) comprendre en français.

F. Un coup de téléphone de Dijon.   Vous téléphonez à Valérie pendant votre séjour à Dijon. Formez une phrase à partir des éléments donnés. Employez l'infinitif ou le subjonctif selon le cas.

◠ je suis content(e) / je suis à Dijon
  Je suis content(e) d'être à Dijon.

◠ je ne pense pas / les Dijonnais sont désagréables
  Je ne pense pas que les Dijonnais soient désagréables!

1. mon père pense / Dijon est une très jolie ville
2. nous sommes heureux / nous restons dans un hôtel près de la porte de Guillaume
3. mon père exige / nous voyons la statue de Rameau demain
4. moi, je m'étonne / je trouve le magasin Grey Poupon ici
5. je recommande / tu achètes les délicieux vins «Côtes de Beaune»
6. c'est dommage / je dois rentrer à Paris demain
7. j'aimerais mieux / je reste ici encore une semaine
8. je suis désolé(e) / je ne peux pas bien te décrire cette ville
9. je souhaite / nous irons la voir ensemble un jour
10. il se peut / nous y venons ensemble le mois prochain

G. Objectivité et subjectivité.   Combinez les deux phrases en choisissant le subjonctif ou l'indicatif selon le cas.

◠ Je sais. Vous me parlez.
  Je sais que vous me parlez.

◠ Je crains. Vous me parlez.
  Je crains que vous me parliez.

1. Je suis ravi(e). Nous pouvons commencer maintenant.
2. J'ai peur. Tu ne te souviendras pas de moi.

J'ai décidé que nous partions ensemble.

Valéry Giscard d'Estaing, président de la République de 1974 à 1981, et François Mitterand, président actuel.

3. Nous avons remarqué. Il faisait beau.
4. Je doute. Ce monsieur sait jouer au polo.
5. Vous dites. C'est la vie.
6. N'oubliez pas. Je suis votre ami.
7. Je suggère. Vous quittez cette ville.
8. On veut. Le gouvernement deviendra plus simple.
9. Vous savez. Je conduis une très petite voiture.
10. J'ai décidé. Nous partions ensemble.

Faites les exercices écrits dans le *Cahier d'exercices*.

2   Les conjonctions de subordination

PRÉSENTATION . . . .

— Pourquoi étudiez-vous le subjonctif?
— Nous l'étudions *pour* **pouvoir** l'employer.
— Pourquoi est-ce que je vous explique le subjonctif?
— Vous nous l'expliquez *pour que* **nous puissions** le comprendre.
— Est-ce que nous l'étudierons *jusqu'à ce que* **nous nous endormions**?
— Nous l'étudierons *jusqu'à ce qu'***il devienne** parfaitement clair.

EXPLICATIONS . . . .

- On utilise le subjonctif après certaines *conjonctions de subordination*.

> J'étais seule *avant* qu'il **vienne**.

ATTENTION: Le subjonctif ne s'emploie pas après *toutes* les conjonctions de subordination. Vous avez déjà appris à employer l'*indicatif* près les conjonctions **parce que**, **pourquoi**, **quand**, **si**, etc.

> Elle sait *pourquoi* nous la **cherchons**.
> Je suis heureux *parce que* vous **êtes** ici.

- On emploie le subjonctif après les conjonctions suivantes[12] si les sujets des deux propositions sont différents.

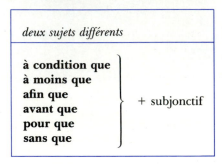

deux sujets différents

à condition que
à moins que
afin que
avant que   } + subjonctif
pour que
sans que

REMARQUEZ: Si le sujet des deux propositions est le même, on utilise la préposition avec l'infinitif.[13]

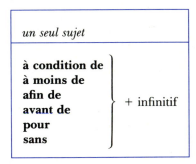

un seul sujet

à condition de
à moins de
afin de
avant de   } + infinitif
pour
sans

> Tu seras à l'heure *à moins qu*'**il y ait** un accident.
> *Mais:* Tu seras à l'heure *à moins d*'**avoir** un accident.

─────────────

12. *À condition que* = pourvu que, si; *à moins que* = excepté que, sauf dans le cas où;
    afin que = *pour que* = "in order that."
13. Voir la Dix-neuvième Leçon, page 405.

Les enfants fument *afin que* leurs amis **soient** impressionnés.
Mais: Les enfants fument *afin de* **se sentir** plus adultes.

Roméo se tue *avant que* Juliette **reprenne** conscience.
Mais: Roméo se tue *avant de* **pouvoir** parler à Juliette.

Je me dépêche *pour que* **nous finissions** à l'heure.
Mais: Je me dépêche *pour* **finir** à l'heure.

Je l'écoutais *sans qu'***il dise** grand-chose.
Mais: Il parlait *sans* **dire** grand-chose.

● Les conjonctions suivantes[14] prennent *toujours* une proposition subordonnée au subjonctif, même quand il n'y a pas de changement de sujet.

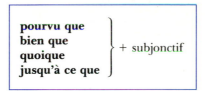

pourvu que
bien que
quoique
jusqu'à ce que
⎫
⎬ + subjonctif
⎭

Bien que **je** fasse des efforts, **je** ne réussis pas.
Nous nous parlerons *jusqu'à ce que* **nous** nous endormions.
Pierre était triste *quoiqu'***il** soit de retour.

EXERCICES ORAUX

H. **Départs et retours.** Utilisez une préposition ou une conjonction pour combiner les deux phrases.

⌒ Marie part. Elle n'a pas de billet. (sans/sans que)
Marie part sans avoir de billet.

⌒ Je reviens. Nous pouvons finir la discussion. (pour/pour que)
Je reviens pour que nous puissions finir la discussion.

1. Tu me téléphones. Tu m'expliques ton absence. (pour/pour que)
2. Tu m'as donné des explications. Je peux mieux comprendre. (afin de/afin que)
3. Tu es parti. Je ne le savais pas. (sans/sans que)
4. Jacqueline est rentrée. Elle est fatiguée. (avant/avant que)
5. Je ne leur dirai rien. Ils ont besoin de précisions. (à moins de/à moins que)
6. Il ira à votre soirée. Il recevra votre invitation. (à condition de/à condition que)

14. *Pourvu que* = à condition que, si; *jusqu' à ce que* = until,
bien que = *quoique* = "although."

I. Résolutions.   Vous faites une liste de résolutions pour le Nouvel An. Complétez chaque phrase.

1. J'étudierai le français jusqu'à ce que je ...
2. J'irai chaque jour au laboratoire de langues bien que je ...
3. Je ferai tous mes devoirs quoique je ...
4. J'apprendrai les règles de l'emploi du subjonctif bien que ...

J. Sortir ou ne pas sortir.   Finissez chaque phrase avec le subjonctif ou l'indicatif de l'expression *il fait beau.*

◯ Je ne sors pas quoique ...   *Je ne sors pas quoiqu'il fasse beau.*

1. Je prendrai mon parapluie à moins que ...
2. Nous sommes contents parce que ...
3. Nous sommes obligés de sortir avant que ...
4. On ira à la plage pourvu que ...
5. Il faudra attendre jusqu'à ce que ...

Maintenant finissez les phrases suivantes avec le subjonctif ou l'indicatif de l'expression *c'est nécessaire.*

◯ Je dirai tout à condition que ...
   Je dirai tout à condition que ce soit nécessaire.

6. Vous m'avez donné des fleurs sans que ...
7. Je dis la vérité quand ...
8. Les Duval ont payé leurs impôts avant que ...
9. On devient sérieux aussitôt que ...
10. Jacques ne fait pas ses devoirs bien que ...

K. Voyages.   Finissez les phrases suivantes.

◯ Nous irons au Liban[15] la semaine prochaine bien que ...
   Nous irons au Liban la semaine prochaine bien qu'il y ait une guerre civile.

1. Vous irez à Honolulu ce week-end à condition que ...
2. Simon ne comprend jamais rien aux problèmes de visa, bien que ...
3. Nous resterons ensemble jusqu'à ce que ...
4. Isabelle est partie sans que ...
5. Je me suis dépêché(e) afin que ...
6. On nous donne des conseils pour que ...
7. Personne n'a trouvé le message à l'hôtel quoique ...
8. Nous avons réservé une table avant que ...

Faites les exercices écrits dans le *Cahier d'exercices.*

---

15. *Liban* (m.) = pays du Moyen-Orient (capitale: Beyrouth).

Bora Bora, petite île de Polynésie française, un territoire
français d'outre-mer

Bruges, «la Venise du Nord»,
en Belgique. Terrasses de cafés
et façades traditionnelles

Une rue encombrée à Port-au-Prince, la capitale d'Haïti

Quelques produits alimentaires sénégalais

Sénégal: enfants assis sur un bateau de pêche

Le marché de la Médina, à
Marrakech, au Maroc

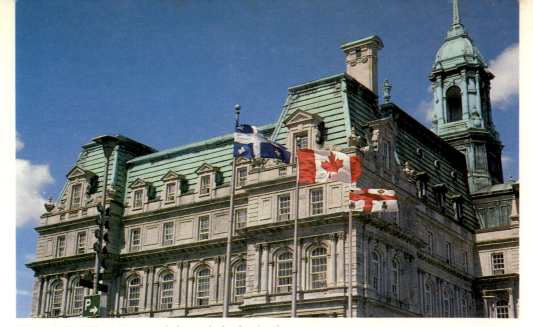

L'Hôtel de Ville à Montréal, la capitale du Québec

À la Nouvelle-Orléans, la tradition du jazz continue. Groupe de jazz sur le Mississippi

3 | Le passé du subjonctif

PRÉSENTATION ·

— Croyez-vous que Paul **ait** mal **dormi** la nuit dernière?
— Non, je ne crois pas qu'il **ait** mal **dormi** ... il se peut qu'il ne **se soit** même pas **couché** du tout!
— Pas possible!
— Étiez-vous surpris que les étudiants **aient passé** toute la nuit à préparer le dernier examen?
— Non, mais je n'étais pas content qu'ils n'**aient** pas **obtenu** de meilleurs résultats!

EXPLICATIONS ·

● Le **passé du subjonctif** se compose de l'auxiliaire au subjonctif présent suivi du participe passé.

donner		
... que j'	**aie**	**donné**
... que tu	**aies**	**donné**
... qu'il/elle/on	**ait**	**donné**
... que nous	**ayons**	**donné**
... que vous	**ayez**	**donné**
... qu'ils/elles	**aient**	**donné**

venir		
... que je	**sois**	**venu(e)**
... que tu	**sois**	**venu(e)**
... qu'il/elle/on	**soit**	**venu(e)**
... que nous	**soyons**	**venu(e)s**
... que vous	**soyez**	**venu(e)(s)**
... qu'ils/elles	**soient**	**venu(e)s**

● On emploie le passé du subjonctif quand l'action de la proposition subordonnée vient *avant* l'action ou la situation de la proposition principale.

Proposition principale   *Proposition subordonnée*

Je ne crois pas   qu'il **ait** mal **dormi** hier soir.
(Il dort *avant* le moment de votre opinion.)

Étiez-vous surpris   que l'université vous **ait admis**?
(L'université vous admet *avant* le moment de votre surprise.)

J'ai fini mon travail   bien qu'Hélène **soit** déjà **venue**.
(Hélène vient *avant* le moment où vous finissez votre travail.)

Mais: J'ai fini mon travail   avant qu'Hélène **vienne**.
(Hélène vient *après* le moment où vous finissez, alors on emploie le *présent* du subjonctif.)

• Si le sujet ne change pas, il faut remplacer la proposition subordonnée au passé du subjonctif par un infinitif passé.[16]

Nous regrettons que Pierre *soit parti* avant ton arrivée.
Mais: Nous regrettons d'**être partis** avant ton arrivée.
(*Nous* regrettons + *nous* sommes partis avant ton arrivée)

EXERCICES ORAUX . . . .

L. **Sentiments et opinions.**   Formez une seule phrase. Employez le passé du subjonctif, ou, si le sujet ne change pas, l'infinitif passé.

⌒ je veux / vous avez fini votre livre avant minuit
Je veux que vous ayez fini votre livre avant minuit.

⌒ je regrette / j'ai insulté Pierre
Je regrette d'avoir insulté Pierre.

1. nous regrettons / vous n'avez pas compris
2. elle est désolée / nous ne sommes pas allés chez elle
3. Thérèse a honte / elle a oublié son rendez-vous
4. êtes-vous surpris? / ils ont gagné tant[17] d'argent
5. je ne crois pas / elle s'est déjà couchée
6. êtes-vous fâché? / ils ont refusé de vous répondre
7. tu voudrais / ces gens sont déjà partis
8. Suzette est contente / nous ne nous sommes pas disputés
9. es-tu sûr? / tu as entendu correctement
10. Sylvie est furieuse / vous ne l'avez pas attendue

M. **Que pensez-vous?**   Répondez aux questions suivantes en utilisant le passé du subjonctif.

1. Avez-vous peur que vos amis aient oublié votre anniversaire?
2. Regrettez-vous que vos parents aient choisi le nom que vous avez?
3. Est-ce que vos parents regrettent que vous ne vous soyez pas encore marié(e)?
4. Que faudra-t-il que vous ayez fait avant de finir cette année?
5. À quelle heure faut-il que les adolescents soient rentrés le soir?
6. Doutez-vous qu'Elvis Presley soit mort?
7. Est-ce dommage que nous ayons inventé la bombe nucléaire?
8. Craignez-vous que nous ayons détruit trop de ressources naturelles?

Faites les exercices écrits dans le *Cahier d'exercices.*

---

16. Voir la Seizième Leçon, page 344.
17. *Tant de* = une si grande quantité de.

CRÉATION

· ·

 ## Exercices de conversation

A. Que pensez-vous des ordinateurs? Discutez avec un(e) de vos camarades vos opinions sur les affirmations suivantes. Commencez vos questions par *penses-tu que ..., crois-tu que ..., crains-tu que ..., as-tu peur que ..., es-tu surpris que ..., vaut-il mieux que ...,* etc., et essayez, de temps en temps, d'employer des conjonctions de subordination dans vos réponses.

◠ L'ordinateur peut résoudre tous les problèmes de la vie.

> VOUS: *Penses-tu que l'ordinateur puisse résoudre tous les problèmes de la vie? Moi, je crois qu'il peut les résoudre.*
>
> CAMARADE: *Oh! non. Je ne pense pas qu'il puisse résoudre tous les problèmes de la vie, bien qu'il soit certainement très utile.*

L'ordinateur a déjà changé la vie.
L'ordinateur rend la vie plus facile.
L'ordinateur prend la place des gens.
L'ordinateur fait plus de travail que l'homme.
L'ordinateur peut nous libérer.
L'ordinateur assurera nos loisirs.[18]
L'ordinateur est une machine à craindre.
Tout le monde sait se servir d'un ordinateur.
Tout le monde veut un ordinateur.
Tout le monde pourra avoir bientôt son ordinateur personnel.

---

18. *Loisirs* (m. pl.) = distractions, occupations; quand on ne travaille pas.

B. Un(e) camarade vous parle de sa vie, de ses habitudes et de ses goûts. Vous réagissez en exprimant vos sentiments. Employez les expressions comme *Je suis étonné(heureux, désolé) que, je regrette que, c'est dommage que,* etc. Votre camarade utilise les expressions donnés.

 Je sais ...

CAMARADE: *Je sais faire du ski.*
VOUS: *Je suis content(e) que tu saches faire du ski!*

Je sais ...
Je fais souvent de ...   Je ne peux pas ...
Je ne suis jamais allé(e) à ...   Je veux ...
J'ai souvent envie de ...   J'ai peur de ...
J'ai écrit ...   Je suis toujours ...
Je conduis ...   Je n'ai jamais bu ...

Lecture

CONSEILS/ACTIVITÉS AVANT LA LECTURE . . . .

Quelles sont les catégories de conseils qu'on trouve souvent dans un horoscope? Amour? rapports familiaux ou amicaux? santé? sentiments? travail? etc. Pendant votre lecture de l'horoscope suivant, notez la catégorie qui semble être la plus souvent mentionnée? la moins souvent mentionnée.

 BÉLIER
(21 *mars*-
20 *avril.*)

 CANCER
(22 *juin*-
22 *juillet.*)

 BALANCE
(23 *septembre*-
23 *octobre.*)

 TAUREAU
(21 *avril*-
20 *mai.*)

 LION
(23 *juillet*-
23 *août.*)

 SCORPION
(24 *octobre*-
22 *novembre.*)

 GÉMEAUX
(21 *mai*-
21 *juin.*)

 VIERGE
(24 *août*-
22 *septembre.*)

 SAGITTAIRE
(23 *novembre*-
21 *décembre.*)

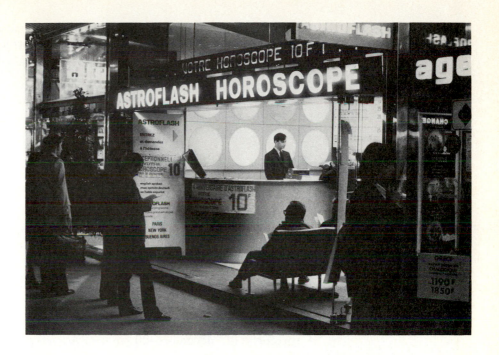

VOTRE HOROSCOPE PAR SOPHIE SACHETOUT

Bélier (21 mars–20 avril) De petits problèmes d'amour? Je propose que vous lui expliquiez tout. On vous écoutera, c'est sûr! Et on a peut-être quelque chose à vous dire aussi. Vous écouterez, n'est-ce pas?

Taureau (21 avril–21 mai) Vous n'avez pas bon moral ce mois-ci. Où est
5   passé votre optimisme? À condition qu'on vous aime, tout ira mieux. Les étoiles vous apporteront du bonheur sans que vous leur en demandiez.

Gémeaux (22 mai–21 juin) Tout va bien: le travail, l'amitié, la vie familiale, sans qu'il y ait la moindre[19] complication. Je vous conseille quand même[20] de faire attention à votre santé. Vous pouvez commencer à prati-
10   quer un sport et à prendre des vitamines, par exemple.

Cancer (22 juin–22 juillet) Il me semble que vous pouvez tout faire en ce moment. Mais faites vite, avant que les étoiles ne soient plus avec vous.

---

19. *Moindre* (adjectif) = plus petit, moins important.
20. *Quand même* = cependant, pourtant.

Lion (23 juillet–23 août) Vous avez beaucoup d'enthousiasme et d'énergie! Vos amis s'étonnent que vous ayez tant de projets pour l'avenir. Allez-y! À condition, bien sûr, que vous les réalisiez. Vous voulez qu'on vous prenne au sérieux, n'est-ce pas?

Vierge (24 août–23 septembre) Grand succès au travail, mais déception[21] en amour. Il est préférable que vous vous quittiez maintenant. Ce sera plus facile que plus tard.

Balance (24 septembre–23 octobre) Comme votre signe, vous aimez peser[22] le pour et le contre. Vous n'aimez pas qu'on vous pousse à prendre une décision rapide au travail. Mais hésitez moins. Quelquefois, il faut agir vite!

Scorpion (24 octobre–22 novembre) Vous vous êtes disputé(e) avec une personne chère. Mais je ne crois pas qu'elle ait voulu être méchante. Appelez-la avant qu'il soit trop tard. Un conseil: patience.

Sagittaire (23 novembre–21 décembre) Voici le mois parfait pour voyager! Je recommande que vous partiez avec un(e) ami(e). Pourquoi pas faire le tour du monde?

Capricorne (22 décembre–20 janvier) Aucun problème ce mois-ci, à condition que vous soyez diplomate dans vos rapports avec votre famille. C'est un bon mois pour acheter une télé ou un ordinateur.

Verseau (21 janvier–18 février) Attention, la liberté peut être dangereuse si vous en abusez. Il faut savoir observer des limites sans perdre votre indépendance. Bonne chance!

Poissons (19 février–20 mars) Tout est parfait en amour. Attendez d'être calme pour prendre des décisions.

QUESTIONS SUR LA LECTURE . . . .

1. Relisez les prédictions pour votre signe. Est-ce que Sophie Sache-tout vous donne de bons conseils? Expliquez.

2. Quelle est la catégorie de conseils qu'elle donne le plus souvent? à propos de l'amour? des rapports familiaux ou amicaux? de la santé? des sentiments? du travail? À votre avis, pourquoi est-ce que c'est la catégorie la plus souvent mentionnée?

3. Quelle est la catégorie la moins souvent mentionée? Pourquoi?

---

21. *Déception* (f.) = "disappointment."
22. *Peser* = mesurer la masse d'un objet.

4. Identifiez les signes de vos camarades de classe et discutez les questions suivantes:

  a. Qui a le meilleur horoscope cette semaine? Quels sont les conseils donnés par l'auteur?

  b. Qui doit terminer une affaire de cœur? Pourquoi?

  c. Qui doit essayer d'améliorer[23] ses rapports avec un(e) autre? Pourquoi?

  d. Qui ne doit pas avoir peur de prendre une décision?

  e. Qui devrait voyager?

5. Et que pensez-vous de tous ces conseils?

6. À quels besoins psychologiques est-ce que l'astrologie répond?

Compositions orales/écrites

1. Vous êtes clairvoyant(e). Imaginez l'avenir de vos camarades de classe et de votre professeur en complétant les phrases suivantes et en employant aussi d'autres structures de la leçon.

  ◯ *Jennifer fera un long voyage à condition qu'on lui donne un billet d'avion, et Chris aussi fera un long voyage à condition de gagner à la loterie*, etc.

  ... fera un long voyage à moins que ...
  ... fera un long voyage à moins de ...
  ... verra son futur époux[24] sans que ...
  ... verra son futur époux sans ...
  ... traversera de l'eau quoique ...
  ... sera malheureux jusqu'à ce que ...
  ... deviendra riche à condition que ...
  ... deviendra riche à condition de ...
  etc.

2. Expliquez le mode d'emploi[25] d'un produit ou bien écrivez la notice.[26] Par exemple: comment utiliser votre nouvelle machine à écrire ou votre nouvel ordinateur. Employez beaucoup d'expressions au subjonctif.

---

23. *Améliorer* = rendre meilleur, changer en mieux.
24. *Époux/épouse* (m./f.) = mari/femme.
25. *Mode* (m.) *d'emploi* = les instructions pour l'utilisation d'une machine ou d'un produit.
26. *Notice* (f.) = page d'instruction.

3. Imaginez que vous voulez être président(e) des étudiants à l'université (ou d'un club, ou des États-Unis, etc.). Vous préparez un discours que vous allez prononcer devant vos électeurs. Employez beaucoup de structures suivies du subjonctif (*je veux que, il est essentiel que, pensez-vous que, il est préférable que, je regrette que,* etc.).

⌒ *Chers camarades de l'université (chers amis; chers compatriotes): Il faudrait ce soir que nous pensions à notre avenir. Je ne crois pas que vous soyez ignorants de ... etc.*

Improvisations

1. *Deux personnes*: Un(e) étudiant(e) va au bureau de son professeur pour lui demander comment il peut améliorer son travail dans son cours de français. Imaginez la conversation entre les deux et utilisez beaucoup de verbes au subjonctif.

2. *Deux ou trois personnes*: Votre petit(e) frère(sœur) part pour une colonie de vacances pour la première fois. Votre ami(amie) et vous lui donnez des conseils avant de partir.

Faites les exercices de laboratoire dans le *Cahier d'exercices*.

Vocabulaire

noms

amitié *f.*
coup de téléphone *m.*
decéption *f.*
dieu *m.*
électeurs *m.pl.*
époux/épouse *m./f.*
loisirs *m.pl.*
machine à écrire *f.*
mode d'emploi *m.*
ouest *m.*
ressource *f.*
résultat *m.*
succès *m.*

adjectifs

amical(e)
étonné(e)
fâché(e)
familial(e)
impressionné(e)
juste
moindre

verbes

admettre
agir

aimer mieux
améliorer
avoir l'intention
conseiller
douter
s'étonner
être de retour
exiger
exprimer
faire un effort
s'inquiéter
peser
pousser

prendre une décision
prononcer un discours
réaliser
réserver
souhaiter

adverbe

tant de

prépositions

à condition de
à moins de
afin de

conjonctions

à condition que
à moins que
afin que
avant que

bien que
jusqu'à ce que
pour que
pourvu que
quoique
sans que

autres expressions

c'est dommage que
il est douteux que
il se peut que
il vaut mieux que

là-bas
le pour et le contre
quand même

Échanges

— Je voudrais ouvrir un compte dans votre
  banque, s'il vous plaît.
— Oui, quelle sorte de compte?
— Je suis une étudiante américaine, alors il
  me faudrait un compte étranger muni[1] en
  dollars.
— Je vois. Combien de temps comptez-vous
  rester en France?
— Dix à douze mois sans doute.
— Très bien. Remplissez cette fiche. Vous
  avez votre passeport?
— Oui, le voilà. Je vais déposer 500 dollars à
  mon compte pour commencer.
— Au taux[2] d'aujourd'hui, ça vous fera 3.000
  francs. Votre carnet de chèques sera prêt
  d'ici quinze jours.[3] Voulez-vous aussi une
  carte de contact?[4]
— Bien sûr, c'est tellement[5] pratique.
— Il faudra que vous veniez la chercher en
  même temps que votre carnet. On vous
  communiquera alors votre code secret.
— Très bien, Madame. Merci beaucoup. Dans
  quinze jours.

1. *Muni(e)* = fourni, approvisionné.
2. *Taux* (m.) (du change) = prix d'une monnaie étrangère.
3. *D'ici quinze jours* = dans deux semaines.
4. *Carte de contact* (f.) = "automatic teller card."
5. *Tellement* = si.

23

VINGT-TROISIÈME LEÇON

Regardez mon manteau. C'est le mien; ce n'est pas le vôtre.

| **1** | ## Les pronoms possessifs |

PRÉSENTATION . . . .

— Voici un manteau. Est-ce mon manteau? Est-ce **le mien**? Ou est-ce votre manteau? Est-ce **le vôtre**?

— C'est mon manteau. C'est **le mien.** Il est à moi. Ce n'est pas **le vôtre**. Il n'est pas à vous.

— Est-ce votre chemise, Nicole?

— Non, ce n'est pas **la mienne.** C'est la chemise de Philippe. C'est **la sienne.** Elle est à lui.

— Est-ce que ce sont les chaussures de Suzanne? Ou est-ce que ce sont vos chaussures, Lisa?

— Ce sont **les miennes.** Ce ne sont pas **les siennes.**

— Est-ce la classe des étudiants d'allemand?

— Non, ce n'est pas **la leur.** Ce n'est pas leur classe.

— Est-ce notre classe?

— Oui, c'est notre classe. C'est **la nôtre.**

— De quel cours parlez-vous? De mon cours ou du cours de Frau Schmidt? Parlez-vous **du mien** ou **du sien**?

— Nous parlons **du vôtre.** Nous ne parlons pas **du sien.**

Chaleureusement vôtre!

B·i ENERGIE
ELECTRICITE+FIOUL

ELECTRICITE DE STRASBOURG
BP 438 - 67007 STRASBOURG CEDEX - Tél. 88 20 60 20

EXPLICATIONS . . . .

●   Pour exprimer la possession, on emploie

de + *nom*	Ce sont les clés **de Stéphane.**[1]
un adjectif possessif	Ce sont **ses** clés.[2]
être à + *nom ou pronom disjoint*	Ces clés? Elles **sont à lui.**[3]
un pronom possessif	Ces clés? Ce sont **les siennes.**

●   Les pronoms possessifs

possesseur	*possession*			
	masculin singulier	*féminin singulier*	*masculin pluriel*	*féminin pluriel*
je	**le mien**	**la mienne**	**les miens**	**les miennes**
tu	**le tien**	**la tienne**	**les tiens**	**les tiennes**
il/elle/on	**le sien**	**la sienne**	**les siens**	**les siennes**
nous	**le nôtre**	**la nôtre**	**les nôtres**	**les nôtres**
vous	**le vôtre**	**la vôtre**	**les vôtres**	**les vôtres**
ils/elles	**le leur**	**la leur**	**les leurs**	**les leurs**

Ce portefeuille est à moi. C'est **le mien.**
Ce sont les clés de Stéphane. Ce sont **les siennes.**
Ces livres sont à nous. Ce sont **les nôtres.**
C'est votre chaise. C'est **la vôtre.**
Voilà leur maison. C'est **la leur.**
Voilà leurs enfants. Ce sont **les leurs.**

●   L'accord du pronom possessif est déterminé par la chose (ou la personne) *possédée*.

Christine a un manteau vert. C'est **le sien.**   (**le sien**, parce que *manteau* est masculin singulier)
Robert a une chemise rouge. C'est **la sienne.**   (**la sienne**, parce que *chemise* est féminin singulier)

●   Remarquez la contraction de l'article défini avec les prépositions **à** et **de.**

Est-ce que le match se joue à notre gymnase ou **au leur**?
Je ne parle pas de mon cours, je parle **du vôtre.**
Je n'ai pas peur de mes parents, et tu n'as pas peur **des tiens.**

---

1. Voir la Deuxième Leçon, page 22.
2. Voir la Cinquième Leçon, page 94.
3. Voir la Quinzième Leçon, page 314.

Voilà leurs enfants. Ce sont les leurs.

Sculpture mobile près du Centre Georges-Pompidou.

EXERCICES ORAUX . . . .

A. **Le mien ou le tien?**   À la fin de l'année scolaire, vos camarades de chambre et vous nettoyez votre appartement. Vous trouvez beaucoup de choses et vous essayez d'identifier le possesseur. Suivez le modèle.

⌒ Ce vélo est à moi? (et cette chemise? ces lunettes?)
Oui, c'est le tien.   C'est aussi la tienne.   Oui, ce sont les tiennes aussi.

1. Ces chaussettes sont à Sophie? (et cette statue? ces gants? ce livre?)
2. Ce stylo est à toi? (et ces plantes? ces disques?)
3. Cette cassette est à Philippe et Éric? (et ces chaussures? ces manteaux? ce répondeur?)
4. Ces chaises sont à toi et Nathalie? (et cette vidéo? ce panier?[4] ces vases?)
5. Cette stéréo est à Frédéric? (et ces ceintures? ces vêtements? ce rasoir?)

---

4. *Panier* (m.) = corbeille.

B. Choix.   Dans les phrases suivantes, remplacez le deuxième adjectif possessif + nom (en italique) par le pronom possessif qui convient.

⌒ C'est mon livre, ce n'est pas *ton livre.*
  C'est mon livre, ce n'est pas le tien.

   1. Georges ne veut pas votre stylo, il veut *son stylo.*
   2. Je comprends tes idées, mais tu ne comprends pas *mes idées.*
   3. Vous connaissez mes frères, mais je ne connais pas *vos frères.*
   4. Sylvie a goûté ma soupe, maintenant je veux goûter *sa soupe.*
   5. Ces étudiants ne vont pas à notre classe, ils vont à *leur classe.*
   6. Ne regarde pas mon examen, regarde *ton examen!*
   7. Mes parents sont américains, *tes parents* sont belges.
   8. Si je perds mon crayon, je me servirai de *votre crayon,* d'accord?
   9. Tout le monde pense à ses problèmes, et moi, naturellement, je pense à *mes problèmes.*
   10. Il a expliqué sa position. Maintenant expliquons *notre position.*

Faites les exercices écrits dans le *Cahier d'exercices.*

---

2 | Les pronoms interrogatifs *qui, que, quoi,* etc.

PRÉSENTATION . . . .

— **Qui** frappe à la porte?
— Je ne sais pas. Je vais regarder par la fenêtre.
— **Qui** voyez-vous?
— Je vois Jean avec quelqu'un d'autre.
— Avec **qui** est-il?
— Je crois que c'est Sylvie.

— **Qu'est-ce qui** fait ce bruit? **Qu'est-ce qu'**il y a dans le jardin?
— Je ne sais pas. Je vais regarder par la fenêtre.
— **Que** voyez-vous?
— Je vois le voisin qui bâtit une niche[5] pour son chien.
— Avec **quoi** travaille-t-il?
— Il travaille avec du bois, naturellement.

---

5. *Niche* (f.) = habitation pour les chiens.

EXPLICATIONS . . . .

● Pour demander quelle *personne*, on emploie **qui.**

   1. sujet

> **Qui** est à la porte?
> *Jean* est à la porte.

   2. objet direct

> **Qui** voyez-vous à la porte?
> **Qui** est-ce que vous voyez à la porte?
> Je vois *Jean* à la porte.

   3. après une préposition

> À **qui** pensez-vous?
> Avec **qui** est-ce que vous parlez?
> Je pense à *Jean*. Je parle avec *André*.

● Pour demander quelle *chose*, on emploie les pronoms interrogatifs suivants.

   1. sujet: **Qu'est-ce qui**

> **Qu'est-ce qui** cause la pollution atmosphérique?
> *L'industrie et les voitures* causent la pollution atmosphérique.

   2. objet direct: **que**

> **Que** voyez-vous?
> **Qu'**est-ce que vous voyez?
> Je vois *une voiture*.

   3. après une préposition: **quoi**

> À **quoi** pensez-vous?
> De **quoi** est-ce que vous parlez?
> Je pense *à la pollution* et je parle *de la pollution*.

● *RÉSUMÉ:*

	personne	chose
sujet	**qui** ... ?	**qu'est-ce qui** ... ?
objet direct	**qui** ... ?	**que** ... ?
après une préposition	... **qui** ... ?	... **quoi** ... ?

EXERCICES ORAUX ·

C. Curiosité.   Commencez une question avec *qui, qu'est-ce qui* ou *que* et demandez à un(e) camarade de nommer ...

◠ une personne qui connaît votre ville.
  Qui connaît ma ville?

◠ une chose qu'il(elle) aime.
  Qu'est-ce que tu aimes?   ou
  Qu'aimes-tu?

1. une personne qu'il(elle) aime.
2. une chose que tout le monde veut.
3. une chose qui a explosé.
4. une personne qui a un ordinateur.
5. une chose qu'il(elle) aime.
6. une chose qui fait du bruit.
7. une chose que tout le monde fait.
8. une personne qui parle espagnol.
9. une personne qu'il(elle) connaît.
10. une chose qui se passe.

D. Interview difficile.   Vous interviewez un musicien célèbre qui ne parle pas très bien français, alors vous répétez chaque question selon le modèle. N'oubliez pas qu'il faut changer l'ordre du verbe et du pronom.

◠ Monsieur Winters, qui admirez-vous le plus?
  Qui est-ce que vous admirez le plus?

1. À quoi pensez-vous avant un concert?
2. Avec qui discutez-vous de votre interprétation des Beatles?
3. Qu'avez-vous envie d'accomplir dans votre vie?
4. Que regrettez-vous dans votre vie?
5. De quoi vous préoccupez-vous le plus?

E. Soirée de télé.   Vous êtes dans la cuisine où vous préparez le dîner. Votre ami est dans la salle de séjour où il regarde la télé. Il vous dit ce qui se passe. Vous lui posez des questions.

◠ Voici quelqu'un qui entre dans la salle à manger.
  Qui entre dans la salle à manger?

1. C'est Pierre. Il ne voit pas qu'il y a quelque chose sur la table.
2. C'est une lettre d'amour que Lucille a écrite à quelqu'un.
3. Elle l'a écrite à Jean-François. Oh là là, il la voit! Il essaie de l'ouvrir avec quelque chose.
4. Avec un couteau. Il se fâche! Et voici quelqu'un à la porte.
5. C'est Lucille! Mon Dieu! Il la tue! (*Avec ...*)

Votre ami répond: *Mais avec le couteau, naturellement!*

Faites les exercices écrits dans le *Cahier d'exercices.*

---

3   Le pronom interrogatif *lequel*

PRÉSENTATION ....

— Regardons ces deux tableaux. Quel tableau préférez-vous? **Lequel** préférez-vous?
— Je préfère le tableau à droite.
— Quelle leçon étudions-nous? **Laquelle** étudions-nous?
— Nous étudions la vingt-troisième leçon.
— Quels philosophes lisez-vous? **Lesquels** lisez-vous?
— Je lis Nietzsche, Platon, Descartes et Kant.

— À quel restaurant irez-vous dîner? **Auquel** irez-vous dîner?
— Nous irons *Chez Léon* parce que c'est moins cher.

— À quelles femmes est-ce qu'on a donné le prix Nobel? **Auxquelles** est-ce qu'on a donné le prix Nobel?
— On l'a donné à Madame Curie, par exemple. On l'a donné aussi à Pearl Buck, à mère Teresa, ...

— Voilà des pâtisseries délicieuses. **Desquelles** avez-vous envie?
— J'ai envie de l'éclair au chocolat et du baba au rhum.

EXPLICATIONS ·

● Le pronom interrogatif **lequel** remplace *quel* + nom dans une question. Il représente une *personne* ou une *chose*.

> Voici trois pulls. **Lequel** préférez-vous? (*Quel pull* préférez-vous?)
> Je préfère le pull rouge.

REMARQUEZ: **Lequel** est employé comme sujet, comme objet direct ou après une préposition.

> Voilà trois hommes.
>   **Lequel** est le plus beau?
>   **Lequel** préfères-tu?
>   Avec **lequel** voudrais-tu sortir?

● Les quatre formes du pronom **lequel** indiquent le genre et le nombre.

> Je vois deux bâtiments. Dans **lequel** est notre classe?
> Ce sont vos filles? **Laquelle** est à l'université?
> Il y a plusieurs bâtiments sur le campus. Dans **lesquels** sont tes cours?
> Tu peux choisir deux de ces pâtisseries. **Lesquelles** choisiras-tu?

● Remarquez les contractions avec les prépositions **à** et **de**.

> *trois restaurants possibles*   **Auquel** irez-vous?
> *des animaux intelligents*   **Auxquels** peut-on enseigner[6] à parler?
>
> *plusieurs auteurs intéressants*   **Duquel** parlez-vous en particulier?
> *des pâtisseries savoureuses*   **Desquelles** avez-vous envie?

> *Mais*: **À laquelle** penses-tu?
>   **De laquelle** as-tu envie?

● *RÉSUMÉ:*

pronom simple	avec **à**	avec **de**
lequel	auquel	duquel
laquelle	à laquelle	de laquelle
lesquels	auxquels	desquels
lesquelles	auxquelles	desquelles

---

6. *Enseigner* = apprendre à quelqu'un de faire quelque chose.

EXERCICE ORAL . . . .

F. **Questions.** Remplacez *quel* + nom par une forme du pronom *lequel*.

 Quel livre lisez-vous?
Lequel lisez-vous?

1. Quelle classe préférez-vous?
2. Quels films avez-vous vus?
3. Quel autobus prenez-vous?
4. Quelles étudiantes sont absentes?
5. À quelle classe allez-vous cet après-midi?
6. À quel problème pensez-vous souvent?
7. À quel restaurant voulez-vous aller?
8. À quelles jeunes filles parlez-vous?
9. De quelles amies avez-vous parlé?
10. De quel pays vos grands-parents viennent-ils?
11. À quelle théorie de l'origine du monde croyez-vous?
12. Quels loisirs préférez-vous?
13. Quels polluants sont les plus dangereux?
14. De quels renseignements avez-vous besoin?
15. Quelle centrale nucléaire a eu un accident sérieux?
16. À quelle conférence avez-vous assisté récemment?

Faites les exercices écrits dans le *Cahier d'exercices.*

---

4 | Les pronoms relatifs *ce qui* et *ce que*

PRÉSENTATION . . . .

— Qu'est-ce que vous avez dans votre sac?
— Voilà **ce que** j'ai dans mon sac: trois clés et un mouchoir.[7]

— Qu'est-ce qui vous rend furieux?
— La stupidité, l'injustice, la pollution, la cruauté: voilà **ce qui** me rend furieux.

---

7. *Mouchoir* (m.) = "handkerchief."

EXPLICATIONS . . . .

● **Ce que** = *la chose (les choses) que* = objet direct d'une proposition relative

> Voilà *la chose que* je demande.
> Voilà **ce que** je demande.
>
> David ne fait pas *les choses que* ses amis détestent.
> David ne fait pas **ce que** ses amis détestent.
>
> Voilà tout **ce que** je sais.
> Expliquez **ce qu'**Albert dit.

REMARQUEZ: Pour une question directe dans une phrase *interrogative*, on utilise **qu'est-ce que,**[8] mais dans une phrase *déclarative*, on utilise **ce que.**

> **Qu'est-ce que** c'est?
> Je ne sais pas **ce que** c'est.
>
> **Qu'est-ce que** tu préfères?
> Voilà **ce que** je préfère.

● **Ce qui** = *la chose (les choses) qui* = sujet d'une proposition relative

> Vois-tu *la chose qui* est à côté de la porte?
> Vois-tu **ce qui** est à côté de la porte?
>
> J'ai peur *des choses qui* font du bruit.
> J'ai peur de **ce qui** fait du bruit.
>
> Il ne sait pas **ce qui** arrive.
> Le dictionnaire, c'est **ce qui** donne des définitions.

REMARQUEZ: Pour une question directe dans une phrase *interrogative*, on utilise **qu'est-ce qui,** mais dans une phrase *déclarative*, on utilise **ce qui.**

> **Qu'est-ce qui** se passe?
> Je ne sais pas **ce qui** se passe.
>
> **Qu'est-ce qui** est important dans la vie?
> **Ce qui** est important, c'est la justice et le bonheur.

---

8. Voir la Première Leçon, page 6.

EXERCICES ORAUX . . . .

G. **Voilà.** Remplacez *la chose (les choses) qui (que)* par *ce qui* ou *ce que.*

⌒ Voilà les choses qui rendent la vie agréable.
   Voilà ce qui rend la vie agréable.

1. Voilà la chose que je voulais.
2. Voilà la chose qui terrifie les enfants.
3. Voilà la chose que j'ai vue.
4. Voilà les choses qui ont inquiété mes parents.
5. Voilà les choses qui rendent le français intéressant.

H. **Interrogatoire.** Vous êtes au commissariat de police. Quelqu'un a tué votre patron et la police vous interroge. Vous essayez de les convaincre[9] que vous ne savez rien. Répondez à leurs questions.

1. Qu'est-ce que vous faisiez le soir du premier mai? (Je ne me souviens pas de ...)
2. Quand vous avez quitté le bureau le premier mai, que faisait le patron? (J'ai oublié ...)
3. Qu'est-ce qui était sur son bureau? (Je n'ai pas remarqué ...)
4. Monsieur Lenoir est venu voir votre patron cet après-midi. Qu'est-ce qu'ils ont discuté? (Je n'ai pas entendu ...)
5. Monsieur Lenoir et votre patron se sont disputés. Qu'est-ce qui a provoqué cette dispute? (Je n'ai aucune idée de ...)
6. Que pensent les autres employés de Monsieur Lenoir? (Je ne sais pas ...)

I. **L'ignorance.** Répondez aux questions suivantes en commençant par les mots donnés et **ce qui** ou **ce que,** selon le cas.

⌒ Qu'est-ce que j'ai dit? (Je n'ai pas entendu ...)
   Je n'ai pas entendu ce que vous avez dit.

1. Qu'est-ce que vous voulez? (Je ne sais pas ...)
2. Qu'est-ce qu'il a dit? (J'ai oublié ...)
3. Qu'est-ce que je vais manger? (Je ne sais pas ...)
4. Qu'est-ce que nous avons fait? (Je ne me souviens pas de ...)
5. Qu'est-ce qui a fait ce bruit? (Je n'ai pas vu ...)
6. Qu'est-ce qui a provoqué cette dispute? (Personne ne veut dire ...)
7. Qu'est-ce qu'il pense? (Je n'ai aucune idée de ...)
8. Qu'est-ce qui se passe? (Je ne sais pas ...)

Faites les exercices écrits dans le *Cahier d'exercices.*

---

9. *Convaincre* = persuader.

CRÉATION

Exercices de conversation

A. Jeu: Chaque étudiant(e) met un objet dans un sac. Ensuite vous sortez un objet du sac. Il faut essayer de déterminer à qui appartient[10] l'objet que vous avez pris et de le rendre à son possesseur. Posez des questions avec des pronoms possessifs.

 VOUS: *J'ai des clés mais ce ne sont pas les miennes. Suzanne, est-ce qu'elles sont à toi? Est-ce que ce sont les tiennes?*
SUZANNE: *Non, elles ne sont pas à moi.*
VOUS: *Georges, est-ce que ce sont les tiennes?*
GEORGES: *Non, ce ne sont pas les miennes. Les miennes sont dans ma poche.*
VOUS: *Daniel, est-ce qu'elles sont à toi?*
DANIEL: *Oui, elles sont à moi. Voilà mes clés!*

B. Proverbes: La classe se divise en groupes de trois à cinq étudiants. Chaque groupe choisit un des proverbes suivants. Ils discutent son sens pendant quelques minutes et ensuite préparent une improvisation qui illustre le sens du proverbe pour la classe.

Ce que femme veut, Dieu le veut.
Ce qui tombe dans le fossé[11] est pour le soldat.
Cœur qui soupire[12] n'a pas ce qu'il désire.
Fais ce que dois, advienne[13] que pourra.
Il faut rendre à César ce qui appartient à César, et à Dieu ce qui est à Dieu.
Tout ce qui brille n'est pas or.

---

10. *Appartenir à* = être à.
11. *Fossé* (m.) = "ditch."
12. *Soupirer* = "to sigh."
13. *Advenir* = arriver.

500

Lecture

CONSEILS/ACTIVITÉS AVANT LA LECTURE . . . .

Les mots suivants sont tous importants dans la Lecture. Cherchez ces mots dans un dictionnaire et souvenez-vous de leur sens pendant que vous lisez.

la plage	l'eau
la mer	nager
le soleil	une île
un matelas pneumatique	le maître-nageur
les vagues	le bureau des objets trouvés
bleu de froid	un formulaire
perdre	la consigne
un maillot (de bain)	un rêve

Un été chaud, chaud, chaud, un soleil rond comme un ballon de plage, le rire des enfants, les amis, la piscine qui n'attend que vous, des festins inoubliables, le grand confort, la détente, la quiétude... c'est la dolce vita à l'Hôtel des Gouverneurs.

Renseignez-vous sur nos forfaits «Week-end d'été»!
Pour réservation ou renseignements (sans frais): 1-800-463-2820.

HÔTEL
Des Gouverneurs

LE VÔTRE, LE SIEN, LE NÔTRE, LE LEUR, CELA N'A AUCUNE IMPORTANCE

Laurent est à la plage. Il fait très beau, et comme c'est le week-end il y a un monde fou [14] sur la plage. Le soleil brille dans le ciel, et la mer reflète la lumière du soleil. Laurent, confortablement installé sur un matelas pneumatique, flotte sur les vagues. Tout d'un coup une main tire [15] son matelas et interrompt sa douce [16] som-
5 *nolence. Laurent réagit brusquement et rétablit son équilibre.*

LAURENT: Hein? Qu'est-ce que c'est? Qui est-ce?

MONSIEUR NIMBUS: Lau ... Lau .. Laurent! (*Laurent voit un monsieur, bleu de froid, qui a le hoquet [17] et qui tremble en parlant.*) C'est moi! ... Lau ... Lau ... Laurent!

10 LAURENT: Quelle surprise! Monsieur Nimbus! Je m'étonne que vous soyez ici! (*Laurent reconnaît le visage terrifié de son professeur de physique, prix Nobel de sciences de 1947.*) Qu'est-ce que vous faites ici?

MONSIEUR NIMBUS: Lau ... Lau ... Laurent! Je ... je ... je viens de perdre ... mon ... mon ... mon maillot!

15 LAURENT: Comment? Êtes-vous sûr de l'avoir perdu? Comment l'avez-vous perdu?

MONSIEUR NIMBUS: J'ai nagé jusqu'à la petite île là-bas ...

Et le professeur raconte une histoire ridicule et pas très intéressante.

MONSIEUR NIMBUS: Mais qu'est-ce que je vais faire? Qu'est-ce qui va m'arri-
20 ver, mon Dieu! Qui va m'aider? Avec quel maillot est-ce que je vais sortir de l'eau ... ? Avec le vôtre, peut-être ... mais non, il serait trop petit.

Laurent décide d'aller voir le maître-nageur pour lui demander si quelqu'un n'a pas trouvé le maillot de Monsieur Nimbus. Voilà Laurent maintenant au bureau
25 *des objets trouvés:*

LAURENT: Monsieur, Monsieur, avez-vous trouvé un maillot? Est-ce qu'on vous a rapporté un maillot?

LE MAÎTRE-NAGEUR: Quoi? Quel maillot? Lequel? Le vôtre?

LAURENT: Non, pas le mien, le maillot de Monsieur Nimbus, c'est le sien
30 qu'il a perdu!

LE MAÎTRE-NAGEUR: Quelle histoire me racontez-vous, Monsieur? J'ai beau-coup de maillots. Mais avant de continuer, je voudrais que vous me donniez des renseignements.

---

14. *Un monde fou* = beaucoup de gens.
15. *Tirer* = prendre.
16. *Doux(douce)* = calme.
17. *Hoquet* (m.) = "hiccups."

Le soleil brille dans le ciel, et la mer reflète la lumière du soleil.

Laurent pense au professeur Nimbus. Il est désolé que le pauvre homme doive at-
35 *tendre si longtemps dans l'eau.*

LE MAÎTRE-NAGEUR: Voilà! Il faut que vous remplissiez[18] ce formulaire. Répondez à toutes les questions: D'abord, le jour où vous avez perdu votre maillot. À quelle heure l'avez-vous perdu?

LAURENT: Mais, je vous dis que ce n'est pas le mien!

40 LE MAÎTRE-NAGEUR: Le vôtre, le sien, le nôtre, le leur, cela n'a aucune importance ... Répondez! Ensuite, avec qui étiez-vous quand vous l'avez perdu? Et après, de quelle couleur était le maillot? Ensuite, le magasin: Où l'avez-vous acheté et combien l'avez-vous payé? Ensuite, les marques d'identification: Lesquelles pouvez-vous reconnaître sur votre maillot? Enfin, lesquels de vos amis peuvent vérifier que vos
45 déclarations sont exactes et nous assurer que c'est vraiment votre maillot ... vraiment le vôtre!

LAURENT (*furieux*): Mais je vous dis que ce n'est pas le mien ... C'est le sien, c'est le maillot de mon professeur ...

50 LE MAÎTRE-NAGEUR: Aucune importance, Monsieur, c'est la consigne, c'est le règlement. Si vous ne répondez pas à ces questions, je ne pourrai rien faire pour vous! La consigne, c'est la consigne! Un point, c'est tout![19]

En réalité, le professeur Nimbus, toujours dans les nuages, avait oublié qu'il avait son maillot sur lui. Il avait tout simplement fait ce rêve ridicule pendant qu'il était
55 *allongé au soleil sur la plage d'une jolie petite île.*

---

18. *Remplir* = compléter un document qui comporte des espaces laissés en blanc.
19. *Un point, c'est tout* = Cette conversation est finie!

QUESTIONS SUR LA LECTURE . . . .

 1. Qui sont les trois personnages et comment se connaissent-ils?
 2. Pourquoi y a-t-il beaucoup de monde sur la plage? Où est Laurent?
 3. Décrivez le professeur Nimbus. Quelle sorte de personne est-ce? Qu'est-ce qu'il a perdu?
 4. Décrivez Laurent.
 5. Qu'est-ce que Laurent fait pour aider Monsieur Nimbus?
 6. Qu'est-ce que le maître-nageur ne comprend pas?
 7. Donnez des exemples de questions stupides sur le formulaire.
 8. Pourquoi est-ce que Laurent devient furieux?
 9. Pourquoi est-ce que le maître-nageur n'aide pas Laurent?
 10. Le professeur Nimbus trouve-t-il enfin son maillot?
 11. Inventez une nouvelle fin à l'histoire.

Compositions orales/écrites

 1. Écrivez un formulaire à remplir: par exemple, pour quelqu'un qui veut rapporter un objet perdu, pour quelqu'un qui cherche l'homme ou la femme parfait(e) dans un bureau spécialisé, pour quelqu'un qui veut être admis à votre université ou pour une autre circonstance. Remplissez-le.

 2. Avec un(e) partenaire, préparez un dialogue entre deux personnes qui se comparent: Chaque personne essaie de se montrer supérieure à l'autre. Employez beaucoup de pronoms possessifs.

    ◠ (deux enfants se parlent)

    LE PREMIER: *Mon papa est plus grand que le tien!*
    LE DEUXIÈME: *Pas vrai! Le mien joue au basket. Le tien n'est que jockey.*

Improvisations

 1. *Deux personnes:* Au bureau des objets trouvés: Une personne a perdu quelque chose. L'autre travaille au bureau des objets trouvés et pose beaucoup de questions.

 2. *Trois personnes:* Vous faites du baby-sitting pour la première fois dans une famille qui a trois enfants et vous posez des questions aux parents. Ils répondent en essayant de vous mettre à l'aise. Êtes-vous tranquille?

Est-ce que les parents peuvent sortir après vos questions? Vous leur demandez, par exemple ...

- l'âge de leurs enfants.
- ce que les enfants devraient manger pour le dîner.
- lesquels des enfants vont prendre un bain ce soir.
- ce que les enfants aiment faire avant de se coucher.
- l'heure où les enfants doivent se coucher.
- si un(e) des enfants a peur de quelque chose; si oui, de quoi il(elle) a peur.
- quels problèmes vous devriez prévoir.
- ce que vous devriez faire en cas d'urgence.
- le numéro de téléphone où les parents seront.
- l'heure où ils reviendront.
- d'autres questions si vous en avez.

VOUS: *Quel âge ont vos enfants?*
PARENT: *Serge a neuf ans, Gabrielle a six ans et Nathalie a deux ans et demi.*

Faites les exercices de laboratoire dans le *Cahier d'exercices*.

Vocabulaire

noms

bureau des objets trouvés *m.*
consigne *f.*
cruauté *f.*
devinette *f.*
équilibre *m.*
fossé *m.*
formulaire *m.*
gymnase *m.*
hoquet *m.*
maillot (de bain) *m.*
maître-nageur *m.*
marque *f.*
matelas *m.*
mouchoir *m.*
panier *m.*
personnage *m.*
plante *f.*
proverbe *m.*
soldat *m.*

sous-marin *m.*
vague *f.*

adjectifs

allongé(e)
doux(douce)

verbes

advenir
assurer
briller
convaincre
enseigner
exploser
faire du baby-sitting
faire du bruit
flotter
interroger
interrompre
nager

se préoccuper
prévoir
rapporter
refléter
remplir
soupirer
tirer

adverbe

brusquement

pronoms
pronoms possessifs

le mien (la mienne, etc.)
le tien (la tienne, etc.)
le sien (la sienne, etc.)
le nôtre (la nôtre, etc.)
le vôtre (la vôtre, etc.)
le leur (la leur, etc.)

pronoms interrogatifs

qui
qu'est-ce qui
que
quoi
lequel (laquelle, etc.)

pronoms relatifs

ce que
ce qui

autre expression

en cas d'urgence

24

VINGT-QUATRIÈME LEÇON

Voici le bus numéro 95 dans lequel j'ai vu votre mère hier matin.

DÉCOUVERTE

1	Les pronoms relatifs *lequel* et *dont*

PRÉSENTATION

— Est-ce bien pour Thompson que travaille votre mère?
— Non.
— Pour quelle compagnie travaille-t-elle, alors?
— La compagnie **pour laquelle** elle travaille est IBM.
— Je l'ai vue dans le bus hier matin. Elle parlait avec une autre dame.
— C'était sans doute ma tante, **avec qui** elle va au bureau. Elle y travaille aussi.

— De quelles personnes parlez-vous dans cette classe? Des stars de cinéma? Des athlètes?
— Les personnes **dont** nous parlons sont nous-mêmes, les étudiants de la classe!
— De quels livres avez-vous besoin dans cette classe?
— Les livres **dont** nous avons besoin sont *Découverte et Création* et le *Cahier d'exercices*.

EXPLICATIONS

● RAPPEL: Un pronom relatif simple unit deux phrases distinctes en une seule phrase complexe. Il remplace un nom déjà mentionné.[1]

> J'ai vu *une pièce*. *La pièce* est célèbre.
> J'ai vu *une pièce* **qui** est célèbre.

---

1. Voir la Septième Leçon, page 144.

● Vous avez déjà appris certains pronoms relatifs simples (**qui, que, où**) et certains pronoms relatifs composés (**ce qui, ce que**). **Lequel** est aussi un pronom relatif. Voici un tableau des fonctions principales de quelques pronoms relatifs.

fonction dans la proposition subordonnée	*antécédent*	
	personne	*chose*
sujet	**qui**	**qui**
objet direct	**que**	**que**
après une préposition	**qui** ou **lequel**	**lequel**

	Fonction	Antécédent
J'ai lu *une pièce* **qui** est très célèbre.	sujet	«pièce»
C'est *Shakespeare* **qui** l'a écrite.	sujet	«Shakespeare»
Camus est *un écrivain* **que** je connais.	objet direct	«écrivain»
Dites-moi le titre d'*un roman* **qu'**il a écrit.	objet direct	«roman»

● Le pronom relatif **lequel**

   1. On emploie **lequel** (**laquelle, lesquels, lesquelles**) relatif après une préposition. Par exemple:

   auquel   **avec lequel**
   à laquelle   **pour laquelle**
   auxquels   **devant lesquels**
   auxquelles   **derrière lesquelles**

      Voilà le revolver **avec lequel** l'assassin a tué la victime.
      L'architecture est la profession **à laquelle** Raymond est destiné.
      Les théorèmes **sur lesquels** il fonde sa théorie sont élémentaires.

   2. L'antécédent est généralement une *chose*.

      Voilà **la salle** *dans laquelle* nous avons notre classe.
      C'est **le stylo** *avec lequel* j'écris.
      Voici **la chaise** *sur laquelle* j'ai mis mes livres.

      REMARQUEZ: Quand l'antécédent est une *personne,* on emploie le plus souvent **qui.**

      Voilà *l'homme* **avec qui** elle sort. (= *avec lequel* elle sort)

3. Vous connaissez déjà le pronom relatif **où**. Très souvent, **où** remplace une préposition de *lieu* (**dans, sur,** etc.) + **lequel**.

> Voilà la salle **où** (*dans laquelle*) nous nous réunissons.[2]
> Les touristes admirent le petit lit **où** (*sur lequel*) Napoléon dormait.

● Le pronom relatif **dont**

> *de* + $\begin{cases} \text{lequel (laquelle, lesquels, lesquelles)} \\ \text{qui} \end{cases}$ ⟶ **dont**

> La réceptionniste m'a indiqué la personne **dont** (*de qui*) j'ai besoin.
> Je ne trouve pas le livre **dont** (*duquel*) j'ai besoin.
> Le professeur **dont** (*de qui, duquel*) je parle est très sévère.
> Le mannequin porte exactement la robe Pierre Cardin **dont** (*de laquelle*) j'ai envie.
> Je préfère les voitures **dont** (*desquelles*) le moteur est italien.

REMARQUEZ: On ne peut pas employer **dont** avec les prépositions composées incorporant le mot **de** (*à côté* **de,** *près* **de,** *au bord* **de,** etc.). Dans ces cas, on emploie **duquel, de laquelle, desquels, desquelles** ou **de qui**.

> Il cherche la personne *à côté* **de qui** il était assis.
> C'est le bâtiment *près* **duquel** se trouve le parking.
> Voilà le monsieur *près* **de qui** j'habite.

● Ne confondez pas les pronoms *relatifs* et les pronoms *interrogatifs*.

> Voilà l'auto **qui** ne marche pas.
> *Mais*: **Qu'est-ce qui** fait ce bruit dans le moteur?

> Le chef de cuisine **que** je regardais me paraissait un peu perturbé.
> *Mais*: **Qui** a-t-il vu mettre de l'oignon dans la glace?

> Voilà les garçons **dont** je t'ai parlé.
> *Mais*: **Duquel** m'as-tu parlé en particulier?

---

2. *Se réunir* = se rencontrer, se rassembler.

EXERCICES ORAUX . . . .

A. Album scolaire. Vous montrez à quelques amis de lycée des photos prises à l'université. Commencez chaque phrase avec *Voilà*. Suivez le modèle.

◠ J'habite avec ces étudiant(e)s.
  Voilà les étudiant(e)s avec qui j'habite.

◠ Je retrouve mes amis chaque matin devant ce bâtiment.
  Voilà le bâtiment devant lequel je retrouve mes amis chaque matin.

1. Je parle souvent à ces voisins.
2. Mon ami Marc habite près de ce joli parc.
3. Chaque jeudi, j'ai rendez-vous avec Alain devant cette statue.
4. Ma classe de français se réunit à côté de cette belle chapelle.
5. Je prépare mes examens de biologie avec ces jeunes gens.
6. Je répare mon vélo avec tous ces outils.[3]
7. Je ne pourrais jamais apprendre le français sans ce laboratoire.
8. J'ai choisi mon université pour ces raisons.

B. Télé et téléspectateurs. Vous regardez la télé avec un ami. Vous réagissez tous les deux à chaque personne ou à chaque chose que vous voyez à l'écran.[4] Suivez le modèle.

◠ Margaret Thatcher
  a. Cette femme est très autoritaire.
      VOUS: *Voilà une femme qui est très autoritaire.*
  b. Je l'admire beaucoup.
      VOTRE AMI: *Voilà une femme que j'admire beaucoup.*

1. François Mitterrand
   a. Il ressemble à mon oncle.
   b. Il a l'air très français.
2. la cathédrale de Chartres
   a. Je voudrais la visiter un jour.
   b. Je suis entré(e) une fois dans cette cathédrale.
3. les Alpes
   a. Je voudrais passer du temps dans cette région.
   b. Je ne connais pas cette région.

---

3. *Outil* (m.) = objet utilisé par la main pour accomplir un certain travail.
4. *Écran* (m.) = surface sur laquelle sont projetées les images.

4. le Canada
    a. Je n'ai jamais visité ce pays.
    b. Ce pays est tout près du nôtre.
5. les grottes de Lascaux
    a. Je m'intéresse beaucoup à ce sujet.
    b. Il n'est pas permis de visiter ces grottes aujourd'hui.

C. **Bibelots.**[5]   Vous allez chez une nouvelle amie. Vous commentez les différents objets que vous remarquez en expliquant votre réaction. Commencez chaque phrase avec *Tu as ...* et suivez le modèle.

⌒ une photo du club des éleveurs de caniches[6] (j'ai fait partie[7])
Tu as une photo du club des éleveurs de caniches dont j'ai fait partie.

1. la grande casserole (j'ai besoin)
2. le petit Larousse (je me sers souvent)
3. un de ces fours à micro-ondes (j'ai peur)
4. un exemplaire[8] des *Fables de La Fontaine* (je me souviens très bien)
5. quelques disques classiques (j'ai envie)
6. la télé japonaise (j'ai envie)

D. **Feuilleton: Une famille distinguée.**   Formez une phrase qui commence par *Voilà le(la, l') ... dont ... :*

⌒ Le frère de ce criminel est prêtre.[9]
Voilà le criminel dont le frère est prêtre.

1. Les cheveux du prêtre sont frisés.[10]
2. Les fenêtres de l'église sont toutes cassées.
3. L'alibi du criminel est ridicule.
4. La fille du criminel est milliardaire.
5. Le fils du prêtre est illégitime.
6. Les parents de ces deux frères divorcent demain.

---

5. *Bibelot* (m.) = petit objet curieux, décoratif.
6. *Club* (m.) = *des éleveurs de caniches* = "poodle-breeders club."
7. *Faire partie de* = être membre de, appartenir à.
8. *Exemplaire* (m.) = copie.
9. *Prêtre* (m.) = homme exerçant des fonctions religieuses du culte catholique.
10. *Frisé(e)* = "curly."

E. Précisions. Faites de nouvelles phrases avec d'autres propositions relatives, selon le modèle. Employez des pronoms relatifs comme *qui, que, où, dont* ou une forme de *lequel.*

◠ Claire-Marie est une architecte que je connais. (Bob a travaillé avec elle. / L'originalité de cette architecte est incontestable.)
Claire-Marie est une architecte avec qui Bob a travaillé.
Claire-Marie est une architecte dont l'originalité est incontestable.

1. Voilà un lac que j'adore. (Il y a des poissons dans ce lac. / Nous pouvons nager dans ce lac. / Ce lac est célèbre.)
2. Nous nous sommes rencontrés à la soirée où tu as chanté. (Tu as donné cette soirée. / Marc m'a invitée à cette soirée. / Cette soirée a fini à trois heures du matin.)
3. Je crains les animaux qui ne sont pas dans une cage. (On m'a parlé de ces animaux. / Nous voyons ces animaux. / On tremble devant ces animaux.)
4. Achetez des vêtements qui vous rendent heureux. (Vous aimez ces vêtements. / Vous êtes à l'aise dans ces vêtements. / Les couleurs de ces vêtements vont bien avec vos yeux.)
5. J'ai trouvé la clé que vous avez perdue. (Cette clé ouvre votre porte. / Vous avez besoin de cette clé. / Vous ne pouvez pas rentrer sans cette clé.)

Faites les exercices écrits dans le *Cahier d'exercices.*

Voici un animal devant lequel nous tremblons.

---

2   Les pronoms démonstratifs

PRÉSENTATION . . . .

— Voici deux livres. Lequel voulez-vous?
— **Celui** *que* je veux, c'est **celui** *qui* est le mien, naturellement.
— Lequel est le vôtre?
— **Celui-ci** est le mien.
— Cet autre livre ... **celui-là** ... n'est-ce pas le vôtre?
— Non, ce n'est pas le mien, c'est **celui** *de* Drew.

EXPLICATIONS . . . .

●   Les pronoms démonstratifs

masculin	*féminin*
celui	**celle**
ceux	**celles**

●   Un pronom démonstratif représente une personne ou une chose *spécifiques* (précédemment indiquées). Un pronom démonstratif remplace un adjectif démonstratif + nom.

> *Ce monsieur* que vous regardez est célèbre.
> **Celui** que vous regardez est célèbre.
>
> *Cette bague*-là est originale.
> **Celle**-là est originale.

●   Un pronom démonstratif est suivi d'une des formes suivantes:

1. un pronom relatif

> le monsieur qui parle = **celui qui** parle
> les chanteuses que j'aime = **celles que** j'aime
> le professeur dont vous parlez = **celui dont** vous parlez
>
> Vous avez deux responsabilités: **celle que** nous avons déjà discutée et **celle qui** est le sujet de la discussion aujourd'hui.
> Quels parcs préférez-vous? Je préfère **ceux où** il y a des fleurs partout.

2. une préposition (souvent suivie d'un pronom relatif)

> les livres de Christophe = **ceux de** Christophe
> l'homme avec qui je sors = **celui avec qui** je sors
> la firme pour laquelle je travaille = **celle pour laquelle** je travaille
> le restaurant auquel nous pensons = **celui auquel** nous pensons
>
> Quelle voiture allons-nous prendre? **Celle de** Philippe ou **celle d'**Alain?
> De quel ami parles-tu? **Celui avec** qui tu voyageras en Europe cet été ou **celui à** qui tu as emprunté de l'argent?

3. les suffixes **-ci** ou **-là**, qui permettent de distinguer entre deux antécédents (points de référence) selon leur proximité relative.[11]

> Voilà deux étudiants: **Celui-ci** (le plus proche) est français et **celui-là** (le moins proche) est américain.

EXERCICES ORAUX . . . .

F. **Distinctions de la classe.**   Contrastez les éléments donnés que vous pouvez facilement trouver dans votre classe. Employez la forme correcte du pronom démonstratif (*celui-ci, celui-là, celle-ci, celle-là,* etc.).

⌒ deux livres
Voici deux livres: Celui-ci est à moi, celui-là est à Nancy.

⌒ deux étudiantes
Voici deux étudiantes: Celle-ci a un pantalon bleu, celle-là a un pantalon rose.

---

11. Voir la Cinquième Leçon, page 107.

1. deux étudiants
2. deux chaises
3. deux paires de chaussures
4. deux yeux et deux autres yeux
5. votre choix (deux murs? deux fenêtres? deux exercices? etc.)

G. **Comparaisons.**   Employez un pronom démonstratif pour former une question. Votre camarade répondra en employant aussi un pronom démonstratif. Demandez à un(e) camarade ...

◠ s'il (si elle) préfère les restaurants où on mange bien ou les restaurants où on mange beaucoup.

> VOUS: *Préfères-tu les restaurants où on mange bien ou ceux où on mange beaucoup?*
> CAMARADE: *Je préfère ceux où on mange bien.*

1. s'il(si elle) préfère les voitures qui vont vite ou les voitures qui n'ont pas souvent besoin de réparation.
2. s'il(si elle) connaît mieux la personne qui est devant lui(elle) ou la personne qui est à côté de lui(elle).
3. s'il(si elle) voit plus souvent les films où il y a de la violence ou les films où il y a des scènes drôles.
4. s'il(si elle) admire plus les gens que tout le monde aime ou les gens que tout le monde respecte.
5. s'il(si elle) se souvient mieux du premier livre qu'il(elle) a lu ou du livre qu'il(elle) a lu la semaine dernière.

H. **Préférences.**   Discutez vos préférences en employant un pronom démonstratif. Employez les idées entre parenthèses ou inventez vos propres réponses.

◠ les vins (qui sont secs / qui sont de Californie)

> VOUS: *Je préfère ceux qui sont secs.*
> CAMARADE: *Je préfère ceux qui sont de Californie.*

1. les romans (qui sont divertissants / qui me font réfléchir)
2. les cours (qui sont stimulants et difficiles / qui sont ennuyeux et faciles)
3. les restaurants (que les critiques recommandent / qui sont peu connus)
4. les vêtements (qui sont confortables / qui sont chic)
5. les amis (qui sont drôles / qui sont loyaux)

Faites les exercices écrits dans le *Cahier d'exercices*.

$\boxed{3}$ Les pronoms indéfinis *chacun(e)* et *quelques-un(e)s*

PRÉSENTATION . . . .

— Est-ce que chaque individu a sa personnalité et ses goûts?
— Oui, **chacun** a sa personnalité, **chacun** a ses goûts. «À **chacun** son goût»[12] comme on dit en français!
— Est-ce que chaque individu a des amis?
— Non, mais presque tout le monde en a **quelques-uns**. J'en ai **quelques-uns**, par exemple.
— Où sont-ils?
— **Quelques-uns** sont ici, d'autres sont en Europe.

EXPLICATIONS . . . .

● **Chacun(e)**

   1. **Chacun(e)** est le pronom qui correspond à l'adjectif *chaque* + nom. Il peut représenter des personnes ou des choses.

> *Chaque étudiant* fait ses devoirs et **chacun** réussit à l'examen.
> *Chaque examen* est long et **chacun** est difficile.

   2. **Chacun(e)** est toujours singulier.

> Est-ce que chaque étudiante a fait le devoir?
> Oui, *chacune* **a** fait le devoir.

● **Quelques-un(e)s**

   1. **Quelques-un(e)s** est le pronom qui correspond à l'adjectif *quelques* + nom. Il peut représenter des personnes ou des choses.

> *Quelques acteurs* sont des artistes, mais **quelques-uns** n'ont pas de talent.
> *Quelques films* m'amusent toujours, mais **quelques-uns** me semblent vulgaires.

   2. **Quelques-un(e)s** est toujours pluriel.

> Voici quelques expressions idiomatiques. *Quelques-unes* **s'emploient** avec le partitif.

---

12. *À chacun son goût* = "to each his own."

● Il faut mettre le pronom **en** devant le verbe quand *quelques-un(e)s* est l'objet direct du verbe et le nom n'est pas spécifié.[13]

> Combien de films de Chaplin as-tu vu?
> J'**en** ai vu *quelques-uns.*

EXERCICES ORAUX . . . .

I. **Le voisin curieux.** Vous avez un voisin qui pose trop de questions personnelles. Vous lui répondez le moins précisément possible en employant le pronom *quelques-un(e)s.*

◠ Est-ce que tu as beaucoup d'amis qui sont riches?
   Oh! j'en ai quelques-uns.

1. Combien de «A» as-tu eus le semestre dernier?
2. Combien de tes amis habitent en Europe?
3. Combien de lettres as-tu reçues cette semaine?
4. As-tu beaucoup de projets pour le week-end?
5. Tu invites beaucoup de voisins à tes parties?

J. **L'université.** Complétez chaque phrase en employant *chacun(e)* pour éviter la répétition de *chaque* + nom.

◠ Il faut que chaque étudiant étudie une langue étrangère, mais ...
   Mais il n'est pas nécessaire que chacun choisisse le français.

1. Chaque université a un président, mais ...
2. Je reconnais chaque personne dans ma classe de français, mais ...
3. Chaque cours est important, mais ...
4. Le professeur évalue chaque étudiant, mais ...
5. Chaque professeur est intelligent, mais ...

Faites les exercices écrits dans le *Cahier d'exercices.*

---

13. Voir la Quinzième Leçon, page 311.

CRÉATION

Exercices de conversation

A. Répondez aux questions suivantes en employant les pronoms démonstratifs appropriés.

 Vous allez acheter une voiture d'occasion. Sur la page des petites annonces vous en trouvez trois à un prix que vous pouvez payer: une voiture qui vient du Japon, une voiture qui vient de Détroit et une voiture qui vient de France. Laquelle voudriez-vous acheter?
Je voudrais acheter celle qui vient du Japon parce que les voitures japonaises consomment moins d'essence que les autres.

1. Vous allez à la fourrière[14] pour choisir un petit chien. Vous en voyez trois: un chien qui semble très triste, un autre qui a les oreilles courtes et la queue[15] toujours en mouvement, et un troisième qui dort tout le temps. Lequel prenez-vous?
2. Vous êtes dans une boulangerie. Prenez-vous le pain qui est très frais ou le pain qui est moins cher et moins frais?
3. Vous allez à un concert de musique classique. Vous pouvez avoir une place à l'orchestre, une place au balcon ou une place qui ne coûte[16] rien, mais qui est très loin et où vous resterez debout. Laquelle allez-vous prendre?
4. Vous choisissez votre coiffeur. Les possibilités: un coiffeur qui parle tout le temps et qui fait bien son travail, un autre coiffeur avec un talent extraordinaire mais qui ne sourit jamais, un troisième coiffeur qui est nouveau mais très enthousiaste et qui semble bien décidé à réussir. Lequel préférez-vous?

---

14. *Fourrière* (f.) = lieu où on garde les animaux perdus, saisis par la police, etc.
15. *Queue* (f.) = appendice au derrière du corps d'un animal.
16. *Coûter* = nécessiter un paiement.

518

5. Au supermarché vous voyez deux sortes de pommes: des pommes qui sont grosses, belles et rouges, et d'autres pommes qui ont été cultivées sans produits chimiques, mais qui sont moins belles. Lesquelles voulez-vous acheter?

B. Inventez la définition d'un mot de votre choix en finissant la phrase donnée. Les autres étudiants essaieront de deviner votre mot.

⌒ C'est un jour où ...

VOUS: *C'est un jour où il n'y a pas de classes et où certaines personnes vont à l'église.*
CAMARADE: *C'est dimanche.*

⌒ C'est une personne pour qui ...

VOUS: *C'est une personne pour qui on travaille et qui paie votre salaire.*
CAMARADE: *C'est le patron.*

1. C'est un bâtiment où ...
2. C'est une chose dont ...
3. C'est une personne avec qui ...
4. C'est un animal dont ...
5. C'est un objet sans lequel ...
6. C'est quelqu'un qui ...
7. C'est un fruit que ...
8. Ce sont des plantes dont ...
9. C'est un pays où ...
10. C'est une saison pendant laquelle ...

C. Proverbes. La classe se divise en groupes de trois à cinq étudiants. Chaque groupe choisit un des proverbes suivants. Les étudiants discutent son sens pendant quelques minutes et ensuite préparent une improvisation qui illustre le sens du proverbe pour la classe.

À chacun son goût.
Chacun pour soi et Dieu pour tous.
Chacun prend son plaisir où il le trouve.
Chacun sa chacune.
Chacun son métier.[17]
À chacun sa vérité.

---

17. *Métier* (m.) = travail, occupation.

Lecture

La lecture suivante parle d'une femme écrivain «révolutionnaire» du dix-
neuvième siècle. Lisez pour décider si vous pensez que sa vie reflète le
féminisme ou simplement la révolte.

LA CARRIÈRE DIFFICILE D'UNE FEMME ÉCRIVAIN: GEORGE SAND

George Sand (1804–1876), dont le vrai nom était Aurore Dupin, avait
adopté ce nom d'homme parce qu'à l'époque où elle vivait il était difficile,
sinon impossible, pour une femme d'avoir une carrière indépendante
d'écrivain. Il y avait eu avant elle d'autres femmes dont les œuvres étaient
5 devenues célèbres, parmi lesquelles: Marie de France et Christine de Pisan
au Moyen Âge, et Marguerite de Navarre pendant la Renaissance. Au
dix-septième siècle il y avait eu Madame de La Fayette, à qui on attribue
le premier roman psychologique, *La Princesse de Clèves*, et Madame de
Sévigné, qui écrivait à sa fille des lettres dans lesquelles elle commentait et
10 racontait en grand détail la vie à Versailles.

Mais pour George Sand la création littéraire n'était pas seulement un
passe-temps. C'était une carrière à laquelle elle avait décidé de se consacrer et grâce à laquelle[18] elle espérait gagner sa vie.

Elle a quitté son mari et le Berry, pays de son enfance. Elle a emmené
15 à Paris ses enfants, pour lesquels elle avait une immense affection, ce qui a
rendu sa vie très compliquée. Elle y a rencontré et fréquenté les grands
écrivains et les grands artistes de l'époque. Quelques-uns étaient des
hommes avec lesquels elle a eu des rapports amicaux, comme Balzac. Mais
ses liaisons passionnées, comme celles qu'elle a eues avec Frédéric Chopin,
20 Alfred de Musset et Prosper Mérimée, sont plus célèbres. Pour être ad-
mise en égale dans ces milieux artistiques et littéraires, ces cafés, ces sa-
lons, elle s'habillait souvent en homme, ce qui était très audacieux à
l'époque.

---

18. *Grâce à laquelle* = "by which, thanks to which."

Portrait de George Sand

LA PETITE FADETTE (1849)

25 *La Petite Fadette* se passe dans le Berry, région très chère à George Sand.
C'est l'histoire d'une petite fille très pauvre dont la mère avait une
mauvaise réputation. La petite Fadette vivait avec sa grand-mère qui était
un peu sorcière. Elle avait aussi un petit frère dont elle s'occupait et qui
était toujours avec elle. Ni la pauvre Fadette ni son frère n'étaient beaux.
30 Tout le monde dans le village se moquait d'eux et les méprisait à cause de
leur mère, de leur grand-mère et aussi à cause de leur laideur. Mais la petite Fadette était très intelligente et elle savait très bien ce qu'elle voulait.

Depuis longtemps elle avait remarqué un garçon du même village
qu'elle aimait, mais celui-ci ne la regardait pas. Il était beau, gentil, fort,
35 honnête, et d'une très bonne famille. Il s'appelait Landry. Tout semblait
séparer les deux jeunes gens. Pourtant, grâce à son intelligence, à sa
volonté et à sa bonté, la petite Fadette a réussi à surmonter tous les obstacles. Elle savait qu'elle n'était pas belle et qu'il fallait qu'elle réussisse à se
faire aimer pour ses autres qualités. En fait, même si elle avait été belle,

40 elle était trop intelligente pour accepter d'être aimée seulement pour sa beauté. Elle voulait aussi que les gens du village finissent par l'accepter et la respecter. Elle a finalement réalisé tout ce qu'elle voulait, et elle s'est mariée avec Landry, avec l'accord et l'affection des parents de celui-ci ainsi que de tout le village.

45 C'est la très belle histoire d'une femme qui contrôle seule sa destinée et finit par réussir grâce à son intelligence, son courage, sa bonté, même quand la société semble être contre elle et ses aspirations.

QUESTIONS SUR LA LECTURE . . . .

1. Quel était le vrai nom de George Sand? Pourquoi a-t-elle adopté un pseudonyme?
2. Y a-t-il eu des femmes écrivains avant George Sand? Qui? De quelle classe sociale venaient-elles?
3. Quels sacrifices George Sand a-t-elle faits pour sa carrière?
4. Comment était la vie de George Sand à Paris?
5. Qu'est-ce que George Sand a dû faire pour être acceptée dans la société des hommes?
6. Qui était la petite Fadette?
7. Pourquoi les gens du village méprisaient-ils la petite Fadette?
8. Qui était Landry?
9. Qu'est-ce qui semblait séparer Landry et la petite Fadette?
10. Comment l'histoire de la petite Fadette finit-elle?
11. À votre avis, est-ce que la vie de George Sand reflète le féminisme ou simplement la révolte?

Compositions orales/écrites

1. En France, la politique gouvernementale encourage la natalité.[19] Une femme enceinte[20] reçoit des allocations de la sécurité sociale pendant neuf mois. En plus, un couple reçoit une prime[21] à la naissance du bébé. Quand ils ont trois enfants, ils sont considérés «famille nombreuse» et ont droit à de nombreuses réductions de frais[22] scolaires— cantines,[23] droits universitaires, réductions des tarifs de transport (train, bus, métro), etc. Que pensez-vous de cette politique? Est-ce une bonne chose pour la femme? pour la société?

---

19. *Natalité* (f.) = "birth rate."
20. *Enceinte* = qui va avoir un bébé.
21. *Prime* (f.) = "subsidy."
22. *Frais* (m.pl.) = dépenses, prix.
23. *Cantine* (f.) = cafétéria.

2. Y a-t-il une femme écrivain, une femme politique, une femme de science ou une artiste qui vous inspire particulièrement? Dites laquelle, ce qu'elle fait, et pourquoi vous l'admirez.

3. Quelles professions une femme peut-elle exercer aujourd'hui qui était impossible il y a un siècle? Pourquoi ce changement?

Improvisation

Deux personnes: Vous avez un dilemme comparable à celui de George Sand: Il faut que vous choisissiez entre votre famille (mariage et enfants) et votre carrière. Discutez de votre problème avec votre meilleur(e) amie, avec votre mère ou avec votre mari.

Faites les exercices de laboratoire dans le *Cahier d'exercices*.

Vocabulaire

noms

accord *m.*
balcon *m.*
beauté *f.*
bonté *f.*
chanteur/chanteuse *m./f.*
coiffeur/coiffeuse *m./f.*
courage *m.*
écran *m.*
exemplaire *m.*
feuilleton *m.*
frais *m.pl.*
individu *m.*
laideur *f.*
liaison *f.*
métier *m.*
milieu *m.*
naissance *f.*
œuvre *f.*
orchestre *m.*

originalité *f.*
outil *m.*
plaisir *m.*
queue *f.*
sacrifice *m.*
salaire *m.*
volonté *f.*

adjectifs

comparable (à)
compliqué(e)
divertissant(e)
enceinte
frisé(e)
honnête
loyal(e)
nombreux(nombreuse)
psychologique
vulgaire

verbes

attribuer
se consacrer
contrôler
coûter
distinguer (entre)
divorcer
encourager
envisager
évaluer
faire partie de
fréquenter
gagner sa vie
mépriser
surmonter

pronoms

pronoms relatifs

dont

lequel (laquelle, lesquels, lesquelles)

pronom démonstratif

celui (celle, ceux, celles)

pronoms indéfinis

chacun(e)
quelques-un(e)s

conjonction

ainsi que

autres expressions

en plus
grâce à
sans doute

APPENDICES

Verbes qui introduisent un autre verbe

VERBE + ——— + INFINITIF

adorer
aimer
aller
compter
croire
désirer
détester
devoir
écouter
entendre
falloir (il faut)
laisser

penser
pouvoir
préférer
regarder
savoir
sembler
sentir
souhaiter
venir
voir
vouloir

VERBE + À + INFINITIF

aider à
s'amuser à
apprendre à
arriver à
s'attendre à
avoir à
chercher à
commencer à
continuer à
se décider à

encourager à
enseigner à
s'habituer à
hésiter à
inviter à
parvenir à
se plaire à
se préparer à
réussir à

VERBE + DE + INFINITIF

accepter de
accuser de
s'agir de (il s'agit de)
(s')arrêter de
cesser de
choisir de
commander de
se contenter de
conseiller de
craindre de
décider de
défendre de
se dépêcher de
dire de
empêcher de
entreprendre de
essayer de
s'étonner de
éviter de
(s')excuser de
se fatiguer de
féliciter de
finir de

interdire de
menacer de
mériter de
négliger de
offrir de
ordonner de
oublier de
pardonner de
permettre de
persuader de
se plaindre de
prier de
promettre de
proposer de
refuser de
regretter de
remercier de
rêver de
risquer de
souffrir de
se souvenir de
suggérer de

Verbes réguliers et auxiliaires

Infinitif Participe présent Participe passé	Présent	Impératif	Futur	Passé composé
1. parler parlant parlé	je parle tu parles il/elle/on parle nous parlons vous parlez ils/elles parlent	parle parlons parlez	je parlerai tu parleras il/elle/on parlera nous parlerons vous parlerez ils/elles parleront	j' ai parlé tu as parlé il/elle/on a parlé nous avons parlé vous avez parlé ils/elles ont parlé
2. finir finissant fini	je finis tu finis il/elle/on finit nous finissons vous finissez ils/elles finissent	finis finissons finissez	je finirai tu finiras il/elle/on finira nous finirons vous finirez ils/elles finiront	j' ai fini tu as fini il/elle/on a fini nous avons fini vous avez fini ils/elles ont fini
3. attendre attendant attendu	j' attends tu attends il/elle/on attend nous attendons vous attendez ils/elles attendent	attends attendons attendez	j' attendrai tu attendras il/elle/on attendra nous attendrons vous attendrez ils/elles attendront	j' ai attendu tu as attendu il/elle/on a attendu nous avons attendu vous avez attendu ils/elles ont attendu
4. être étant été	je suis tu es il/elle/on est nous sommes vous êtes ils/elles sont	sois soyons soyez	je serai tu seras il/elle/on sera nous serons vous serez ils/elles seront	j' ai été tu as été il/elle/on a été nous avons été vous avez été ils/elles ont été
5. avoir ayant eu	j' ai tu as il/elle/on a nous avons vous avez ils/elles ont	aie ayons ayez	j' aurai tu auras il/elle/on aura nous aurons vous aurez ils/elles auront	j' ai eu tu as eu il/elle/on a eu nous avons eu vous avez eu ils/elles ont eu

Imparfait	Plus-que-parfait	Conditionnel Conditionnel passé	Présent du subjonctif Passé du subjonctif
je parlais	j' avais parlé	je parlerais	que je parle
tu parlais	tu avais parlé	tu parlerais	que tu parles
il/elle/on parlait	il/elle/on avait parlé	il/elle/on parlerait	qu' il/elle/on parle
nous parlions	nous avions parlé	nous parlerions	que nous parlions
vous parliez	vous aviez parlé	vous parleriez	que vous parliez
ils/elles parlaient	ils/elles avaient parlé	ils/elles parleraient	qu' ils/elles parlent
		j' aurais parlé	que j'aie parlé
je finissais	j' avais fini	je finirais	que je finisse
tu finissais	tu avais fini	tu finirais	que tu finisses
il/elle/on finissait	il/elle/on avait fini	il/elle/on finirait	qu' il/elle/on finisse
nous finissions	nous avions fini	nous finirions	que nous finissions
vous finissiez	vous aviez fini	vous finiriez	que vous finissiez
ils/elles finissaient	ils/elles avaient fini	ils/elles finiraient	qu' ils/elles finissent
		j' aurais fini	que j'aie fini
j' attendais	j' avais attendu	j' attendrais	que j'attende
tu attendais	tu avais attendu	tu attendrais	que tu attendes
il/elle/on attendait	il/elle/on avait attendu	il/elle/on attendrait	qu' il/elle/on attende
nous attendions	nous avions attendu	nous attendrions	que nous attendions
vous attendiez	vous aviez attendu	vous attendriez	que vous attendiez
ils/elles attendaient	ils/elles avaient attendu	ils/elles attendraient	qu' ils/elles attendent
		j' aurais attendu	que j'aie attendu
j' étais	j' avais été	je serais	que je sois
tu étais	tu avais été	tu serais	que tu sois
il/elle/on était	il/elle/on avait été	il/elle/on serait	qu' il/elle/on soit
nous étions	nous avions été	nous serions	que nous soyons
vous étiez	vous aviez été	vous seriez	que vous soyez
ils/elles étaient	ils/elles avaient été	ils/elles seraient	qu' ils/elles soient
		j' aurais été	que j'aie été
j' avais	j' avais eu	j' aurais	que j'aie
tu avais	tu avais eu	tu aurais	que tu aies
il/elle/on avait	il/elle/on avait eu	il/elle/on aurait	qu' il/elle/on ait
nous avions	nous avions eu	nous aurions	que nous ayons
vous aviez	vous aviez eu	vous auriez	que vous ayez
ils/elles avaient	ils/elles avaient eu	ils/elles auraient	qu' ils/elles aient
		j' aurais eu	que j'aie eu

Verbes réguliers avec changements orthographiques

1. Tous les verbes terminés par **-ger** se conjuguent comme **manger.** Ils ajoutent un **-e** entre le **-g-** et les terminaisons qui commencent par **a-** ou **o-**: *nous mangeons; ils/elles mangeaient.*
2. Tous les verbes terminés par **-cer** se conjuguent comme **avancer.** Ils changent **-c-** en **-ç-** devant les terminaisons qui commencent par **a-** ou **o-**: *nous avançons; tu avançais.*
3. Tous les verbes terminés par **-yer (-ayer, -oyer, -uyer)** se conjuguent comme **employer.*** Ils changent **-y-** en **-i-** devant les terminaisons, **-e, -es** et **-ent** du présent, de l'impératif et du subjonctif; et dans le radical du futur et du conditionnel: *il/elle/on emploie; nous emploierons; tu emploierais.*

Infinitif Participes présent passé	Présent		Impératif	Futur
1. manger mangeant mangé	je mange tu manges il/elle/on mange	nous mangeons vous mangez ils/elles mangent	mange mangeons mangez	je mangerai
2. avancer avançant avancé	j' avance tu avances il/elle/on avance	nous avançons vous avancez ils/elles avancent	avance avançons avancez	j'avancerai
3. employer employant employé	j' emploie tu emploies il/elle/on emploie	nous employons vous employez ils/elles emploient	emploie employons employez	j'emploierai
4. préférer préférant préféré	je préfère tu préfères il/elle/on préfère	nous préférons vous préférez ils/elles préfèrent	préfère préférons préférez	je préférerai
5. acheter achetant acheté	j' achète tu achètes il/elle/on achète	nous achetons vous achetez ils/elles achètent	achète achetons achetez	j'achèterai
6. appeler appelant appelé	j' appelle tu appelles il/elle/on appelle	nous appelons vous appelez ils/elles appellent	appelle appelons appelez	j'appellerai

*À l'exception d'**envoyer.** Voir le tableau des verbes irréguliers, page 532.

4. Tous les verbes terminés par **-é** + consonne + **-er (-écher, éder, éger, éler, érer, éter)** se conjuguent comme **préférer.** Ils changent **-é-** en **-è-** devant les terminaisons **-e, -es** et **-ent** du présent, de l'impératif et du subjonctif: *tu préfères, il/elle/on préfère, ils/elles préfèrent.*

5. Tous les verbes terminés par **-e** (sans accent) + consonne + **-er (-echer, -eler, -emer, -ener, -eser, -eter, -ever)** se conjuguent comme **acheter.*** Ils changent le **-e-** du radical de l'infinitif en **-è-** devant les terminaisons **-e, -es** et **-ent** du présent, de l'impératif et du subjonctif; et dans le radical du futur et du conditionnel: *ils/elles achètent; il/elle/on achètera; ils/elles achèteraient.*

6. Tous les verbes dérivés d'**appeler** ou de **jeter** se conjuguent comme **appeler.** Ils doublent le consonne **-l-** ou **-t-** devant les terminaisons **-e, -es** et **-ent** du présent, de l'impératif et du subjonctif; et dans le radical du futur et du conditionnel; *tu appelles; vous appellerez; nous appellerions.*

Passé Composé	*Imparfait*	*Plus-que-parfait*	*Conditionnel*	*Présent du subjonctif*
			Conditionnel passé	*Passé du subjonctif*
j'ai mangé	je mangeais	j'avais mangé	je mangerais	que je mange que nous mangions
			j'aurais mangé	que j'aie mangé
j'ai avancé	j'avançais	j'avais avancé	j'avancerais	que j'avance que nous avancions
			j'aurais avancé	que j'aie avancé
j'ai employé	j'employais	j'avais employé	j'emploierais	que j'emploie que nous employions
			j'aurais employé	que j'aie employé
j'ai préféré	je préférais	j'avais préféré	je préférerais	que je préfère que nous préférions
			j'aurais préféré	que j'aie préféré
j'ai acheté	j'achetais	j'avais acheté	j'achèterais	que j'achète que nous achetions
			j'aurais acheté	que j'aie acheté
j'ai appelé	j'appelais	j'avais appelé	j'appellerais	que j'appelle que nous appelions
			j'aurais appelé	que j'aie appelé

*À l'exception des dérivés d'**appeler** et de **jeter.** Voir #6 dans ce tableau.

Verbes irréguliers

Pour la conjugaison des verbes irréguliers en tête du tableau, consultez les verbes conjugués de la même manière aux numéros indiqués. Les verbes précédés d'un astérisque se conjuguent avec l'auxiliaire **être**. Naturellement, tout verbe dans le tableau, employé à forme pronominale, devra utiliser l'auxiliaire **être** aux temps composés.

Infinitif Participes présent passé	Présent		Impératif	Futur
1. aller	je vais	nous allons	va	j'irai
allant	tu vas	vous allez	allons	
allé	il/elle/on va	ils/elles vont	allez	
2. s'asseoir	je m'assieds	nous nous asseyons	assieds-toi	je m'assiérai
s'asseyant	tu t'assieds	vous vous asseyez	asseyons-nous	
assis	il/elle/on s'assied	ils/elles s'asseyent	asseyez-vous	
3. battre	je bats	nous battons	bats	je battrai
battant	tu bats	vous battez	battons	
battu	il/elle/on bat	ils/elles battent	battez	
4. boire	je bois	nous buvons	bois	je boirai
buvant	tu bois	vous buvez	buvons	
bu	il/elle/on boit	ils/elles boivent	buvez	
5. conduire	je conduis	nous conduisons	conduis	je conduirai
conduisant	tu conduis	vous conduisez	conduisons	
conduit	il/elle/on conduit	ils/elles conduisent	conduisez	
6. connaître	je connais	nous connaissons	connais	je connaîtrai
connaissant	tu connais	vous connaissez	connaissons	
connu	il/elle/on connaît	ils/elles connaissent	connaissez	
7. courir	je cours	nous courons	cours	je courrai
courant	tu cours	vous courez	courons	
couru	il/elle/on court	ils/elles courent	courez	

admettre 17
*advenir 30
*apparaître 6
appartenir 30
apprendre 24
comprendre 24
construire 5
contenir 30

contredire 11
couvrir 20
découvrir 20
décrire 12
détruire 5
*devenir 30
disparaître 6
dormir 21

*s'endormir 21
entreprendre 24
éteindre 8
introduire 5
maintenir 30
mentir 21
obtenir 30
offrir 20

paraître 6
peindre 8
permettre 17
plaindre 8
prédire 11
prévoir 32
promettre 17
reconnaître 6

réduire 5
*repartir 21
*revenir 30
satisfaire 14
sentir 21
servir 21
*sortir 21
souffrir 20

sourire 27
*se souvenir de 30
surprendre 24
tenir 30
traduire 5

Passé Composé	Imparfait	Plus-que-parfait	Conditionnel	Présent du subjonctif
			Conditionnel passé	Passé du subjonctif
je suis allé(e)	j'allais	j'étais allé(e)	j'irais	que j'allie que nous allions
			je serais allé(e)	que je sois allé(e)
je me suis assis(e)	je m'asseyais	je m'étais assis(e)	je m'assiérais	que je m'asseye que nous nous asseyions
			je me serais assis(e)	que je me sois assis(e)
j'ai battu	je battais	j'avais battu	je battrais	que je batte que nous battions
			j'aurais battu	que j'aie battu
j'ai bu	je buvais	j'avais bu	je boirais	que je boive que nous buvions
			j'aurais bu	que j'aie bu
j'ai conduit	je conduisais	j'avais conduit	je conduirais	que je conduise que nous conduisions
			j'aurais conduit	que j'aie conduit
j'ai connu	je connaissais	j'avais connu	je connaîtrais	que je connaise que nous connaissions
			j'aurais connu	que j'aie connu
j'ai couru	je courais	j'avais couru	je courrais	que je coure que nous courions
			j'aurais couru	que j'aie couru

Infinitif Participes présent passé	Présent		Impératif	Futur
8. craindre	je crains	nous craignons	crains	je craindrai
craignant	tu crains	vous craignez	craignons	
craint	il/elle/on craint	ils/elles craignent	craignez	
9. croire	je crois	nous croyons	crois	je croirai
croyant	tu crois	vous croyez	croyons	
cru	il/elle/on croit	ils/elles croient	croyez	
10. devoir	je dois	nous devons	dois	je devrai
devant	tu dois	vous devez	devons	
dû (due, dus, dues)	il/elle/on doit	ils/elles doivent	devez	
11. dire	je dis	nous disons	dis	je dirai
disant	tu dis	vous dites*	disons	
dit	il/elle/on dit	ils/elles disent	dites*	
12. écrire	j' écris	nous écrivons	écris	j'écrirai
écrivant	tu écris	vous écrivez	écrivons	
écrit	il/elle/on écrit	ils/elles écrivent	écrivez	
13. envoyer	j' envoie	nous envoyons	envoie	j'enverrai
envoyant	tu envoies	vous envoyez	envoyons	
envoyé	il/elle/on envoie	ils/elles envoient	envoyez	
14. faire	je fais	nous faisons	fais	je ferai
faisant	tu fais	vous faites	faisons	
fait	ie/elle/on fait	ils/elles font	faites	
15. falloir	il faut		——	il faudra
fallu (*inv.*)			——	
			——	
16. lire	je lis	nous lisons	lis	je lirai
lisant	tu lis	vous lisez	lisons	
lu	il/elle/on lit	ils/elles lisent	lisez	

*Mais: **contredire, prédire → vous contredisez, vous prédisez (redire → vous redites)**

Passé Composé	Imparfait	Plus-que-parfait	Conditionnel	Présent du subjonctif
			Conditionnel passé	**Passé du subjonctif**
j'ai craint	je craignais	j'avais craint	je craindrais	que je craigne que nous craignions
			j'aurais craint	que j'aie craint
j'ai cru	je croyais	j'avais cru	je croirais	que je croie que nous croyions
			j'aurais cru	que j'aie cru
j'ai dû	je devais	j'avais dû	je devrais	que je doive que nous devions
			j'aurais dû	que j'aie dû
j'ai dit	je disais	j'avais dit	je dirais	que je dise que nous disions
			j'aurais dit	que j'aie dit
j'ai écrit	j'ecrivais	j'avais écrit	j'écrirais	que j'écrive que nous écrivions
			j'aurais écrit	que j'aie écrit
j'ai envoyé	j'envoyais	j'avais envoyé	j'enverrais	que j'envoie que nous envoyions
			j'aurais envoyé	que j'aie envoyé
j'ai fait	je faisais	j'avais fait	je ferais	que je fasse que nous fassions
			j'aurais fait	que j'aie fait
il a fallu	il fallait	il avait fallu	il faudrait	qu'il faille
			il aurait fallu	qu'il ait fallu
j'ai lu	je lisais	j'avais lu	je lirais	que je lise que nous lisions
			j'aurais lu	que j'aie lu

Infinitif Participes présent passé	Présent		Impératif	Futur
17. mettre	je mets	nous mettons	mets	je mettrai
mettant	tu mets	vous mettez	mettons	
mis	il/elle/on met	ils/elles mettent	mettez	
18. mourir	je meurs	nous mourons	meurs	je mourrai
mourant	tu meurs	vous mourez	mourons	
mort	il/elle/on meurt	ils/elles meurent	mourez	
19. naître	je nais	nous naissons	nais	je naîtrai
naissant	tu nais	vous naissez	naissons	
né	il/elle/on naît	ils/elles naissent	naissez	
20. ouvrir	j' ouvre	nous ouvrons	ouvre	j'ouvrirai
ouvrant	tu ouvres	vous ouvrez	ouvrons	
ouvert	il/elle/on ouvre	ils/elles ouvrent	ouvrez	
21. partir*	je pars	nous partons	pars	je partirai
partant	tu pars	vous partez	partons	
parti	il/ewlle/on part	ils/elles partent	partez	
22. pleuvoir	il pleut		——	il pleuvra
pleuvant			——	
plu (*inv.*)			——	
23. pouvoir	je peux	nous pouvons	——	je pourrai
pouvant	tu peux	vous pouvez	——	
pu (*inv.*)	il/elle/on peut	ils/elles peuvent	——	
24. prendre	je prends	nous prenons	prends	je prendrai
prenant	tu prends	vous prenez	prenons	
pris	il/elle/on prend	ils/elles prennent	prenez	
25. recevoir	je reçois	nous recevons	reçois	je recevrai
recevant	tu reçois	vous recevez	recevons	
reçu	il/elle/on reçoit	ils/elles reçoivent	recevez	

* **Servir, dormir, mentir, repartir sentir** se conjuguent avec **avoir** aux temps composés. **Sortir,** et **s'endormir** se conjuguent avec **être.**

Passé Composé	Imparfait	Plus-que-parfait	Conditionnel	Présent du subjonctif
			Conditionnel passé	Passé du subjonctif
j'ai mis	je mettais	j'avais mis	je mettrais	que je mette que nous mettions
			j'aurais mis	que j'aie mis
je suis mort(e)	je mourais	j'étais mort(e)	je mourrais	que je meure que nous mourions
			je serais mort(e)	que je sois mort(e)
je suis né(e)	je naissais	j'étais né(e)	je naîtrais	que je naisse que nous naissions
			je serais né(e)	que je sois né(e)
j'ai ouvert	j'ouvrais	j'avais ouvert	j'ouvrirais	que j'ouvre que nous ouvrions
			j'aurais ouvert	que j'aie ouvert
je suis parti(e)	je partais	j'étais parti(e)	je partirais	que je parte que nous partions
			je serais parti(e)	que je sois parti(e)
il a plu	il pleuvait	il avait plu	il pleuvrait	qu'il pleuve
			il aurait plu	qu'il ait plu
j'ai pu	je pouvais	j'avais pu	je pourrais	que je puisse que nous puissions
			j'aurais pu	que j'aie pu
j'ai pris	je prenais	j'avais pris	je prendrais	que je prenne que nous prenions
			j'aurais pris	que j'aie pris
j'ai reçu	je recevais	j'avais reçu	je recevrais	que je reçoive que nous recevions
			j'aurais reçu	que j'aie reçu

Infinitif Participes présent passé	Présent		Impératif	Futur
26. résoudre	je résous	nous résolvons	résous	je résoudrai
résolvant	tu résous	vous résolvez	résolvons	
résolu	il/elle/on résout	ils/elles résolvent	résolvez	
27. rire	je ris	nous rions	ris	je rirai
raint	tu ris	vous riez	rions	
ri *(inv.)*	il/elle/on rit	ils/elles rient	riez	
28. savoir	je sais	nous savons	sache	je saurai
sachant	tu sais	vous savez	sachons	
su	il/elle/on sait	ils/elles savent	sachez	
29. suivre	je suis	nous suivons	suis	je suivrai
suivant	tu suis	vous suivez	suivons	
suivi	il/elle/on suit	ils/elles suivent	suivez	
30. venir*	je viens	nous venons	viens	je viendrai
venant	tu viens	vous venez	venons	
venu	il/elle/on vient	ils/elles viennent	venez	
31. vivre	je vis	nous vivons	vis	je vivrai
vivant	tu vis	vous vivez	vivons	
vécu	il/elle/on vit	ils/elles vivent	vivez	
32. voir	je vois	nous voyons	vois	je verrai*
voyant	tu vois	vous voyez	voyons	
vu	il/elle/on voit	ils/elles voient	voyez	
33. vouloir	je veux	nous voulons	veuille	je voudrai
voulant	tu veux	vous voulez	veuillons	
voulu	il/elle/on veut	ils/elles veulent	veuillez	

* **Venir** et ses dérivés (sauf **convenir** et **prévenir**) se conjuguent avec **être** aux temps composés. **Tenir** et tous ses dérivés se conjuguent avec **avoir** aux temps composés.

* *Mais:* **prévoir → je prévoirai; prévoir → je prévoirais**

Passé Composé	Imparfait	Plus-que-parfait	Conditionnel	Présdent du subjonctif
			Conditionnel passé	Passé du subjonctif
j'ai résolu	je résolvais	j'avais résolu	je résoudrais	que je résolve que nous résolvions
			j'aurais résolu	que j'aie résolu
j'ai ri	je riais	j'avais ri	je riraris	que je rie que nous riions
			j'aurais ri	que j'aie ri
j'ai su	je savais	j'avais su	je saurais	que je sache que nous sachions
			j'aurais su	que j'aie su
j'ai suivi	je suivais	j'avais suivi	je suivrais	que je suive que nous suivions
			j'aurais suivi	que j'aie suivi
je suis venu(e)	je venais	j'étais venu(e)	je viendrais	que je vienne que nous venions
			je serais venu(e)	que je sois venu(e)
j'ai vécu	je vivais	j'avais vécu	je vivrais	que je vive que nous vivions
			je aurais vécu	que j'aie vécu
j'ai vu	je voyais	j'avais vu	je verrais*	que je voie que nous voyions
			j'aurais vu	que j'aie vu
j'ai voulu	je voulais	j'avais voulu	je voudrais	que je veuille que nous voulions
			j'aurais voulu	que j'aie voulu

LEXIQUE

This *Lexique* contains all words and expressions taught actively in *Découverte et Création, Cinquième Édition*. The number of the lesson in which a word is first used actively is given.

The *Lexique* also contains all words used passively, except compound numbers, grammatical terminology, regular *-ment* adverbs, and some exact cognate nouns ending in *-tion*. No lesson number is given for these words.

Definitions for all words are limited to the contexts in which they are used in this book. Expressions are listed according to their key word. In subentries, the symbol ~ indicates repetition of the main entry word.

à   at, to, in, by, on 2
  ~ bas ...!   down with ...!
  ~ bientôt   see you soon
  ~ bras ouverts   with open arms
  ~ cause de   because of 11
  ~ cheval   on horseback
  ~ condition de/que   provided that 22
  ~ côté de   next to 4
  ~ demain   see you tomorrow 1
  ~ droite   on the right 4
  ~ gauche   on the left 4
  ~ la belle étoile   outdoors
  ~ la fois   at the same time 20
  ~ l'aise   at ease 10
  ~ l'extérieur   outside
  ~ l'envers   backward 19
  ~ l'étranger   abroad 14
  ~ l'heure   on time 4
  ~ la mode   fashionable 13
  ~ mi-temps   part-time 10
  ~ moins de/que   unless 22
  ~ mon avis   in my opinion 7
  ~ plein temps   full-time
  ~ propos de   regarding 7

  ~ temps complet   full-time 10
  ~ travers   through 11
abaque *m.*   abacus
aboli(e)   abolished
abord: d'~   first
aborder   to land
aboutir   to lead to, end in
abrégé(e)   abridged, shortened
absence *f.*   absence
absent(e)   absent 1
absolu(e)   absolute 6
absolument   absolutely 6
accéléré(e)   accelerated
accepter   to accept; to agree to 7
accès *m.*   access, approach
accident *m.*   accident
accompagner   to accompany 18
accomplir   to accomplish 14
accord *m.*   agreement 24
  d'~   agreed, okay 3
accoucher   to give birth 20
accueil *m.*   welcome 3
accueillant(e)   welcoming 20
accusé/accusée *m./f.*   the accused 13

accuser   to accuse
achat *m.*   purchase 15
acheter   to buy 8
acide *m.*   acid
acrobate *m./f.*   acrobat
acteur/actrice *m./f.*   actor/actress 5
actif(ive)   active 3
activité *f.*   activity
actuel(le)   current, present
actuellement   presently, now 10
adapter   to adapt
  s'~ à   to adapt oneself to 19
addition *f.*   addition; check 21
additionner   to add up
adieu *m. (pl.* **adieux***)*   farewell
admettre   to admit 22
admirer   to admire
adolescent/adolescente *m./f.*   adolescent
adopter   to adopt
adorer   to adore
adresse *f.*   address 2
s'adresser   to be addressed 21
adulte *m./f.*   adult
advenir   to happen 23

adversaire *m./f.* adversary
aérien(ne) by air
aérobique aerobic
aéroport *m.* airport 6
affaire *f.* affair
affaires *f.pl.* belongings; business affairs 13
  homme/femme d'~ businessman(woman)
affiche *f.* poster 5
afin de/que in order to/that 22
affirmatif(ve) affirmative
africain(e) African
Afrique *f.* Africa
âge *m.* age 8
  d'un certain ~ no longer young
  du troisième ~ senior citizen
  Moyen ~ Middle Ages
  quel ~ avez-vous? how old are you?
âgé(e) aged, old 5
agence *f.* agency
  ~ de location rental agency 18
  ~ de voyage travel agency 7
  ~ immobilière real estate agency 18
agent *m.* agent
  ~ de police police officer
agir to act 22
  il s'agit de it concerns, it is about 20
agiter to toss about 14
agréable pleasant
agréer to accept
agricole agricultural 19
agriculteur *m.* agriculturalist, farmer 13
agronomie *f.* agronomy
aide *m./f.* assistant
aide *f.* aid, help 10
aider à to help 7
ailleurs elsewhere
  d'~ otherwise, besides 15
aimable lovable, kind 12
aimer to like, love 4
  ~ mieux to prefer 22
aîné(e) eldest (child) 5

ainsi thus 19
  ~ que as well as 24
air *m.* air, look, appearance
  avoir l'~ to look, to seem 8
  mal de l'~ airsickness 17
aise *f.* ease 10
ajouter to add
album *m.* album
alcool *m.* alcohol, spirits 9
alerte alert, lively
alerte d'incendie *f.* fire alarm
alibi *m.* alibi
aliment *m.* food
alimentation *f.* food
Allemagne *f.* Germany
allemand(e) German 3
aller to go 6
  ~ chercher to fetch 17
  ~ et retour round trip
  ~ simple *m.* one-way (ticket)
  ~ voir to visit (someone) 11
  s'en ~ to leave 17
allergie *f.* allergy 3
alliance *f.* alliance
allô hello *(on telephone)*
allocation *f.* payment, benefit
allongé(e) stretched out 23
allumer to light 21
allure *f.* allure 18
alors then, in that case 4
Alpes *f. pl.* Alps
amateur *m.* enthusiast
ambassadeur/ambassadrice *m./f.* ambassador
ambiance *f.* atmosphere 19
ambulance *f.* ambulance
améliorer to improve 22
américain(e) American 2
Amérique *f.* America
ami/amie *m./f.* friend 1
  petit(e) ~(e) boyfriend, girlfriend
amical(e) friendly 22
amicalement in a friendly way, sincerely 18
amitié *f.* friendship 22
amnésique suffering from amnesia

amour *m.* love
amoureux(euse) in love 17
ample larger, generous
amusant(e) amusing, funny 10
s'amuser to have fun, have a good time, enjoy oneself 17
an *m.* year 6
ancien(ne) old; former 3
ange *m.* angel
anglais *m.* English (language) 1
anglais(e) English 3
Angleterre *f.* England
anglophone English speaking
angoisse *f.* anguish, anxiety
animal *m.* animal
  ~ en peluche stuffed animal
animé(e) animated 4
  dessin ~ *m.* cartoon
année *f.* year 2
anniversaire *m.* birthday, anniversary 2
annonce *f.* announcement 10; ad
  petite ~ want ad 10
annoncer to announce
anthropologie *f.* anthropology 3
anthropologue *m./f.* anthropologist
anticiper to anticipate, look forward to
antipathie *f.* antipathy, hatred
antipathique not nice
anxieux(euse) anxious
août *m.* August 2
apparaître to appear 14
apparamment apparently
appareil *m.* device, machine; telephone 5
  à l'~ on the line
  ~-photo *m.* camera 6
apparence *f.* appearance
appartement *m.* apartment 4
appartenir to belong 17
appel *m.* call; roll call; appeal
appeler to call, name 11
  s'~ to be named 17
appendicite *f.* appendicitis
appétit *m.* appetite
  bon ~! enjoy the meal!

applaudir to applaud 7
apporter to bring 11
apprécier to appreciate
appréhension *f.* apprehension 11
apprendre to learn 9
approcher to approach
approprié(e) appropriate
approximatif(ive) approximate
appuyer to lean; to press (a button) 14
après after 4
après-midi *m.* afternoon 4
apte apt, suitable
aptitude *f.* aptitude
arbre *m.* tree 4
arc-en-ciel *m. (pl.* **arcs-en-ciel***)* rainbow
architecte *m./f.* architect
architecture *f.* architecture
argent *m.* money; silver 6
arme *f.* arm, weapon
armée *f.* army 20
arranger to arrange
arrêter to stop; to arrest 13
arrivée *f.* arrival 10
arriver to arrive; to happen 4, 13
arrondissement *m.* district, ward 7
arsenic *m.* arsenic
art *m.* art
artichaut *m.* artichoke 9
article *m.* article
artiste *m./f.* artist
artistique artistic
ascenseur *m.* elevator 10
Asie *f.* Asia
aspect *m.* aspect, appearance
aspiration *f.* aspiration; breath
aspirine *f.* aspirin
assassin/assassine *m./f.* assassin
assassiner to assassinate
s'assembler to assemble, gather 17
s'asseoir to sit down 17
assez enough, rather 7
assiette *f.* dish, plate 9
assis(e) seated 3
assistant/assistante *m./f.* assistant

assister à to witness, to attend 16
associer to associate 16
assurance *f.* assurance; insurance
assurer to assure 23
astrologie *f.* astrology
astronaute *m./f.* astronaut 12
astronomique astronomical
astrophysique *f.* astrophysics
Athènes Athens
athlète *m./f.* athlete
atmosphère *f.* atmosphere
attacher to attach
attaque *f.* attack
attaquer to attack
atteindre to attain, reach
attendre to wait for 10
  s'~ à to expect to
attentif(ive) attentive 3
attention *f.* attention
  ~! be careful!
  faire ~ to be careful; to pay attention 9
attestation *f.* certificate of validity
attitude *f.* attitude 19
attribuer to attribute 24
au *(contraction)* 2
  ~ bord de along; on the banks of 4
  ~ bord de la mer at the seashore
  ~ fond de in the end of, at the back of 4
  ~ lieu de instead of, in place of 10
  ~ milieu de in the middle of
  ~ moins at least 20
  ~ régime on a diet 7
  ~ revoir good-by 1
  ~ secours! help!
auberge de jeunesse *f.* youth hostel 6
aucun(e) not any, none 16
audacieux(euse) audacious
aujourd'hui today 2
auquel (à laquelle, auxquels, auxquelles) to which, to whom

aussi also 1; as, so
  ~ ... (que) as much as 10
  ~ bien que as well as 15
aussitôt que as soon as 18
Australie *f.* Australia
autant as much 10
auteur *m.* author
auto *f.* auto, car 2
autobus *m.* bus 10
autographe *m.* autograph
automne *m.* autumn 8
automobile *f.* car
automobiliste *m./f.* car driver 10
autoportrait *m.* self-portrait
autoritaire authoritarian 3
autorités *f.pl.* authorities
autoroute *f.* highway
auto-stop *m.* hitchhiking
  faire de l'~ to hitchhike
autour de around 4
autre other 1
autrefois formerly, in the past 12
autrement otherwise 15
avaler to swallow 12
avance: en ~ early 4
avancer to advance
avant before 4
  ~ de/que before 22
avantage *m.* advantage 19
avec with 1
avenir *m.* future 7
aventure *f.* adventure 19
  bonne ~ fortune
avenue *f.* avenue
avion *m.* airplane 6
aviron *m.* rowing
avis *m.* opinion; advice
avocat/avocate *m./f.* lawyer 12
avoir to have 5
  ~ ... ans to be ... years old 8
  ~ besoin de to need 8
  ~ chaud to be hot, warm 8
  ~ confiance en to have confidence in 14
  ~ de la chance to be lucky
  ~ envie de to desire; to feel like 8
  ~ faim to be hungry 8

~ **froid** to be cold 8
~ **honte** to be ashamed 8
~ **horreur de** to abhor, to detest 18
~ **l'air** to look, seem to be 8
~ **l'habitude de** to be in the habit of
~ **lieu** to take place 12
~ **l'intention de** to intend to 22
~ **l'occasion de** to have a chance to 15
~ **mal à** to have a pain in, to hurt 8
~ **mal au cœur** to feel nauseated 18
~ **peur** to be afraid 8
~ **raison** to be right 8
~ **soif** to be thirsty 8
~ **sommeil** to be sleepy 8
~ **tort** to be wrong 8
avril *m.* April 2

baba *m.* a French sponge cake
baby-sitting *m.* babysitting 23
bague *f.* ring 17
baguette *f.* French bread 15
baigner to bathe
se ~ to swim, take a bath 21
bail *m.* lease
bain *m.* bath
maillot de ~ swimsuit 23
salle de ~s bathroom 4
bal *m.* (*pl.* **bals**) dance 19
balcon *m.* balcony 24
banane *f.* banana
banc *m.* bench 10
banlieue *f.* suburbs 5
banque *f.* bank 4
bar *m.* bar
barbe *f.* beard 17
bas(se) low
base-ball *m.* baseball
basket *m.* basketball
~s *m.pl.* tennis shoes
bâtard *m.* type of bread

bateau *m.* boat 17
~ **à voile** *m.* sailboat
en ~ by boat 9
bâtiment *m.* building 3
bâtir to build 7
se battre to fight 17
bavarder to chat 15
beau (belle, bel) (*m.pl.***beaux**) beautiful, handsome 5
~— step-, -in-law 5
il fait ~ it's nice out 8
beaucoup much, a lot 5
~ **de monde** many people 10
beauté *f.* beauty 24
bébé *m.* baby 9
beige beige 5
belge Belgian
Belgique *f.* Belgium
belle beautiful
~— step-, -in-law 5
besoin *m.* need
avoir ~ **de** to need 8
bête *f.* animal
bête stupid 15
bêtise *f.* silliness, stupidity 16
beurre *m.* butter 9
bibelot *m.* trinket
bibliothèque *f.* library 4
bicentenaire *m.* bicentennial
bien *m.* benefit; good
bien (*adv.*) well; very, quite 1
aussi ~ **que** as well as 15
~ **élevé(e)** well-behaved
~ **que** although 22
~ **sûr** of course, naturally 6
eh ~ well, so 2
ou ~ or else 17
bien-aimé/bien-aimée *m./f.* beloved
bientôt soon, shortly 18
bière *f.* beer 9
bilingue bilingual 6
billet *m.* ticket 8
biologie *f.* biology
bistro *m.* bistro
blanc (blanche) white 5
blanchir to whiten; to bleach 7
blessé(e) wounded 17

se blesser to wound, injure oneself 21
bleu(e) blue 5
blond(e) blond 5
blouson *m.* jacket, windbreaker 8
bœuf *m.* ox; beef 12
boire to drink 9
~ **un coup** to have a drink (*slang*)
bois *m.* wood 16
boisson *f.* beverage 9
boîte *f.* box; can 8
~ **de conserves** *f.* canned goods, tin can 15
bol *m.* bowl 9
bombe atomique *f.* atomic bomb
bon (bonne) good 3; correct
ah ~? really?
de bonne heure early 17
bonheur *m.* happiness; good fortune 16
bonhomme de neige *m.* snowman 20
bonjour good morning, good day; hello 1
bonne *f.* maid 13
bonsoir good evening
bonté *f.* goodness, kindness 24
bord *m.* edge, margin, border; shore, bank
au ~ **de** along, on the edge of, on the banks of 4
bosser to work hard (*slang*)
botte *f.* boot 5
bouche *f.* mouth 2
boucher/bouchère *m./f.* butcher 15
boucherie *f.* butcher shop 15
boucle *f.* curl, lock
bouffer to eat (*slang*)
bouger to move 16
boulangerie *f.* bakery 15
boule de cristal *f.* crystal ball 11
boulevard *m.* boulevard
boum *f.* party 14
bouquet *m.* bouquet
bourgeois(e) bourgeois, middle-class

Bourgogne *f.* Burgundy

bourgogne *m.* burgundy (wine)

bouteille *f.* bottle 9

boutique *f.* small retail shop

bouton *m.* button; knob; bud; pimple 14

boxeur *m.* boxer

bras *m.* arm 8

à ~ **ouverts** with open arms

bref in short

bric-à-brac *m.* bits and pieces

bridge *m.* bridge (card game)

brillant(e) brilliant

briller to shine 23

brochure *f.* brochure

brosse *f.* brush 17

se brosser to brush 17

brouillard *m.* fog 8

bruit *m.* noise 10

brun(e) brown 5

brunir to turn brown; to tan 7

brusquement abruptly 23

bruyant(e) noisy 18

buffet *m.* buffet

bureau *m.* desk 1; office, bureau 3

~ **des objets trouvés** *m.* lost and found office 23

but *m.* goal; purpose

gardien de ~ goalie

ça this; that; it 1

cabine téléphonique *f.* phone booth 10

cache-cache *m.* hide-and-seek 16

cadavre *m.* corpse

cadeau *m.* gift 5

cadet(te) youngest (child) 5

café *m.* coffee; café 6

cafétéria *f.* cafeteria 3

cahier *m.* notebook 1

caisse *f.* cash register 15

caissier/caissière *m./f.* cashier 15

calcul *m.* calculation

calculatrice *f.* calculator 14

calculer to calculate, to add up

machine à ~ *f.* adding machine

calendrier *m.* calendar 2

Californie *f.* California

californien(ne) Californian

calme calm

calomnie *f.* slander

camarade *m./f.* friend; fellow student 4

~ **de chambre** *m./f.* roommate

Cambodge *m.* Cambodia

campagne *f.* country; campaign 11

camping *m.* camping

campus *m.* campus

Canada *m.* Canada

canadien(ne) Canadian 3, 13

canal *m.* canal

canapé *m.* sofa, couch 5

canard *m.* duck 12

canari *m.* canary

cancer *m.* cancer

candidat/candidate *m./f.* candidate

caniche *f.* poodle

canot *m.* (small) boat

cantine *f.* cafeteria

capitale *f.* capital

car because 15

caractère character

caractériser to characterize

caractéristique *f.* characteristic

carême *m.* Lent

carnaval *m.* carnival 20

carnet *m.* notebook, booklet

~ **de chèques** checkbook

carotte *f.* carrot 9

carrefour *m.* intersection 14

carrière *f.* career 16

carte *f.* card; map, chart 4

~ **de contact** automatic teller card

~ **d'étudiant** student ID card

~ **postale** postcard

cas *m.* case 20

casser to break 16

casserole *f.* saucepan 14

casse-tête *m. inv.* riddle, teaser

cassette *f.* cassette

catastrophe *f.* catastrophe

catégorie *f.* category

cathédrale *f.* cathedral

cause *f.* cause 10

à ~ **de** because of

causer to cause; to chat

caution *f.* security deposit

cave *f.* basement, cellar, wine cellar 9

ce (cet), cette, ces this, that, these, those 5

ceinture *f.* belt 20

~ **fléchée** sash with arrow design

~ **de sécurité** seatbelt

cela that 10

célèbre famous 3

célébrer to celebrate

céleste heavenly

celtique Celtic

celui (celle, ceux, celles) the one(s), this one, that one, these, those 24

cent one hundred 2

centrale (nucléaire) *f.* nuclear power plant 21

centre *m.* center

ce qui/que what (that which) 23

céréales *f.pl.* cereal 9

cérémonie *f.* ceremony

certain(e) certain 5; sure

d'un ~ **âge** no longer young

certainement certainly 3

certitude *f.* certainty

cesser to stop, to cease

c'est-à-dire in other words 18

chacun(e) each 24

chaîne-stéréo *f.* stereo system

chaise *f.* chair 1

chalet *m.* chalet 14

chaleur *f.* heat, warmth 8

chambre *f.* room 4

~ **à coucher** *f.* bedroom 4

champagne *m.* champagne

champion/championne *m./f.* champion

championnat *m.* champion-
ship
chance *f.* luck 10
 avoir de la ~ to be lucky
 bonne ~ good luck 14
changement *m.* change 13
changer to change 9
chanson *f.* song 19
chanter to sing 7
chanteur/chanteuse *m./f.*
 singer 24
chaos *m.* chaos
chapeau *m.* hat 2
chapelle *f.* chapel
chaperon *m.* hood
chaque each 2
char *m.* parade float
charcuterie *f.* delicatessen 9
chargé(e) loaded 12; busy
charger to load
chariot *m.* push cart 15
charmant(e) charming 11
charter *m.* charter flight
chasser to hunt 17
chat *m.* cat 5
château *m.* chateau; castle 18
chaud(e) hot, warm 8
chaussée *f.* causeway, pavement
 rez-de-~ *m.* ground floor
chaussette *f.* sock 2
chaussure *f.* shoe 2
chef *m.* leader, chief; chef 4
chemin *m.* road, path 19
 ~ de fer *m.* railroad
chemise *f.* shirt 2
chemisier *m.* shirt, blouse 2
chèque *m.* check 15
 ~ de voyage *m.* traveler's
 check
cher (chère) expensive; dear 4
chercher to look for 7
 aller ~ to fetch 17
 envoyer ~ to send for
chétif(ive) puny, weak
cheval *m.* horse 9
chevalier *m.* knight
cheveu *m. (pl.* **cheveux)** hair 8

chez at the home of, the place
 of 4
chic *(inv.)* stylish, fashionable 4
chien *m.* dog 4
chiffre *m.* figure, number 10
chimique chemical
chimie *f.* chemistry 12
Chine *f.* China
chinois(e) Chinese 3
choc *m.* shock; impact
chocolat *m.* chocolate 9
choisir to choose 7
choix *m.* choice 8
choquant(e) shocking 3
choquer to shock
chose *f.* thing 6
 quelque ~ *m.* something
chou *m. (pl.* **choux)** cabbage 15
chrysanthème *m.*
 chrysanthemum 16
chut! shhh!, quiet! 10
ciao! bye! 1
ciel *m. (pl.* **cieux)** sky; heaven 8
cigarette *f.* cigarette
cinéma cinema; movie theater 4
cinq five 1
cinquante fifty 1
cinquième fifth
circonstance *f.* circumstance 11
circuit *m.* route
circulation *f.* traffic 14
circuler to circulate; to move
 around 14
cité universitaire *f.* university
 residence area
citron *m.* lemon 9
civil(e) civil
civilisation *f.* civilization
clair(e) light 5; clear 3
clairvoyant(e) clairvoyant 11
classe *f.* class, classroom 1
classique classical, classic
clé *f.* key 2
 fermer à ~ to lock
client/cliente *m./f.* client,
 customer 10
clown *m.* clown 20
club *m.* club

coca *m.* Coca-cola
cocaïne *f.* cocaine 16
cocktail *m.* cocktail
code postal *m.* postal code (zip
 code) 2
cœur *m.* heart 8
 mal au ~ nausea
coiffeur/coiffeuse *m./f.*
 hairdresser 24
coin *m.* corner 18
coïncidence *f.* coincidence
colis *m.* package
collants *m.pl.* stockings, tights 4
collectif(ive) collective
collège *m.* secondary school
Colombie *f.* Columbia
colombien(ne) Colombian
colonie *f.* colony
 ~ de vacances summer
 camp 12
combien (de) how many, how
 much 9
combinaison *f.* combination 14
combiner to combine
combustible *m.* fuel
comédien/comédienne *m./f.* actor
comique comical, comic
commande *f.* order
commander to order 14
comme like, as 7; since 11
 ~ ci, ~ ça so-so
 ~ d'habitude as ever
 ~ tu es ...! how ... are you! 3
commencement *m.* beginning
commencer to begin 4
comment how 4, 16
 ~? pardon?, what's that?
 ~ allez-vous? How are you? 1
 ~ ça va? How are you? 1
 ~ vous appelez-vous? What's
 your name? 1
commentaire *m.* comment,
 commentary
commenter to comment
commerçant/commerçante *m./f.*
 merchant, shopkeeper 14
commissariat de police *m.* police
 station 13

commode *f.*   chest of drawers 4
commun(e)   common 13
  en ~   public, in common
communauté *f.*   community 19
communiquer   to tell, communicate
compagnie *f.*   company
comparable   comparable 24
comparaison *f.*   comparison
comparer   to compare
compétence *f.*   competence; skill, proficiency
complet(ète)   complete
  à temps ~   full-time 10
complètement   completely
compléter   to complete 15
complexe *m.*   complex
complexé(e)   having complexes
compliment *m.*   compliment
compliqué(e)   complicated 24
compréhensible   comprehensible
comprendre   to understand 9
compris(e)   included; understood
compromis *m.*   compromise
compte *m.*   account
  se rendre ~   to realize
compter   to count, plan to
concept *m.*   concept
concerné(e)   concerned
concert *m.*   concert
concierge *m./f.*   building supervisor, apartment manager 4
concombre *m.*   cucumber 9
concours *m.*   competition 20
condamner   to condemn
conducteur/conductrice *m./f.*   driver 10
conduire   to drive; to conduct; to lead 14
  se ~   to behave
conférence *f.*   lecture 16
confiance *f.*   trust, confidence
confiture *f.*   preserve, jam 9
confondre   to confuse
conformiste   conformist
confortable   comfortable

congrès *m.*   congress
conjuguer   to conjugate
connaissance *f.*   acquaintance; knowledge
  faire la ~ de   to make the acquaintance of 9
connaître   to know; to be acquainted with 11
connu(e)   known 16
consacrer   to devote
  se ~ à   to dedicate oneself to 24
conscience *f.*   conscience; consciousness
consciencieux(euse)   conscientious
conseil *m.*   advice, counsel 10, 11
conseiller/conseillère *m./f.*   advisor 17
conseiller   to advise 17, 22
conséquence *f.*   consequence
conservateur(trice)   conservative 3
conserver   to conserve 14
conserves *f.pl.*   canned food 9
considération *f.*   consideration
considérer   to consider 16
consigne *f.*   orders, instructions 23
consommer   to consume 21
constamment   constantly
construire   to build 14
consulat *m.*   consulate
consulter   to consult
contact *m.*   contact
contacter   to contact
conte *f.*   story
contemporain(e)   contemporary 5
contenir   to contain 21
content(e)   happy, pleased
se contenter de   to make due with, to be happy with
contenu *m.*   contents 14
contesté(e)   contested, disputed 3
contexte *m.*   context
continuer   to continue 7
contradictoire   contradictory 17
contraire *m.*   opposite

contraste *m.*   contrast
contraster   to contrast
contrat *m.*   contract 13
contravention *f.*   ticket 20
contre   against 3
  par ~   on the other hand 15
  le pour et le ~   the pros and cons 22
contribuer   to contribute 21
contrôle *m.*   check, inspection
contrôler   to control 24
controversé(e)   controversial 21
convaincre   to convince 23
convenir   to suit, fit; to agree
coopérant *m.*   volunteer
copain/copine *m./f.*   friend, pal 3
copie *f.*   copy, paper
corbeille *f.*   basket 9
coréen(ne)   Korean 15
cornemuse *f.*   bagpipe
corps *m.*   body 8
  ~ de la paix *m.*   Peace Corps 13
  maillot de ~ *m.*   undershirt 2
correct(e)   correct
correspondance *f.*   correspondence; train connection 14
correspondre   to correspond
corriger   to correct 9
cosmopolite   cosmopolitan
costume *m.*   suit; costume 2
côte *f.*   coast
  ~-d'Ivoire *f.*   Ivory Coast
côté *m.*   side
  à ~   beside, next door, aside
coton *m.*   cotton
cou *m.*   neck 8
couchage: sac de ~ *m.*   sleeping bag 6
coucher   to put to bed, set down 17
  chambre à ~   bedroom
  se ~   to go to bed, lie down 17
coude *m.*   elbow 10
couleur *f.*   color 5
couloir *m.*   aisle; corridor, hall 14

coup *m.* blow, stroke
  ~ de foudre *m.* love at first sight 17
  ~ de rouge *m.* glass (swallow) of red wine
  ~ de téléphone *m.* telephone call
  tout à/d'un ~ suddenly 14
coupable guilty 13
coupe *f.* (hair)cut
couper to cut 15
couple *m.* couple
cour *f.* court; courtyard; yard
  faire la ~ à to court 20
courage *m.* courage 24
courageux(euse) courageous
couramment fluently 6
courant(e) current, fluent, running 6
courir to run 14
cours *m.* course 1
course *f.* errand; race 20
  ~ en canots boat race
  faire des ~s to do errands 9
court(e) short 5
courtisan/courtisane *m./f.* courtier, courtesan
courtois(e) courtly; courteous
cousin/cousine *m./f.* cousin 5
couteau *m.* knife 9
coûter to cost 24
coutumer(ère) customary
couvent *m.* convent
couvert: mettre le ~ to set the table
couvert(e) (de) covered (with) 8
couvrir to cover 14
craindre to fear 21
crampe *f.* cramp
cravate *f.* tie 2
crayon *m.* pencil 1
créature *f.* creature
crédit *m.* credit, loan, bank
créditeur/créditrice *f./m.* creditor
crème *f.* cream 9
  ~ chantilly whipped cream
crémerie *f.* dairy 15
crêpe *f.* crepe

crevé(e) exhausted, starved 20
crever to collapse, die
cri *m.* scream, cry
crier to shout 12
criminel/criminelle *m./f.* criminal
crise *f.* crisis
  ~ d'appendicite *f.* appendicitis attack 21
cristal *m.* crystal
critique *m./f.* critic 7
critique *f.* criticism 7
critiquer to criticize 12
croire to believe 15
croisade *f.* crusade
croiser to cross 16
croissant *m.* croissant (roll)
cruauté *f.* cruelty 23
cuillère *f.* spoon 9
cuisine *f.* kitchen; cuisine 4; cooking 9
cuisinière *f.* cook, stove
cuit(e) cooked
  bien ~ well done
culinaire culinary
cultivé(e) cultivated
culture *f.* culture
culturel(le) cultural
cure *f.* course of treatment, cure
curieux(euse) curious 14
curiosité *f.* curiosity

d'abord first of all 11
d'accord agreed, all right, OK 3
d'ailleurs otherwise, besides 15
daltonien(ne) color-blind 5
dame *f.* lady
Danemark *m.* Denmark
dangereux(euse) dangerous
danois(e) Danish
dans in 1
danser to dance 4
date *f.* date
de of, from 1
  ~ bonne heure early 17
  ~ bonne humeur in a good mood 13
  ~ plus en plus more and

more 6
  ~ rien you're welcome, it's nothing 2
  ~ temps en temps occasionally 18
  ~ toute façon in any case 5
débat *m.* debate
debout standing, upright 3
se débrouiller to get along, manage 17
début *m.* beginning, debut 8
débutant/débutante *m./f.* beginner 10
décalage horaire *m.* time lag 7
décembre *m.* December 2
déception *f.* disappointment 22
décider to decide 6
  se ~ à to decide to
décision *f.* decision 2
déclarer to declare
décor *m.* decor; background, scenery
décorer to decorate
découper to carve, cut up
découverte *f.* discovery
découvrir to discover; to uncover 14
décrire to describe 6
décrit(e) described
défaut *m.* fault, shortcoming 9
défendre to defend 19; to forbid
défilé *m.* parade 20
définir to define 7
définition *f.* definition
déformer to deform
se déguiser to put on fancy dress; to disguise oneself 20
déjà already 7
déjeuner *m.* lunch
  petit ~ breakfast 7
déjeuner to have lunch 4
délicat(e) delicate, tactful
délicieux(euse) delicious
demain tomorrow 2
demander to ask 6
  se ~ to wonder
demi *m.* glass of beer
demi(e) half 4

démocratie *f.* democracy 2
démocratique democratic
dent *f.* tooth 8
dentifrice *m.* toothpaste 10
dentiste *m./f.* dentist
départ *m.* departure 11
dépasser to exceed 13
se dépêcher to hurry 17
dépendre to depend
déposer to deposit 21
déprimé(e) depressed 16
depuis since, for 18
  ~ que since 18
déranger to inconvenience, disturb 21
dériver to derive 21
dernier(ère) last 5
dernièrement lastly, recently 6
dérouler to happen, to occur
derrière behind 4
des *(contraction)* some, of the, from the 2
dès since, from
  ~ que as soon as 18
désagréable disagreeable
désastre *m.* disaster
désavantage *m.* disadvantage 19
descendre to descend, go down 10; to get out; to take down
  ~ dans un hôtel to stay at a hotel
désert *m.* desert 10
désespérer to despair 14
déshabiller to undress 17
désir *m.* desire 10
désirer to desire
désobéir to disobey 7
désolé(e) sorry 8
désordre *m.* disarray
désorganisé(e) disorganized
désormais henceforth
dessert *m.* dessert 7
dessin *m.* drawing
  ~ animé cartoon 12
destiné(e) destined, intended
destinée *f.* destiny, fate
détail *m.* detail

se détendre to relax 21
déterminer to determine
détester to detest, hate 4
détruire to destroy 14
dette *f.* debt 5
deux two 1
deuxième second
devant in front of 3
développement *m.* development 19
développer to develop 19
devenir to become 6
deviner to guess 8
devinette *f.* riddle 23
devoir *m.* duty, written assignment
  les ~s homework 6
devoir to owe; to be obliged to, to be (supposed) to, have to, must 20
d'habitude normally, usually 9
diable *m.* devil
dialogue *m.* dialogue
dictée *f.* dictation
dictionnaire *m.* dictionary 2
dieu *m. (pl.* **dieux**) god 22
différence *f.* difference
différent(e) different 3; various
difficile difficult 3
difficulté *f.* difficulty
dignitaire *m.* dignitary
dijonnais(e) from Dijon
dilemme *m.* dilemma
dimanche *m.* Sunday 2
diminuer to diminish
dîner *m.* dinner 4
dîner to eat dinner
diplomate diplomatically 10
diplôme *m.* diploma 16
dire to say, to tell 6
  vouloir ~ to mean 10
direct(e) direct
directeur/directrice *m./f.* director 20
directive *f.* instruction 15
diriger to direct 14
discothèque *f.* discotheque

discours *m.* speech
discuter to discuss 4
diseuse de bonne aventure *f.* fortune teller
disparaître to disappear 11
dispute *f.* dispute
se disputer (avec) to argue (with) 17
disque *m.* record 4
distance *f.* distance
distinguer to distinguish 24
distraction *f.* entertainment 7
distribuer to distribute
divers(e) diverse, various 16
diversité *f.* diversity
divertissant(e) distracting 24
divisé(e) divided 18
diviser to divide
divorce *m.* divorce 5
divorcé(e) divorced 5
divorcer to divorce, get divorced 24
dix ten 1
dix-huit eighteen 1
dix-neuf nineteen 1
dix-sept seventeen 1
dizaine *f.* about ten
d'occasion used 10
docteur *m.* doctor
doctorat *m.* doctorate
document *m.* document
documentaire *m.* documentary
dogmatique dogmatic
doigt *m.* finger 2
dollar *m.* dollar
domicile *m.* residence, home
dommage *m.* pity, shame, damage
  c'est ~ it's too bad 22
  quel ~ what a pity 4
donc thus, then, therefore, so 18
donner to give 4
  ~ sur to overlook 5
dont whose, of which 24
dormir to sleep 7
dos *m.* back 8
dossier *m.* dossier, file 13

douane *f.* customs
doute *f.* doubt
  sans ~ probably 24
douter to doubt 22
douteux(euse) doubtful 22
doux(douce) soft, sweet 23
douzaine *f.* dozen 9
douze twelve 1
douzième twelfth
drame *m.* drama
droit *m.* right, law 19
droit(e) right
  à ~e to the right 4
  tout ~ straight ahead
drôle funny 16
du *(contraction)* of the, from the
dû (due, dus, dues) due 21
duchesse *f.* duchess
duquel (de laquelle, desquels,
  desquelles) of which, whose
dur(e) *(adj.)* hard 9
dur *(adv.)* hard 10
durée *f.* duration 12
durer to last 6

eau *f.* water 9
  ~ minérale *f.* mineral water
échelle *f.* ladder; scale 15
éclair *m.* éclair
éclaircissement *m.*
  clarification 21
éclater to burst, explode
éclectique eclectic
école *f.* school 7
écologie *f.* ecology
écologique ecological 1
écologiste *m./f.* ecologist
économie *f.* economy
économique economic 10
Écosse *f.* Scotland
  Nouvelle- ~ Nova Scotia
écouter to listen, listen to 4
écran *m.* screen 24
écrire to write 6
écrivain *m.* writer 13
effectuer to carry out,
  accomplish 13

effet *m.* effect 21
  en ~ indeed, as a matter of
  fact
efficace effective, expedient 6
effort *m.* effort
égal(e) equal
  ça m'est ~ I don't care 15
également equally 20
égaler to equal
égalité *f.* equality
église *f.* church 12
Égypte *f.* Egypt
eh bien well 2
électeurs *m.pl.* electorate 22
électricien/électricienne *m./f.*
  electrician
électricité *f.* electricity
électrifié(e) electrified
électrique electric
élégant(e) elegant
élément *m.* element 12
éléphant *m.* elephant
élevé(e) raised, brought up
  bien ~ well behaved
éleveur *m.* (animal) breeder
éliminer to eliminate
elle she, her 3, 15
elles they, them 3, 15
embarras *m.* embarrassment,
  difficulty 8
embarrassé(e) embarrassed 8
embellir to embellish; beautify 7
embouteillage *m.* bottleneck,
  traffic jam 10
embrasser to hug; to kiss 11
émission *f.* broadcast;
  program 12
emmener to take away 15
émotionnel(le) emotional
empêcher to prevent 17
empereur/impératrice *m./f.*
  emperor/empress
emplacement de camping *m.*
  campsite
emploi *m.* job 10
  ~ du temps schedule
  mode d'~ *m.* instructions

employé/employée *m./f.*
  employee 5
employer to employ; to use 8
empoisonné(e) poisoned
emporter to take away 6
  ~ sur to triumph over
emprunter à to borrow from 10
en *(prep.)* in; by; while 3
  ~ avance early 4
  ~ commun public; in common
  ~ effet indeed; as a matter of
  fact
  ~ égal(e) as an equal
  ~ face de opposite, across
  from, facing 4
  ~ fait in fact 4
  ~ forme in shape 3
  ~ haut above, at the top 13
  ~ montagne to the
  mountains 7
  ~ même temps at the same
  time 19
  ~ plus in addition 24
  ~ principe as a rule, in
  theory 20
  ~ réalité in reality 8
  ~ retard late 4
  ~ route on the way 11
  ~ toutes lettres spelled out
  ~ train de in the middle
  of 6, 13
en *(pron.)* of/from it (them,
  there) 15
enceinte pregnant 24
enchanté(e) charmed
enchanteur/enchanteresse *m./f.*
  wizard, magician
encombré(e) covered, congested
encore still; again 7
  pas ~ not yet 16
encourager to encourage 24
endiablé(e) wild, frenzied
s'endormir to fall asleep 17
endroit *m.* place 7
énergie *f.* energy
énergique energetic
enfance *f.* childhood 16
enfant *m./f.* child 2

enfin finally 11
s'enfuir to run away
engager to hire 12; strike up
enlever to take off; to kidnap 17
ennui *m.* boredom, worry
ennuyer to irritate 8, 17
  s'~ to get bored 17
ennuyeux(euse) boring 3
énorme enormous 3, 14
énormément enormously
enquête *f.* inquiry
s'enrichir to get rich, to be
    enriched
enseigner to teach 23
ensemble *m.* whole, unity
ensemble *(adv.)* together 2
ensuite next, then, afterwards 11
entendre to hear 10
  s'~ to get along 16
enterrer to bury 17
enthousiasme *m.* enthusiasm
enthousiaste enthusiastic 3
entier(ère) entire, whole 6
entouré(e) surrounded 19
entre between 4
entrée *f.* entry, entrance; first
    course, appetizer 9
entreprendre to undertake 16
entrer to enter 5
envers *m.* opposite 19
  à l'~ backwards
envers *(prep.)* toward 19
envie *f.* desire
  avoir ~ de to want to, feel
    like 8
envieux(euse) envious
environ approximately
environnement *m.* environ-
    ment 20
environs *m.pl.* surroundings 12
envisager to envision 24
envoyer to send 13
  ~ chercher to send for
épaule *f.* shoulder 8
épée *f.* sword 17
épeler to spell
épicerie *f.* grocery store 15
épicier/épicière *m./f.* grocer 16

épinards *m.pl.* spinach 9
époque *f.* era, epoch, time 12
épouser to marry 17
époux/épouse *m./f.* spouse 22
équilibre *m.* equilibrium 23
équipe *f.* team
équipement *m.* equipment
équivalent *m.* equivalent
erreur *f.* error, mistake 6
escalier *m.* staircase, steps 12
  ~ mécanique *m.* escalator
escalope *f.* cutlet, scallop
escargot *m.* snail
espace *m.* space 17
Espagne *f.* Spain
espagnol(e) Spanish 3
espérer to hope 7
espion/espionne *m./f.* spy 11
espionnage *m.* espionage
esprit *m.* spirit; mind; attitude
essayer to try 6
essence *f.* gasoline 21
essentiel(le) essential
est *m.* east
esthétique esthetic
estomac *m.* stomach 8
et and 1
établir to establish 7
étage *m.* story, floor 4
état *m.* state 6
États-Unis *m.pl.* United States 4
été *m.* summer 8
éteindre to extinguish, to put
    out, to turn off 21
s'étendre to stretch out; to
    extend
éternel(le) eternal
étiquette *f.* protocol; label;
    etiquette
étoile *f.* star 18
  à la belle ~ outdoors
étonné(e) surprised 22
s'étonner to be astonished 22
étrange strange 8
étranger/étrangère *m./f.* stranger,
    foreigner 11, 18
étranger(ère) foreign 11
  à l'~ abroad

être *m.* being, person
être to be 3
  ~ à to belong to
étude *f.* study 4, 8
  faire les ~s to study, to go to
    school
étudiant/étudiante *m./f.* student 1
étudier to study 4
Europe *f.* Europe
européen(ne) European 10
eux *m.pl.* them 15
évaluer to evaluate 24
évasif(ive) evasive 16
événement *m.* event 18
éventualité *f.* possibility
évidemment obviously 6
évident(e) evident, apparent,
    obvious 6
éviter to avoid 12
évoluer to evolve 19
exact(e) exact 10
exagérer to exaggerate 8
examen *m.* exam 2
examiner to examine
excentrique eccentric
excepté(e) except
exceptionnel(le) exceptional
excès *m.* excess 13
excessif(ive) excessive
excursion *f.* excursion, trip
excuse *f.* excuse
s'excuser to apologize 17
exécuter to carry out
exemplaire *m.* copy, example 24
exemple *m.* example
  par ~ for example
exercer to exercise, to
    practice 18
exercice *m.* exercise 3
exiger to insist, demand 22
exil *m.* exile
existence *f.* existence
exister to exist
exotique exotic
expérience *f.* experience;
    experiment 10
explication *f.* explanation 3
expliquer to explain 7

exploiter to exploit
explorateur/exploratrice *m./f.* explorer
exploser to explode 23
exposé *m.* report
express *m.* espresso
expression *f.* expression
 d'~ française French-speaking
exprimer to express 22
extérieur *m.* exterior
extraordinaire extraordinary 1
extrêmement extremely 21
exubérant(e) exuberant 16

fable *f.* fable 11
fabriquer to build, to make 21
fabuleux(euse) fabulous; legendary
façade *f.* front, façade
face *f.* front
 en ~ de facing, opposite 4
fâché(e) angry 22
se fâcher (avec) to get angry (with) 17
facile easy 3
façon *f.* manner; fashion 9
 de toute ~ in any case 5
faculté (fac) *f.* university (department)
faim *f.* hunger 8
 avoir ~ to be hungry 8
faire to do, make 6
 ~ attention to pay attention, to be careful 9
 ~ beau to be nice weather 8
 ~ bonne(mauvaise) impression to make a good (bad) impression 11
 ~ de + *instrument* to play an instrument
 ~ de + *subject* to study ...
 ~ du sport to play sports 9
 ~ la connaissance de to meet 9
 ~ la cour to court 20
 ~ la cuisine to cook 9
 ~ la queue to wait in line

 ~ la sieste to take a nap
 ~ la vaisselle to do the dishes 9
 ~ le marché to do the shopping
 ~ les courses to do errands 9
 ~ les études to study, to go to school
 ~ partie de to be part of, to belong to 24
 ~ une promenade to go for a walk 9
 ~ un pas to take a step 12
 ~ un rêve to dream 13
 ~ un tour to give/take a tour 20
 ~ un voyage to go on a trip 9
fait *m.* fact 8
 en ~ actually 4
falloir to be necessary
fameux(euse) famous
familial(e) familial 22
familiarité *f.* familiarity
familier(ère) familiar
famille *f.* family 5
fantaisiste whimsical, fantastic
fantasque fantastic, odd
fantastique fantastic
fantôme *m.* phantom, ghost
fatal(e)(*pl.* **fatals**) fatal 17
fatalité *f.* fatality
fatigué(e) tired 3
se fatiguer to get tired 17
faut: il ~ it is necessary 14, 21
faute *f.* mistake, fault 8
fauteuil *m.* armchair 4
faux(fausse) false 17; wrong
favori(te) favorite
fée *f.* fairy
félicitations! *f. pl.* congratulations! 10
féliciter to congratulate
féminisme *m.* feminism
femme *f.* woman; wife 1,5
fenêtre *f.* window 1
fer *m.* iron
fermé(e) closed 3

fermer to close 14
 ~ à clé to lock
festival *m.* (*pl.* **festivals**) festival
fête *f.* feast, celebration, holiday 2
fêter to celebrate 16
feu *m.* (*pl.* **feux**) fire 19
 ~ rouge red light
 ~-x d'artifice *m.pl.* fireworks 20
feuille *f.* sheet, leaf 16
feuilleton *m.* serial story, soap opera 24
février *m.* February 2
fiancé/fiancée *m./f.* fiancé(e) 20
ficelle *f.* a kind of French bread
fiche *f.* piece (of paper), form
fictif(ive) fictitious 17
fidèle loyal 19
fier (fière) proud 19
figure *f.* face 8
filet *m.* filet (fish), string shopping bag 15; rack made of rope
fille *f.* girl; daughter 5
 jeune ~ young woman, girl 3
 petite-~ granddaughter 5
film *m.* film
fils *m.* son 5
 petit-~ grandson 5
fin *f.* end 6
fin(e) fine
final(e) (*l*) *pl.* **finals** final
finalement finally 11
financier(ère) financial 21
finir to finish 7
 ~ par to finally do something
firme *f.* firm
flacon *m.* flask
fléché(e) marked with arrows
fleur *f.* flower 7
fleurir to blossom, flower; to flourish 17
fleuriste *m./f.* florist
flotter to float 23
foie gras *m.* goose liver
foire *f.* fair

fois *f.*   time, occasion 8
  à la ~   at once
  il était une ~   once upon a
    time
fonction *f.*   function
fonctionner   to work
fond *m.*   bottom, end
  au ~ de   in the bottom of, at
    the back of 4
fonder   to base on, to found
fontaine *f.*   fountain
football (foot) *m.*   soccer
forêt *f.*   forest 17
formation *f.*   formation, training,
  education 20
forme *f.*   form
  en ~   in shape 3
  sous ~ de   in the form of 11
former   to form
formidable   wonderful, terrific 3
formulaire *m.*   form 23
formule *f.*   expression, phrase
fort(e)   strong 3; good
fortune *f.*   fortune
fossé *m.*   ditch 23
fou (folle, fol)   crazy 8
foudre *f.*   (lightning/thunder) bolt
  coup de ~   love at first sight 17
four *m.*   oven
  ~ à micro-ondes *m.*   microwave
    oven 5
fourchette *f.*   fork 9
fourmi *f.*   ant 16
fournir   to furnish 7
fourrière *f.*   animal shelter
frais *m.pl.*   expenses, cost 24
frais (fraîche)   cool, fresh 8
fraise *f.*   strawberry
franc *m.*   French unit of currency
français(e)   French 1
France *f.*   France
francophone   French-speaking 13
frapper   to knock, to strike 12
fraternité *f.*   fraternity
fréquemment   often
fréquenter   to associate with, to
  frequent 24

frère *m.*   brother 5
  beau-~   stepbrother, brother-
    in-law 5
frigo *m.*   refrigerator, fridge
  (slang) 9
frisé(e)   curly, frizzy 24
frites *f.pl.*   french fries 9
froid(e)   cold 8
froidure *f.*   cold, coldness 19
fromage *m.*   cheese 9
front *m.*   forehead 8
frontière *f.*   border 20
fruit *m.*   fruit 9
fumer   to smoke 12
fumeur/fumeuse *m./f.*   smoker 21
furieux(euse)   furious 3
futur *m.*   future
futur(e) *(adj.)*   future

gagner   to earn; to win 6
  ~ sa vie   to earn one's living 24
gai(e)   gay, cheerful, merry
Galles: pays de ~   Wales
gallon *m.*   gallon
gangster *m.*   gangster 12
gant *m.*   glove 2
garage *m.*   garage
garçon *m.*   boy; waiter 3, 7
garder   to keep, guard 13
garde-robe *f.*   wardrobe
gardien/gardienne *m./f.*   guard,
  keeper
  ~ de but   goalie
gardien(ne) *(adj.)*   guardian 19
gare *f.*   (railroad) station 7
gastronomie *f.*   gastronomy
gastronomique   gastronomic
gâteau *m.*   cake 9
gauche *f.*   left 4
  à ~   to the left 4
gaz *m.*   gas 21
gencive *f.*   gum
gendarme *m.*   police officer 7
gêné(e)   irritated, upset
généalogie *f.*   genealogy
général *m.*   general
généralement   generally 3

généralité *f.*   generality
généreux(euse)   generous 3
générique   generic
Genève   Geneva
génial(e)   inspired, brilliant 15
genou *m.*   knee 8
genre *m.*   gender, genre
gens *m.pl.*   people 3
  jeunes ~   young men, young
    people
gentil(le)   nice 5
géographie *f.*   geography
géographique   geographic
géologie *f.*   geology
geste *m.*   gesture 7
glace *f.*   ice cream; ice;
  mirror 8, 18
glacé(e)   icy, iced 10
gomme *f.*   eraser 1
gonfler   to inflate, swell
gorge *f.*   throat 8
goût *m.*   taste 8
goûter   to taste 14
gouvernement *m.*   government 18
gouverneur *m.*   governor
grâce à   thanks to 24
grand(e)   big 3; tall
  ~e-Bretagne *f.*   Great
    Britain 10
  ~-mère *f.* *(pl.* **-grand-mères***)*
    grandmother 5
  ~-père *m.* *(pl.* **grands-pères***)*
    grandfather 5
  ~s-parents *m.pl.*
    grandparents 5
  pas ~-chose   not much, no big
    thing
grandir   to grow 7
grave   serious 21
gravité *f.*   gravity
grec (grecque)   Greek
Grèce *f.*   Greece
grenouille *f.*   frog 12
grillé(e)   grilled, toasted
grippe *f.*   flu 8
gris(e)   gray 5
gros(se)   fat, big 5
grosseur *f.*   size

grossier(ière)   coarse; rude 20
grossir   to gain weight 7
grotte *f.*   cave
groupe *m.*   group 1
guerre *f.*   war 12
guichet *m.*   ticket window; counter
guide *m./f.*   guide 7
guide *m.*   guidebook
guillotine *f.*   guillotine
guitare *f.*   guitar
gymnase *m.*   gymnasium 23

s'habiller   to get dressed 17
habitant/habitante *m./f.*   inhabitant 6
habiter   to live in 5
habitude *f.*   habit 6
   d'~   usually
habituel(le)   usual
s'habituer à   to get used to
Haïti *m.*   Haiti
haïtien(ne)   Haitian 3
harmonie *f.*   harmony
harpe *f.*   harp
hasard *m.*   chance, luck
haut(e)   high
   en ~   above, to the top 13
hélas!   alas!
herbe *f.*   grass 12
héritage *m.*   heritage 13
hésiter   to hesitate 6
heure *f.*   hour, o'clock 4
   à l'~   on time 4
   de bonne ~   early 17
heureusement   fortunately 4
heureux(euse)   happy 3
hier   yesterday 2
   ~ soir   last night
hirondelle *f.*   swallow
histoire *f.*   history; story 2
hiver *m.*   winter 8
homme *m.*   man 1
honnête   honest 24
honnêteté *f.*   honesty
honneur *m.*   honor 13

honte *f.*   shame
   avoir ~   to be ashamed 8
hôpital *m.*   hospital 4
hoquet *m.*   hiccup, gasp 23
horaire *m.*   timetable, hours
horoscope *m.*   horoscope
horreur *f.*   horror, repugnance
hors de   outside of
hors-d'œuvre *m.*   appetizer
hôte/hôtesse *m./f.*   host, hostess 14
   hôtesse de l'air *f.*   stewardess 20
hôtel *m.*   hotel 6
huile *f.*   oil 14
huit   eight 1
humain(e)   human 20
humeur *f.*   mood
   de bonne ~   in a good mood 13
humour *m.*   humor 20
hypermarché *m.* very large supermarket
hypersensible   hypersensitive
hypothèse *f.*   hypothesis
hypothétique   hypothetical

ici   here 3
   d'~ ... jours   in ... days
   d'~ peu   shortly
idéal(e)   ideal 4
idéaliste   idealistic
idée *f.*   idea 6
identifier   to identify
identique   identical
identité *f.*   identity
idiot/idiote *m./f.*   idiot
idole *f.*   idol, image
il   he, it 3
île *f.*   island 6
   ~s Britanniques   British Isles
il faut   it is necessary 14, 21
illigitime   illegitimate
illuminer   to illuminate 20
illustrer   to illustrate
il neige   it's snowing, it snows 8
il paraît   it seems, it appears that 11

il pleut   it's raining, it rains 8
ils   they 3
il s'agit de   it concerns, is about 20
il se peut   it's possible 22
il vaut mieux   it's better 22
il y a   there is, there are 4
   ... ~ ... ans.   ... years ago 18
   ~ ... ans que ...   ... for ... years 18
image *f.*   picture 21
imaginaire   imaginary
imaginatif(ive)   imaginative
imaginer   to imagine
imiter   to imitate
immédiat(e)   immediate
immeuble *m.*   building 5
immigrant/immigrante *m./f.*   immigrant
immobilier(ère)   relating to real estate
impatience *f.*   impatience
imperméable *m.*   raincoat 11
impoli(e)   impolite
importance *f.*   importance 2
impossibilité *f.*   impossibility
impôt *m.*   tax 21
impressionné(e)   impressed 22
impressionniste   impressionist, impressionistic
improviser   to improvise
incendie *m.*   fire 14
incident *m.*   incident
inclus(e)   included
inconnu(e)   unknown 12
incontesté(e)   uncontested 20
incroyable   incredible 11
indépendamment   independently
indépendance *f.*   independence
indépendant(e)   independent
indépendantiste   aiming for independence
indiquer   to indicate 7
indiscret(ète)   indiscreet 11
individu *m.*   individual 24
individuel(le)   individual
industrie *f.*   industry
inefficacité *f.*   inefficiency

infériorité *f.* inferiority
infidèle *m.* "infidel" (non-Christian)
influence *f.* influence
informatique *f.* computer science 5
ingénieur *m.* engineer 12
injuste unfair, unjust
injustice *f.* injustice
innocent(e) innocent 13
inquiéter to worry, to bother 21
  s'~ get upset 22
inscription *f.* inscription, registration
s'inscrire to register
insecte *m.* insect
insister (pour) to insist (upon) 21
inspecteur/inspectrice *m./f.* inspector 13
inspirer to inspire
instable unstable
installé(e) seated, settled, established 18
s'installer to settle in, to move in
institut *m.* institute
instrument *m.* instrument
insulter to insult 20
intensité *f.* intensity
interdire to forbid
interdit(e) prohibited, illegal, forbidden 21
intéressant(e) interesting 3
s'intéresser à to be interested in 17
intérêt *m.* interest 6
interlocuteur/interlocatrice *m./f.* interlocutor, questioner
interprète *m./f.* interpreter 12
interroger to question 23
interrompre to interrupt 23
intervalle *m.* interval
interview *f.* interview 14
interviewer (intervieweur) *m.* interviewer
interviewer to interview
intime intimate 15
s'intituler to be entitled
introduire to introduce 15

intuitif(ive) intuitive 3
inventer to invent
invité/invitée *m./f.* guest 9
  ~ d'honneur guest of honor
inviter to invite 7
Irlande *f.* Ireland
irrégulier(ère) irregular
isolé(e) isolated 19
Israël *m.* Israel
israélien(ne) Israeli
Italie *f.* Italy
italien(ne) Italian 3
itinéraire *m.* itinerary
ivre drunk 14

jalousie *f.* jealousy
jaloux(ouse) jealous 17
jamais never, ever
  ne ... ~ never 16
jambe *f.* leg 8
jambon *m.* ham 9
janvier *m.* January 2
Japon *m.* Japan
japonais(e) Japanese 3
jardin *m.* garden 6
jaune yellow 5
jazz *m.* jazz
je 1, 3
  un ~ ne sais quoi *m.* a "certain something" 18
jean *m.* blue jeans
jeter to throw (out) 14
jeu *m.* (*pl.* **jeux**) game 9
jeudi *m.* Thursday 2
jeune young 3
  ~ fille *f.* girl, young woman 3
jeunesse *f.* youth
job *m.* job
jogging *m.* jogging
joli(e) pretty 5
joue *f.* cheek 8
jouer to play 9
  ~ à to play (a sport) 8
  ~ de to play (an instrument) 8
  ~ un film to show a movie 14
joueur/joueuse *m./f.* player 12

jour *m.* day 2
  au ~ le ~ day by day
  ~ de l'An *m.* New Year's Day 16
journal *m.* newspaper 5
  ~ télévisé *m.* television news program 16
journaliste *m./f.* journalist
journée *f.* day 6
joyeux(euse) joyful, happy
juge *m.* judge
jugement *m.* judgment
juillet *m.* July 2
juin *m.* June 2
jumeau/jumelle *m./f.* twin
jupe *f.* skirt 2
jurer to swear 13
juridique judicial, legal
jus *m.* juice
jusqu'à (*prep.*) until
  ~ ce que (*conj.*) until 22
jusque until 18
juste correct, justified, right 22
justement precisely; properly
justifier to justify 6

képi *m.* French policeman's/soldier's cap
kilogramme (kilo) *m.* kilogram
kir *m.* kir (white wine with black currant syrup)
klaxon *m.* (car) horn 10

la the; her, it 2, 11
là there 3
  ~-bas over there 22
laboratoire *m.* laboratory 4
lac *m.* lake
laideur *f.* ugliness 24
laisser to let, to leave
lait *m.* milk 9
lampe *f.* lamp 1
langue *f.* language; tongue 13
large wide
largement broadly, widely 21
latin *m.* Latin

lauréat/lauréate *m.f.* laureate, prize-winner
laver to wash 17
  machine à ~ *f.* washing machine 16
lave-vaisselle *m.* dishwasher 5
le the; him, it 2, 11
leçon *f.* lesson 2
lecture *f.* reading
légende *f.* legend, inscription
légume *m.* vegetable 9
lent(e) slow 6
lentement slowly 6
lequel (laquelle, lesquels, lesquelles) which 24
les the, them 2, 11
lettre *f.* letter
  ~ de remerciement thank-you letter 21
leur *(pron.)* (to) them 11; theirs 23
leur(s) *(adj.)* their 5
se lever to get up 17
liaison *f.* connection; liaison 24
Liban *m.* Libya
libérer to liberate
liberté *f.* liberty
librairie *f.* bookstore 10
libre free 4
lieu *m. (pl.* **lieux)** place, spot
  au ~ de instead of 10
  avoir ~ to take place 4
ligne *f.* line 14,18
limite *f.* limit, boundary
limité(e) limited
lire to read 6
Lisbonne Lisbon
liste *m.* list
lit *m.* bed 4
litre *m.* liter
littéraire literary
littérature *f.* literature 12
livre *m.* book 1
livre *f.* pound 9
livrer to deliver
location *f.* rental
logement *m.* living quarters 4
logique logical

loi *f.* law 15
loin de far from 4
loisir *m.* leisure activity 22
Londres London
long (longue) long 5
longtemps a long time 6
longuement for a long time
longueur *f.* length
lorsque when 18
lot *m.* portion, lot
  le gros ~ grand prize, jackpot 20
loterie *f.* lottery 16
louer to rent 18
loup *m.* wolf 17
loyal(e) loyal 24
loyauté *f.* loyalty, fidelity
loyer *m.* rent
lui him, to him, to her 11, 15
lumière *f.* light 3
lumineux(euse) luminous, bright
  signaux ~ *m.pl.* traffic lights
lundi *m.* Monday 2
lune *f.* moon
lunettes *f.pl.* glasses 11
luth *m.* lute
lutter to struggle, fight 21
luxe *m.* luxury
Luxembourg *m.* Luxembourg
lycée *m.* high school 5

ma (mon, mes) my
machine *f.* machine
  ~ à calculer *f.* calculator 16
  ~ à écrire *f.* typewriter 22
  ~ à laver *f.* washing machine 16
  ~ à photocopier *f.* photocopier 16
  taper à la ~ to type
maçon *m.* mason 12
madame *f. (pl.* **mesdames)** Mrs., madam, lady 1
mademoiselle *f. (pl.* **mesdemoiselles)** Miss, young lady 1

magasin *m.* store 10
  grand ~ department store
magicien/magicienne *m./f.* magician
magie *f.* magic
magique magical
magnétophone *m.* tape recorder 5
magnifique magnificent 11
mai *m.* May 2
maigre thin, skinny 7
maillot *m.* suit, jersey
  ~ de bains *m.* swimsuit 23
  ~ de corps *m.* undershirt 2
main *f.* hand 2
maintenant now 1
maintenir to maintain 19
mais but 1
  ~ non of course not
  ~ oui (si) certainly
maison *f.* house 4
maître *m.* master; (title used with a lawyer's name)
  ~ -nageur *m. (pl.* **maîtres-nageurs)** lifeguard
maîtresse *f.* (grade school) teacher
majoritaire of the majority
majorité *f.* majority 2
mal *m. (pl.* **maux)** hurt, pain, ache 7
  avoir ~ à to have a pain in, hurt, to have a ... ache 8
  ~ au cœur nausea 18
  ~ de l'air *m.* air sickness 17
mal *(adv.)* badly
malade sick 3
maladie *f.* illness, disease
malchance *f.* bad luck 16
malgré despite, in spite of 12
malheur *m.* misfortune, unhappiness 16
malheureusement unfortunately 5
malheureux(euse) unfortunate, unhappy 10
malhonnête dishonest 15
maman *f.* mama

manger to eat 8
  salle à ~ *f.* dining room 4
manière *f.* manner, way
se manifester to appear 19
mannequin *m.* model
manquer to miss, to be missing, to lack
manteau *m.* coat 8
se maquiller to put on makeup 17
marchand/marchande *m./f.* merchant 10
marchandise *f.* merchandise 15
marché *m.* market, shopping 15
  faire le ~ to do the shopping
marcher to walk; to work 10
mardi *m.* Tuesday 2
mari *m.* husband 5
mariage *m.* marriage 5
marié/mariée *m./f.* groom/bride
marier to perform a marriage
  se ~ (avec) to marry, get married 17
marin *m.* sailor
marine *f.* navy
marmelade *f.* marmalade
marque *f.* brand, mark 23
marqué(e) evident, marked 19
marquer to mark 20
marquis/marquise *m./f.* marquise
marrant(e) funny
marron *(inv.)* chestnut-colored, brown 5
mars *m.* March 2
masculin(e) masculine
match *m.* game, match
matelas *m.* mattress 23
matériel(le) material, physical
matérialiste materialistic
maternel(le) maternal
  langue ~le mother tongue
mathématicien/mathématicienne *m./f.* mathematician
mathématiques (maths) *f.pl.* mathematics 3
matière *f.* material; subject matter
  ~s premières raw materials 19

matin *m.* morning 4
matinée *f.* morning
maturité *f.* maturity, ripeness
mauvais(e) bad 3
  il fait ~ the weather is bad 8
me me, to me 11, 17
mécanicien/mécanicienne *m./f.* engineer, mechanic
mécanique mechanical 14
méchant(e) mean, bad 14
mécontent(e) discontented, unhappy 16
médaille *f.* medal
médecin *m.* doctor 4
médecine *f.* medicine
médical(e) medical 20
médicament *m.* medicine 4
médiéval(e) medieval
meilleur(e) better 10
mélange *m.* mixture
mélanger to mix 18
melon *m.* melon; bowler hat
même same, even 6
  quand ~ nevertheless 22
  —~(s) -self, -selves
mémoire *f.* memory
menacer to threaten 20
ménage *m.* married couple; household
ménager(ère) domestic 20
  travaux ~s housework
mental(e) mental
mentionner to mention
mentir to lie 7
menu *m.* menu
mépriser to scorn 24
mer *f.* sea 6
  au bord de la ~ at the beach
merci thank you 1
mercredi *m.* Wednesday 2
mérite *m.* merit, worth
mériter to deserve
mère *f.* mother 5
  belle-~ mother-in-law, stepmother
merveille *f.* marvel, wonder
merveilleux(euse) marvelous
message *m.* message

mesure *f.* measure, standard
métamorphose *f.* metamorphosis
météo *f.* weather report 8
météorologiste *m./f.* meteorologist
méthode *f.* method, system
métier *m.* career, profession 24
métro *m.* subway 7
mettre to put, place; to put on 9
  ~ le couvert to set the table
  ~ la table to set the table 9
  ~ son temps à to spend one's time on 19
  se ~ à to begin, set about 17
  se ~ en route to start off, to get on the way 17
meuble *m.* furniture 4
meurtre *m.* murder 13
mexicain(e) Mexican 3
Mexico Mexico City
Mexique *m.* Mexico
midi *m.* noon 4
Midi *m.* the Midi (South of France)
mien(ne) *(pron.)* mine 23
mieux better 10
  il vaut ~ it is better 22
  le ~ best
migraine *f.* migraine headache
milieu *m. (pl.* **milieux)** middle; milieu, sphere 24
mille *(inv.)* thousand 2
milliard *m.* billion 2
milliardaire *m.* billionaire
million *m.* million 2
mime *m.* mimic, mime
mine *f.* appearance, mien
minéral(e) mineral
minimiser to minimize
ministre *m.* (government) minister
  premier ~ prime minister
minorité *f.* minority
minuit *m.* midnight 4
minute *f.* minute
miroir *m.* mirror 17
misère *f.* misery 20
mi-temps part-time

mixte   mixed
mode *f.*   fashion
mode d'emploi *m.*   method of use 22
modèle *m.*   model
moderne   modern
modeste   modest
modifier   to modify
moi   me 1, 15
moindre   smallest, least 22
moins   less, minus 4
  à ~ de/que   unless 22
  au ~   at least 20
  le ~   the least 10
  ~ ... que   less ... than 10
  plus ou ~   more or less
mois *m.*   month 2
moitié *f.*   half 19
moment *m.*   moment
mon (ma, mes)   my 5
  ~ Dieu!   my God! my goodness!
monastère *m.*   monastery
monde *m.*   world 6
  beaucoup de ~   lots of people, a crowd 10
  du ~   lots of people, a crowd
  le ~ entier   the whole world
  tout le ~   everyone
mondial(le)   world(wide) 11
monnaie *f.*   change 10
monsieur *m. (pl. **messieurs**)*   mister, sir; gentleman 1
monstre *m.*   monster
mont *m.*   mount, mountain
montagne *f.*   mountain 6
monter   to climb, go up 10
  ~ à cheval   to ride horseback
montre *f.*   watch 11
montrer   to show 15
monument *m.*   monument
se moquer de   to make fun of 17
moral *m.*   morale
morale *f.*   morals, moral
moralité *f.*   moral, good conduct
morbide   morbid 16
morceau *m.*   piece 12
mort/morte *m./f.*   dead person

mort *f.*   death
mort(e)   dead 5
mot *m.*   word 1
mot-clé *m.*   key word
moteur *m.*   motor 10
motiver   to motivate
mouchoir *m.*   handkerchief 23
mourir   to die 13
mousse *f.*   foam, mousse
moutarde *f.*   mustard 9
mouvement *m.*   movement
moyen *m.*   means 6
moyen(ne)   average, middle 12
  ~ Âge *m.*   Middle Ages
  ~-Orient *m.*   Middle East
muet(te)   mute, silent
multicolore   multicolored 20
munir   to provide, supply
mur *m.*   wall 1
mûr(e)   mature, ripe 8
musclé(e)   muscular
musée *m.*   museum 3
musicien/musicienne *m./f.*   musician 12
musique *f.*   music
mystère *m.*   mystery
mystérieux(euse)   mysterious
mythologique   mythological

nager   to swim 23
naïf(ïve)   naive 6
nain *m.*   dwarf
naissance *f.*   birth 24
naître   to be born 13
naïvement   naïvely 6
nappe *f.*   tablecloth
natal(e)   native, natal 11
natalité *f.*   birthrate
national(e)   national 2
nationalité *f.*   nationality
nature *f.*   nature
naturel(le)   natural
naturellement   naturally 3
ne   not
  ~... aucun(e)   not one, not any 16
  ~... jamais   never 16

  ~ ni ... ni   neither ... nor 16
  ~... nulle part   nowhere 16
  ~... pas   not 3
  ~... pas encore   not yet 16
  ~... personne   no one 16
  ~... plus   no longer 16
  ~... point   not
  ~... que   only 14
  ~... rien   not any 16
né(e)   born
néanmoins   however 19
nécessaire   necessary 11
nécessité *f.*   necessity
négliger   to neglect
négritude *f.*   black cultural and spiritual values
neige *f.*   snow 8
neiger   to snow 8
néon *m.*   neon
nerveux(euse)   nervous 3
nervosité *f.*   irritability, nerves
n'est-ce pas?   isn't it? aren't they? etc. 7
nettoyer   to clean 15
neuf (neuve)   brand-new
  quoi de ~?   what's new?
neuf   nine 1
neuvième   ninth
neveu *m. (pl. **neveux**)*   nephew 5
névrosé(e)   neurotic 18
nez *m.*   nose 8
niche *f.*   doghouse, nest
niçois(e)   from Nice
nièce *f.*   niece 5
Nigéria *m.*   Nigeria
ni ... ni   neither ... nor 16
noces *f.pl.*   marriage 18
  voyage de ~ *m.*   honeymoon
nocturne   nocturnal
Noël *m.*   Christmas 1
noir(e)   black 5
noircir   to blacken, turn black 7
nom *m.*   name; noun 1
  ~ de famille *m.*   last name 1
nombre *m.*   number, quantity
nombreux(euse)   numerous, large 24
nommer   to name, appoint

non   no 1
  mais ~!   of course not!
  ~ plus   neither 10
nord *m.*   north
Normandie *f.*   Normandy
note *f.*   note; grade 4; bill
noter   to note
notre *(pl.* **nos***) (adj.)*   our 5
nôtre *(pl.* **nôtres***) (pron.)*   ours 23
nourriture *f.*   nourishment,
  food 9
nous   us, we 3, 11, 15, 17
nouveau (nouvelle, nouvel)
  new 5
  ~-Brunswick *m.*   New
    Brunswick
  ~x mariés *m.pl.*   newly-weds 14
nouvelle *f.*   a piece of news 13
Nouvelle-Angleterre *f.*   New
  England
Nouvelle-Écosse *f.*   Nova Scotia
novembre *m.*   November 2
nuage *m.*   cloud 8
nucléaire   nuclear 20
nuit *f.*   night 4
nulle part   nowhere 16
numéro *m.*   number 1

obéir   to obey 7
objectif(ive)   objective
objet *m.*   object 3
  ~s trouvés   lost and found 23
obligatoire   obligatory
obligé(e)   obliged 7
observer   to observe
obtenir   to obtain 12
occasion *f.*   occasion, chance,
  opportunity
  d'~   used
occupé(e)   busy, occupied,
  taken 4
s'occuper de   to be busy with; to
  take care of 17
océan *m.*   ocean
octobre *m.*   October 2
odeur *f.*   odor
œil *m. (pl.* **yeux***)*   eye 2

œuf *m.*   egg 9
  ~ dur *m.*   hard-boiled egg
œuvre *f.*   work 24
  chef-d'~ *m.*   masterpiece
office *m.*   office, department
officiel(le)   official 19
offre *f.*   offer 10
offrir   to offer 14
oignon *m.*   onion 14
oiseau *m.*   bird 8
omelette *f.*   omelette
omettre   to omit
on   one, we, they, people 3
oncle *m.*   uncle 5
onze   eleven 1
onzième   eleventh
opéra *m.*   opera
opinion *f.*   opinion
opposer   to oppose 19
opprimer   to oppress
or *m.*   gold 10
or *(adv.)*   now, however
oral(e)   oral
orange *f.*   orange
orange *(inv.)*   orange 5
orchestre *m.*   orchestra, band 24
ordinaire   ordinary 2
ordinateur *m.*   computer 5
ordonner   to order 14
ordre *m.*   order
oreille *f.*   ear 2
organiser   to organize
oriental(e)   oriental, eastern
original(e)   original
originalité *f.*   originality 24
origine *f.*   origin
oser   to dare
ou   or 1
  ~ bien   or else 17
où   where 4; when
oublier   to forget 7
ouest *m.*   west 22
oui   yes 1
ours *m.*   bear 19
outil *m.*   tool 24
ouvert(e)   open 3
ouverture *f.*   opening 20

ouvreuse *f.*   usher 12
ouvrir   to open 14

page *m.*   page boy
page *f.*   page (of a book)
pain *m.*   bread 9
  ~ grillé *m.*   toast
paix *f.*   peace 11
palais *m.*   palace
pâle   pale 7
pâlir   to turn pale 7
palpiter   to palpitate
panier *m.*   basket 23
panorama *m.*   panorama
pantalon *m.*   pants 2
papier *m.*   paper 14
Pâque *f.*   Passover
Pâques *f.pl.*   Easter 18
par   by 2
  ~ contre   on the other hand 15
  ~ exemple   for example 10
  ~ hasard   by chance 20
  ~ rapport à   in relation to, with
    respect to 15
  ~ terre   on the ground, on the
    floor 4
parachute *m.*   parachute
paragraphe *m.*   paragraph
parapluie *m.*   umbrella 11
parc *m.*   park
parce que   because 2
pardon   excuse me 1
pardonner   to pardon, forgive
pareil(le)   alike, similar 16
parent *m.*   parent, relative 5
parenté *f.*   kinship, relationship 5
paresseux(euse)   lazy 17
parfait(e)   perfect 2
parfum *m.*   perfume, flavor
parfumé(e)   perfumed, flavored
parisien(ne)   Parisian
parking *m.*   parking lot 14
parler   to speak to 4
parmi   among 20
parole *f.*   word 21

part *f.* part
  nulle ~ nowhere 16
  quelque ~ somewhere 7
partager to share, divide 4
partenaire *m./f.* partner
parti (politique) *m.* (political) party 19
participer to participate 6
particulier(ère) particular; individual 2
partie *f.* part, party 8
partir to leave 7
partout everywhere 7
parvenir à to succeed in
pas *m.* step
  faire un ~ to take a step 12
pas no, not 3
  ~ du tout not at all 18
  ~ encore not yet 16
  ~ mal not bad 1
passage *m.* passage, crossing
  ~ clouté *m.* pedestrian crossing
passager/passagère *m./f.* passenger 10
passé *m.* past
passeport *m.* passport 12
passer to pass, pass by 4
  ~ un examen to take a test
  se ~ to happen 17
passe-temps *m.* hobby, pastime 19
passionnant(e) exciting, passionate
passionné(e) excited 12
pâté *m.* pâté, meat spread 9
paternel(le) paternal
pâtes *f.pl.* noodles, pasta 9
patience *f.* patience
pâtisserie *f.* pastry, pastry shop 11
patrie *f.* country, nation, homeland 19
patron/patronne *m./f.* boss, owner 10
pauvre poor 4
payer to pay 7
pays *m.* country 6

Pays-Bas *m.pl.* Netherlands
pécore *f.* creature
peigne *m.* comb 2
se peigner to comb one's hair 17
peindre to paint 21
peinture *f.* painting
pendant during 6
  ~ que while 18
pensée *f.* thought
penser to think 7
perdre to lose 10
père *m.* father 5
  beau-~ *m.* stepfather, father-in-law
  ~ Noël *m.* Santa Claus
période *f.* period 20
périr to perish
permettre to permit 9
permis (de conduire) *m.* (driver's) license 8
permission *f.* permission
personnage *m.* character 23
personnalité *f.* personality 4
personne *f.* person 3
  ne ... ~ no one 16
personnellement personally
persuader to persuade 14
perturbé(e) disturbed
peser to weigh 22
petit(e) little, small 3
  ~(e) ami(e) *m./f.* boyfriend, girlfriend
  ~ déjeuner *m.* breakfast 7
  ~e annonce *f.* classified ad 10
  ~e-fille *f.* granddaughter 5
  ~-fils *m.* grandson 5
  ~s pois *m.pl.* peas 9
pétrolier(ère) oil, petroleum (*adj.*) 21
peu little, few 9
  un ~ a little, some; a little bit 3
peuple *m.* people; nation; (the) masses 2
peur *f.* fear
peut: il se ~ it is possible 22
peut-être maybe 3
pharmacie *f.* pharmacy

pharmacien/pharmacienne *m./f.* pharmacist
Philippines *f.pl.* Philippines
philosophe *m./f.* philosopher
philosophie *f.* philosophy 3
phobie *f.* phobia
photo *f.* photo 5
photocopier to photocopy
photographier to photograph
phrase *f.* sentence
physique *f.* physics
physique physical
pianiste *m./f.* pianist
piano *m.* piano
pièce *f.* piece; room 4
  ~ de théâtre play 12
  ~ d'identité form of identification
pied *m.* foot 2
pierre *f.* stone 12
piéton/piétonne *m./f.* pedestrian 14
pigeon *m.* pigeon
pilote *m.* pilot 12
pique-nique *m.* picnic 14
piscine *f.* (swimming) pool 9
pitié *f.* pity
pittoresque picturesque 1, 8
placard *m.* cupboard, wall closet 5
place *f.* place; seat; public square 6
placer to place 14
plage *f.* beach 6
plaindre to pity 21
  se ~ de to complain 21
plainte *f.* complaint 12
plaire to please
plaisir *m.* pleasure 24
plan *m.* map 7
plante *f.* plant 23
plat *m.* dish; course (of a meal) 9
plein(e) full 12
pleurer to cry 6
pleuvoir to rain 8
  il pleut it's raining 8
plomb *m.* lead 21

pluie *f.* rain 8
~**s acides** *f.pl.* acid rain 21
plume *f.* pen
plupart *f.* most, majority
plus more 10; no more, no longer
  de ~ en ~ more and more 6
  en ~ in addition 24
  le ~ the most 10
  ne ... ~ no more, no longer 16
  ~ ... que more ... than 10
plusieurs several 9
plutôt rather, sooner
poche *f.* pocket 2
poème *m.* poem 6
poids *m.* weight
point *m.* point, period
  ne ... ~ not
pois *m.* pea 9
poisson *m.* fish 9
poissonnerie *f.* fish store 15
poitrine *f.* chest
poivre *m.* pepper 15
poli(e) polite 10
police *f.* police force 10
policier(ère) *m./f.* relating to police
  roman ~ mystery
politesse *f.* good manners 20
politique *f.* politics, policy 18
politique political 6
  homme/femme ~ *m./f.* politician
polluant *m.* pollutant 21
pomme *f.* apple 9
  ~ de terre *f.* potato 9
  ~**s frites** *f. pl.* french fries
pompier *m.* fireman 14
ponctualité *f.* punctuality
pop-corn *m.* popcorn
populaire popular
porc *m.* pork
porte *f.* door; gate 1
porte-bonheur *m.* good luck charm 16
portefeuille *m.* wallet 2

porter to wear, to carry 4
  ~ bonheur (chance, malchance, malheur) to bring happiness (luck, bad luck, misfortune) 16
portion *f.* portion
porto *m.* port wine
portrait *m.* portrait
Portugal *m.* Portugal
poser to pose, place 4
  ~ une question to ask a question 4
posséder to possess 19
possibilité *f.* possibility
poste *m.* position, job 20
poste *f.* mail; post office
pot *m.* pot, jug, jar 9
poudrerie *f.* drifting snow
poulet *m.* chicken 9
pour for, in order to 2
  ~ que so that, in order that 22
  le ~ et le contre pros and cons 22
pourquoi why 2
pourtant however 16
pourvu que provided that 22
pousser to push 22
pouvoir *m.* power
pouvoir to be able; can; may 10
pratique *f.* practice
pratique practical 10
pratiquer (un sport) to participate in (a sport) 6
précédemment previously, before
précéder to precede
précieux(euse) precious
précipitamment in a hurry
précis(e) precise 21
préciser to specify, make clear
précision *f.* precision, clarification
prédire to predict 18
préférable preferable
préféré(e) favorite, preferred 2
préférer to prefer 5
premier(ère) first 1
  ~ ministre *m.* prime minister

prendre to take 9
  ~ au sérieux to take seriously 11
  ~ une résolution to make a resolution 16
prénom *m.* first name 1
se préoccuper to be preoccupied 23
préparatifs *m.pl.* preparations 11
préparer to prepare 5
près near 4
présage *m.* omen
présent(e) present 1
présentateur/présentatrice *m./f.* presenter, announcer 21
présenter to present 11
préserver to preserve
président/présidente *m./f.* president
présider to preside over, at
presque almost 6
pressé(e) rushed, in a hurry; pressed 14
prêt(e) ready 11
prêter to lend 19
prêtre *m.* priest
preuve *f.* proof 8
prévisible foreseeable
prévoir to foresee 23
prier to pray, invite
  je vous en prie please, thank you, you're welcome
primaire primary
prince *m.* prince
princesse *f.* princess
principal(e) principal 3
principe *f.* principle
  en ~ as a rule 20
printemps *m.* spring 8
priorité *f.* priority, right-of-way
prise *f.* capture
prison *f.* prison
prix *m.* price; prize 16
probablement probably
problème *m.* problem
prochain(e) next 4
proche near, close 14
produit *m.* product 15

professeur (prof) *m.* professor, teacher 1
profiter to profit (by)
profondément profoundly 19
programme *m.* program
programmer to program 21
progrès *m.* progress 13
projet *m.* project, plan 6
promenade *f.* walk, stroll
se promener to go for a walk, stroll 17
promettre to promise 9
prononcer to pronounce
prophétique prophetic
propos: à ~ de about, concerning; with regard to 7
proposer to propose, to suggest
proposition *f.* proposal; clause
propre clean 8; own
protester to protest 6
prouesse *f.* prowess
Provence *f.* Provence (province in Southern France)
proverbe *m.* proverb 23
province *f.* province
    en ~ in the provinces (outside Paris)
provincial(e) provincial
provisions *f.pl.* groceries 15
provoquer to provoke 13
prudemment carefully 21
prudent(e) prudent 3
psychiatre *m./f.* psychiatrist 12
psychologique psychological 24
psychologue *m./f.* psychologist 8
public(ique) public 7
publicité *f.* commercial, advertisement
puis then 11
puis-je ...? may I ...?
puisque since 18
puissant(e) powerful 10
pull-over (pull) *m.* sweater 2
pur(e) pure 20
pyjama *m.* pyjamas 15
pyramide *f.* pyramid

quai *m.* platform, edge, bank 18
qualité *f.* strong point; quality 9
quand when 3
    ~ même nevertheless 22
quantité *f.* quantity
quarante forty 1
quart *m.* quarter 4
quartier *m.* section (of a city) 5
quatorze fourteen 1
quatre four 1
quatre-vingts eighty 2
quatre-vingt-dix ninety 2
quatrième fourth
que that, than 7; what
    ne ... ~ only 14
québécois(e) from Quebec 3
quel(le) what, which; what a ... 4
    ~ âge avez-vous? How old are you?
quelque(s) some 9
    ~ chose *m.* something 6
    ~ part *f.* somewhere 7
    ~s-un(e)s some 24
quelquefois sometimes 5
quelqu'un someone 7
qu'est-ce qui/que what? 23
question *f.* question
questionnaire *m.* questionnaire
queue *f.* line; tail 24
    faire la ~ to stand in line
qui who, that 1, 7, 23
quiche *f.* quiche
quiconque whoever
quinze fifteen 1
    ~ jours two weeks 18
quitter to leave 11
quoi what 8, 23
quoique although 22
quotidien(ne) daily 17

rabbin *m.* rabbi 17
race *f.* race
racine *f.* root 13
raconter to tell 5
radio *f.* radio
rafale *f.* gust of wind, squall

rage *f.* rage, fury
raie *f.* part (in hair)
raison *f.* reason 10
    avoir ~ to be right 8
raisonnable reasonable 3
ralentir slow down 7
ramener to bring back, take home 17
râpé(e) grated
rapide rapid, quick 6
se rappeler to remember 17
rapport *m.* rapport, relation 7
    par ~ à relative to 15
rapporter to report; to bring in 23
se raser to shave 17
rasoir *m.* razor 16
rassurer to reassure 16
rater un examen to fail an exam 7
rationnel(le) rational 3
ravi(e) delighted 11
réaction *f.* reaction
réagir to react 7
réaliser to realize, achieve 22
réaliste realistic 17
réalité *f.* reality
rebelle rebellious
récemment recently 6
réception *f.* reception
recevoir to receive 11
récipient *m.* container 9
réciproque reciprocal, mutual
réciter to recite
recommandation *f.* recommendation 10
recommandé: en ~ registered, insured
recommander to recommend 10
reconnaissance *f.* recognition
reconnaître to recognize 11
recouvrir to recover 14
rédacteur/rédactrice *m./f.* editor
réduire to reduce 21
réel(le) real 17
référence *f.* reference
réfléchir to reflect, to think about 7

refléter to reflect 23
refrain *m.* refrain
réfrigérateur *m.* refrigerator 4
se réfugier to take refuge
refuser to refuse 7
regarder to look (at) 4
régime *m.* diet
   être au ~ to be on a diet 7
région *f.* region
règle *f.* rule 14
règlement *m.* rule, regulation
regretter to regret 7
régulier(ère) regular
reine *f.* queen 17
relatif(ive) relative
religieux(euse) religious 19
religion *f.* religion
remarquable remarkable 6
remarquer to notice 14
remerciement *m.* thanks, appreciation
remercier to thank 18
remords *m.* remorse 17
remplacer to replace
remplir to fill (out) 23
renaissance *f.* rebirth
rencontre *f.* meeting
rencontrer to meet; to run into 4
rendez-vous *m.* meeting, appointment 6
rendre to return, give back; to render, make 10
   ~ la monnaie to make change
   ~ visite (à) to visit (someone) 11
   se ~ compte (de) to realize (that) 17
renseignement *m.* information, instruction 14
rentrée *f.* return; start of the school year
rentrer to return home 8
réparation *f.* repair(ing)
réparer to repair 14
repartir to leave again 18
repas *m.* meal 9
répéter to repeat 7
répétition *f.* repetition

répondeur *m.* answering machine 5
répondre to answer 10
réponse *f.* answer 4
reportage *m.* news report, documentary report
repos *m.* rest 2
se reposer to rest 17
représenté(e) represented
république *f.* republic
réservé(e) reserved 16
réserver to reserve 22
résidence *f.* residence, dormitory
résolution *f.* resolution
résoudre to resolve 21
respecter to respect
respectueux(euse) respectful
respirer to breathe 12
responsabilité *f.* responsibility
ressembler to resemble
ressource *f.* resource 22
restaurant *m.* restaurant 3
reste *m.* rest, remainder 3
rester to stay, be left 6
restituer to give back
résultat *m.* result 22
résumer to summarize
retard *m.* delay 19
   en ~ late
retenir to retain; remember
retour *m.* return
   aller et ~ round trip
   être de to be back 22
retourner to go back 13
retrouver to meet, to find again 12
réunion *f.* reunion 11; meeting
réunir to gather together; to unite, reunite 17
réussir to succeed 7
   ~ à un examen to pass an exam 7
rêve *m.* dream 12
réveil *m.* awakening; alarm clock 13
se réveiller to wake up 14
revenir to come back 6
rêver to dream 13

revoir to see again
   au ~ good-by
révolte *f.* revolt
revue *f.* magazine 3
révolution *f.* revolution
rez-de-chaussée *m.* ground floor 4
rhum *m.* rum
riche rich
ridicule ridiculous 4
rien nothing
   de ~ you're welcome, it's nothing 3
   ne ... ~ nothing 16
rigueur *f.* severity
   de ~ obligatory
riposte *f.* retort
rire to laugh 14
risque *m.* risk
risquer to risk
rive *f.* bank, shore
rivière *f.* river, stream
riz *m.* rice 9
robe *f.* dress 2
roi *m.* king 17
rôle *m.* role
roman (policier) *m.* (detective) novel 7
romanesque romantic
romantique romantic
rond(e) round 17
rosbif *m.* roast beef 9
rose *f.* rose 5
rose pink 5
rosier *m.* rosebush
rôti *m.* roast 15
rouble *m.* ruble
rouge red 5
rougir to redden, blush; to burn 7
rouler to roll; to drive, ride 15
route *f.* route, road
routine *f.* routine
roux(rousse) red-haired 8
rue *f.* street 2
ruine *f.* ruin
russe Russian 3

Russie *f.*   Russia
rythme *m.*   rhythm

sac *m.*   bag, sack, handbag 2
  ~ de couchage *m.*   sleeping
    bag 6
sacrifice *m.*   sacrifice 24
sage   wise; good
Sahara *m.*   Sahara
saignant(e)   rare *(meat)*
saison *f.*   season 8
salade *f.*   salad 9
salaire *m.*   wage, salary
sale   dirty 5
salle *f.*   room 2
salon *m.*   living room, parlor 14
salut!   hi! 1
samedi *m.*   Saturday 2
sandale *m.*   sandal
sandwich *m.*   sandwich
sang *m.*   blood
sans   without 3
  ~ doute   probably 24
  ~ que   without 22
sans-logis *m.pl.*   the homeless 7
santé *f.*   health 10
satisfaire   to satisfy 7
satisfait(e)   satisfied
sauce *f.*   sauce
saucisson *m.*   sausage, salami 9
sauf   except
sauter   to jump 12
sauvage   wild
sauvegarder   to protect
sauver   to save
  se ~   to escape 17
sauvignon *m.*   sauvignon (wine)
savoir   to know, know how to 10
savon *m.*   soap 17
savoureux(euse)   savory 10
scène *f.*   scene
scénique   scenic
science *f.*   science 20
scolaire   scholastic, school
    related 10
sculpteur *m.*   sculptor
sculpture *f.*   sculpture

séance *f.*   session, meeting 20
sec(sèche)   dry 10
sécession: guerre de ~   Civil War
secours *m.*   help
  au ~!   help!
secret *m.*   secret
secret(ète)   secret
secrétaire *m./f.*   secretary 21
sécurité *f.*   security, safety
  ceinture de ~   seatbelt
  ~ sociale   Social Security
    (governmental assistance)
séduisant(e)   fascinating,
    seductive
seigneur *m.*   lord
seize   sixteen 1
séjour *m.*   stay, visit, sojourn 7
  salle de ~   living room 4
sel *m.*   salt 15
selon   according to
semaine *f.*   week 2
semblable   similar, alike 15
sembler   to seem, appear 12
semestre *m.*   semester
sénateur *m.*   senator
Sénégal *m.*   Senegal
sénégalais(e)   Senegalese 3
sens *m.*   sense, feeling
sensation *f.*   sensation
sensible   sensitive 12
sentiment *m.*   feeling
sentir   to feel, to smell 7
  se ~   to feel 17
séparation *f.*   separation
se séparer   to separate
sept   seven 1
septembre *m.*   September 2
séquence *f.*   sequence
série *f.*   series
sérieux(euse)   serious 3
  prendre au ~   to take
    seriously 11
serpent *m.*   snake, serpent 18
se serrer la main   to shake
    hands 11
serveuse *f.*   waitress 7
service *m.*   service

serviette *f.*   briefcase; napkin;
    towel
servir   to serve 7
  ~ à   to be used for
  se ~ de   to use 17
serviteur *m.*   servant 13
seul(e)   alone; only 4
seulement   only, just 6
sévère   severe, strict
shampooing *m.*   shampoo
short *m.*   underpants, shorts
si   if; so 4; whether; when; yes
  s'il vous plaît   please 1
Sibérie *f.*   Siberia
siècle *m.*   century 13
sien (sienne)   his, hers 23
sieste *f.*   nap 7
sifflet *m.*   whistle 14
signal *m.*   signal
  signaux lumineux *m.pl.*   traffic
    lights
signature *f.*   signature
signer   to sign
signification *f.*   significance,
    meaning
signifier   to signify, mean 10
silence *m.*   silence 2
simplement   simply 3
simultané(e)   simultaneous 21
simultanéité *f.*   simultaneity,
    simultaneousness
sincère   sincere
singulier(ère)   singular
sinon   otherwise, if not 14
situation *f.*   situation
situé(e)   situated, located 18
se situer   to be located 17
six   six 1
ski *m.*   ski
  faire du ~   to ski, go skiing
skier   to ski 10
smoking *m.*   tuxedo 21
snob   snob 5
société *f.*   society; club; company,
    firm 5
sœur *f.*   sister 5
soi *(pron.)*   oneself, itself, himself

soif *f.* thirst
  avoir ~ to be thirsty 8
soir *m.* evening 4
soirée *f.* evening; party 6
soixante sixty 1
soixante-dix seventy 2
soldat *m.* soldier 23
soleil *m.* sun 6
solitaire solitary 19
somme *f.* sum 20; nap
sommeil *m.* sleep, sleepiness
  avoir ~ to be sleepy 8
sommet *m.* summit, peak 13
son (sa, ses) his, her, its 5
sondage *m.* survey, poll 11
sonner to ring 13
sophistiqué(e) sophisticated
sorcier/sorcière *m./f.* wizard, witch
sorte *f.* sort
sortie *f.* exit
sortir to go out 7
soudain suddenly 12
souffrance *f.* suffering 17
souffrir to suffer 14
souhaiter to wish 22
soupçon *m.* suspicion 12
soupe *f.* soup 9
soupirer to sigh 23
source *f.* source
sourd(e) deaf
sourire to smile 14
sous under 4
  ~ **forme de** in the form of 11
sous-marin *m.* submarine 23
sous-titre *m.* subtitle
souterrain(e) underground
souvenir *m.* memory, souvenir 12
se souvenir de to remember 17
souvent often 3
spaghetti *m.pl.* spaghetti
spécialiste *m./f.* specialist
spécialité *f.* specialty; major (in school) 10
spécifique specific
spectateur/spectatrice *m./f.* spectator, viewer
splendide splendid

sport *m.* sport
sportif(ive) athletic 3
stade *m.* stadium
stage *m.* internship 18
star *f.* star, celebrity
statue *f.* statue
steak-frites *m.* steak and french fries
spécificité *f.* individuality
stéréo *f.* stereo
  chaîne-~ *f.* stereo system
steward *m.* flight attendant 20
stimulant(e) stimulating
structure *f.* structure
studieux(euse) studious
stupide stupid
style *m.* style
stylo *m.* pen 1
subitement suddenly, all of a sudden 12
succéder to follow
succès *m.* success 22
sucre *m.* sugar 9
sud *m.* south
Suède *f.* Sweden
suffire to suffice
  ça suffit! that's enough!
suffisant(e) sufficient
suggérer to suggest 7
Suisse *f.* Switzerland
suisse Swiss 3
suite *f.* continuation
  tout de ~ right away
suivant(e) following
suivre to follow; to take (a course) 15
sujet *m.* subject
superbe superb
supériorité *f.* superiority
supermarché *m.* supermarket
superstitieux(euse) superstitious 16
supporter to support
supposer to suppose 18
supprimer to suppress; to eliminate
sur on; about 2

sûr(e) sure 8
  bien ~ of course, naturally 8
surmonter to overcome 24
surnaturel(le) supernatural
surpasser to surpass
surprendre to surprise 17
surpris(e) surprised 19
surprise *f.* surprise
surtout above all, especially 8
survivre to survive
symbole *m.* symbol
sympathie *f.* sympathy
sympathique nice 3
symphonie *f.* symphony
symptôme *m.* symptom
synthèse *f.* synthesis
système *m.* system 13

tabac *m.* tobacco 21
table *f.* table 1
  à ~ at the table, seated 10
tableau *m.* board; picture 1
taille *f.* size 12
se taire to be/become quiet 17
talent *m.* talent
tangible tangible 19
tant de so much, so many 22
tante *f.* aunt 5
taper (à la machine) to type 10
tapis *m.* rug 4
tard late 7
tardif(ive) belated, slow
tarif *m.* fare, price, tariff 6
  à plein ~ at full price
tarte *f.* pie 9
tasse *f.* cup 9
taux *m.* rate
taxe *f.* tax 13
taxi *m.* taxi
te you 11, 17
tee-shirt *m.* T-shirt
tel(le) such (a)
  ~ **que** such as 19
téléphone *m.* telephone 2
téléphoner to phone 6
téléspectateur/téléspectatrice *m./f.* TV viewer 21

télévision (télé) *f.* television (TV) 4

tellement very much; so (much); especially

témoin *m.* witness 13

température *f.* temperature

tempête *f.* tempest, storm 14

temps *m.* time 4; weather 8

  de ~ en ~ now and then, from time to time 18

  en même ~ at the same time 19

  mi-~ part-time 10

  quel ~ fait-il? what's the weather like? 8

  ~ complet full-time 10

tenir to hold 9

  ~ à to be anxious to; to be attached to

tennis *m.* tennis

terme *m.* term, expression

terminer to finish, terminate 4

terrasse *f.* terrace 18

terre *f.* earth, land; world

  par ~ on the ground 4

  ~-Neuve *f.* Newfoundland

terreur *f.* terror

terrifier to terrify

territoire *m.* territory

terroriste *m./f.* terrorist 12

test *m.* test, quiz

tête *f.* head 8

texte *m.* text 19

  traitement de ~ word processing

thé *m.* tea 9

théâtre *m.* theater 6

thème *m.* theme 13

théorème *m.* theorem

théorie *f.* theory

thérapie *f.* therapy

ticket *m.* ticket

tien (tienne) yours 23

tiens! hey! say! 15

timbre-poste *m.* (*pl.* **timbres-poste**) postage stamp

timide timid, shy

tire-bouchon *m.* corkscrew 21

tirer to pull 23

  ~ les cartes to tell a fortune by reading cards

tissu *m.* fabric, material 9

titre *m.* title 20

toast *m.* toast

toi you 1, 15

toilettes *f.pl.* toilet, bathroom

tomate *f.* tomato 9

tombe *f.* tomb, grave 13

tombeau *m.* tomb

tomber to fall 13

  ~ amoureux(euse) de to fall in love with 17

  ~ malade to get sick

ton (ta, tes) your (*familiar*) 5

tort *m.* wrong 7

  à ~ wrongly, falsely

  avoir ~ to be wrong 8

tôt early 7

totalité *f.* totality

toucher to touch 16; to withdraw

toujours always 4

tour *f.* tower

tour *m.* tour 4; turn 18

touriste *m./f.* tourist

touristique tourist (*adj.*) 6

tournée *f.* tour

tourner to turn; to make (a film) 14

tournoi *m.* tournament

tout (*pron.*) everything 1

tout (tous, toute, toutes) all, every 5, 6; completely

  pas du ~ not at all 18

  ~ à coup suddenly, all of a sudden 14

  ~ à fait exactly; completely 16

  ~ d'un coup all of a sudden 14

  ~ le monde everyone, everybody 1

  ~ près quite near

traducteur/traductrice *m./f.* translator 18

traduire to translate 14

trafic *m.* traffic

tragique tragic

train *m.* train 6

trait d'union *m.* hyphen, dash

traiter to treat (a sickness) 21

traiteur *m.* caterer 9

tranquille quiet, calm 6

transformé(e) transformed

transport (en commun) *m.* (public) transport

traumatisant(e) traumatic

travail *m.* (*pl.* **travaux**) work 5

travailler to work 4

traverser to cross 7

trèfle *m.* clover 16

treize thirteen 1

tremblement de terre *m.* earthquake 20

trente thirty 1

très very 1

  ~ bien very well 1

tricot *m.* undershirt; sweater

triste sad 3

trois three 1

troisième third

se tromper to make a mistake, be in error 17

trompette *f.* trumpet

trop (de) too; too much 5

trou *m.* hole 20

troubadour *m.* troubadour

troupe *f.* troop

trouvaille *f.* (lucky) find

trouver to find 7

  se ~ to be located; to find oneself 17

tu you (*familiar*) 3

tube *f.* tube

tuer to kill 12

tuque *f.* woolen cap

turbulence *f.* turbulence

typique typical 4

tyrannie *f.* tyranny

un(e) one, a 1

uniforme *m.* uniform

union *f.* union

unique unique; only 5

unir to unite

universitaire (pertaining to) university (life) 4
université *f.* university 6
urgence *f.* emergency
U.R.S.S. *f.* USSR (Soviet Union)
ustensile *m.* utensil, tool
utile useful
utiliser to use

vacances *f.pl.* vacation 6
vague *f.* wave 23
vaisselle *f.* dishes 5
valeur *f.* value
valise *f.* suitcase 14
valoir to be worth
vanille *f.* vanilla
varier to vary
variété *f.* variety
vase *m.* vase 15
vaut: il vaut mieux it's better 22
veau *m.* veal
végétarien(ne) vegetarian 3
vélo *m.* bike 5, 6
vendre to sell 10
vendredi *m.* Friday 2
venir to come 6
Venise Venice
vent *m.* wind 8
ventre *m.* stomach 8
verdir to turn green 7
vérifier to verify 16
vérité *f.* truth 6
verre *m.* glass 3
vers *m.* line of poetry 11
vers *(adv.)* toward, about
versement *m.* (installment) payment
vert(e) green 5
vestimentaire clothing *(adj.)*
vêtement *m.* item of clothing 2
veuillez agréer ... please accept ...

vexé(e) annoyed
viande *f.* meat 9
victime *f.* victim 16
vide empty
vidéo *f.* video 17
vie *f.* life 4
vieillir to age, get old 7
vietnamien(ne) Vietnamese
vieux (vieille, vieil) old 5
  mon ~ pal
vif (vive) lively, alive
village *m.* village
ville *f.* city 3
  en ~ in town 13
vin *m.* wine 9
vinaigre *m.* vinegar 9
vingt twenty 1
vingtaine *f.* about twenty
violence *f.* violence
violet(te) violet, purple 5
violon *m.* violin
visa *m.* visa
visage *m.* face 8
visite *f.* visit
visiter to visit (a place) 6
vitamine *f.* vitamin
vite fast 4
vitesse *f.* speed 13
vitrine *f.* shop-window
vivant(e) living 5
vivre to live 15
  Vive ...! Long live ...!
vocation *f.* vocation
vodka *f.* vodka
voici here is, here are 5
voilà there is, there are 1
voir to see 11
  se ~ to see each other
voisin/voisine *m./f.* neighbor 12
voiture *f.* car 6
voix *f.* voice 20
vol *m.* flight 12
voler to fly; to steal 13

voleur/voleuse *m./f.* thief, robber 12
volley-ball *m.* volleyball
volontaire *m./f.* volunteer 13
volonté *f.* will, will power 24
volontiers gladly
voter to vote 18
votre *(pl.* **vos***) (adj.)* your 1, 5
vôtre *(pl.* **vôtres***)* yours 23
vouloir to want 10
  je voudrais I would like 8
  ~ dire to mean 10
vous you; to you 1, 3, 11, 15, 17
voyage *m.* trip, voyage 5
  faire un ~ to go on a trip 9
  ~ d'affaires *m.* business trip
voyager to take a trip, voyage 6
voyageur/voyageuse *m./f.* traveler
voyons! Let's see! 8
vrai(e) true 6
vraiment truly, really 6
vraisemblable lifelike, believable 18
vue *f.* view 18
vulgaire vulgar 24

week-end *m.* weekend 2

y there, to it 15
  ~ compris including 21
yacht *m.* yacht
yaourt *m.* yogurt 9
yeux *m.pl. (sing.* **œil***)* eyes 2
yoga *m.* yoga

Zaïre *m.* Zaire
zéro zero 1
zoo *m.* zoo
zut! darn!

INDEX

à
+ article défini   68, 490
+ chose   307, 318
expressions idiomatiques avec   165, 200n
+ infinitif   151, 405–406
+ **lequel**   496, 508
+ noms géographiques   124, 125
+ personne   232–233, 307, 315
+ pronom objet direct   228
verbes + ~ + nom   140, 196, 315, 318
à cause de   331
accents   12
adjectifs
+ **à, de** + infinitif   405–406
accord d'   6, 42–44, 95
comparatif d'   209–210
de couleur   100
démonstratifs   107, 174, 338
interrogatifs   65–66
invariables   100, 105
irréguliers   104–106
de nationalité   44
place d'   102–103, 212–213
pluriel d'   20, 43, 107
possessifs,   94–95, 174, 338
pronoms indéfinis +   341
superlatif d'   212–213
verbes dérivés d'   140
adverbes
comparatif d'   209–210
courts   153, 248
expressions adverbiales comme   118, 119, 256. *Voir aussi* lieu, expressions de; quantité, expressions de
formation d'   24n, 127
introduisant le passé composé   256
de lieu   68
place d'   248
superlatif d'   213
de transition   238

âge   167
aller   118
impératif d'   288, 308n
+ infinitif   129, 171, 253, 293, 381
alphabet   11
antécédent   508
an *vs.* **année**   123n
s'appeler   2
apprendre à   193
après   82n, 344–345, 370
article défini   17, 20
à, de +   22, 68, 490
+ date, jour, temps   29, 82
après une négation   174, 338
+ noms géographiques   123
+ parties du corps   162, 357
vs. partitif   190–191, 338
et le superlatif   212–213
+ titre professionnel   118n
tout +   106
article indéfini
formes et emplois d'   5, 17, 20
après une négation   72, 77, 91, 173–174, 337–338
article partitif
formes et emplois d'   184, 190, 196
après une négation   170, 185, 293, 337–338
s'asseoir   361n
assez   153, 186
au, à la, aux. *Voir* à
aucun(e)   335–337
aussi   11n, 153, 209, 209n, 248
aussitôt que   386
autant de   210
avant   82n, 334–335, 370
avoir   91–92
comme auxiliaire   247, 272, 278–279, 344, 408, 424, 479
expressions idiomatiques avec   165–167, 310
+ parties du corps   162

beaucoup   153, 186
boire   192

calendrier   28
ce, cet, cette, ces   107, 174, 338
celui, celle, ceux, celles   513–514
ce que, ce qui   498
c'est, ce sont   5–6, 20
formes passées de   246
vs. **il est**   46–47
+ pronom disjoint   315
ceux   513–514
chacun(e)   516
-ci   514
comparatif   209–210, 315
conditionnel
passé   424, 427, 433
présent   419–421, 427, 433
conduire   296–297
conjonctions
+ futur   386
+ subjonctif   476–477
connaître   235–236
contractions   22, 68, 490, 496
corps, parties du   162, 357
couleurs   100
courir   296
craindre   457–458
croire   321, 471

dans   1n
entrer ~   270n
+ noms géographiques   125
date   28–29
de
+ adjectif pluriel   103
+ article défini   22, 490
+ chose   22, 310
expressions de quantité avec   186–187, 311
expressions verbales avec   165–167, 196, 310, 318–319

565

de (*cont.*)
  indiquant la possession 22
  + infinitif 150–151, 165–167,
    405–406
  + **lequel** 496, 508, 509
  après une négation 72, 77, 91, 170,
    173–174
  + noms géographiques 125, 310
  dans les prépositions com-
    posées 68, 509
  + pronom objet direct 228
  Voir aussi article partitif
déjà 153, 248, 334
depuis 388–389
descendre 206, 272
dès que 386
devoir 429–430, 432–433
dire 119
  vs. **parler** 119
  vouloir ~ 216
dont 509
dormir 142
du, de la, des. *Voir* article partitif; **de**

écrire 119
élision 17, 52, 144, 145, 228, 233,
    364, 403
en
  comme préposition 124, 172, 451
  comme pronom 310–312, 319,
    402–403
encore 153, 153n, 248, 334–337
entendre *vs.* **écouter** 206
espérer 150n, 471
est-ce que 52–53
éteindre 457
être 48–49
  comme auxiliaire 269–272, 344,
    367, 408, 424, 479
  ~ **à** 315
  ~ **certain (sûr) que** 471
  interrogatif d' 53
  négation d' 51, 174, 185
  Voir aussi **c'est, ce sont**

faire 121–122, 170, 196
falloir 292–293, 444, 470
famille 98
futur 381–383, 386, 427, 432
futur immédiat 129, 171, 253, 293,
    381

genre
  des adjectifs 6, 42–44
  de l'heure 82n
  des noms 5–6, 24
  des pronoms 40

habiter *vs.* **vivre** 322
heure 81–82

identification personnelle 2, 5–6, 17,
    22
il faut 292–293, 444, 470
il y a 72
  formes passées de 246
  ~ ... **que** 388
  avec le pronom **en** 312
  + durée 389
imparfait
  emplois d' 245, 252–253, 257, 427
  formation d' 246, 257n, 366
  vs. passé composé 245, 274
  place des éléments avec 276, 337
impératif 287–288, 297
  + **moi, toi** 290, 364, 403
  place des éléments avec 290, 308,
    312, 337, 364, 403
  des verbes pronominaux 364
infinitif 118
  ~ complément 405–406
  ~ passé 344, 370, 480
  au négatif 76n, 151
  nom, adjectif + 405–406
  place des éléments avec 228
  après une préposition 150–151,
    344–345, 405–406
  pronoms indéfinis + 341
  vs. proposition subjonctive 472, 476
  verbe conjugué + 150–151, 228,
    233, 308, 369, 402
  des verbes en **-er** 75
  des verbes pronominaux 369–370
interrogation
  de la forme **je** 53, 77, 355n
  formes d' 52–53, 72, 77, 78, 91,
    246, 355
  vs. impératif 354
  indirecte 428
  au passé composé 248, 271, 367
  ton interrogatif et 52–53
  Voir aussi adjectifs interrogatifs; in-
    version; pronoms interrogatifs
inversion 52–53, 77, 78

jamais 334–337
jouer 196
jours de la semaine 28
jusque 389

-là 107, 514
langue écrite *vs.* parlée 52–53
le, la, les. *Voir* article défini; pronoms
    objets directs et indirects
lequel, laquelle, lesquels,
    lesquelles 496, 508–509

leur. *Voir* adjectifs possessifs; pronoms
    objets directs et indirects; pronoms
    possessifs
liaison 308, 312
lieu
  expressions de 68, 308
  prépositions de 68, 308, 509
  pronom de 145
lire 120
lorsque 386
lui. *Voir* pronoms disjoints; pronoms
    objets directs et indirects

mal 153, 248
  avoir ~ **à** 165
meilleur(e) 210, 212
même 118n, 134n, 153, 316
mettre 193
mieux 210, 213
moins 26n, 81, 209–210
mois de l'année 29
monter 272

né (*participe passé de* **naître**) 167,
    270
ne ... que 300
négation
  + adjectif possessif 95, 174, 338
  + article défini 174, 338
  + article indéfini 72, 77, 91,
    173–174, 337, 338
  + article partitif 170, 185, 293,
    337, 338
  autres que **ne ... pas** 334–338
  formation de 51, 76, 246
  de l'infinitif 76n, 151
  du participe présent 452
  du passé composé 248, 271, 276,
    337, 367
  place de pronoms objets avec 228,
    336, 367
  du verbe **être** 51, 174, 185
  des verbes pronominaux 355, 367
ni ... ni 335, 337, 338
nombres 10, 26, 311
noms
  + **à, de** + infinitif 405–406
  géographiques 123–125
  genre de 5, 24, 123
  pluriel de 19n, 20, 43, 77n, 95n
  comme sujet + inversion 53, 77
nulle part 335–337

objets directs et indirects. *Voir*
    pronoms objets directs et indirects;
    verbes intransitifs et transitifs
on 48, 363

où
  comme adverbe interrogatif   68
  comme pronom relatif   145, 509
ouvrir   297

parce que   331
parenté   98
parler   75, 119n
  vs. **dire**   119
participe passé
  accord de   270–272, 278–279, 344,
    367, 370, 408
  formation de   247–248, 270
participe présent   451–452
partir   142
partitif. *Voir* article partitif
partout   335
passé composé
  avec **avoir**   247–248
  emploi de   245, 255–256, 259, 432
  avec **être**   269–272, 367
  vs. imparfait   245, 274
  interrogation au   248, 271, 367
  place des éléments avec   248, 271,
    276, 337, 367
  des verbes pronominaux   269–272,
    367
passé immédiat   454–455
passer   272
passif (sens)   353, 363
peindre   458
pendant   389
penser
  + **à, de**   318–319
  vs. **croire**   321
  + **que**   319, 471
permettre à … de   193
personne
  comme négation   334–338, 341
  comme nom   6n
peu   153, 186–187
plaindre   457
pluriel
  des adjectifs   20, 43, 107
  des noms   19n, 20, 43, 77n
plus
  dans le comparatif et le super-
    latif   209–210
  ne … ~   334, 336, 337
  non ~   209n
  ~ **ou moins**   26n
plus-que-parfait   407–408, 427
ponctuation   12, 25n
possession. *Voir* adjectif possessif; **de**
    indiquant la possession; **être à;**
    pronoms possessifs
pour   405
pouvoir   216, 447

prendre   193, 446
prépositions
  composées   68, 509
  + infinitif   150–151, 344–345,
    405–406
  + **lequel**   508
  de lieu   68, 308, 509
  + pronoms démonstratifs   514
  + pronoms disjoints   315
pronoms
  adverbiaux. *Voir* **en; y**
  démonstratifs   513–514
  disjoints   314–316, 318, 319
  indéfinis   341, 516–517
  interrogatifs   493, 496, 509
  de lieu et temps   145
  objets directs et indirects
    accord avec   278–279, 344, 367
    formes et emplois de   227–228,
      232–233, 307
    avec l'impératif   290, 403
    avec l'infinitif   228, 233, 402
    ordre de   402–403
    avec le participe présent   452
    place de, avec un verbe con-
      jugué   228, 233, 276, 336, 402
  possessifs   490
  réfléchis   354, 357, 364, 366, 369
  relatifs   144–145, 507–509, 513
  sujets   39–40
prononciation   13, 31, 56–57, 78,
    256n

quand   82, 386
quantité, expressions de   186–187,
    311
que
  et le comparatif   209, 209n, 315
  ne … ~   300
  comme pronom interrogatif   493
  comme pronom relatif   144–145,
    508, 509
quel(s), quelle(s)   25n, 65–66
quelque chose   119n, 335, 341
quelquefois   334
quelque part   335
quelques   187, 335
quelques-un(e)s   516–517
quelqu'un   140n, 334, 341
qu'est-ce que   6, 498
qu'est-ce qui   493, 498, 509
qui
  comme pronom relatif   144, 508,
    509
  après pronom disjoint   315
  comme pronom interrogatif   6, 493,
    509
quoi   493

recevoir   230–231, 446
rendre   206–207, 230
rien   22n, 335–337, 341
rire   296

saisons   172
salutations   2
savoir   216
  vs. **connaître**   236
  impératif de   288
  participe présent de   452
se. *Voir* pronoms réfléchis
servir   142
si
  comme réponse à une question
    négative   156n
  comme adverbe   255n
  hypothéthique   386, 421, 424,
    427–428
  dans une question indirecte   428
  temporelle   427
sortir   142, 272
souvent   153, 334
subjonctif
  conjonctions suivies de   476–477
  emplois de   444, 469–472
  formation de   444–446
  vs. indicatif   470, 471, 496
  passé de   479–480
suivre   321–322
superlatif   212–213

se taire   361n
tard   153
te. *Voir* pronoms objets directs et indi-
    rects; pronoms réfléchis
temps
  expressions de   388–389
  météorologique   170–171
  pronom relatif de   145
  Voir aussi heure
toi. *Voir* pronoms disjoints; impératif
    + **moi, toi**
tôt   153
toujours   248, 334
tout, toute, tous, toutes   106, 335
tout le monde   48
trop   153, 186
tu
  impératif de   287–288, 290, 364, 403
  vs. **vous**   49

un, une, des. *Voir* article indéfini

venir   118
venir de   454–455

verbes
   de changements orthographiques
     104n, 132n, 150n, 169n, 257n,
     355n
   dérivés d'adjectifs   140
   en **-er**   75–78, 247, 288
   et expressions impersonnelles   72,
     129, 170–171, 292–293, 383, 421
   + infinitif   150–151, 228, 233, 308,
     369, 402
   intransitifs et transitifs   270, 272,
     337

verbes (*cont.*)
   en **-ir**   139–140, 142–143, 247,
     288
   pronominaux
     emplois de   353, 354, 357, 358,
       360–361, 363
     formation de   354, 355
     impératif de   364
     infinitif de   369–370
     passé de   366–367, 369–372
   en **-re**   206–207, 247, 288

visiter   230
vivre   321–322
voilà   4n
voir   230, 445
vouloir   215–216
vous *vs.* **tu**   49

y   307–308, 318, 402, 403

PERMISSIONS AND CREDITS

COLOR PHOTOGRAPHS

L'héritage culturel
P. 1 top: Ulrike Welsch; bottom: Mark Antman/The Image Works. P. 2 top left: Bruno Maso/PhotoEdit; top right: Andrew Brilliant; bottom: Mark Antman/The Image Works. P. 3: Thomas Craig/Lightwave. P. 4 top: Andrew Brilliant; bottom: Andrew Brilliant.

La vie urbaine/La vie à la campagne
P. 1 top: Pierre Valette; bottom: Stuart Cohen/Comstock. P. 2 top left: D. Stock/Magnum Photos, Inc.; top right: Owen Franken; bottom: Gabor Demjen/Stock, Boston. P. 3: Bruno Maso/PhotoEdit. P. 4 top: Mike Mazzaschi/Stock, Boston; bottom: Owen Franken.

Le monde des affaires/Les plaisirs
P. 1 top: Richard Kalvar/Magnum Photos, Inc.; bottom: Bruno Maso/PhotoEdit. P. 2 top: Jean Gaumy/Magnum Photos, Inc.; bottom: Mark Antman/The Image Works. P. 3 top: Peter Menzel/Stock, Boston; bottom: David R. Frazier. P. 4 top: David Schaefer; bottom: Ray Stott/The Image Works.

Le monde francophone
P. 1 top: Peter Gonzalez; bottom: Mike J. Howell/The Picture Cube. P. 2: Owen Franken. P. 3 top: Owen Franken; bottom left: Peter Menzel/Stock, Boston; bottom right: Owen Franken. P. 4 top: Martha Bates/Stock, Boston; bottom: Lawrence Migdale/Stock, Boston.

BLACK AND WHITE PHOTOGRAPHS

Mark Antman/The Image Works: pp. 147, 223, 241, 306, 343, 418, 431, 439, 506. **Arcis/Rapho/Photo Researchers, Inc.:** p. 348. **Martha Bates/Stock, Boston:** pp. 157, 468. **Pierre Berger/Photo Researchers, Inc.:** p. 33 left. **D. Berretty/Rapho/Photo Researchers, Inc.:** p. 303. **The

REALIA

1 l'Algérie
2 la Belgique
3 le Bénin
4 Bourkina Fasso (la Haute-Volta)
5 le Burundi
6 le Cameroun
7 le Congo
8 la Corse
9 la Côte d'Ivoire
10 Djibouti
11 la France
12 le Kampuchéa (le Cambodge)
13 le Gabon
14 la Guadeloupe
15 la Guinée
16 la Guyane française
17 Haïti
18 le Laos
19 la Louisiane
20 le Luxembourg
21 Madagascar
22 le Mali
23 le Maroc
24 la Martinique
25 la Mauritanie
26 le Niger
27 la Nouvelle-Angleterre
28 la Nouvelle-Calédonie
29 la Polynésie française
30 le Québec
31 la République Centrafricaine
32 la Réunion
33 le Rwanda
34 Saint-Pierre-et-Miquelon
35 le Sénégal
36 la Suisse
37 le Tchad
38 le Togo
39 la Tunisie
40 le Vietnam
41 le Zaïre

LE FRANÇAIS DANS LE MONDE